發願文
영겁을 사는 진리의 행

학담 편저

큰수레총서 24
대중선 · 여덟째권

發願文
영겁을 사는 진리의 행

학담(鶴潭) 편저

'영겁을 사는 진리의 행(發願文)'을 발간하며

보살의 믿음[信]과 원행(願行)은
진리의 문의 첫걸음이자 진리생명의 발현

1. 중생의 탐욕과 보살의 원력

중생의 탐욕과 보살의 원력은 같은 것인가 다른 것인가. 중생의 탐욕은 마땅히 버려야 할 것이고 저 성자들의 중생을 위한 넓고 큰 발원은 거룩한 것인가. 많은 수행자들, 현실의 삶에 불안과 고통을 느끼고 고통과 불안이 없는 진리의 세계를 추구하는 많은 신앙인들은 중생의 세간은 마땅히 버려야 할 물든 세계라는 자기전제를 안고 진리추구의 행을 맹목적으로 실행한다.

그리하여 우리가 앞에서 던진 '현성공안(現成公案)'에 대해서는 아예 마음의 문을 닫아버린다.

불교의 연기론에서는 인연으로 일어난 세속제(世俗諦)의 있되 공한 실상을 진제(眞諦)라 이름한다. 그렇다면 버려야 할 중생세간이 있고 얻어야 할 신비한 진리의 세계가 따로 있다고 보는 이런 사유가 바로 진리추구의 첫걸음에서 타파해야 할 환상이라 할 것이다.

중생은 중생이 아니라 여래장인 중생이다. 그렇다면 오히려 중생 밖에 구해야 할 여래의 보리열반이 있다고 보는 자가 중생이고, 중생의 참모습이 여래의 진리공덕장인 줄 깨달아 쓰는 자가 모든 부처님과 여래라 할 것이다.

이렇게 보면 중생의 탐욕을 내놓고 보살의 원력과 여래의 해탈의 삶이 있다 해서는 안 될 것이다. 그러나 비록 중생의 탐욕 밖에 여래의 깨달음과 보살의 원력이 없지만 실천의 매개 없이 중생의 탐욕을 곧 보살의 원력과 동일시해도 안 되는 것이니, 왜 그런가.

중생은 막힘이 없고 걸림이 없는 법계[無障碍法界]에서 미망과 집착으로 인해 막힘을 보고 걸림을 이루기 때문에 그 하고자 함이 물들고 그 관계맺음이 부자유를 이루고 있다. 그에 비해, 보살은 그 하고자 함과 대상을 향한 주체의 지향을 법계진리의 모습대로 발현하기 때문〔稱性而現〕이다.

연기론에서 인간의 행위는 사유를 떠난 행위가 없으며 사유는 늘 세계를 토대로 일어난 사유이자 세계인 사유이다.

여래의 깨달음은 저 세계가 사유인 세계이자 사유가 세계인 사유임을 깨달아 쓰는 지혜의 활동일 뿐 중생의 미망과 번뇌를 없애고 얻는 신비한 세계가 아니다.

곧 여래가 '사유가 곧 사유가 아닌 부사의법계(不思議法界)를 온전히 실현한 분'이라면, 중생은 여기 사유가 있고 저기 사유가 지향하는 세계가 있다는 집착으로 나와 내 것의 실체성에 갇혀 고통과 소외를 겪고 있는 존재이다.

인간의 삶 속에서 일어나는 사랑과 미움의 끝없는 악순환도 마찬가지이다. 내 눈앞에 마주섬으로 주어지는 온갖 존재가 인연으로 일어났으므로 나되 실로 남이 없는 법의 실상〔無生法〕을 깨달으면, 대상이 나에게 주는 시련과 고통, 욕됨과 영화에 대해서 나는 평등한 마음을 유지할 수 있을 것이다.

그리고 그러한 지혜의 눈이 있을 때 나에게 괴로움을 주며 시련을 주고 나의 지향에 걸림돌이 되는 것에 대해 분노와 원한을 일으키지 않고, 평등한 마음, 대상을 나와 함께 살리는 크나큰 사랑의 마음이 일어나게 된다. 함이 없는 마음〔無爲心〕, 평등한 마음〔捨心〕이 아니면 자기 한 몸의 이해관계에 얽매이지 않는 크나큰 사랑의 마음이 일어날 수 없다.

그러므로 저 대상으로 주어진 존재가 나되 남이 없음을 알 때 비로소 욕됨을 참아 견딜 수 있는 삶의 길이 열릴 수 있는 것〔無生法忍〕이다. 그리고 괴로움과 즐거움 사랑과 미움의 감정이 나되 남이 없음을 깨달을 때, 비로소 애착을 넘어서고 자기중심주의를 넘어선, 따짐이 없는 사랑〔無作慈悲〕, 저 중생을 실체적 대상으로 삼지 않는 드넓은 사랑〔同體大悲〕이 현전할 수 있는 것이다.

중생의 탐진치(貪瞋痴)를 끊고서도 보살의 비지원(悲智願)은 없으며, 탐진치로 물들고 뒤틀린 중생의 현실에 매몰된 곳에서도 비지원의 발현은 없다.

미망과 집착으로 뒤틀린 중생의 탐욕에 지혜의 빛을 주고 진리의 방향을 주면, 자기중심적인 중생의 갈망과 탐욕은 보살의 넓고 큰 원력(願力)으로 바뀔 것이다. 그리고 남이 없는 법[無生法]을 깨달아 실상의 땅에 안주하고 실상의 땅에서 참으로 참아 견디면, 타자와 대상을 향한 중생의 분노와 원한은 저 중생의 실현을 자기실현으로 껴안는 보살의 자비가 될 것이다.

이런 뜻을 『관보현행법경(觀普賢行法經)』과 『법화경(法華經)』은 '번뇌를 끊지도 않고 번뇌의 바다에 머물지도 않는다[不斷煩惱不住使海]'고 말하고, '번뇌를 끊지 않고 육근을 깨끗이 한다[不斷煩惱淨諸六根]'고 말한다. 이 뜻을 유마회상(維摩會上)에서는 사리푸트라존자와 하늘여인의 대화를 통해 다음 같이 말한다.

사리푸트라가 하늘여인에게 말했다.
"다시 음욕과 성냄과 어리석음 떠나는 것을 해탈이라 하는 것이 아닌가."
하늘여인이 말했다.
"부처님은 증상만의 사람 때문에 음욕과 성냄 어리석음을 떠나 해탈이라 말씀하신 것이오. 만약 증상만이 없는 사람이라면 부처님은 음욕과 성냄과 어리석음의 성품이 곧바로 해탈이라 말씀하시오."
사리푸트라가 말했다.
"참으로 훌륭하다, 하늘여인이여. 그대는 무엇을 얻고 무엇을 깨달았기에 말재간이 그와 같은가."
하늘여인이 말했다.
"나는 얻음이 없고 깨침이 없으므로 말재간이 이와 같소. 만약 얻음이 있고 실로 깨침이 있는 자라면, 불법에서 증상만의 사람이 되는 것이오."

舍利佛言 不復以離婬怒癡 爲解脫乎

天曰 佛爲增上慢人 說離婬怒癡 爲解脫耳 若無增上慢者 佛說婬怒癡性 卽時解脫
舍利佛言 善哉善哉 天女 汝何所得 以何爲證 辯乃如是
天曰 我無得無證 故辯如是 若有得有證者 則於佛法 爲增上慢人

　위의 가르침을 통해 보면 중생의 '번뇌가 곧 법계임〔煩惱卽法界〕'을 깨달아 번뇌를 온전히 보리로 돌이켜 쓰는 데 불교수행의 바른 진로가 있는 것이다. 또 중생의 '탐욕이 여래장〔貪慾卽如來藏〕'인 줄 깨달아 탐욕을 광대행원으로 발현하는 곳에 나와 남을 함께 해탈시키는 바른 실천의 길이 있는 것이다.
　이러한 수행관 실천관이야말로 중생긍정, 역사긍정의 실천관이다. 그런데도 이 땅의 선가(禪家)에는 중생의 번뇌와 망념을 끊고 버려야 여래의 구경각(究竟覺)을 얻는다는 수행관이 아무런 인식비판 없이 받아들여짐으로 해서 불교의 수행관이 관념화되고 신비화되고 있다. 일제하 용성(龍城)·만공(滿空)선사들로부터 훈도 받은 1세대 선사들 이후 한국불교 선가에 눈 푸른 명안 종사가 크게 출현하지 못한 진정한 이유가 무엇인가. 그것은 바로 조고각하(照顧脚下)의 현실반성의 선적 실천 정신을 잃어버린 관념화되고 신비화된 수행관이 그 가장 큰 요인이라 할 것이다.
　언어〔言〕의 문제 또한 마찬가지다. 진리를 바르게 설파하는 언교(言敎)는 중생을 반야에 이끌고 법계실상에 깨쳐들게 하는 방편의 사다리며, 보살의 크나큰 원력의 언어는 스스로의 법신을 성취케 하고〔成就法身〕예토의 세간을 정토의 땅으로 장엄하는〔淨土莊嚴〕창조의 힘이다.
　그러나 언제부터인가 우리 주변에는 '진리는 언어 밖에 있다'는 왜곡된 언어관, 진리관이 우리들의 뇌리를 지배함으로써 반야에로 나아갈 방편의 사다리와 중생세간에 진리의 모습으로 복귀할 실천의 무기를 잃어버렸다.
　이는 '언어의 모습이 곧 적멸하여 언어 밖에 따로 열반의 적멸바다가 없다'는 불교의 언어관이 '아는 자는 말하지 않고 말하는 자는 알지 못한다〔知者不言 言者不知〕'는 도가(道家)적 언어관으로 잘못 대치됨으로 해서이다.

그러나 알고 보면 노자(老子)의 가르침도 단순히 언어부정이 아니라, '조작과 거짓의 정치', '인간의 사회 속 거짓과 술수를 조장하는 헛된 언어의 과잉'을 타파해서 환상과 조작으로부터 자유로운 인간의 삶을 실현하는 데 그 뜻이 있다. 노자의 뜻으로도 '참으로 바로 삶의 진실을 아는 자는 환상의 언어를 쓰지 않으며, 거짓과 속임수의 언어를 쓰는 자는 참으로 아는 자가 되지 못한다'고 할 수 있다.

『금강경』에서 '여래는 참된 말씀 하시는 분이며, 실다운 말씀 하시는 분이며, 같은 말씀 하시는 분이며, 속이는 말 하지 않는 분이며, 다른 말 하지 않는 분이다〔如來 是眞語者 實語者 如語者 不誑語者 不異語者〕'라고 한 뜻 또한 노자의 뜻과 다르지 않다.

연기론에서 언어는 단순히 부정되지 않는다. 삿된 견해와 환상의 언어는 부정되어야 하지만, 반야를 열어주는 문자 곧 문자반야(文字般若)로 말미암아 중생은 진리를 바로 살피는 지혜의 빛〔觀照般若〕에 돌아가고 실상의 땅〔實相般若〕에 복귀한다.

언어는 곧 사유이자 세계이며 자아와 세계를 연기하는 창조와 생명의 힘이다. 그러므로 보살은 언어로써 믿음을 다짐하고 보리의 마음을 내며, 저 중생과 함께 보리의 도에 함께 나아가고 우리들의 역사와 현실의 공동체를 깨끗한 진리의 땅으로 성숙시킬 것을 서원한다.

사유야말로 끊어 없앨 허망의 티끌이 아니고, 사유가 곧 여래장 생명의 물결이며, 언어가 곧 법계진리의 땅이다.

보살이 일으키는 한 생각 믿음의 마음과 보리의 마음, 한 마디 찬탄과 발원의 언어는 곧 중생이 진리의 땅에 들어가는 진리의 발판이고 디딤돌이다. 그리고 이미 깨달음을 성취한 보살은 다시 스스로의 자각된 사유와 언어, 이 몸의 업으로써 역사를 정화하고 물든 세간의 땅을 정토의 땅으로 장엄한다.

중생이 법계의 땅에 발을 대고 위없는 보디를 지향하며 일으키는 한마디 서원의 언어, 그것은 부사의법계가 법계의 부사의실상(不思議實相)을 스스로 온전히 실현하는 창조의 활동이다. 그러므로 설사 저 허공이 무너지고 중생세계가 다한다고 한들 이 서원의 언어, 행원의 왕〔大願王〕은 끝내 사라지지 않고 한량없는 생명의 땅에 중생을 인도할 것이니, 『화엄경』「보현행원품」은 다음 같이 말한다.

"저 허공계가 다한다면 나의 이 예경도 다하겠지만, 허공계가 다할 수 없으므로 나의 이 예경함도 다하지 않는다. 이처럼 중생계가 다하고 중생의 업이 다하며 중생의 번뇌가 다하면 나의 예경이 다하겠지만, 중생계와 나아가서는 중생의 번뇌가 다할 수 없으므로 나의 예경함도 다하지 않는다.
이렇듯 붇다께 예경하는 일은 생각 생각 서로 이어져 사이가 없고 끊어짐이 없으며 몸과 말과 뜻의 업에 피로하거나 싫증냄이 없다."

虛空界盡 我禮乃盡 以虛空界 不可盡故 我此禮敬 無有窮盡 如是乃至衆生界盡 衆生業盡 衆生煩惱盡 我禮乃盡 而衆生界 乃至煩惱 無有盡故 我此禮敬 無有窮盡 念念相續 無有間斷 身語意業 無有疲厭

"어떤 사람이 이 큰 원을 외우면 세간에서 지내는 데 아무런 걸림이 없게 되는 것이 마치 하늘의 달이 구름을 벗어난 것과 같이 되어 여러 붇다와 보살이 칭찬하게 될 것이며, 온갖 사람과 하늘이 모두 예경하게 될 것이며 온갖 중생이 모두 마땅히 공양하게 될 것이다.
이렇게 보현의 원을 따라 진리의 길에 옳게 나아가는 이는 사람의 몸을 잘 받아서 보현의 공덕을 원만히 하여 오래지 않아 저 보현보살처럼 미묘한 몸을 빨리 얻어 서른두 가지 장부의 모습을 갖추게 될 것이다.
만약 사람이나 하늘에 태어나면 있는 곳마다 늘 훌륭하게 살아가며 온갖 악한 삶의 길을 다 부수고 모든 나쁜 벗을 멀리 떠나며 온갖 바깥 길 가는 자〔外道〕들을 항복하고 모든 번뇌를 벗어나게 됨이, 짐승의 왕인 사자가 뭇 짐승들을 항복함과 같아서 모든 중생의 공양을 받게 된다.

또 다시 이 사람이 목숨 마칠 무렵 맨 마지막 찰나에 온갖 모든 감각기관이 다 흩어져 무너지고 모든 친족이 모두 떠나버리며 온갖 위세는 모두 사라져 없어지고 높은 지위, 궁전의 안팎에 있는 모든 것, 코끼리와 말과 수레, 진귀한 보물 등 이와 같은 모든 것들은 다시 따라오지 않지만 오직 이 위대한 원〔願王〕만은 서로 떨어지지 아니하여 어느 때나 그의 앞길을 이끌어 한 찰나 가운데 곧 극락세계(極樂世界)에 가서 태어나게 한다.

괴로움과 즐거움의 대립이 끊어진 참된 기쁨의 세계에 태어나게 되면 곧 '영원한 생명의 붇다인 아미타불'과 문수사리보살, 보현보살, 관자재보살, 미륵보살 등을 뵙게 되는데, 이 여러 보살들이 단정하고 위엄 있으며 공덕을 갖춘 모습으로 둘러싸고 있으므로 그 사람은 스스로 연꽃 가운데 태어났음을 보게 되고 붇다의 언약을 받게 된다.

붇다의 성불언약을 받고나서는 셀 수 없는 백천만억 나유타겁이 지나도록 널리 온누리 이루 말할 수 없는 세계에서 지혜의 힘으로써 중생의 마음 따라 그들을 이롭게 하며, 오래지 않아 깨달음의 도량〔菩提道場〕에 앉아 마군을 항복받고 바른 깨달음을 이루어 묘한 법의 바퀴를 굴리게 될 것이다.

그리하여 한량없는 세계 속에 있는 가는 티끌 수의 세계 그 속에 살고 있는 중생들이 깨달음의 마음을 내도록 하여 그들의 근기와 좋아하는 바를 따라 그들을 교화하여 성숙시켜주며 나아가서는 미래겁이 다하도록 널리 온갖 중생을 이익 되게 한다."

若人 誦此願者 行於世間 無有障碍 如空中月 出於雲 諸佛菩薩之所稱讚 一切人天 皆應禮敬 一切衆生 悉應供養 此善男子 善得人身 圓滿普賢所有功德 不久 當如普賢菩薩 速得成就微妙色身 具三十二大丈夫相

若生人天 所在之處 常居勝族 悉能破壞一切惡趣 悉能遠離一切惡友 悉能制伏一切外道 悉能解脫一切煩惱 如師子王　伏群獸 堪受一切衆生供養。

又復是人 臨命終時 最後刹那 一切諸根 悉皆散壞 一切親屬 悉皆捨離 一切威勢 悉皆退失 輔相大臣 宮城內外 象馬車乘 珍寶伏藏 如是一切 無復相隨 唯此願王 不相捨離 於一切時 引導其前 一刹那中 卽得往生極樂世界

到已 卽見阿彌陀佛 文殊師利菩薩 普賢菩薩 觀自在菩薩 彌勒菩薩等 此諸菩薩 色相端嚴 功德具足 所共圍 其人 自見生蓮華中 蒙佛授記
得授記已 經於無數百千萬億那由他劫 普於十方不可說不可說世界 以智慧力 隨衆生心 而爲利益 不久 當坐菩提道場 降伏魔軍 成等正覺 轉妙法輪
能令佛刹極微塵數世界衆生 發菩提心 隨其根性 敎化成熟 乃至 盡於未來劫海 廣能利益一切衆生

2. 발원의 글들을 모아 엮는 인연

중생의 탐욕(貪慾)과 보살의 원력(願力)이 다른 것은, 중생은 대상에 대한 소유적 갈망으로 밖을 향해 내달리지만 보살은 삶의 욕구를 있되 공한 법계의 참모습대로 발현시키기〔稱性而發〕 때문이다.

진리에 대한 올바른 믿음에 서서 크나큰 서원을 일으킨 보살은 대상을 실로 있음으로 보지도 않고 실로 없음으로 보지도 않으니, 그는 서원을 통해 법계 진리를 향해 나아가는 것이다. 이처럼 그가 일으킨 서원이 법계의 실상에 발을 대고 일으킨 것이라면, 그는 법계를 향해 나아가는 자이자 이미 법계의 진리바다에 몸을 담고 법계인 행원을 일으키는 자이다. 곧 삶의 의욕을 법계의 성품대로 발현시키려는 자, 보살에게 서원은 곧 진리의 첫걸음이자 진리대로의 삶의 모습이다.

그러므로 경전에 보이는 모든 여래들은 첫 실천의 발걸음〔因行〕에서 광대한 본원(本願)을 일으켜 보리에 나아가고, 위없는 깨달음을 이루고서 그 실천과정에서의 본원을 완성한다.

이처럼 법계의 진리에 계합하여 일으킨 보살의 서원이 진리에 드는 첫걸음이자 진리대로의 삶의 발현이므로 『무량수경』에서 저 법장비구도 48대원에서 '스스로 세운 보살의 이 크나큰 서원이 이루어지지 않으면 결코 성불하지 않겠다'고 말하는 것이다.

서방정토 아미타불의 전신인 법장비구의 48대원은 스스로의 법신을 성취하고자 하는 원〔攝法身願〕, 정토를 이루어 장엄하고자 하는 원〔攝淨土願〕, 중생을 거두어 보리의 길에 이끌고자 하는 원〔攝衆生願〕이 세 가지 원으로 분류한다. 이 때 왜 보살의 법신을 성취하려는 원이 다시 정토를 완성하고 중생을 깨달음의 길에 함께하려는 원으로 발현되는가. 그것은 보리의 마음〔菩提心〕을 통해 성취하는 진리의 몸〔法身〕에는 저 중생과 국토가 내 밖에 '실로 있음'으로 동떨어질 수 없기 때문이다. 그리고 나와 세계가 끝내 두 모습이 아니라면 개인의 해탈과 구원은 그가 몸담아 살고 있는 역사와 사회, 전체 공동체의 해탈을 통해 완성되기 때문이다.

나는 19세 때에 신라 원효성사(元曉聖師)의 근본도량인 경주 분황사에서 출가하여 조석으로 예불한 뒤 원효의 진영에 향화(香火)를 올리며 출가의 초창기를 시작하였다.

분황사는 원효성사가 입당구법(入唐求法)의 길을 포기하고 돌아와 『화엄경』을 주석하다 「십회향품(十迴向品)」에서 붓을 꺾었다는 도량이다. 원효의 행적에서 알 수 있듯 원효에게 진리는 관조의 대상인 진리가 아니라 보현의 광대행원으로 주어지는 진리이며, 그에게 삼매행은 『법화경』 「안락행품」과 「법사품」이 가르치듯 늘 전법행과 하나된 삼매행이었다.

원효의 옛 도량에서 출가의 첫걸음을 떼면서 나는 자연스럽게 삼매행과 보현행원을 함께 행하는 원효 같은 보살적 수행자를 이상적 인간형으로 그리며 생활했다.

분황사 시절 이후 나는 용성진종선사(龍城震鍾禪師)가 이 땅에 근대불교의 새 역사를 펼친 서울 봉익동 대각사(大覺寺)에서 학창생활을 감당하며 용성선사의 1세대 제자들의 훈도를 받으며 몇 년의 세월을 보냈다.

용성선사는 전통적인 한국불교의 선사들이 그러했듯 임제법통을 강조하며 조사선 가풍을 펼친 선사였으나, 그는 조선조 500년의 긴 억불(抑佛)의 기간

이후 최초로 도심에 진출하여 근대적 대중전법운동을 펼친 선사였다.
그는 선사로서 시대민중의 계몽과 나라의 자주독립을 위해 헌신했으며, 세종조 이래 단절된 불전의 번역사업에 몸 바쳤고, 선의 대중화 작업을 위해 심혈을 기울였다.
용성선사가 63세 때에 도봉산 망월사에서 일으킨 '활구참선만일결사(活句參禪萬日結社)'는 그간 산중 수도승의 전유물처럼 되어왔던 선(禪)을 대중화하고 스스로의 선삼매를 역사화하고 대중화한 결사운동이었다.
결사발원문에는 선(禪)과 행원(行願)을 통일시키는 선사의 가풍이 여실히 드러나 있다. 내가 모시고 있던 용성조사의 수법제자 동헌선사(東軒禪師)는 늘 삼매행을 통해 선교율(禪教律)을 회통하고 선(禪)과 구세전법행을 통일했던 스승의 가풍을 찬탄하고 그 유업계승을 당부하였다. 이러한 동헌선사의 훈도 아래 나는 젊은 시절 늘 대승보살의 원력을 갖춘 선사(禪師)의 길 가기를 서원하였다.
출가 초창기 좌선여가에 중국불교 조사선문(祖師禪門) 여러 선사들의 어록을 열람하면서 나는 늘 몇 가지 의문을 떨쳐내지 못했다.
경에 의하면 여러 불보살에 중생구제의 큰 서원이 있고 인도에서 용수·세친 같은 대보살들도 삼보에 귀명하고 보살의 서원을 일으켰는데, 왜 중국의 조사선 불교에서는 부처님에 대한 찬탄과 귀의, 중생에 대한 서원을 별로 발견할 수 없는 것일까.
천태(天台)·영가(永嘉)와 같이 선교(禪教)를 겸통한 선사들이나 송·명대 이래 중국 종파선(宗派禪)의 폐해를 비판한 운서주굉, 우익지욱 같은 선사들에게 대승의 발원을 볼 수 있으나, 종파화 된 선종의 법통주의에 매몰된 선사들에게는 이런 발원의 글이 왜 남아있지 않을까.
이는 불교가 중국의 국가불교와 종파불교, 한문불교의 거대한 그릇을 통과하면서 내면화되고 개인화된 심성수양불교로 뒤바뀐 결과가 아닐까. 그리하여 대승보살의 자기해탈과 역사해탈을 동시에 추구하는 역동적인 수행자상이 도가류의 둔세적 도인상(道人像)으로 뒤바뀌게 된 것은 아닐까.

이런 의문점들이 나의 뇌리에서 늘 떠나지 않을 때, 나는 1976년 군복무를 마치고 도봉산 망월사(望月寺) 선원을 거쳐 1977년 여름 공주 마곡사(麻谷寺)에 머물게 되었다. 8개월 가까이 낮에는 사중소임을 보고 밤에는 마곡사가 본사인 도반스님과 심검당(尋劍堂) 대중방에서 장좌불와(長坐不臥)의 좌선정진을 하던 도중, 나는 어느 날 지대방에서 당시 복사본으로 인쇄되어 배포된 신수장경을 펼쳐보게 되었다.

경을 잡아 무심결에 펼쳐 넘긴 곳에 『남악사대선사입서원문(南嶽思大禪師立誓願文)』이 있었다. 무엇엔가 홀린 듯 나는 밤 새워 혜사선사의 발원문을 읽고서, 선사가 겪은 일생의 시련과 고난을 생각하고 그의 역사구원을 위한 광대한 보살의 서원을 생각하며 좌복 위에서 한동안 눈물을 흘렸다.

그 뒤 나는 제방의 산천을 다니며 혜사선사의 발원문을 우리말로 옮겨 걸망에 매고 다니다, 떠돌이 생활의 불안정한 환경 탓에 그 번역원고를 잃어버렸다.

비록 그 원고는 잃어버렸지만 혜사선사의 발원문에서 받은 정신적 충격과 감동은 늘 내가 갈등하고 흔들릴 때 나의 의식세계를 조명하고 또 이끌었다.

삼십대에 접어들며 해인사 선원생활을 하던 중 나는 유무상통(有無相通)에 관한 당대 어느 선사의 법어를 접하게 되었다.

그 선사는 일심법계(一心法界)를 절대 관념론적으로 풀이하여 한마음이 스스로 있음과 없음을 동시에 부정하고 긍정하므로〔有無雙遮雙照〕, 일심법계에 복귀함으로써 유무의 대립에서 벗어날 수 있다는 관점을 보였다.

이처럼 유무가 끊어진 절대관념의 세계에 안주하는 곳에서는 보살의 행원이 현전할 수 없다. 이에 비해 현실의 삶에서 유무의 대립을 벗어나는 길은 존재의 있음이 있음 아님을 밝혀내고〔明法非有〕, 존재의 없음이 없음 아님을 밝혀내는〔顯法非無〕 주체의 치열한 자기자각운동으로 표출되는 것이다. 연기론에서 저 세계의 있음은 곧 있음이 아니고 저 세계의 없음은 실로 없음이 아니므로, 있음과 없음의 이원적 실체를 깨뜨린 보살은 있음과 없음의 대립에 갇히지 않되, 있음을 있음 아닌 있음으로 살려내고 저 허무의 공허에서 없음 아닌 없음의 생명력을 발휘해내는 것이다.
 그러므로 보살은 지혜(智慧)를 통해 있음과 없음, 나고 죽음의 대립을 넘어서되, 자비(慈悲)를 통해 있음과 없음 나고 죽음의 터전에 돌아와 있음 아닌 있음을 굴리고 없음 아닌 없음을 펼쳐 역사와 중생의 삶을 안락과 풍요의 세상으로 바꾸는 것이다.
 이런 나의 사유를 안고 1983년 여름, 은사 도문화상께서 당시 주지로 있던 전라북도 내장사에서 몇 명의 대중을 모아 죽비를 잡고 좌선하던 중 여름방학 때 수련대회에 참석한 대학생 불자들에게 강의를 하면서, 원효성사의 『미타증성가(彌陀證性歌)』를 같이 보게 되었다. 이 『미타증성가』는 원효성사가 아미타부처님의 전신인 법장비구의 48대원을 찬탄한 짤막한 노래이니 다음과 같다.

 지난 세상 아득하게 오랜 옛날에
 뜻이 높은 구도자가 계시었으니
 그 이름은 법장이라 부르시었네.

 위없는 보리심을 처음 일으켜
 이 세간을 벗어나서 도에 들어가
 여러 가지 모든 모습 부수시었네.

 깨끗한 한마음의 본바탕에는
 두 모습이 없는 줄을 아시었건만
 중생들이 나고 죽는 고통바다에
 헤매임을 크게 슬피 여기시어서

마흔 여덟 높고 크신 서원 세우고
맑고 맑은 좋은 업을 갖춰 닦으사
번뇌 때를 남김없이 여의시었네.
乃往過去久遠世　有一高士號法藏
初發無上菩提心　出俗入道破諸相
雖知一心無二相　而愍群生沒苦海
起六八大超誓願　具修淨業離諸穢

　원효는 위 게송에서 앞에서 정리한 나의 견해를 "비록 한 마음에 두 모습 없는 줄 아셨지만／중생들이 고통바다 헤매임을 슬피 여겨／마흔여덟 크나큰 서원 세우고／깨끗하고 맑은 업을 갖춰 닦으사／모든 예토의 물듦을 떠나 정토를 장엄하였다"는 구절로 노래하고 있었다.
　나는 원효의 이 노래에서 큰 기쁨을 맛보면서 선(禪)이 대승보살의 크나큰 원력으로 발현되지 않는 것은, 그의 선(禪)을 유아론적이고 내면적인 것으로 굳어지게 하는 어떤 인식론적 허물이 있기 때문이라는 확신을 갖게 되었다.
　저 초기불교의 오온설(五蘊說)로 보면 능히 알고 보는 주체의 활동[名：受想行識]과 알려지는 세계[色]는 모두 연기된 것이라, 모두 그것 아닌 그것이고 있음 아닌 있음이다. 그러므로 능히 봄과 보여짐의 실체에 떨어진 범부의 행과 능히 봄과 보여짐을 끊고 절대공(絶對空)에 복귀하는 행이 모두 연기론적 실천이 아닌 것이다.
　오온설은 나[我]에 나 없되[無我] 나 없음도 없는[無無我] 중도적 실천행[入道]에로 중생을 이끌어준다. 초기불교의 중도적 실천행이 곧 대승불교의 보현행원이고 보살의 서원행이니, 보현행원에서 온갖 행은 삼매인 지혜, 삼매인 바라밀행으로 표시된다. 그렇다면 삼매인 지혜, 곧 하나인 법계의 행[法界一行]과 하나인 법계의 모습 아닌 모습[法界一相] 밖에 무슨 조사의 정법안장(正法眼藏)이 따로 있겠는가.

그러므로 나는 늘 불교의 수행은 보살의 믿음과 서원이 그 첫걸음이 되고, 삼매와 지혜를 통해 그 믿음과 서원을 완성하는 것이 바른 수행이라는 생각으로 불교문헌 속에 한문으로 되어진 주요 서원문을 우리말로 엮고 그것을 풀이할 원력을 세웠다.

뜻을 세우고 실행하기까지는 많은 시간이 필요했다. 그것은 아마 내 속에 들끓고 있는 범부의 번뇌와 탐욕을 보살의 행원으로 돌이킬 삼매와 지혜의 힘이 충실하지 못했기 때문이리라.

그러나 중생의 번뇌가 곧 법계라면 바로 믿는 그 자리가 법계의 한량없는 회향을 이루는 곳이고 보살의 광대행원을 발현하는 곳이니 무엇을 망설이고 무엇을 주저할 것인가.

법계의 땅에서 법계인 말과 뜻과 몸의 업을 일으킴 없이 일으키면 법계가 다함 없으므로 나의 업도 다함 없고 나의 업이 다함 없으므로 보살의 행원이 다함 없을 것이니, 선으로 불사를 지을 뿐 아니라 악으로도 공덕을 지으며, 순행으로 중생을 거둘 뿐 아니라 역행으로도 중생을 건져 해탈의 언덕에 같이 오를 것이다.

보현행자의 가는 걸음걸음 가시덤불 속에 우담발라꽃이 피고 칼산의 칼날이 꺾이고 화탕의 물이 마르나니, 이는 오직 법계인 보현원왕의 위력이리라.

3. 귀의 참회의 원으로부터 미타정토와 미륵정토의 원까지

본서는 동아시아불교의 한문문헌 가운데 한문으로 번역되어 전승되어온 여러 대승 보살, 성사(聖師), 선사(禪師), 법사(法師)들의 발원문과 한문으로 지은 소납의 발원문을 함께 우리말로 옮겨 수록하였다.

발원문의 편제는 미망과 번뇌 속에 있는 중생이 보리도에 나아가기 위해 먼저 삼보에 귀명하고 참회하여 선정과 지혜에 결단함을 그 첫머리로 해서 만들었다.

또한 선정과 지혜를 올바로 닦기 위해서는 교수선지식(敎授善知識)을 섬기며 한 도량에서 동행선지식(同行善知識)들과 같이 결사(結社)하고, 그 수행의 공덕을 중생에게 회향하여 영겁토록 보현행원을 실천해야 한다.

그러므로 선정과 지혜를 닦는 서원 다음으로는 스승에 대한 발원과 결사의 원, 보현행원의 원문을 실었다. 법계의 실상에 돌아갈 큰 원에 충만한 보살은 내가 닦은 바 온갖 삼매와 착한 행 지은 공덕을 역사와 사회의 구원, 정토장엄(淨土莊嚴)에 회향하는 것이다. 그러므로 닦은 바 공덕을 아미타의 정토에 회향하고 나아가 이 오탁(五濁)의 물든 세상을 보리지혜로 장엄하여 이 역사현장에 미륵(彌勒, Maitreya)의 시대가 열리길 바라는 발원의 글로 끝을 맺었다.

본서의 편집에는 중국 종파불교의 법통주의나 대승서원(大乘誓願)이 없는 도인불교(道人佛敎)에 대한 비판이 깔려있다. 그러므로 본서에는 특정 종파에 대한 편견이 없이 대승보살의 서원으로 가득한 과거 성사들의 법문을 내용별로 수록했으나, 그 큰 줄기에는 교와 관[敎觀], 선과 정토[禪淨土]를 둘로 보지 않는 용수, 천태의 종지를 그 중심에 두었다. 삼매수행이나 결사편에서는 송대 중국불교 조사선(祖師禪)의 양대 거장인 간화선문(看話禪門)의 대혜종고선사와 묵조선풍(默照禪風)의 천동정각선사의 몇 편 주요 법어를 수록하였다.

결사발원에서 용성진종선사의 「활구참선만일결사발원(活句參禪萬日結社發願)」 다음에 학담의 「각운동결사발원(覺運動結社發願)」을 수록한 것은 학담의 수행가풍과 원력이 근세 용성진종선사의 유업계승과 발전에 있음을 천명한 것이다.

미타정토(彌陀淨土)의 원문에는 정토신앙의 조종이 되는 세친보살(世親菩薩)의 『왕생론(往生論)』과 함께 삼매수행과 정토왕생을 둘로 보지 않는 중국과 우리나라 여러 선사들의 원문을 수록하고 있으니, 이는 선(禪)의 유심(唯心)을 주관관념론적으로 이해하는 선풍에 대한 비판의 뜻을 담고 있다.

필자는 여러 정토원문 가운데서도 앞에서 이미 언급한 바 있듯 저 원효의 「미타증성가」를 크게 주목하고 있다. 아미타를 찬탄하는 원효의 짧은 이 두 편 게송이야말로 법계의 몸인 여래에게 귀의하여 왕생하는 신앙과 함께, 법장비구의 48대원처럼 중생이 물든 업을 보살의 광대원행으로 돌이킬 때 예토의 역사가 정토의 역사로 전변될 수 있음을 보이기 때문이다.

불교에서 중생의 업(業)은 중생의 일상 안에 닫혀진 개인만의 업이 아니다. 업은 세계인 업이고 저 세계는 중생의 업(業)으로 발현되고 행위 자체로 주어진 세계이다.

그러므로 정토발원은 저 타방극락의 왕생만으로 완성되는 것이 아니라, 이미 해탈된 법성의 땅〔法性土〕 상적광토(常寂光土)의 터전에 서서 예토의 땅을 정토의 안락과 풍요의 땅으로 바꾸어내며 미망의 중생을 해탈중생으로 전변시키는 데 있다.

남악혜사선사는 중국 남북조 시기 스스로가 살던 역사를 말법(末法)의 때 고난의 시기라고 인식하지 않을 수 없었던 극심한 시련과 박해를 겪었던 선사였다. 그러므로 그는 『법화경』에서 말하는 바 말법의 대악세(大惡世)에 고난을 받으며 법을 펴는 법화행자의 서원을 세우고, 이 고난의 역사를 떠나지 않고 미륵의 세상을 맞이하려 한다.

그는 말법의 역사 속에서 역사의 파국과 오탁의 물듦과 대악세의 고난을 겪지만, 그 고난과 시련의 역사가 본디 공한 청정한 땅에 서서, 말법의 역사를 반야지혜를 통해 정법의 역사로 돌이켜 가려 한다. 그리하여 대악세의 어두움과 혼란을 뚫고 시련의 역사 한복판에서, 미륵을 맞이하고 미륵의 시대를 만들어가려 한다.

이 한 권의 책은 내가 30년 전 마곡사 도량에서 『남악사대선사입서원문』에서 받은 서원력의 충격이 그 씨앗이 되었다. 그러므로 이제 이 한 권의 책은 그간 내가 출가문〔緇門〕 안에서 지은 모든 작은 선근 공덕들을 모아, 남악조사의 크나큰 서원의 바다에 한 작은 물방울을 더해, 시간과 공간의 간격을 뛰어넘어 그 서원의 바다에 함께 하고자 하는 바람으로 집필되었다.

이 제자의 바람과 간절한 뜻이 이와 같으니, 저 '연화장세계바다〔蓮華藏世界海〕' 가운데 이미 보리를 증득하신 남악(南嶽), 천태(天台), 원효(元曉) 같은 크신 성사들의 보살피심이 여전하다면 말법의 역사를 사는 이 어린 제자에게까지 그 보살피심이 미치어 세세생생 교수선지식(教授善知識)이 되어 이끌어주소서. 그리고 동행선지식(同行善知識)이 되어 이 제자가 가는 보리 반야의 길에 늘 동반자가 되어주소서.

나무 비로법계 보현대원왕보살마하살.

불기 2552 무자년 1월 1일
용성진종선사 유업계승도량 대승사 수자의삼매당에서
각운동결사발원행자 학담 합장

차례

'영겁을 사는 진리의 행(發願文)' 을 발간하며 · 5

제 I 장 삼보께 목숨 다해 귀의하옵고 [歸命三寶願文] ·············· 45

1. 시방의 부처님께 공경히 절하는 법 [敬禮法]
- 장안관정선사(章安灌頂禪師) · 47

시방의 부처님께 공경히 절하오니
  1) 향과 꽃을 올리며 발원함 · 49
  2) 공양한 뒤 시방상주 삼보를 찬탄하고 발원함 · 50
  3) 시방삼세에 상주하시는 삼보에 공경히 절하며 귀의함 · 51
  4) 하늘[天] 용(龍) 등 호법성중과 세간의 권력자와 부모와 스승, 시주를 위하여 부처님께 귀의하고 발원함 · 57
  5) 시방삼세 상주삼보에 절하고 나서, 참회와 회향 등 보현의 광대행원을 발하고 다시 부처님께 귀의함 · 63
  6) 다시 삼보께 귀의하고 발원함 · 67

2. 노사나부처님께 널리 절하는 법 [普禮法]
- 장안관정선사(章安灌頂禪師) · 69

노사나부처님의 인행과 과덕을 따라 배우리
  1) 화엄회상 여러 모습 노사나부처님께 절함 · 71
  2) 계정혜 공덕의 곳간 자체인 노사나부처님께 절함 · 74
  3) 삼보에 귀의하는 보살의 인행 그것의 완성이신 노사나부처님께 절하고 발원함 · 75

제Ⅱ장 온갖 죄업 남음 없이 참회하오리 [懺悔業障願文] ············ 77

1. 육근의 죄를 참회하여 이루는 삼매법 [懺悔六根三昧法]
                                            - 천태대사(天台大師) · 81

죄업으로 인해 항상 계신 여래의 몸 보지 못하니
  1) 보현보살과 시방 부처님 앞에 깊이 뉘우치는 마음을 일으킴 · 82
  2) 육근의 죄업을 참회함 · 84

2. 여섯 뜻뿌리 참회하는 대승의 길 [大乘六情懺悔]
                                            - 원효대사(元曉大師) · 101

육근 죄업 돌이키면 해탈법계 현전하리라
  1) 늘 실상을 사유하고 시방 모든 부처님께 귀명함 · 102
  2) 해탈법계의 참모습 · 102
  3) 여래의 해탈의 삶과 중생의 소외된 삶 · 103
  4) 무명으로 지은 죄를 깊이 참회함 · 105
  5) 참회하는 바 죄업과 참회의 참모습 · 106
  6) 자아의 반성 · 111
  7) 해탈의 길 · 113

제Ⅲ장 선정지혜 평등히 닦아가리라 [定慧雙修願文] ················ 115

1. 중생과 함께 하는 크나큰 보리의 서원 [天台大師願文]
                                            - 천태지자선사(天台智者禪師) · 119

온갖 중생 함께 같이 보리도에 나아가리
  1) 삼보께 귀명하고 중생의 죄업장이 없어지길 서원함 · 120

2) 온갖 중생이 보리마음 갖추길 서원하고 실상을 바로 믿고 바로 통달하여 큰 자비로 널리 열반의 기쁨 나누어 주길 원함 · 121
3) 네 가지 삼매〔四種三昧〕를 닦아 살피는 지혜는 부사의한 한마음의 세 가지 살핌〔不思議一心三觀〕이 되고 십승의 관행〔十乘觀行〕이 되며, 살피는 바 경계는 열 가지 부사의한 경계〔不思議境界〕가 되어 살바야의 바다에 들어가길 바람 · 123
4) 십승의 관행〔十乘觀行〕으로 마하야나를 이루어서, 티끌 깨 대천경권 펼쳐내 온갖 중생에게 지관법(止觀法) 설하기를 원함 · 125
5) 육즉의 지위〔六卽位〕를 한 생각에 닦아 인행(因行)과 과덕(果德)이 서로 융통하길 원함 · 126
6) 법계의 중생이 모두 목숨 다해 아미타의 국토에 바로 가서 부처님들 영접 받아 모든 죄업 깨끗해지길 원함 · 126
7) 서방정토에 태어나 남이 없는 법인〔無生法忍〕얻은 뒤 법성 떠나지 않고 시방세계에 널리 노닐어, 보현의 광대행원(廣大行願) 모두 갖추길 원함 · 128
8) 한 생각에 온갖 법문 두루 갖추고 시방세계에 널리 법바퀴 굴리어 중생 거둬 교화하는 불사 두루 짓기를 원함 · 129
9) 진리의 비밀장 그대로인 이 원의 바다에 법계중생이 함께하기를 원함 · 131

2. 출가와 반야를 향한 영겁의 결단 [永嘉大師發願]
— 영가현각선사(永嘉玄覺禪師) · 133

날 적마다 반야인연 갖추고 나의 선근으로 온갖 중생 해탈하여지이다

1) 스스로 삼보에 귀의하고 삼보의 가피력으로 온갖 중생 모두 바른 깨침 이루기를 원함 · 134
2) 삼보전에 다시 귀의하여 날 적마다 반야의 인연 갖추고 온갖 마의 장애 떠나길 서원함 · 136
3) 날 적마다 늘 동진으로 출가해 선정지혜 같이 닦아 위없는 도 이루기를 원함 · 143
4) 선근을 중생에게 회향하고 삼보에 귀의하는 공덕으로 온갖 중생이 고통

에서 해탈하여 모두 위없는 도 이루기를 원함 · 145

3. 일승 사제법의 지음 없는 발원 [一乘四諦發願文]
— 사명법지존자(四明法智尊者) · 149

일승의 사제법 의지하여 네 가지 넓고 큰 원을 발하니
1) 네 가지 넓고 큰 서원 세우길 당부함 · 150
2) 일으키는 보리의 마음이 곧 부처님의 깨친 마음이고 중생의 여래장임을 보임 · 151
3) 원교의 법문에 의지해 참되고 바르게 보리의 마음 내도록 가르침 · 153
4) 진리에서는 같지만 사법에 차별 있으므로 사제에 의해 네 가지 큰 서원 내도록 함 · 153
5) 중생의 한 생각 속 부처님의 지혜와 경계 갖춰있으니 여기에 의지해 다시 네 큰 원을 일으키도록 함 · 155

4. 법계의 경을 읽어 비로법계장에 귀명하는 서원 [歸命毘盧法界藏誓願]
— 대혜종고선사(大慧宗杲禪師) · 157

한 작은 티끌 깨 대천의 경을 펼치리라
1) 부처님께 귀의하고 여래의 법바퀴 굴림을 찬탄함 · 158
2) 한 티끌을 깨 대천의 경권 드러냄을 보임 · 158
3) 끝없는 법계 허공이 한 털 구멍 속에 드는 실상을 보임 · 159
4) 부처님의 방편이 법계진리 그대로임을 보임 · 160
5) 온갖 중생과 함께 이 크나큰 경권 한 티끌에 거두어 비로자나 법계장에 돌아갈 것을 말함 · 161

5. 수행을 위한 자기 다짐, 묵조명 [默照銘]
— 천동정각선사(天童正覺禪師) · 163

고요하게 비춤이 우리 집안일이니
1) 중도를 비추되 비춤 없음이 고요하게 비춤이니 · 164

2) 살피는 바 번뇌에 번뇌 없음을 알면 곧 중도를 비추어 바탕과 작용 둘이 없으니 · 165
3) 죽이는 때가 곧 살리는 때라 죽이고 살림 내 손에 있으니 · 165
4) 비추되 비춤 없어야 비춤 없이 잘 응해 비추고 말에 말 없어야 말 없는 말을 쓰리니 · 166
5) 무정이 설법하고 온갖 것이 마주하여 서로 묻고 답하니 · 166
6) 고요함 밖에 밝게 비춤 없고 밝게 비춤 밖에 고요함이 없으니 · 167
7) 고요함과 비춤이 하나되면 얻음 없는 지극한 얻음이 되고 씀이 없는 지극한 씀이 되니 · 167
8) 바탕과 씀이 둘이 없는 이 법 온세상에 전하나니 · 169

6. 피를 뽑아 경을 쓰며 원을 발함 [刺血書經願文]
　　　　　　　　　　　　　　　- 우익지욱선사(藕益智旭禪師) · 171
다생의 어버이와 법계중생 보리 얻고 정토에 태어나지이다
1) 향으로 팔을 태워 원을 발함 · 172
2) 돌아가신 아버님과 비롯 없는 옛날의 아버님들이 정토에 나길 원함 · 172
3) 돌아가신 어머님과 비롯 없는 옛날의 어머님들이 정토에 나길 원함 · 173
4) 함께하고 가르침 주는 모든 선지식이 보리 원만히 깨치길 원함 · 173
5) 법계중생이 모든 집착 깨뜨려 진리의 몸을 얻고 계정혜를 원만히 해 보리 얻기를 원함 · 173
6) 모든 선근 공덕을 법계중생에게 널리 베풀고 모든 중생 남이 없음을 깨쳐 열반의 기쁨 얻길 원함 · 174

7. 원돈선을 열 가지 문으로 노래함 [圓頓禪十門頌]
　　　　　　　　　　　　　　　- 학담(鶴潭) · 177
선정 지혜 함께 갖춰 행원 이루리
1) 귀의하는 노래〔歸依頌〕· 180

2) 언교에 관하여〔言敎頌〕· 181
3) 체와 용에 관하여〔體用頌〕· 183
4) 수행의 인과에 관하여〔因果頌〕· 185
5) 선의 체험에 관하여〔禪相頌〕· 186
6) 돈과 점에 관하여〔頓漸頌〕· 188
7) 지식과 지혜에 관하여〔智識頌〕· 190
8) 선정과 지혜에 관하여〔定慧頌〕· 192
9) 묘한 행에 관하여〔妙行頌〕· 193
10) 회향하는 노래〔廻向頌〕· 195

제Ⅳ장 선지식을 늘 따라 배워가오리 [常隨師長願文] ………… 197

1. 가상길장선사가 천태선사(天台禪師)에게 올림
　　　　　　　　　　　　　　　　　　　－ 가상길장(嘉祥吉藏) · 201
모든 경의 빗장인 법화경을 강설하사 중생의 깊은 밤을 밝혀주소서
   1) 천태선사가 머무는 천태산 불롱의 아름다움을 들어 천태선사의 도덕을 기림 · 202
   2) 천태선사의 선정과 지혜가 보처의 지위에 가지런함을 말함 · 202
   3) 주공 다음 공자가 있고 마명보살 다음 용수 보살이 있듯 천태선사는 남악선사의 법 이었음을 말함 · 203
   4) 법을 묻는 옛일을 따라 좌선대중과 함께 법화경 강설해주시길 청함 · 203
   5) 모든 경의 빗장인 법화경을 설해 미혹 없애주길 청함 · 204
   6) 법화경 강설의 방편을 보여주시면 진리의 인연이 온 세상에 가득해짐을 말함 · 204

2. 진 좌박야(陳 左僕射) 서릉(徐陵)이 천태선사(天台禪師)께 올림

- 서릉(徐陵) · 207

다섯 가지 원을 세워 장엄하오니 이 제자를 증명하소서
1) 깊이 귀의하며 단이슬의 법[甘露法] 들은 기쁨을 말함 · 208
2) 다섯 가지 보리의 원을 세우고 선사의 증명을 바람 · 208

3. 진 영양왕(陳 永陽王)이 경전 강설하는 법회를 열며 천태선사(天台禪師)께 올림
- 진 정혜(陳 靜惠) · 211

선정지혜 가을달 봄물 같아져 날 적마다 천태선사와 선지식의 인연 맺어지이다
1) 삼보께 귀의하고 일승의 경 설하시길 청함 · 212
2) 방편의 문을 세워 비밀장을 열어 이끌어주길 바람 · 212
3) 천태선사의 깊은 선정과 변재, 넓은 교화를 찬탄함 · 213
4) 스스로의 업이 무거움과 세월의 덧없음을 돌이켜 생각하며 법문 열어주길 간청함 · 214
5) 경전 강설하는 법회를 열어 관음상을 모시고 궁 안팎 여러 권속들이 법의 은혜 받길 원함 · 216
6) 천태선사의 설법인연으로 선정지혜 밝아져 날 적마다 선지식 인연 맺길 원함 · 217
7) 날 적마다 반야를 떠나지 않고 영겁토록 보살도 행할 것을 원함 · 218
8) 모든 성인께 증명하길 청하고 모든 공덕 살바야에 회향함 · 219

4. 현수법장법사가 의상법사(義湘法師)께 올림
- 현수법장(賢首法藏) · 221

옛날의 아름다운 인연 버리지 마시고 모든 악도 가운데 바른 길 보여주소서
1) 법장법사가 의상법사께 안부를 물음 · 222
2) 의상법사의 지혜와 교화의 행을 찬탄함 · 222
3) 승전법사의 귀국편에 『탐현기』를 지어 보내면서 그 잘못된 곳 지적해주

길 청함 · 223
4) 날 적마다 동행선지식으로 진리의 길 같이 걷기를 원함 · 224

5. 원효법사(元曉法師)가 낭지법사(朗智法師)께 올린 글
— 원효(元曉) · 225
서쪽 골짝 사미는 머리 숙여 절하오니
1) 『초장관문(初章觀文)』과 『안신사심론(安身事心論)』을 짓고 스승에게 책을 보냄 · 227
2) 게송으로 크신 스승의 은혜를 기림 · 227
3) 지통과 원효가 모두 낭지법사를 스승으로 삼았음을 말함 · 228

6. 대각국사 의천이 천태탑 밑에서 원을 발함
— 대각국사의천(大覺國師義天) · 229
고려에 돌아가 천태의 교관을 목숨 다하도록 펼쳐 드날리오리
1) 천태산으로 지자대사의 탑을 찾아가 발원함 · 230
2) 천태교판(天台敎判)의 위대성을 말함 · 230
3) 고려에 교관(敎觀)을 받아 익힘이 끊어짐을 말함 · 231
4) 자변종간의 문하에서 교관을 받아 고려에서 크게 선양할 것을 말함 · 231

7. 대각국사 의천이 원효성사(元曉聖師)에게 바치는 글
— 대각국사의천(大覺國師義天) · 233
해동 원효보살께서는 성품과 모습 융통하게 밝히시고
1) 제자 의천이 해동교주 원효보살에게 공양물을 바쳐 올림을 말함 · 234
2) 원효보살이 성품과 모습을 융통케 하고 백가의 다툼을 화쟁하는 대성사임을 말함 · 234
3) 원효성사의 지혜와 교화의 행을 다시 찬탄함 · 235
4) 원효성사의 도를 사모하고 그 뜻을 옳게 전하기 위해 저술을 두루 구해

해왔음을 말함 · 235
5) 원효성사를 추모하여 분황사에서 제를 올리며 성사께서 자비로 살펴주
   길 바람 · 235

8. 증시랑 천유가 대혜선사(大慧禪師)께 묻고 대혜선사가 답함
– 증시랑(曾侍郞) 천유(天遊) · 237

어떻게 공부를 지어가야 '본디 땅 바람과 빛[本地風光]'에 서로 맞아 하나될 수 있습니까 – 증시랑 천유(曾侍郞 天遊)
1) 증개가 원오선사의 말씀을 들어 안부를 물음 · 238
2) 지난 업을 돌아보고, 뉘우치고 부끄러워하는 마음을 말함 · 238
3) 보리의 뜻을 세웠으나 그 뜻과 바람은 크지만 힘이 미치지 못함을 말씀드림 · 238
4) 원오선사께 공안(公案)을 받아 공부하나 아직 공부가 순일하지 못함을 말씀드림 · 239
5) 이제 다시 발심하고 곧장 본지풍광에 계합할 수 있는가를 물음 · 240

번뇌와 수행방편이 모두 허깨비인 줄 알아야 – 대혜종고선사(大慧宗杲禪師)
1) 증개의 간절한 마음을 격려함 · 241
2) 지난 업이 허깨비인 줄 알아 다시 집착하지 말고 반야지혜의 물로 깨끗이 씻도록 당부함 · 241
3) 끊을 번뇌와 번뇌 끊는 수행방편이 모두 허깨비인 줄 알면 바로 옛때 사람이니 다만 공안을 보아 공부하도록 권함 · 242
4) 부처님 앞에 큰 서원 세워 공부하도록 당부함 · 243
5) 『화엄경』 선재동자의 구도여정을 들어 중생의 번뇌와 닦아가는 삼매와 구경의 깨달음에 모두 실로 얻을 것이 없음을 보임 · 243
6) 모든 법문이 보리심을 낸 수행자의 한 생각 진실한 마음 떠나지 않음을 보이고, 온갖 법이 실로 있지 않은 실상을 바로 열어 보임 · 245
7) 법을 묻는 이의 진실한 마음처럼 법을 설하는 이의 뜻이 진실하여 속이지 않음을 보임 · 246

8) 바른 믿음이 선 곳에서 선재가 끝내 해탈을 얻듯, 진실한 뜻 그대로 바르게 공부를 지어가면 끝내 깨닫게 됨을 언약함 · 246

9. 자운준식법사가 천태성사(天台聖師)께 바친 발원
- 자운준식(慈雲遵式) · 249

이내 목숨 다하도록 천태선사 가르침 따라 배우리
1) 목숨 다하도록 천태교를 의지해 배울 것을 발원함 · 250
2) 중생의 뜻이 어지럽고 어두움을 비유로 보임 · 250
3) 깊은 본서원〔本願〕으로 도와 깨닫게 해주길 바람 · 250

10. 백운경한선사가 석옥청공선사(石屋淸空禪師)로부터 사세송(辭世頌)을 받고 스승을 추모함
- 백운경한(白雲景閑) · 253

나는 이제 스승에게서 무념(無念)의 종지 깨달았으니
1) 백운경한선사가 지정 신묘 5월 17일 호주 하무산 천호암에 가서 석옥화상에게 법을 물으며 올린 말 · 254
2) 하무산에서 깨친 인연을 두세 명의 도반에게 보임 · 256
3) 스승의 사세송을 받고 안국사에서 재를 열고 설함 · 259
4) 게송으로 스승의 은혜를 기리고 원을 발함 · 265

11. 백운경한선사가 서천지공선사(西天指空禪師)께 올린 글
- 백운경한(白雲景閑) · 271

이제 제가 늘 수건과 물병 잡아 스승을 곁에서 모시오리라
1) 말법의 때 지공선사의 출현을 찬탄함 · 272
2) 지공선사의 지혜와 자비가 지금을 넘고 옛 벗어남을 찬탄함 · 273
3) 지난 세상 원력으로 중국과 우리 고려에 와 두타행과 선정 삼매 보이심을 찬탄함 · 274
4) 지공선사의 법은에 감사하며 늘 곁에서 모시기를 발원함 · 276

12. 우익지욱선사가 유계전등존자(幽溪傳燈尊者)께 바친 글
　　　　　　　　　　　　　　　　　　　- 우익지욱(藕益智旭)·279
처음 스승을 뵙고 반은 믿고 반은 의심했으니 이제 향을 태워 참회합니다
   1) 암증선에 빠져 가르침 받지 않음을 참회함·280
   2) 선림(禪林)에 들고 나오며 시대의 병폐를 보고 존자의 가르침 받게 됨을 말함·280
   3) 의심했던 죄를 참회코저 하나 이미 스승이 가셨음을 한탄함·280
   4) 선 없는 교의 병폐와 교 없는 선의 병폐를 다시 말함·281
   5) 존자의 지혜와 밝은 절개를 다시 우러르며 참회의 향을 바쳐 제자의 예를 올리고 거두어주길 청함·281

제Ⅴ장 함께 모여 삼매관행 같이 닦아가리니 [修行結社願文] … 283

1. 화엄결사를 여는 발원문 [華嚴社會願文]
　　　　　　　　　　　　　　　　　- 고운 최치원(孤雲 崔致遠)·287
화엄결사를 열어 묘한 법을 펼치어서 중생과 함께 항상함과 즐거움 누리리니
   1) 성인이 가르침 베푼 뜻을 보임·289
   2) 여산결사의 뜻과 현수법장이 의상조사에게 보낸 뜻이 오늘의 결사정신과 같음을 보임·290
   3) 이 법자리는 일승의 묘한 뜻 탐구하는 모임이며, 모든 착함 행하는 자가 다 결사대중임을 보임·291
   4) 때가 상법과 말법이니 뜻을 정토에 두고 뭇 대중이 결사에 같이해 함께 항상함과 즐거움 누리길 서원함·291

2. 전교(傳敎)의 도량을 수호하려는 크나큰 서원
　　　　　　　　　　　　　　　　　- 사명법지존자(四明法智尊者)·293

법 전하는 이 도량〔傳敎道場〕 보살펴 환히 드러내주옵소서
1) 삼보님과 모든 성중께 도움과 증명을 청함 · 294
2) 바르게 전법하지 못하고 세월만 보냈음을 참회함 · 294
3) 이 전교의 도량과 가르치는 경전을 모아 뒤의 보살에게 헌공하고 여래의 법이 길이 이어지길 서원함 · 295
4) 도량과 아란야로 인해 법이 다시 전해짐을 말함 · 296
5) 전교의 이 도량을 보살피사 도가 넓혀지고 이어지길 바람 · 297
6) 악한 무리가 도량을 침범해 법을 깨뜨리려 하면, 끝내 그 뜻 이루어지지 못하도록 할 것을 서원함 · 298
7) 불보살께 다시 원해 악한 무리 물리쳐서 이 도량이 환히 빛나도록 발원함 · 301
8) 하늘무리에게 다시 불법 지켜줄 것을 발원하고 악한 무리마저 보리의 도 깨치기를 서원함 · 302

3. 연경원에서 염불삼매의 결사를 열며 발원함 [延慶院念佛結社發願]
— 사명법지존자(四明法智尊者) · 305
부처님의 이름 부르고 그 부처님 자비행 닦아가면 반드시 그 국토에 나게 되리라
1) 비록 중생이 윤회 속에 있으나 중생의 실상이 무장애법계임을 말함 · 307
2) 서방정토에 왕생하는 법문이 쉬운 해탈의 길임을 보임 · 307
3) 결사대중이 정토에 나도록 만 사람을 묶어 수행함을 말함 · 310
4) 다시 중생의 업을 경계하며 부지런히 염불수행할 것을 당부함 · 310

4. 새로 세운 도량에 들어 대중에게 보임 [入菴示衆]
— 대혜종고선사(大慧宗杲禪師) · 313
함께 같이 여래의 적멸바다 머물러지이다
1) 도량창건공덕주의 공덕이 선재동자의 본사와 같음을 찬탄함 · 314

2) 오늘의 도량건립이 옛날 하늘사람이 풀을 꺾어 꽂아 범찰지음과 같음을 말함 · 315
3) 장자(長者)가 몸의 실상을 잘 살펴 이미 정토에 이르렀음을 말함 · 315
4) 아버지를 추모하는 자식 또한 진리문에 급제했으며 아버지는 일찍이 죽지 않았음을 말함 · 316
5) 이 도량에 모인 이들이 같이 여래의 적멸바다에 머물기를 바람 · 317

5. 선정과 지혜를 닦도록 권하여 결사하는 글 [勸修定慧結社文]
— 보조지눌선사(普照知訥禪師) · 319

선정과 지혜를 같이 닦고, 예불하고 경 읽으며 바르게 수행하면 어찌 시원하지 않겠는가
1) 병든 세태를 살피고 결사를 약속하다 · 320
2) 때의 좋고 나쁨을 묻지 말고 정혜 닦기를 권함[不問時分勸修定慧] · 321
3) 정혜결사의 공덕을 널리 모두 회향함 · 327

6. 좌선과 법화경 독송 함께하는 법의 자리를 알리는 글 [蓮經法席疏]
— 진정천책선사(眞淨天頙禪師) · 333

선정일 때 경 외움이고 경 외울 때 선정이라 서로 걸림 없으니
1) 묘법(妙法)을 살피는 부사의관과 법화일승을 보임 · 334
2) 만덕산 회상에서 천태의 반행반좌삼매행이 열림을 말함 · 334
3) 선정과 독송이 하나되고 살핌과 살펴짐이 걸림 없으면 지혜가 온갖 곳에 두루해짐을 말함 · 335
4) 이 삼매행으로 불일이 더욱 빛나고 덕화가 넘쳐 온갖 중생이 해탈언덕에 이르기를 원함 · 335

7. 보현도량 처음 일으킴을 알리는 글 [普賢道場起始疏]
— 진정천책선사(眞淨天頙禪師) · 337

만덕산의 존숙께서 사명의 청규를 이어 보현의 도량을 열어내시니

1) 『법화경』이 천경만론의 뜻을 거두어 일승의 진리바다에 돌이키는 제호의 가르침임을 말함 · 338
2) 티끌 티끌이 불성 갖추지 않음이 없어서 온갖 법이 곧 상주하는 실상임을 보임 · 338
3) 만덕산 원묘선사(圓妙禪師)께서 사명의 청규를 이어 보현도량을 열어 법화삼매법을 다시 일으켜 세우심을 말함 · 339
4) 선송일여 수행가풍으로 부지런히 정진하면 반드시 법화삼매 얻게 됨을 말함 · 341
5) 이 삼매수행의 인연으로 나라가 번창하고 백성이 안락하여 모두 법화일승의 진리바다에 돌아가길 서원함 · 341

8. 대비심다라니를 행하는 도량을 세우며 원을 발함 [大悲行法道場願文]
 — 우익지욱선사(藕益智旭禪師) · 343

다라니 외우는 삼매법으로 온갖 중생이 두렷하고 항상한 도 깨쳐지이다

1) 대비심다라니와 깨친 성인께 귀의하고 큰 위신력으로 건져주길 서원함 · 344
2) 스스로를 돌이켜 온갖 죄업 참회하고 대비심 다라니의 도량에서 번뇌의 때 씻어내길 서원함 · 345
3) 시방삼보와 관음보살께 여섯 가지 원을 발함 · 347
4) 시방부처님께 향으로 팔을 태워 공양하고 열 가지 원을 발함 · 347

9. 만일 동안 활구참선의 결사를 하며 원을 발함 [活句參禪萬日結社發願]
 — 용성진종선사(龍城震鍾禪師) · 349

비로자나 큰 원력의 바다 가운데 보현 관음 언제나 벗을 삼으리

1) 중생 슬피 여겨 보리의 마음 내게 됨을 보임 · 350
2) 선결사를 발원하고서 지장 문수처럼 되기를 원함 · 351
3) 비로자나 법계바다에서 보현과 관음의 자비원력 실천해갈 것을 발원함 · 352
4) 단월들의 도움으로 네 가지 공양물이 갖춰지길 서원함 · 352

5) 나의 발원 시방부처님이 증명하사 중생 모두 큰 보리 이루기를 발원함
· 353

10. 각운동결사발원문 [覺運動結社發願文]
― 학담(鶴潭) · 355

결사하여 각운동에 정진하나니 삼보님은 가피하여 주시옵소서
1) 삼보께 귀의하고 각운동결사를 발원함 · 356
2) 정혜쌍수 지관구행의 부촉을 생각함 · 357
3) 암증선과 문자법에 떨어진 현실을 반성함 · 357
4) 진언행으로 중생성취할 것을 발원함 · 358
5) 보현행원으로 보리 이룰 것을 발원함 · 359
6) 모습 아닌 모습으로 국토 장엄할 것을 발원함 · 360
7) 모든 공덕 법계와 중생에 회향할 것을 발원함 · 361
8) 여러 성현의 가피와 단월의 도움을 바라고 이 원이 법계성품처럼 다함 없음을 말함 · 362

제Ⅵ장 영겁을 보현보살 행원으로 [修普賢行願文] ·········· 363

1. 용수보살 광대발원송 [龍樹菩薩 廣大發願頌]
― 용수보살(龍樹菩薩) · 367

나의 찬탄과 발원 위없고 광대하여 끝이 없으니
1) 한량없는 불국토 생각할 수 없는 부처님께 절하고 한량없는 삼보께 귀의함 · 368
2) 한량없는 중생에게 공양하고 참회하며, 좋은 일 따라 기뻐하며 지은 공덕 회향하길 서원함 · 369
3) 크나큰 지혜와 자비 넓고 큰 원행이 이미 과덕 이룬 보살들과 같아지길 서원함 · 370

4) 나의 이름이 저 모든 보살들과 같아지고, 중생과 함께 진리 공덕 얻길
서원함 · 375

2. 천태지자대사 보현보살발원문 [天台智者大師 普賢菩薩發願文]
- 천태지자선사(天台智者禪師) · 377

나의 원력과 행 미래제가 다하도록 쉬임 없으리

1) 부처님께 귀의하고 온갖 바라밀행 갖출 것을 서원함 · 378
2) 보리심과 믿는 마음, 대비의 마음 갖추고 여러 가지 바라밀행 얻길 서원함 · 378
3) 열 가지 큰 원 세워 미래제가 다하도록 쉬임 없이 행할 것을 서원함 · 380
4) 열 가지 원을 중생에게 회향하고 중생이 보현행원 갖추길 서원함 · 383
5) 모든 선근과 공덕을 깨달음과 진여법계에 회향할 것을 서원함 · 383

3. 의상대사 일승발원문 [義湘大師 一乘發願文]
- 의상대사(義湘大師) · 385

넓고 크신 보현보살행을 갖추어 비로자나부처님 만나뵈오리

1) 세 가지 세간으로 업을 삼고 공양거리 지어 삼보와 중생에게 공양할 것을 서원함 · 386
2) 나의 생각 생각 불사를 짓고 온갖 선 갖추기를 서원함 · 386
3) 늘 선지식 만나 선지식과 함께 큰 구제행 닦길 서원함 · 387
4) 보현행원으로 비로자나 법계에 돌아갈 것을 서원함 · 388

4. 이산혜연선사 발원문 [怡山惠然禪師 發願文]
- 이산혜연선사(怡山惠然禪師) · 389

병이 드는 세상에는 약풀이 되어

1) 삼보께 목숨 다해 귀의하고 큰 자비의 섭수를 바람 · 390
2) 법계의 참된 성품 등지고 지은 죄업 참회함 · 390

3) 깨끗한 몸과 마음으로 출가하여 범행 닦아 보리지혜 물러섬이 없길 서원함 · 391
 4) 대승 깨닫고 육바라밀 널리 닦아 중생 위해 보현행원 다함 없이 닦기를 서원함 · 393
 5) 중생의 병과 갖가지 부름 따라 한량없는 방편의 몸을 나투어 중생세간 이롭게 하길 서원함 · 394
 6) 원수와 친한 이 모두 일체종지 원만히 하길 서원하고 허공 같은 나의 원이 다함 없음을 말함 · 395

5. 나옹선사 발원문 [懶翁禪師 發願文]
　　　　　　　　　　　　　　- 나옹혜근선사(懶翁慧勤禪師) · 397
날 적마다 반야지혜에서 언제나 물러서지 않으리
 1) 반야지혜에서 언제나 물러섬이 없기를 발원함 · 398
 2) 인행과 과덕은 부처님과 같아지고 대비의 구제활동은 여러 보살들과 같아지길 발원함 · 398
 3) 나의 교화로 끝내 부처중생 차별 없기를 발원함 · 399
 4) 여러 호법성중이 보살펴 원이 이루어지길 발원함 · 400

6. 자운준식법사 원문 [慈雲遵式法師 願文]
　　　　　　　　　　　　　　- 자운준식법사(慈雲遵式法師) · 401
천태선사 남긴 가르침 따라 보현행원 실천하리
 1) 도 가리는 모든 죄업 드러내 깊이 참회하고 죄가 허공처럼 정정해시길 바람〔懺悔〕· 402
 2) 온갖 성인 법바퀴 굴려주길 권해 청함〔勸請〕· 407
 3) 진리인연 늘 따라 기뻐하길 서원함〔隨喜〕· 408
 4) 지은 공덕 법계와 중생에 널리 두루 회향하길 서원함〔廻向〕· 409
 5) 모든 부처님을 따라 배우며 보현행원 길이 행할 것을 서원함〔發願〕· 410

7. 우익지욱선사 원문 사십팔 [蕅益智旭禪師 願文 四十八]
　　　　　　　　　　　　　　　－ 우익지욱선사(蕅益智旭禪師)· 413
　법장비구처럼 마흔여덟 크고 넓은 원을 세우리〔四十八願〕
　　1) 세 가지 몸 갖춘 부처님과 진여법계와 온갖 성현에 귀의하고, 시방삼세
　　　에 두루한 크나큰 원 닦을 것을 말함 · 414
　　2) 마흔여덟 크고 넓은 서원을 일으킴 · 416

제Ⅶ장 감이 없이 정토세계 가서 나리라 [往生淨土願文] ……… 439

1. 무량수경우파데사 원생게 [無量壽經優波提舍 願生偈]
　　　　　　　　　　　　　　　－ 세친보살(世親菩薩) · 443
　모든 중생 안락국토에 함께 가서 태어나지이다
　　1) 부처님께 귀의하고 찬탄하며 원을 짓는 문〔歸依 讚歎 作願門〕· 445
　　2) 무량수경의 말씀 의지해 위의 세 문을 이룸〔依經成上三門〕· 445
　　3) 정토세계와 아미타부처님과 대중의 진실한 모습을 관찰함〔觀察門〕· 446
　　4) 게를 설하는 공덕 회향하여 모든 중생 왕생하길 바람〔廻向門〕· 454

2. 아미타증성가 [阿彌陀證性歌]
　　　　　　　　　　　　　　　－ 원효대사(元曉大師) · 455
　부처님의 법계의 몸 생각할 수 없고 말할 수 없나니
　　1) 부처님의 몸과 마음 목숨 다해 따르나니 · 457
　　2) 마흔여덟 높고 크신 서원 세우고 맑고 좋은 업을 갖춰 닦으사 · 457

3. 진행노파에게 근원 바로 끊는 길을 보임 [示陳行婆頌]
　　　　　　　　　　　　　　　－ 자변종간법사(慈辯從諫法師) · 459
　소리소리 일으켜 부르는 곳에 근원의 뜻 환히 밝으리

1) 아미타불 밖에서 구하지 말라 · 460
2) 염불 간경이 근본 가는 길이니 · 460

4. 정토에 왕생함을 바로 믿는 노래 [往生正信偈]
　　　　　　　　　　　　　 - 자운준식법사(慈雲遵式法師) · 463
여러 대승경전 의지하여 서방정토 가서 남을 분명히 믿게 되었나니
1) 부처님께 귀의하고 왕생에 분명한 믿음을 보임 · 464
2) 여러 대승경을 통해, 믿음과 원과 행〔信願行〕이 있으면 반드시 왕생함을 보임 · 464
3) 대승경의 진실한 말씀을 듣고 모두 믿음 내도록 서원함 · 472

5. 연화세계에 왕생하려는 빼어난 모임을 엮는 글 [蓮華勝會錄文]
　　　　　　　　　　　　　 - 자각종색선사(慈覺宗賾禪師) · 473
감이 없고 남이 없이 저 정토세계 가서 나는 것이니
1) 정토왕생이 선(禪)의 생각 없음〔無念〕과 둘이 아님을 보임 · 447
2) 정토를 취할 것이 없고 예토를 버릴 것이 없지만 정토의 빼어난 인연 의지해야 함을 말함 · 475
3) 정토에 가서 남을 비방하는 자들의 다섯 가지 미혹을 말함 · 476
4) 여래의 가르침을 믿어 정토에 가게 되면 반드시 해탈의 과덕 이룸을 보임 · 478
5) 다시 정토법문이 해탈의 요긴한 문임을 말해 모두 정토법문에 함께하길 원함 · 479
6) 연화세계에 나려는 이 빼어난 결사의 모임〔蓮華勝會〕에서 함께 도와 수행하길 원함 · 480

6. 염불회향발원문 [念佛廻向發願文]
　　　　　　　　　　　　　 - 자각종색선사(慈覺宗賾禪師) · 481
나아가고 그치는 몸가짐 속에 언제나 부처님 떠나지 않고

1) 삼보에 귀의하고 늘 선근공덕 지으며 염불할 것을 발원함 · 482
2) 극락세계 열여섯 가지 경계 살펴 다섯 가지 정토문 닦기를 서원하고, 부처님 보살피는 힘 더해주기를 발원함 · 483
3) 나의 염불삼매행에 부처님의 위신력이 더해져 장애와 마의 일이 없길 발원함 · 485
4) 온갖 선근인연을 정토에 회향함에, 임종에 장애 없어져서 부처님과 여러 성현이 맞아 이끌어주길 서원함 · 487
5) 정토에 나서 부처님의 설법 듣고 남이 없는 법인 깨쳐 변화의 몸 자재하길 서원함 · 488
6) 중생세간에 들어가 중생을 이끌어 보리심을 내게 하고 보현행원 닦게 하길 서원함 · 489
7) 법계가 다함 없으므로 나의 서원도 다함 없음을 말함 · 490

7. 법화경찬문(法華經讚文)에 붙인 정토발원(淨土發願)
― 정명천인선사(靜明天因禪師) · 491

아미타불 계시는 극락세계에 모든 공덕 회향하오리
1) 부처님의 더해주는 힘 몸소 입어 큰 지혜 성취하리 · 493
2) 아미타 부처님은 우리들의 몸과 마음 떠남 없으니 · 495

8. 염불의 핵심 요점을 노래함 [念佛心要頌]
― 초암도인법사(草菴道因法師) · 497

나와 미타 두 모습이 아니지만 망상으로 서로 다름 이루었으니
1) 세계바다와 허공이 서로 겹쳐 연화궁이고 연화궁이 아미타의 얼굴임을 말함 · 498
2) 아미타의 참모습은 모습 아닌 모습이라 얻을 수 없음을 보임 · 498
3) 나와 부처님에 다른 모습이 없으므로 이와 같이 부르고 대답하는 감응이 있음을 말함 · 499
4) 나와 아미타는 실로 다름이 없는데 망상으로 막힘이 생기고 걸림이 이루어짐을 말함 · 499

5) 여섯 생각 쉬임 없이 닦아 끝내 아미타 뵙기를 서원함 · 500

9. 왕생극락발원문 [往生極樂發願文]
　　　　　　　　　　　　　　- 운서주굉선사(雲棲袾宏禪師) · 501
극락세계 가서 나길 발원하오니 큰 자비로 거둬주소서
 1) 서방정토 아미타불께 귀의하고 거둬주길 발원함 · 502
 2) 법계중생을 위해 극락세계 가서 나려함을 말함 · 502
 3) 지은 업장 참회하고 모든 죄업 없어지길 발원함 · 503
 4) 지금 세운 깊은 서원 거두어주고 보살피는 힘 더해주길 발원함 · 504
 5) 늘 부처님과 함께 하는 삼매 얻어 무명번뇌 깨뜨리고 상적광토 늘 눈앞에 드러나길 발원함 · 504
 6) 임종 때에 모든 장애 없어져 정토세계 부처님이 맞아 이끌어주시길 발원함 · 505
 7) 극락세계 연꽃태에 태어나 설법 듣고 남이 없는 법인 깨치기를 발원함 · 506
 8) 극락세계 떠나지 않고 시방의 중생세계에 돌아와 중생을 정토세계에 이끌기를 발원함 · 508
 9) 이 큰 발원이 법계의 모습처럼 끝이 없고 다함 없음을 말함 · 508
 10) 모든 공덕 중생에게 회향하여 온갖 중생 일체종지 원만히 하길 발원함 · 509

제Ⅷ장 미륵의 때를 기다려 맞이하리 [待望彌勒願文] ·············· 511

남악사대선사가 세운 서원의 글 [南嶽思大禪師立誓願文]
　　　　　　　　　　　　　　- 남악혜사선사(南嶽慧思禪師)

1. 말법의 때 서원 세워 미륵부처님 뵙기를 서원함 · 515

행과 원으로 도에 들어가나니 반야와 법화를 지니어 미륵부처님을 뵈오리
1) 대악세에 대승경을 지니어 미륵부처님에 이르기를 서원함 · 517
2) 삼보와 여러 호법성중에 귀의함 · 518
3) 부처님 안 계신 악한 세상에 태어나 중생구제를 위해 먼저 보리의 도 구하고 수능엄삼매 얻기를 서원함 · 519

2. 악논사들에게 죽음의 고난 받은 인연을 말하고 금글씨 반야경 만들기를 서원함 · 523
모든 악논사들마저 물러섬이 없는 지위에 머물러지이다
1) 선사 34세에 하남에 있으면서 대승을 강설하다 독약을 들고 살아나 신주로 돌아옴 · 525
2) 선사 39세에 마하야나를 강설하다 생금독약의 고난을 받고 참회와 발원으로 살아남 · 526
3) 선사 40세에서 42세에 대소산에 머물며 악논사들의 박해를 받으면서도 큰 자비서원을 일으킴 · 527
4) 선사 43세에 남정주에 머물면서 대승을 강설하다 악논사들의 박해를 받으며 금글씨 반야경을 만들어 칠보함에 모실 것을 서원함 · 528

3. 금글씨 반야경을 만들고 크나큰 대승의 서원을 일으킴 · 531
미륵 세존 오실 때 나의 크나큰 원 모두 이뤄지이다
1) 선사 44세시에 광주 대소산에서 금글씨 반야경 만들기를 서원하고 광성현 제광사에서 경과 보배함을 만듦 · 534
2) 크나큰 대승의 서원을 일으킴 · 534

4. 서원의 깊은 뜻을 다시 게송으로 말함 · 575
여래의 본원을 따라 행하리
1) 부처님과 같은 지혜와 선정 신통 바라밀 갖추기를 서원함 · 576

2) 나의 원으로 시방의 물든 땅이 정토되기를 서원함 · 579
3) 나의 원으로 시방 중생이 모두 삼보에 귀의하여 보리도에 나아가길 서원함 · 581
4) 부처님들 찬탄 받고 시방 부처님께 공양하길 서원함 · 584
5) 이 큰 행원을 미륵부처님 때까지 쉬지 않고 실천할 것을 서원함 · 586
6) 이 생에서 다섯 신통을 갖추고 위없는 보디 이루어 중생제도하길 서원함 · 587

5. 죄업을 참회하고 방편으로 신선 이루어 중생제도하길 다시 서원함 · 589
오래 사는 선인이 되어 미륵의 때까지 대승 설해 중생 건지리
1) 이 몸으로 지은 죄 참회하고 오래 사는 몸 얻어 삼매 닦길 서원함 · 590
2) 선인이 되어 위없는 도를 구해 중생구제할 원을 노래함 · 591

6. 말법의 시대 삿된 권력자와 악지식을 크게 경계함 · 599
가리고 가리며 또 가리고 가려야 하리
1) 중생 교화를 위해 여러 보살을 생각하며 신통을 갖추기를 서원함 · 601
2) 모든 악지식과 나쁜 정치세력 가려 멀리 떠날 것을 서원하고 당부함 · 602

찾아보기 · 603

제 I 장

삼보께 목숨 다해 귀의하옵고
[歸命三寶願文]

1. 시방의 부처님께 공경히 절하는 법 [敬禮法]
   - 장안관정선사(章安灌頂禪師)
2. 노사나부처님께 널리 절하는 법 [普禮法]
   - 장안관정선사(章安灌頂禪師)

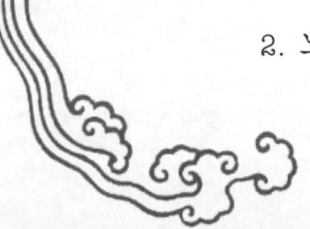

　붇다는 스스로 붇다가 아니라 법계진리를 깨침으로써 붇다라 이름지어진 분이다. 그러므로 진리를 구현한 붇다의 삶 속에서 깨친 지혜〔能覺〕와 깨달은 진리〔所覺〕는 둘로 나뉠 수 없다.
　여래의 가르침은 인간이 쓰는 말〔言語〕이되 그냥 일상에서 주고받는 의사소통만의 언어가 아니라 어두움과 괴로움 속에 빠져 있는 중생에게 반야〔般若〕의 눈을 열어, 중생을 깨달음의 길에 이끌어주고 삶의 참된 이익과 안락을 주며, 열반의 저 언덕에 오르게 하는 해탈의 언어이다.
　선서〔善逝: sugata〕의 제자들은 '이미 열반의 저 언덕에 잘 가신' 붇다(buddha)를 따라 그 가르침(dharma)을 믿어 받들며 붇다를 따라 열반의 세계에 또한 잘 가기 위해, 고통과 미혹의 세간 속에 '진리 실현의 공동체(Samgha)'를 이루어 더불어 수행한다.
　그리고 진리의 말씀을 고난의 세간 속에 전파하여 온갖 삶들을 진리의 땅에 이끈다.
　붇다・달마・상가, 이 세 가지 진리의 보배〔佛法僧三寶〕는 법계진리의 역사적 실현이며 인격적 구현이다.
　그러므로 여래를 따라 해탈의 길에 나아가려는 모든 구도자들은 삼보를 진리의 푯대로 삼아 영겁에 보리의 길을 걸어가며, 한량없는 뭇 삶들에게 끝없는 자비실천의 행을 보여야 한다.
　저 제석천의 하늘군사가 아수라와 싸울 때 제석천의 깃발을 생각하며 아수라의 무리를 격파하듯, 여래의 제자들은 삼보를 영겁의 삶을 이끌 진리의 나침반으로 삼아 오탁〔汚濁〕의 세간을 헤쳐 가며 스스로 해탈의 땅에 이르고 이 세간의 다함 없는 복밭〔福田〕을 지어야 한다.

1. 시방의 부처님께 공경히 절하는 법〔敬禮法〕
- 장안관정선사(章安灌頂禪師)

　시방의 부처님께 공경히 절하는 본 의례문은 장안관정선사(561~632)가 엮은 『국청백록(國淸百錄)』 가운데 나오는 의례문이다. 관정선사는 천태종 제5조의 조사로서 천태지의선사(天台智顗禪師)의 상수제자이다. 선사는 임해 장안(臨海章安) 사람으로 속성은 오(吳)씨이다. 출신지를 따라 선사를 장안 대사(章安大師) 장안존자(章安尊者)라 한다.
　7세에 섭정사(攝靜寺) 혜증(慧拯)을 따라 출가하여 스무 살에 구족계를 받고 남조 진(陳) 지덕원년(至德元年: 583)에 천태산 수선사로 지의선사를 찾아뵙고 교관(敎觀)을 받아 익혀 크게 깨쳤다.
　만년에는 회계(會稽)의 칭심정사(稱心精舍)에 머물며 법화를 강설하고 당(唐) 정관(貞觀) 6년에 입적하였는데, 나라에서 뒤에 총지존자(總持尊者)라 호를 드렸다.
　『법화현의』, 『법화문구』, 『마하지관』 등 크고 작은 책 백여 권을 모아 기록하여 뒷세상에 전했으니, 오늘날까지 천태지자선사의 가르침이 이어져 남게 된 것은 관정선사의 공로이다.
　스스로 『대열반경현의(大涅槃經玄義)』 2권, 『대열반경소(大涅槃經疏)』 33권, 『관심론소(觀心論疏)』 5권, 『천태팔교대의(天台八敎大義)』 1권, 『지자대사별전(智者大師別傳)』 1권, 『국청백록(國淸百錄)』 4권을 저작하였다.
　『국청백록』은 수대(隋代) 중국불교 최대의 수행 중심지였던 국청사(國淸寺)에서 행해지고 있던 수행청규, 의례문, 천태대사와 제자들 사이의 서간문 등을 모은 책이다.
　본서가 우리말로 옮겨 실은 '시방의 부처님께 공경히 절하는 법'은 국청사의 수행자들이 일상 수도생활 중 외우던 예참문 가운데 일부이다.
　본 예참문에서는 먼저 본사 석가모니부처님께 절하고 찬탄하고 공경의 마음을 바치고 나서, 법·보·화 삼신의 부처님과 시방의 여러 부처님들과 과거의 부처님과 미래의 부처님께 절하는 의례로 시작한다.

이것은 곧 본사 석가모니부처님께 절함이 바로 부처님이 깨친 진리〔所覺法界〕 곧 법신부처님〔法身佛〕께 절함이고, 진리를 깨치는 지혜〔能覺智慧〕 곧 보신부처님〔報身佛〕께 돌아감이며, 시방삼세에 다함 없는 지혜의 묘용〔智慧妙用〕 곧 화신부처님〔化身佛〕께 돌아감임을 나타낸다.

법·보·화 세 부처님께 절함이 불보에 돌아감이라면, 십이부경(十二部經)에 절함은 법보에 돌아감이고, '삼승의 도 얻은 온갖 성현의 무리'에 절함은 승보에 돌아감이다.

본 의례문은 불·법·승 삼보에 절하면서 다시 온갖 하늘 용 등 성중과 그 밖의 땅을 지키는 신들, 나라의 권력자, 여러 생의 스승과 부모, 시주께 공경의 마음을 바치니, 이는 수당시기 국가불교(國家佛敎)의 현실 속에서 세속의 권력자들을 교단의 외호선지식(外護善知識)으로 끌어들이려는 방편의 가르침이라 할 것이다.

그리고 의례문은 끝으로 '공경히 절함'을 마친 뒤 다시 나라 안의 모든 권력자와 스승과 부모, 시주들이 모두 여래의 진리 안에서 풍요와 안락 누리기를 기원하고 국토가 편안하고 민중이 안락하기를 기도한다.

또한 뭇 삶들이 모두 여섯 가지 바라밀행〔六波羅密行〕 갖추기를 서원하고 나서는 부처님께 참회하고〔懺悔〕 권해 청하며〔勸請〕, 따라 기뻐하고〔隨喜〕, 지은 바 공덕과 선근을 모두 모아 중생을 위해 보리의 도에 회향하기〔廻向〕를 서원한다.

이는 왜 그런가. 그것은 수행자가 삼보께 귀의하여 보리의 도에 나아감이, 나만의 해탈을 위함이 아니라 나와 온갖 중생을 진리로 성취시키고 뭇 삶들이 의지해 사는 국토와 온갖 세계를 정토의 세계로 돌이키기 위한 광대행원(廣大行願)의 발로이기 때문이다.

시방의 부처님께 공경히 절하오니1)

1) 향과 꽃을 올리며 발원함

시방에 항상 머문 삼보님에게
일심으로 공경히 절하옵고
향과 꽃을 단엄하게 몸에 지니어
법다이 삼보님께 공양합니다.

바라건대 이 향과 꽃의 구름이
시방세계 널리 두루 가득하여서
낱낱 모든 부처님의 나라들마다
한량없는 향으로 장엄하옵고
보살의 거룩한 도 모두 갖추어
여래의 진리의 향 이뤄지이다.

경례상주삼보　엄지향화여법공양
敬禮常住三寶　嚴持香華如法供養
원차향화운　변만시방계
願此香華雲　遍滿十方界
일일제불토　무량향장엄
一一諸佛土　無量香莊嚴
구족보살도　성취여래향
具足菩薩道　成就如來香

---

1) 이 법은 바로 용수의 『비바사론(毘婆沙論)』을 의지하고 곁으로 여러 경의 뜻을 더한 것이다. 하루 낮 하루 밤의 행법에 법을 두고 줄임은 때를 맞춰야 한다. 아침과 낮에는 '공경히 절함'은 줄이고, 그 밖의 해야 할 바〔所爲〕는 그대로 쓰며, 해질 무렵〔三哺 : 申時〕에는 공경히 절함은 그대로 쓰고, 그 밖의 해야 할 바〔所爲〕는 줄인다. 초저녁에는 온전히 행법을 쓰되 낮에는 열 부처님으로 대신하고, 한밤과 늦은 밤에는 널리 절한다.

2) 공양한 뒤 시방상주 삼보를 찬탄하고 발원함

"공양하여 마치고는 법답게 길을 걸으며, 길 걸음을 마치고는 상주하신 삼보께 공경히 절하고 부처님을 찬탄하여 다음처럼 간절히 원해야 한다."

얼굴 빛깔 염부단 금빛과 같고
두렷하고 거룩하신 얼굴 모습은
깨끗한 보름달보다 빼어나시며
몸의 빛과 지혜는 밝고 밝아서
그 비춤이 가없고 끝이 없어라.

마군과 원수 무리 깨뜨려 부숴
사람 하늘 여러 무리 잘 교화하시니
여래의 저 팔정도 배에 오르면
건질 수 없는 이도 건지게 되고
거룩한 여래 이름 듣기만 해도
물러섬이 없는 지위 얻게 되므로
저희 중생 머리 숙여 절하옵니다.

부처님을 찬탄한 큰 공덕으로
삼계의 하늘과 용 여러 성중과
나라 안의 벼슬아치 스승과 부모
절을 지어 시주한 여러 단월들
온갖 모든 원수거나 친한 이들이
위없고 참된 진리 모두 깨달아
깨달음의 과덕을 이뤄지이다.

공양이 여법행도 행도경 경례상주삼보 탄불주원 주원운
供養已 如法行道 行道竟 敬禮常住三寶 歎佛呪願 呪願云

색여염부금 면유정만월
色如閻浮金 面逾淨滿月
신광지혜명 소조무변제
身光智慧明 所照無邊際

최파마원중 선화제인천
摧破魔怨衆 善化諸人天
승피팔정선 능도난도자
乘彼八正船 能度難度者
문명득불퇴 시고계수례
聞名得不退 是故稽首禮

탄불공덕 삼계천룡 황국칠묘 사승부모
歎佛功德 三界天龍 皇國七廟 師僧父母
조사단월 일체원친등 회진여공성불과
造寺檀越 一切怨親等 會眞如共成佛果

3) 시방삼세에 상주하시는 삼보에 공경히 절하며 귀의함

"대중의 윗자리〔上座〕가 되는 이는 마땅히 지혜의 힘을 써서 다음처럼 자재하게 말해야 한다."[2]

상적광토 비로자나부처님과
온 법계에 두루한 여러 부처님께
목숨 다해 공경히 절하옵니다.

---
2) 上座當用智力自在說。

연화장바다 노사나부처님과
온 법계에 두루한 여러 부처님께
목숨 다해 공경히 절하옵니다.

사바교주 석가모니부처님과3)
온 법계에 두루한 여러 부처님께
목숨 다해 공경히 절하옵니다.

경례상적광토 비로자나 변법계제불
敬禮常寂光土 毘盧遮那 遍法界諸佛
경례연화장해 노사나 변법계제불
敬禮蓮華藏海 盧舍那 遍法界諸佛
경례사바세계 석가모니 변법계제불
敬禮娑婆世界 釋迦牟尼 遍法界諸佛

동방 근심 없는 세계 선덕여래와
온 법계에 두루하신 여러 부처님께
목숨 다해 공경히 절하옵니다.

남방 큰 기쁨의 세계 전단덕부처님과
온 법계에 두루하신 여러 부처님께
목숨 다해 공경히 절하옵니다.

서방 좋은 이름 세계 무량명부처님과
온 법계에 두루하신 여러 부처님께

---

3) 삼신불(三身佛)에 귀의함 : 상적광토(常寂光土) 비로자나부처님이 법계진리인 법신의 부처님〔法身佛〕이라면, 연화장바다〔蓮華藏海〕노사나부처님은 법계진리의 인격적 구현으로서 지혜덕상이 갖춰진 보신불(報身佛)이며, 사바교주 석가모니부처님은 지혜덕상이 구체적 상황 속에서 해탈의 활동으로 전개된 화신의 부처님〔化身佛〕이다.

목숨 다해 공경히 절하옵니다.

북방 움직임 없는 세계 상덕여래와
온 법계에 두루하신 여러 부처님께
목숨 다해 공경히 절하옵니다.

동남방 달 밝은 세계 무우덕부처님과
온 법계에 두루하신 여러 부처님께
목숨 다해 공경히 절하옵니다.

서남방 뭇 모습 세계 보시여래와
온 법계에 두루하신 여러 부처님께
목숨 다해 공경히 절하옵니다.

서북방 뭇 소리 세계 화덕여래와
온 법계에 두루하신 여러 부처님께
목숨 다해 공경히 절하옵니다.

동북방 안온한 세계 삼승행부처님과
온 법계에 두루하신 여러 부처님께
목숨 다해 공경히 절하옵니다.

하방의 넓고 큰 세계 명덕여래와
온 법계에 두루하신 여러 부처님께
목숨 다해 공경히 절하옵니다.

상방의 뭇 달세계 광중덕부처님과[4]

온 법계에 두루하신 여러 부처님께
목숨 다해 공경히 절하옵니다.

경례동방무우세계 선덕여래 변법계제불
敬禮東方無憂世界 善德如來 遍法界諸佛
경례남방환희세계 전단덕불 변법계제불
敬禮南方歡喜世界 旃檀德佛 遍法界諸佛
경례서방명선세계 무량명불 변법계제불
敬禮西方名善世界 無量明佛 遍法界諸佛
경례북방무동세계 상덕여래 변법계제불
敬禮北方無動世界 相德如來 遍法界諸佛
경례동남방월명세계 무우덕불 변법계제불
敬禮東南方月明世界 無憂德佛 遍法界諸佛
경례서남방중상세계 보시여래 변법계제불
敬禮西南方衆相世界 寶施如來 遍法界諸佛
경례서북방중음세계 화덕여래 변법계제불
敬禮西北方衆音世界 華德如來 遍法界諸佛
경례동북방안은세계 삼승행불 변법계제불
敬禮東北方安隱世界 三乘行佛 遍法界諸佛
경례하방광대세계 명덕여래 변법계제불
敬禮下方廣大世界 明德如來 遍法界諸佛
경례상방중월세계 광중덕불 변법계제불
敬禮上方衆月世界 廣衆德佛 遍法界諸佛

무우나무 아래 계신 비바시부처님과

---

4) 시방의 부처님〔十方佛〕: 여래의 지혜는 법계진리인 지혜이고, 법계인 지혜는 비치되 고요하다. 그러므로 지혜의 바탕은 머묾이 없고 걸림이 없고 막힘이 없으나, 지혜 바탕이 머묾 없으므로 지혜의 작용은 때와 곳을 따라 자재한 것이다. 머묾 없는 지혜의 바탕이 대승에서 비로자나부처님으로 표현된다면, 지혜 자체는 노사나이고 때와 곳을 따라 자재한 부처님의 해탈의 묘용이 시방과 삼세에 항상한 부처님으로 표현된다. 그러므로 동서남북 사유 상하 시방의 부처님께 귀의함이란, 시간 공간에 걸림 없이 자재한 여래 지혜와 해탈의 묘용에 돌아감이다.

온 법계에 두루하신 여러 부처님께
목숨 다해 공경히 절하옵니다.

분다리나무 아래 계신 시기여래와
온 법계에 두루하신 여러 부처님께
목숨 다해 공경히 절하옵니다.

사라나무 아래 계신 비수시부처님과
온 법계에 두루하신 여러 부처님께
목숨 다해 공경히 절하옵니다.

시리사나무 아래 가구촌타 부처님과
온 법계에 두루하신 여러 부처님께
목숨 다해 공경히 절하옵니다.

우담발나무 아래 구나함모니 부처님과
온 법계에 두루하신 여러 부처님께
목숨 다해 공경히 절하옵니다.

구루타나무 아래 가섭여래와
온 법계에 두루하신 여러 부처님께
목숨 다해 공경히 절하옵니다.

나가나무 아래 계신 미륵여래와5)

---

5) 삼세의 부처님 : 연기적인 법계의 실상은 과거에 있던 어떤 것이 끊어지고 현재가 있는 것도 아니고, 과거에 있던 것이 늘 머물러 현재로 오는 것도 아니다. 깨친 바 진리의 실상이 끊어짐도 아니고 항상함도 아니며[不斷不常] 깨친 지혜의 참모습도 또한 그러하니, 이러한 법계의 실상은 부처님을 잡아서 과거의 부처님과 현재의 부처님, 미래의 부처님이 서로 이어

온 법계에 두루하신 여러 부처님께
목숨 다해 공경히 절하옵니다.

경례무우도수하 비바시불 변법계제불
敬禮無憂道樹下 毘婆尸佛 遍法界諸佛
경례빈타리수하 시기여래 변법계제불
敬禮邠陀利樹下 尸棄如來 遍法界諸佛
경례사라도수하 비수시불 변법계제불
敬禮娑羅道樹下 毘首尸佛 遍法界諸佛
경례시리사수하 가구촌타불 변법계제불
敬禮尸利沙樹下 迦求村馱佛 遍法界諸佛
경례우담발수하 가나함모니불 변법계제불
敬禮優曇鉢樹下 迦那含牟尼佛 遍法界諸佛
경례구루타수하 가섭여래 변법계제불
敬禮拘樓陀樹下 迦葉如來 遍法界諸佛
경례나가도수하 미륵여래 변법계제불
敬禮那迦道樹下 彌勒如來 遍法界諸佛

사리 모습의 지제 보배탑에6)
목숨 다해 공경히 절하옵니다.

십이부경 청정하고 미묘한 법에
목숨 다해 공경히 절하옵니다.

출세하는 모습으로 기술된다. 비바시부처님에서 구나함모니부처님까지가 석가모니부처님 이전 과거부처님이라면, 끝의 미륵여래는 석가모니부처님 이후 이 세상에 오실 미래부처님이다.
6) 보배탑에 귀의함 : 초기불교의 오온설(五蘊說)은 의식과 존재, 정보(正報)와 의보(依報)가 하나도 아니고 둘도 아닌 삶의 실상을 보여주고 있다. 오온세간의 원성실상인 지정각세간(智正覺世間)에서 보면, 저 뜻없는 산하대지와 보배탑이 한마음인 사물이고 중생의 마음은 법계인 마음이다. 그러므로 '사리 모습의 지제 보배탑'에 귀의함이란 법신의 부처님께 돌아감이고 법계진리에 돌아감이다.

제Ⅰ장 삼보께 목숨 다해 귀의하옵고 [歸命三寶願文] | 57

삼승의 도 얻은 온갖 성현 무리에
목숨 다해 공경히 절하옵니다.

경례사리형상 지제보탑
敬禮舍利形像 支提寶塔
경례십이부경 청정묘법
敬禮十二部經 淸淨妙法
경례삼승득도 일체현성승
敬禮三乘得道 一切賢聖僧

4) 하늘〔天〕 용(龍) 등 호법성중과 세간의 권력자와 부모와 스승, 시주를 위하여 부처님께 귀의하고 발원함

(법계에 늘 머무는 부처님들께
목숨 다해 공경히 절하옵고)7)
범천과 제석 네 하늘 왕 팔부중들
나라와 법 보살피는 하늘 신들을
간절한 마음으로 위하옵나니
바라건대 위세와 힘 자재히 하사
이 불사를 드날려 주시옵소서.

법계에 늘 머무는 부처님들께
목숨 다해 공경히 절하옵고
여러 용왕 간절히 위하옵나니
바라건대 바람과 비 때를 따라줘
온갖 삶들 그 적셔줌 입어지이다.

---

7) '법계에 (……) 절하옵고'라는 이 구절이 예경문에 빠져있으나 뒤의 예경문과의 형평상 이 구절이 누락된 것이므로 함께 번역하였다.

법계에 늘 머무는 부처님들께
목숨 다해 공경히 절하옵고
천태산의 산왕과 따르는 무리
봉우리와 숲과 들의 온갖 신들을
간절한 마음으로 위하옵나니
바라건대 가람을 그윽이 도와
크나큰 이익 지어 주시옵소서.

법계에 늘 머무는 부처님들께
목숨 다해 공경히 절하옵고
이 나라의 황제와 황태후와
일곱 묘의 성령들을 위하옵나니[8)]
바라건대 신통으로 노니시어서
나라 지위 맑고도 깨끗이 하여
법운지의 지혜에 들어지이다.

법계에 늘 머무는 부처님들께
목숨 다해 공경히 절하옵고
높은 이인 나라 황제 위하옵나니
황제 수명 더욱 더욱 늘어나시고
나라 기틀 길이 길이 오래 이어져
사랑으로 온 나라들에게 임하며
고통 받는 온갖 삶들 건져지이다.

---

8) 황실과 종묘를 위해 : 승단조직의 뿌리가 국가권력에 의해 장악된 동아시아불교의 전통 속에서 나라와 황실을 위한 승단의 기원행위는 민중중심의 역사관에서 보면 부정적인 것으로 비판될 수 있지만, 불가피한 측면도 없지 않다. 황실을 위한 이 기원문은 수대 통일 왕조의 국가통합에 불교교단이 기여하면서 국가권력으로 하여금 승단을 보호하게 하고, 한 걸음 나아가 정치권력자들을 대승보살도에 이끄는 방편의 뜻을 안고 있다.

법계에 늘 머무는 부처님들께
목숨 다해 공경히 절하옵고
황후의 존귀한 몸 위하옵나니
바라건대 백복으로 장엄하시어
천 성인이 감싸 보살펴지이다.

법계에 늘 머무는 부처님들께
목숨 다해 공경히 절하옵고
황태자 전하를 위하옵나니
바라건대 나라백성 편안히 해
만세토록 그 복이 이어지이다.

법계에 늘 머무는 부처님들께
목숨 다해 공경히 절하옵고
조정의 뭇 신하들 위하옵나니
바라건대 나라일을 거들어 도와
성심 다해 맡은 일 이뤄지이다.

법계에 늘 머무는 부처님들께
목숨 다해 공경히 절하옵고
오랜 생의 부모님과 모신 스승들
보시해 준 네 무리의 여러 단월 등
재물과 법 은혜 준 이들 위하옵나니
바라건대 고통 바다 어서 건너서
애욕의 강물 길이 벗어나지이다.

법계에 늘 머무는 부처님들께

목숨 다해 공경히 절하옵고
수행을 도와주는 시주님들과
이미 목숨 다해 가신 여러 단월들
화주하는 여러 스님 위하옵나니
바라건대 육바라밀 어서 이루어
일곱 가지 법의 재물 갖춰지이다.

법계에 늘 머무는 부처님들께
목숨 다해 공경히 절하옵고
지방 수령 여러 관리 고을 장수들
그 고을의 선비와 자녀 위하니
바라건대 부는 바람은 상서롭고
내리는 비 때를 맞춰 고루 적시어
온 고을 편안하고 넉넉해지이다.

법계에 늘 머무는 부처님들께
목숨 다해 공경히 절하옵고
절을 지은 이래 나무 베고 땅을 파
밭과 동산 부엌과 언덕 열어 만들며
걸어가고 머물고 움직이면서
다치고 죽인 여러 중생 위하니
바라건대 목숨 다해 참됨 돌아가
다시 와서 맞섬이 없어지이다.

법계에 늘 머무는 부처님들께
목숨 다해 공경히 절하옵고
법계의 원수나 친한 이들 위하니

바라건대 아는 성품 평등하여서
세 가지 장애를 끊어 없애며
성실한 마음으로 죄 뉘우치고
지심으로 죄업 참회하여지이다.

(경례상주제불) 위범석사왕 팔부관속 지국호법 제천신등
(敬禮常住諸佛) 爲梵釋四王 八部官屬 持國護法 諸天神等
원위권자재 현양불사
願威權自在 顯揚佛事

경례상주제불 위제용왕등
敬禮常住諸佛 爲諸龍王等
원풍우순시 함생몽윤
願風雨順時 含生蒙潤

경례상주제불 위천태산왕 왕급권속 봉록임야 일체유기
敬禮常住諸佛 爲天台山王 王及眷屬 峰麓林野 一切幽祇
원명우가람 작대이익
願冥祐伽藍 作大利益

경례상주제불 위무원황제 원명황태후 칠묘성령
敬禮常住諸佛 爲武元皇帝 元明皇太后 七廟聖靈
원신유정국위 입법운
願神遊淨國位 入法雲

경례상주제불 위지존성어
敬禮常住諸佛 爲至尊聖御
원보력하장 천조영구 자림만국 증제사생
願寶曆遐長 天祚永久 慈臨萬國 拯濟四生

경례상주제불 위황후존체
敬禮常住諸佛 爲皇后尊體
원백복장엄 천성옹호
願百福莊嚴 千聖擁護

경례상주제불 위황태자전하
敬禮常住諸佛 爲皇太子殿下
원보국안민 복연만세
願保國安民 福延萬世

경례상주제불 위재조군신 백사오등
敬禮常住諸佛 爲在朝群臣 百司五等
원익찬황가 무진성절
願翼贊皇家 務盡成節

경례상주제불 위경생부모 역세사승 사배단월 재법이은
敬禮常住諸佛 爲經生父母 歷世師僧 四輩檀越 財法二恩
원조초고해 영출애하
願早超苦海 永出愛河

경례상주제불 위기업시주 명과단월 왕화제승등
敬禮常住諸佛 爲基業施主 命過檀越 往化諸僧等
원육도조원 칠재구족
願六度早圓 七財具足

경례상주제불 위주목사군 육조참좌 차현진장 오향사녀
敬禮常住諸佛 爲州牧使君 六曹參佐 此縣鎭將 五鄕士女
원풍상우순 합경풍녕
願風祥雨順 闔境豐寧

경례상주제불 위창사이래 개치간벌 전원주유 행주운동 범소침상
敬禮常住諸佛 爲創寺已來 開治墾伐 田園廚庾 行住運動 凡所侵傷

제Ⅰ장 삼보께 목숨 다해 귀의하옵고 [歸命三寶願文] | 63

원명과귀진 장래무대
願命過歸眞 將來無對

경례상주제불 위법계원친
敬禮常住諸佛 爲法界怨親

원식성평등 단제삼장 성심회죄 지심참회
願識性平等 斷除三障 誠心悔罪 至心懺悔

5) 시방삼세 상주삼보에 절하고 나서, 참회와 회향 등 보현의 광대 행원을 발하고 다시 부처님께 귀의함

정성스런 마음으로 죄 뉘우치고
지극한 마음으로 참회하오니
시방의 한량없는 부처님께선
아는 바 장애 다하지 않음 없음에
제가 이제 여러 모든 부처님 앞에
여러 가지 어두운 악 드러냅니다.
삼세의 세 장애 아홉 되는데
세 가지 번뇌 따라 일어나나니
지금 이 몸과 앞 생의 몸으로 지은
이 죄들을 모두 다 참회하오리.
중생의 세 가지 악한 길에서
마땅히 업의 과보 받게 되리니
바라건대 지금 이 몸 업을 갚아서
악한 길에 들어서지 않아지이다.
이와 같이 참회하여 모두 마치고
시방 모든 부처님께 절하옵니다.

시방 법계 온갖 모든 부처님들과
현재에 도를 얻은 여러 성현께
지극한 마음으로 권해 청하니
온갖 성현 지금 바로 법 바퀴 굴려
여러 중생 안락하게 하여 주소서.
시방의 온갖 모든 부처님께서
그 목숨 버리시고 떠나려 하면
제가 이제 머리 숙여 절하옵고
오래 세간 머무시길 권해 청하니
이와 같이 권해 청함 모두 마치고
시방 모든 부처님께 절하옵니다.

지은 바 보시의 복, 계를 지킴과
선정 닦는 좋은 행, 그 모두는 다
몸과 입과 뜻을 좇아 생겨나오니
지극한 마음으로 따라 기뻐하며
과거 미래 현재의 삼승 배우는 이
닦아 익혀 이룬 바 삼승의 과덕
온갖 범부 지어 이룬 온갖 복업들
그 모든 행 내가 따라 기뻐하오리.
좋은 공덕 따라 기뻐하여 마친 뒤
시방 모든 부처님께 절하옵니다.

이 제자가 지은 바 온갖 복덕을
지극한 마음으로 회향하오리.
온갖 복덕 인연 합해 이룬 것이라
괴로움 받는 온갖 중생 위하여

제 I 장 삼보께 목숨 다해 귀의하옵고 [歸命三寶願文] 65

불도에 공덕 바로 회향하옵고
지은 죄를 이와 같이 참회하며
온갖 여러 부처님을 권해 청하고
여러 성현 따라서 기뻐한 복을
보리에 모두 회향하여 마친 뒤
시방 모든 부처님께 절하옵니다.

지극한 마음으로 원을 발하니
바라건대 여러 모든 중생의 무리
위없는 보리 마음 모두 일으켜
마음 묶어 시방 모든 부처님들을
언제나 깊이 생각하여지이다.

다시 이제 바라오니 여러 중생들
길이 모든 번뇌를 다 깨뜨려서
불성을 밝게 밝게 사무쳐 봄이
묘덕 등 크신 보살 같아지이다.
이와 같은 원을 모두 발해 마치고
시방 모든 부처님께 절하옵니다.

성심회죄 지심참회
誠心悔罪 至心懺悔
시방무량불 소지무부진
十方無量佛 所知無不盡
아금실어전 발로제흑악
我今悉於前 發露諸黑惡
삼삼합구종 종삼번뇌기
三三合九種 從三煩惱起

금신야선신 시죄실참회
今身若先身 是罪悉懺悔
어삼악도중 야응수업보
於三惡道中 若應受業報
원어금신상 부입악도
願於今身償 不入惡道
수참회이 예제불
受懺悔已 禮諸佛

지심권청시방일체불 현재득도자
至心勸請十方一切佛 現在得道者
금청전법륜 안락제군생
今請轉法輪 安樂諸群生
시방일체불 약욕사수명
十方一切佛 若欲捨壽命
아금두면례 권청령구주
我今頭面禮 勸請令久住
권청이 예제불
勸請已 禮諸佛

지심수회 소유보시복 지계수선행
至心隨喜 所有布施福 持戒修禪行
종신구의생 거래금소유습학삼승인 성취삼승자
從身口意生 去來今所有習學三乘人 成就三乘者
일체범부복 개수이환희
一切凡夫福 皆隨而歡喜
수회이 예제불
隨喜已 禮諸佛

지심회향아소유복덕 일체개화합위제중생고 정회향불도
至心迴向我所有福德 一切皆和合爲諸衆生故 正迴向佛道

죄응여시참 권청수희복회향어보리
罪應如是懺 勸請隨喜福迴向於菩提

회향이 예제불
迴向已 禮諸佛

지심발원 원제중생등
至心發願 願諸衆生等

실발보리심 계심상사념시방일체불
悉發菩提心 繫心常思念十方一切佛

부원제중생영파제번뇌
復願諸衆生永破諸煩惱

요요견불성 유여묘덕등
了了見佛性 猶如妙德等

발원이귀명례제불
發願已歸命禮諸佛

6) 다시 삼보께 귀의하고 발원함

온갖 법문 널리 두루 외워지니고
외우고선 마땅히 청정히 하며
청정해진 다음에 죄 참회하고
온갖 죄업 모두 다 참회하고선
부처님께 공경히 절하오리라.

스스로 부처님께 귀의하오니
바라건대 온갖 중생 큰 도 깨달아
위없는 보리마음 내어지이다.

스스로 바른 법에 귀의하오니
바라건대 온갖 중생 경장에 들어
지혜가 큰 바다와 같아지이다.

스스로 승보님께 귀의하오니
바라건대 온갖 중생 대중 거두어
화합하여 걸림이 없어지이다.

바라건대 한량없는 모든 중생들
세 가지 업 모두 다 깨끗해지고
위없는 가르침을 받들어 지녀
거룩하신 부처님과 법과 승보에
목숨 다해 모두 귀의하여지이다.

일체보송 송이당범 범이참회 참회이례불공경
一切普誦 誦已當梵 梵已懺悔 懺悔已禮佛恭敬

자귀어불 당원중생 체해대도 발무상심
自歸於佛 當願衆生 體解大道 發無上心
자귀어법 당원중생 심입경장 지혜여해
自歸於法 當願衆生 深入經藏 智慧如海
자귀어승 당원중생 통리대중 화합무애
自歸於僧 當願衆生 統理大衆 和合無礙

원제중생 삼업청정 봉지존교 화남불법현성승
願諸衆生 三業淸淨 奉持尊敎 和南佛法賢聖僧

제Ⅰ장 삼보께 목숨 다해 귀의하옵고 [歸命三寶願文] | 69

2. 노사나부처님께 널리 절하는 법 [普禮法]
- 장안관정선사 (章安灌頂禪師)

　본 예경문 또한 관정선사의 『국청백록』에 실린 예경문으로 노사나부처님께 절하고 귀의하는 글이다. 원래 노사나는 범어 바이로차나(Vairocana)의 소리 옮김이므로 비로자나와 노사나는 서로 다르지 않다. 그러나 비로자나, 노사나를 달리 쓸 때는 비로자나는 법신(法身)의 뜻이 되고 노사나는 보신(報身)의 뜻이 되며 석가모니는 화신(化身)의 뜻이 된다.
　곧 노사나부처님은 역사적으로 출현하신 석가모니부처님이 성취하신 지혜 덕상을 인격적 완성체로 표현한 부처님[報身]이다. 그렇다면 법신인 비로자나부처님은 노사나부처님의 지혜 속에 드러난 법계의 진리 자체라 할 수 있고, 석가모니부처님은 노사나부처님의 자비와 해탈의 활동이라 할 수 있다.
　이를 다시 능히 앎과 알려지는 바 대상의 관계로 돌이켜 설명해보자. 진리를 살펴 드러내는 지혜가 노사나부처님이라면, 지혜 속에 발현되는 진리의 세계는 비로자나부처님이며, 진리인 지혜의 걸림 없는 해탈의 활동은 석가모니부처님이다.
　그러나 다시 노사나부처님의 몸 아닌 몸, 그 걸림 없는 작용인 석가모니부처님의 해탈의 활동이 다시 고요하여 비로자나부처님이 되는 것이니, 비로자나 법신부처님과 노사나 보신부처님과 석가모니 화신부처님은 같지도 않고 다르지도 않아 범어 이(伊 : ॐ)자가 가로도 아니고 세로도 아님과 같다.

또 이를 실천의 원인〔因行〕과 결과〔果德〕로 살펴보자. 노사나부처님의 지혜덕상을 원인으로 보면 비로자나 법계는 지혜를 통해 성취한 과덕이지만, 십신(十信) 십주(十住) 십행(十行) 십회향(十廻向) 십지(十地)의 행을 원인으로 보면, 노사나부처님의 지혜덕상은 보살행의 완성이요 보살행의 결과가 된다. 다시 법계의 진리를 원인으로 보면, 보살의 행과 여래의 지혜가 일어남 없이 법계에서 일어났으므로 노사나의 지혜와 보살행이 법계진리의 결과가 된다.

그러므로 원인과 결과가 모두 서로 속에 서로가 있어 원인과 결과가 서로 사무치며〔因果交徹〕 원인도 법계인 원인이 되고 결과도 법계인 결과가 된다〔因圓果滿〕.

이제 수행자는 법계진리에 믿음의 발을 대고 법계진리인 행을 일으켜 석가모니부처님의 지혜덕상 자체인 노사나부처님께 널리 절하고 귀의함으로써, 우리 스스로 보리에 돌아가고〔菩提廻向〕 법계진리에 돌아가며〔實際廻向〕 진리실천의 공덕을 고통 받는 온갖 중생에 회향〔衆生廻向〕한다.

노사나부처님의 인행과 과덕을 따라 배우리

1) 화엄회상 여러 모습 노사나부처님께 절함

○ 법계진리(法界眞理) 그 자체인 적멸도량 보광법당 노사나부처님께 절함9)

시방 삼세 온갖 모든 부처님들과
적멸도량 위 노사나부처님께
목숨 다해 널리 두루 절하옵니다.

시방 삼세 온갖 모든 부처님들과
보광법당 위 노사나부처님께
목숨 다해 널리 두루 절하옵니다.

보례시방삼세제불 적멸도량상노사나불
普禮十方三世諸佛 寂滅道場上盧舍那佛
보례시방삼세제불 보광법당상노사나불
普禮十方三世諸佛 普光法堂上盧舍那佛

---

9) 적멸도량 보광법당 노사나불 : 보리수 밑에서 십이연기를 사유 관찰하여 위없는 보리의 도를 깨친 석가모니부처님이 곧 만 가지 지혜덕상 갖춘 노사나불이고, 여래가 깨친 바 진리의 세계가 곧 비로자나법신불이다. 『화엄경』을 처음 설한 곳은 보리수 밑 적멸도량(寂滅道場)이니, 이는 여래가 능히 깨친 지혜와 깨친 바 진리의 세계가 본디 고요함을 깨달음의 처소를 잡아 표현한 것이다.

『화엄경』에서 다시 보리수 밑 적멸도량을 보광법당(普光法堂) 보광명전(普光明殿)이라 하니, 이는 여래가 스스로 깨친 진리의 세계를 끝없는 광명의 집으로 비유한 것으로 적멸도량이 곧 깨친 바 진리의 보편성을 잡아 표현한 것이라면, 보광명전은 깨친 지혜의 특수성을 잡아 나타낸 것이다.

또한 적멸도량이 닦을 것도 없고 얻을 것도 없는 진리의 바탕을 나타낸다면, 보광명전은 완성된 지혜의 과덕이자 진리를 향해 나아가는 구도행의 출발을 나타낸다.

○ 십주(十住) 십행(十行) 십회향(十廻向) 십지(十地)의 행 자체인 욕계하늘 노사나부처님께 절함10)

　　시방 삼세 온갖 모든 부처님들과
　　도리천 하늘 위 노사나부처님께
　　목숨 다해 널리 두루 절하옵니다.

　　시방 삼세 온갖 모든 부처님들과
　　야마천 하늘 위 노사나부처님께
　　목숨 다해 널리 두루 절하옵니다.

　　시방 삼세 온갖 모든 부처님들과
　　도솔타 하늘 위 노사나부처님께
　　목숨 다해 널리 두루 절하옵니다.

　　시방 삼세 온갖 모든 부처님들과
　　타화자재 하늘 위 노사나부처님께
　　목숨 다해 널리 두루 절하옵니다.

---

10) 욕계하늘의 노사나불 : 여래의 완성된 지혜가 온전히 드러난 보광명전, 곧 보리수 밑은 여래의 구경의 깨달음이자 중생의 믿음의 출발처이니, 능히 믿음과 믿는 바가 둘이 아닌 보광명전에서부터 설법의 장소가 욕계하늘로 향상하는 것은 십신(十信)의 믿음을 통해 십주(十住) 십행(十行) 십회향(十廻向) 십지(十地)의 보살도가 일어남을 나타낸다.
　곧 중생의 땅이 여래의 지혜의 처소인 보광법당이니, 보살행이 다함 없이 일어나되 일어남이 없고, 향상하되 법계진리를 떠나지 않음이 욕계하늘로의 향상이다. 도리천이 십주의 행이라면 야마천은 십행(十行)이고 도솔타천은 십회향(十廻向)이고 타화자재천은 십지(十地)의 행이다.
　그러나 십주 십행 십회향 십지의 행이 일어나되 실로 일어남이 없어서, 온갖 행이 곧 법계인 행이라 처음 믿음의 처소인 보광법당을 떠나지 않으므로, 타화자재천의 모임 다음에 다시 여래는 보광법당에 돌아오는 것이다. 그래서 타화자재하늘의 모임 다음에 다시 '보광법당에서의 거듭 모임〔重會〕'을 보인 것이다.

제 I 장 삼보께 목숨 다해 귀의하옵고 [歸命三寶願文] | 73

보례시방삼세제불　도리천상노사나불
普禮十方三世諸佛　忉利天上盧舍那佛
보례시방삼세제불　야마천상노사나불
普禮十方三世諸佛　炎摩天上盧舍那佛
보례시방삼세제불　도솔타천상노사나불
普禮十方三世諸佛　兜率陀天上盧舍那佛
보례시방삼세제불　타화자재천상노사나불
普禮十方三世諸佛　他化自在天上盧舍那佛

○ 구경의 과덕과 선재의 인행, 진리와 교화의 행이 둘이 아닌 노사나 부처님께 절함11)

　시방 삼세 온갖 모든 부처님들과
　거듭 모임의 보광법당 노사나부처님께
　목숨 다해 널리 두루 절하옵니다.

　시방 삼세 온갖 모든 부처님들과
　기원 숲속 법 구하는 선재동자와
　선재동자 이끄시는 노사나부처님께
　목숨 다해 널리 두루 절하옵니다.

　시방 삼세 온갖 모든 부처님들과
　일곱 곳 아홉 모임12) 그 가운데의

---

11) 믿음의 처소인 보광법당에서 십주 십행 십회향 십지의 행이 일어나 향상하되 법계를 떠나지 않으므로 다시 보광법당에 복귀하듯, 보살의 인행(因行)도 법계인 인행이고 여래의 과덕도 법계인 과덕이다. 중생이 번뇌의 땅에서 발심하여 보살도를 행해 여래의 과덕으로 나아가는 모습이 곧 『화엄경』에서 선재동자가 선지식을 참방하여 법계에 깨달아드는 모습이지만, 능히 법계에 깨쳐드는〔能入法界〕선재의 구도행과 깨쳐 들어간〔所入法界〕여래 과덕의 세계도 끝내 둘이 아닌 것이다.
12) 일곱 곳 아홉 모임〔七處九會〕: 80권 『화엄경』 본에 의거해 경을 설한 곳과 설법의 모임을

원만돈교 설하신 노사나부처님께
목숨 다해 널리 두루 절하옵니다.

　　보례시방삼세제불　중회보광법당상노사나불
　　普禮十方三世諸佛　重會普光法堂上盧舍那佛
　　보례시방삼세제불　기원림간선재동자노사나불
　　普禮十方三世諸佛　祇洹林間善財童子盧舍那佛
　　보례시방삼세제불　칠처구회원만돈교노사나불
　　普禮十方三世諸佛　七處九會圓滿頓敎盧舍那佛

2) 계정혜 공덕의 곳간 자체인 노사나부처님께 절함13)

시방 삼세 온갖 모든 부처님들과
허공처럼 움직임이 없는 계율장
노사나 거룩하신 부처님에게
목숨 다해 널리 두루 절하옵니다.

시방 삼세 온갖 모든 부처님들과
허공처럼 움직임이 없는 선정장
노사나 거룩하신 부처님에게
목숨 다해 널리 누루 절하옵니다.

─────────────

나눈 것으로, 아홉 모임은 첫째 보리장회(菩提場會), 둘째 보광법당회(普光法堂會), 셋째 도리천궁회(忉利天宮會), 넷째 야마천궁회(炎摩天宮會), 다섯째 도솔천궁회(兜率天宮會), 여섯째 타화자재천궁회(他化自在天宮會), 일곱째 보광법당중회(普光法堂重會), 여덟째 보광법당삼중회(普光法堂三重會), 아홉째 급고독원회(給孤獨園會)이다. 이 가운데 보광법당에서의 모임이 삼회이므로 80권 『화엄경』 본의 경 설한 곳과 모임을 일곱 곳〔七處〕 아홉 모임〔九會〕이라 한다.

13) 계정혜의 공덕장이신 노사나 : 계정혜 삼학을 실천하여 중생이 위없는 깨달음의 세계에 나아가는 것이니, 노사나부처님은 바로 중생이 일으킨 계정혜 삼학의 완성을 말한다. 그러나 다시 돌이켜보면 노사나부처님이 성취한 계정혜의 완성은 바로 중생이 본래 갖춘 여래장(如來藏)이고 법신장(法身藏)인 것이다.

시방 삼세 온갖 모든 부처님들과
허공처럼 움직임이 없는 지혜장
노사나 거룩하신 부처님에게
목숨 다해 널리 두루 절하옵니다.

보례시방삼세제불   허공부동계장노사나불
普禮十方三世諸佛   虛空不動戒藏盧舍那佛
보례시방삼세제불   허공부동정장노사나불
普禮十方三世諸佛   虛空不動定藏盧舍那佛
보례시방삼세제불   허공부동혜장노사나불
普禮十方三世諸佛   虛空不動慧藏盧舍那佛

3) 삼보에 귀의하는 보살의 인행 그것의 완성이신 노사나부처님께 절하고 발원함

시방 삼세 온갖 모든 부처님들과
부처님께 귀의해 보리를 얻어
좋은 마음 언제나 물러섬 없는
거룩하신 노사나 부처님에게
목숨 다해 널리 두루 절하옵니다.

시방 삼세 온갖 모든 부처님들과
법보에 귀의하여 일체지 얻어
큰 다라니문 드신 노사나부처님께
목숨 다해 널리 두루 절하옵니다.

시방 삼세 온갖 모든 부처님들과

승보에 귀의해 허튼 논란을 쉬어
큰 화합 바다 드신 노사나부처님께
목숨 다해 널리 두루 절하옵니다.

바라건대 한량없는 모든 중생들
세 가지 업 모두 다 깨끗해지고
위없는 가르침을 받들어 지녀
거룩하신 부처님과 법과 승가에
목숨 다해 모두 귀의하여지이다.

보례시방삼세제불　귀불득보리선심상불퇴노사나불
普禮十方三世諸佛　歸佛得菩提善心常不退盧舍那佛
보례시방삼세제불　귀법살바야입대총지문노사나불
普禮十方三世諸佛　歸法薩婆若入大總持門盧舍那佛
보례시방삼세제불　귀승식쟁논입대화합해노사나불
普禮十方三世諸佛　歸僧息諍論入大和合海盧舍那佛

원제중생 삼업청정 봉지존교
願諸衆生 三業淸淨 奉持尊敎

화남불법현성승
和南佛法賢聖僧

제 II 장

온갖 죄업 남음 없이 참회하오리
[懺悔業障願文]

1. 육근의 죄를 참회하여 이루는 삼매법 [懺悔六根三昧法]
   - 천태대사 (天台大師)
2. 여섯 뜻뿌리 참회하는 대승의 길 [大乘六情懺悔]
   - 원효대사 (元曉大師)

　온갖 법은 인연으로 일어나고 인연으로 사라지므로 과거의 것도 덧없고 현재의 것도 덧없으며 미래의 것도 덧없다. 온갖 법은 인연으로 나고 인연으로 사라지기 때문에 실로 남이 없고 실로 사라짐이 없다. 그러므로 과거의 것이 사라지고 현재의 것이 실로 생긴 것도 아니고, 현재의 것이 사라지고 미래의 것이 실로 오는 것도 아니다.

　과거의 것이 그대로 현재에 오지 않지만 과거를 떠나 현재가 있는 것도 아니니, 아직 나지 않은 생각[未念], 일어나려는 생각[欲念], 지금 나는 생각[念], 이미 사라진 생각[念已]도 앞의 생각이 끊어지고 뒤가 나는 것도 아니고, 앞의 생각이 그대로 뒤의 생각이 되는 것도 아니다.

　이와 같이 끊어짐도 없고 항상함도 없는[不斷不常] 업의 참모습을 바로 살펴 이미 지은 악한 업, 아직 짓지 않은 악한 업을 일어나지 않게 해야 하고, 이미 지은 좋은 업, 아직 짓지 않은 좋은 업은·일어나게 해야 하니 이것이 참회의 행이다.

　과거의 악한 업[惡業] 낡은 업을 참으로 끊는 길은 실로 있는 악(惡)을 억지로 끊는 길이 아니라, 온갖 법이 실로 남이 없음[實無生]을 사무쳐 보는 데서 이루어질 수 있는 것이다.

　그리고 이미 지은 좋은 업[善業]을 이어가고 잠재된 온갖 선(善)의 가능성을 현실화하는 길은 억지로 선(善)을 지어가는 일이 아니라, 선악의 업이 공하되[善惡業空] 그 공도 공한[空亦空] 줄 아는 데서 구현될 수 있다.

　곧 온갖 법이 실로 남이 없음을 사무쳐 통달한 곳에서 삶의 청정, 범행은 이루어질 수 있고[梵行已立], 온갖 법이 남이 없되 나지 않음도 없음[實無不生]을 사무쳐 통달한 곳에서 해야 할 일 마쳐〔所作已作〕 윤리적 당위를 완성할 수 있다.
 지금 삶들의 업(業)은 자아가 세계를 경험함〔觸〕으로써 일어난다. 그런데 세계를 보고 듣는 나〔六根〕와 보여지고 들려지는 세계〔六境〕는 인연으로 있기 때문에 있되 공하고, 있음이 곧 공하기 때문에 공에도 공이 없다. 그러므로 보는 나와 보여지는 세계는 같은 것도 아니고 다른 것도 아니다〔不一不異〕.
 이처럼 실로 있음과 실로 없음을 모두 떠났기 때문에 보는 나와 보여지는 것을 실로 없음으로 돌이켜 같다 해서도 안 되고, 보는 나와 보여지는 것을 실로 있음으로 집착하여 다르다고 해도 안 된다. 온갖 법은 나가 없되〔無我〕 나 없음도 없으니〔無無我〕, 보는 나와 보여지는 세계의 나 없되 나 없음도 없는 실상을 등질 때 삶들은 무명(無明)으로 갖가지 물든 행(行)을 일으키고 나고 죽음에 떨어져 나고 죽음에 갇힌 업을 일으킨다.
 곧 중생은 눈이 빛깔을 보고 귀가 소리를 들을 때, 보고 듣는 것에 실로 볼 것이 있고 들을 것이 있다고 집착하여 여래장(如來藏)의 다함 없는 공덕의 곳간을 닫아버리고 '막힘 없고 걸림 없는 법계바다〔無障碍法界海〕'에 노닐지 못하는 것이다.
 그러므로 천태(天台) 원효(元曉) 두 성사는 나〔我〕에 나 없음〔無我〕을 통달치 못하고 일으키는 육근의 온갖 죄업을 참회하여, 여래장(如來藏)과 법계장(法界藏)의 한량없는 공덕의 바다에 돌아가게 한다.
 여래장과 법계장의 다함 없는 공덕 바다, 그 곳은 번뇌를 끊고 닦아서 얻는 공덕의 처소가 아니라 무명(無明)을 반야지혜(般若智慧)로 돌이키는 곳에서 현전하는 삶의 자기 실상이다.

바다 같은 온갖 여러 업의 장애가
모두 다 망상 따라 생겨나도다.
만약 모든 업장을 참회하려면
단정히 앉아 실상을 생각할지니
뭇 죄와 장애 서리나 이슬과 같이
지혜의 해 모두 녹여 없애주리라.
그러므로 마땅히 지극한 마음으로
여섯 가지 뜻의 뿌리 참회하여라.

   一切業障海 皆從妄想生
   若欲懺悔者 端坐念實相
   衆罪如霜露 慧日能消除
   是故應至心 懺悔六情根

  - 「관보현보살행법경」 중에서 -

1. 육근의 죄를 참회하여 이루는 삼매법〔懺悔六根三昧法〕
- 천태대사(天台大師)

　본 참회문은 천태지자선사가 지은 『법화삼매참의(法華三昧懺儀)』 가운데 참회문이다. 법화삼매법은 좌선과 독경〔禪誦〕, 다님과 앉음〔行坐〕, 참회와 관행〔事理〕을 같이하여〔半行半坐〕 해탈의 길에 이끄는 삼매법이다. 이 삼매법은 『법화경』의「보현보살권발품」과『관보현보살행법경』에 의지하여 구성되었으므로, 이 삼매행법에서는 보현보살(普賢菩薩)을 참회의 법주로 모신다. 그러므로 천태선사는 수행자가 보현보살을 마주 대해, 지은 죄업을 부끄럽게 여기며 깊이 두렵게 여기는 마음을 일으키게 하고, 모든 법이 공적함을 살펴 여래장(如來藏)의 다함 없는 공덕바다에 돌아가게 한다.

　참회의 구체적인 방법은, 대승방등경전(大乘方等經典)과 『법화경(法華經)』을 독송하고 시방불께 참회하며 좌선하여, 모든 법이 공적한 실상을 바로 살피게 함이다.

　대승의 뜻으로 보면, 눈〔眼〕은 다만 살덩이 눈〔肉眼〕이 아니고 여래장인 눈이고 청정하여 항상한 눈〔淸淨常眼〕이며, 저 빛깔은 다만 모습인 빛깔이 아니라 법계장인 빛깔이고 늘 머물러 다함 없는 빛깔〔常住實相〕이다. 그러므로 눈이 빛깔 보며 일으키는 무명과 탐착을 떠나면 항상 머물러 사라지지 않는 여래의 참몸을 볼 수 있으며, 늘 법 설하는 여래의 항상한 소리를 들을 수 있으며, 미묘한 공덕의 향을 맡을 수 있다. 그러므로 수행자는 눈이 빛깔 보고 귀가 소리 들으며 일으키는 무명과 탐착, 온갖 육근의 죄업을 참회하여 여래의 '사라지지 않는 참된 몸〔常住眞身〕'에 돌아가야 한다.

죄업으로 인해 항상 계신 여래의 몸 보지 못하니

1) 보현보살과 시방 부처님 앞에 깊이 뉘우치는 마음을 일으킴

    나와 모든 중생은 비롯 없는 옛날로부터
    안으로는 애견으로 나와 남을 헤아리고
    밖으로는 악한 벗과 함께 함이 더해져서
    남이 지은 털끝만한 착함 따라 기뻐 않고
    세 가지 업 두루하여 뭇 죄를 널리 지어
    행한 일 안 넓으나 악한 마음 널리 펼쳐
    밤낮으로 서로 이어 끊어짐이 없으며
    남이 알지 못하도록 자기 허물 덮어두고
    지옥 아귀 악한 길을 두려워하지 않으며
    잘못을 뉘우쳐 부끄러워하지 않고
    인과 믿지 않아 빼내 없애 버렸나이다.

    그러므로 이 제자는 오늘 시방 부처님과
    행과 원이 크옵신 보현보살 마주하여
    인과를 깊이 믿고 깊이 깊이 뉘우쳐서
    크게 놀라 두려워하는 마음을 내고
    지은 바 온갖 허물 드러내 참회하여
    서로 이어 악을 짓는 마음을 아주 끊고
    보리의 마음 내고 악을 끊고 착함을 닦아
    몸과 입과 뜻의 세 업 부지런히 채찍질해
    옛날부터 지어온 무거운 허물 돌이키리.

    범부와 성인의 한 털끝만한 착한 일도

내가 모두 그 선근들 따라서 기뻐하고
시방 여러 부처님께 큰 복과 지혜 있어
나와 여러 중생들을 모두 건져 주시사
중생의 두 가지로 나고 죽는 바다에서
열반 삼덕 저 언덕에 보내주심 생각하리.

비롯 없는 옛날부터 지금에 이르도록
모든 법의 본 성품이 공적함을 모르고서
널리 온갖 여러 죄를 쉬임 없이 지었으나
오늘 이제 모든 법이 공적함을 알고서
위로 보리 구하여 중생을 위하므로
여러 착함을 널리 짓고 뭇 악 두루 끊사오니
보현께선 큰 자비로 거두어 주옵소서.

아여중생무시래 금유애견고 내계아인 외가악우
我與衆生無始來 今由愛見故 內計我人 外加惡友
불수희타일호지선 유변삼업광작중죄 사수불광악심변포
不隨喜他一毫之善 唯遍三業廣作衆罪 事雖不廣惡心遍布
주야상속 무유간단 부휘과실불욕인지 불외악도무참무괴 발무인과
晝夜相續 無有間斷 覆諱過失不欲人知 不畏惡道無慙無愧 撥無因果
고어금일 대시방불보현대사 심신인과 생중참괴 생대포외
故於今日 對十方佛普賢大師 深信因果 生重慙愧 生大怖畏
발로참회 단상속심 발보리심 단악수선 근책삼업 번석중과
發露懺悔 斷相續心 發菩提心 斷惡修善 勤策三業 翻昔重過
수희범성일호지선 염시방불 유대복혜
隨喜凡聖一毫之善 念十方佛 有大福慧
능구발아급제중생 종이사해 치삼덕안
能救拔我及諸衆生 從二死海 置三德岸
종무시래 부지제법 본성공적 광조중악 금지공적
從無始來 不知諸法 本性空寂 廣造衆惡 今知空寂

위구보리 위중생고 광수제선변단중악 유원보현자비섭수
爲求菩提 爲衆生故 廣修諸善遍斷衆惡 惟願普賢慈悲攝受

2) 육근의 죄업을 참회함

○ 눈의 죄를 참회하는 법〔眼根懺悔〕

지극한 마음으로 참회합니다.
제자 ○○는 온갖 법계 중생과 함께
한량없는 세상을 지내오면서
눈의 인연으로 여러 가지 빛깔을
깊이 미혹하여 탐착했사옵니다.
눈으로 여러 빛깔 탐착하여서
갖가지 객관대상 애착하고
객관대상 깊이 깊이 애착하여서
정욕으로 때 묻은 몸14)을 받아
세세에 태어나는 온갖 곳마다
갖가지 모든 빛깔을 탐착하여
빛깔이 나의 눈 무너뜨리므로
은혜와 애정의 노예 되었나이다.
그러므로 빛깔이 나로 하여금
삼계에 돌아다니도록 하였고
빛깔의 가림이 나로 하여금
눈멀어 바로 볼 수 없게 했으며
보는 눈이 바르고 옳지 못해서

---

14) 때 묻은 몸 : 본문은 여인의 몸〔女人身〕이라 되어 있으나, 이는 남성을 중심으로 애착의 대상이 되는 여인의 몸을 말한 것이므로 여인의 몸을 '정욕으로 때 묻은 몸'이라 옮겼다.

제Ⅱ장 온갖 죄업 남음 없이 참회하오리 [懺悔業障願文]

나 없는 참된 나를 해쳤나이다.
시방 모든 부처님은 늘 계시어서
사라져 없어지지 않으시건만
흐리고 나쁜 내 눈의 장애 때문에
부처님 몸을 보지 못하옵니다.

이제 대승방등경전 읽어 외우고
보현보살과 온갖 세존께 귀의해
향을 살라 올리고 꽃을 뿌려서
내 눈의 온갖 허물과 죄를 말하여
그 허물과 죄 덮어두지 않나니
시방 모든 부처님과 보살께서는
지혜의 밝은 눈으로 살피시고
바라건대 법의 물로 씻어주시사
이 인연으로 나와 모든 법계 중생의
눈으로 지은 모든 무거운 죄가
끝내 모두 청정토록 하여 주소서.

지심참회 비구(모갑) 여일체법계중생 종무량세래
至心懺悔 比丘(某甲) 與一切法界衆生 從無量世來
안근인연 탐착제색 이착색고 탐애제진
眼根因緣 貪著諸色 以著色故 貪愛諸塵
이애진고 수여인신 세세생처 혹착제색
以愛塵故 受女人身 世世生處 惑著諸色
색괴아안 위은애노 고색사아 경력삼계
色壞我眼 爲恩愛奴 故色使我 經歷三界
위차폐사 맹무소견 안근불선 상해아다
爲此弊使 盲無所見 眼根不善 像害我多

시방제불 상재불멸 아탁악안 장고불견
十方諸佛 常在不滅 我濁惡眼 障故不見

금송대승방등경전
今誦大乘方等經典

귀향보현보살급일체세존
歸向普賢菩薩及一切世尊

소향산화 설안과죄 불감부장
燒香散華 說眼過罪 不敢覆藏

제불보살 혜안법수 원여세제
諸佛菩薩 慧眼法水 願與洗除

이시인연 영아여일체중생
以是因緣 令我與一切衆生

안근일체중죄 필경청정
眼根一切重罪 畢竟淸淨

○ 귀의 죄를 참회하는 방법〔耳根懺悔〕

지극한 마음으로 참회합니다.
제자 ○○는 온갖 법계 중생과 함께
다겁의 오랜 생을 좇아오면서
귀의 인연으로 밖의 소리를 따라
묘하게 좋은 소리를 들을 때는
마음으로 그 소리에 애착을 내고
거슬리어 나쁜 소리를 들을 때는
백팔 가지 번뇌를 일으켰나이다.
이와 같은 잘못된 귀 악한 일 불러
옳지 못해 나쁜 소리 늘 듣게 되고
여러 가지 뒤얽힌 생각을 내서

소리를 뒤바꾸어 듣게 되므로
악한 길과 외진 곳 떨어졌나이다.
삿된 견해로 바른 법 듣지 못하고
곳곳마다 미혹하고 집착하여서
잠시라도 그쳐 쉴 때가 없음에
이와 같이 꽉막힌 소리에 앉아
나의 아는 마음을 뇌롭게 해서
세 가지 악한 길 떨어졌나이다.
시방의 온갖 모든 부처님들은
늘 계시어서 진리의 법 설하시는데
흐리고 잘못된 귀의 장애 때문에
미묘한 법문 듣지 못하옵니다.

이 제자가 이제서야 잘못 깨달아
대승의 공덕해장 외워 지니어
보현보살과 온갖 세존에게 귀의해
향을 살라 올리고 꽃을 뿌려서
귀의 허물 귀로 지은 죄를 말하여
그 허물과 죄를 덮어두지 않나니
이 인연으로 나와 모든 법계 중생의
귀로 일으킨 온갖 무거운 죄가
끝내 모두 청정토록 하여 주소서.

지심참회 비구(모갑) 여일체법계중생 종다겁래
至心懺悔 比丘(某甲) 與一切法界衆生 從多劫來
이근인연 수축외성 문묘음시 심생혹착
耳根因緣 隨逐外聲 聞妙音時 心生惑著

문악성시 기백팔종 번뇌적해 여차악이
聞惡聲時 起百八種 煩惱賊害 如此惡耳
보득악사 항문악성 생제반연 전도청고
報得惡事 恒聞惡聲 生諸攀緣 顚倒聽故
당타악도 변지사견 불문정법 처처혹착
當墮惡道 邊地邪見 不聞正法 處處惑著
무잠정시 좌차규성 노아신식 추타삼도
無暫停時 坐此䂓聲 勞我神識 墜墮三塗
시방제불 상재설법 아탁악이 장고불문
十方諸佛 常在說法 我濁惡耳 障故不聞

금시각오 송지대승 공덕해장
今始覺悟 誦持大乘 功德海藏
귀향보현보살급일체세존
歸向普賢菩薩及一切世尊
소향산화 설이과죄 불감부장
燒香散華 說耳過罪 不敢覆藏
이시인연 영아여법계중생
以是因緣 令我與法界衆生
이근소기일체중죄 필경청정
耳根所起一切重罪 畢竟清淨

○ 코의 죄를 참회하는 법〔鼻根懺悔〕

지극한 마음으로 참회합니다.
제자 ○○는 온갖 법계 중생과 함께
한량없는 겁으로 좇아오면서
닫혀있는 이 코에 주저앉아서
여러 가지 향기를 맡았나이다.

제Ⅱ장 온갖 죄업 남음 없이 참회하오리 [懺悔業障願文]

남자와 여자 몸의 냄새이거나
여러 가지 맛있는 음식의 향기
나아가서는 갖가지 향을 맡아서
미혹하여 참모습 알지 못하고
여러 묶임 번뇌의 적 움직이니
누워있던 번뇌가 모두 일어나
헤아릴 수 없는 여러 가지 죄업이
이로 인해 늘어나 자랐나이다.
이처럼 온갖 향기 탐착함으로
여러 가지 알음알이 분별하여서
곳곳마다 갖가지 것 깊이 집착해
나고 죽음의 바다에 떨어짐으로
여러 가지 과보 받고 있사옵니다.
시방 모든 부처님 공덕의 묘한 향
한량없는 법계에 가득하온데
흐리고 나쁜 내 코의 장애 때문에
법계의 향을 맡지 못하옵니다.

이제 대승의 청정하고 묘한 경 외워
보현보살과 온갖 세존께 귀의하오며
향을 살라 올리고 꽃을 뿌려서
코로 지은 허물과 죄를 말하여
그 허물과 죄를 덮어두지 않나니
이 인연으로 나와 모든 법계 중생의
코로 지은 모든 죄와 갖가지 허물
끝내 모두 청정토록 하여 주소서.

지심참회 비구(모갑) 여일체법계중생 종무량겁래
至心懺悔 比丘(某甲) 與一切法界衆生 從無量劫來

좌차비근 문제향기 약남녀신향 효선지향
坐此鼻根 聞諸香氣 若男女身香 肴膳之香

급종종향 미혹불료 동제결사 제번뇌적
及種種香 迷惑不了 動諸結使 諸煩惱賊

와자개기 무량죄업 인차증장 이탐향고
臥者皆起 無量罪業 因此增長 以貪香故

분별제식 처처염착 타락생사 수제고보
分別諸識 處處染著 墮落生死 受諸苦報

시방제불 공덕묘향 충만법계 아탁악비 장고불문
十方諸佛 功德妙香 充滿法界 我濁惡鼻 障故不聞

금송대승청정묘전
今誦大乘淸淨妙典

귀향보현보살급일체세존
歸向普賢菩薩及一切世尊

소향산화 설비과죄 불감부장
燒香散華 說鼻過罪 不敢覆藏

이시인연 영아여일체중생
以是因緣 令我與一切衆生

비근일체과죄 필경청정
鼻根一切過罪 畢竟淸淨

○ 혀의 죄를 참회하는 법〔舌根懺悔〕

지극한 마음으로 참회합니다.
제자 ○○는 온갖 법계 중생과 함께
셀 수 없는 겁으로 좇아오면서
혀로 지은 바 좋지 못한 업으로

제Ⅱ장 온갖 죄업 남음 없이 참회하오리 [懺悔業障願文]

여러 가지 좋은 맛을 탐착하여
중생 해치고 여러 금한 계를 깨뜨려
함부로 놓아 지냄의 문 열어젖혀
한량없는 죄업 혀로 생겼나이다.
또 혀로 입의 허물과 죄 일으켰으니
거짓말과 비단같이 꾸미는 말과
삼보를 비방하여 욕하는 말과
삿된 견해 찬탄하는 여러 말들과
이익 없이 부질없는 말 지껄이고
싸우거나 다투고 법 깨뜨리며
바른 법이 아닌 것을 말하는 것 등
악한 업의 칼이 혀로 좇아 나오고
바른 법의 바퀴를 끊어버림이
그 모두가 다 혀로 좇아 일어나서
이와 같이 좋지 못해 악독한 혀가
공덕 씨앗 아주 끊어 없애나이다.
바른 뜻이 아닌 것을 여러 갈래로
억지로 사람들에게 말한다거나
잘못되고 삿된 견해 찬탄함이
타는 불에 섶을 다시 더함 같아서
혀의 죄가 한량없고 끝이 없나니
이와 같은 인연으로 악도 떨어져
백겁 천겁 나올 기약 없사옵니다.
여러 부처님의 참다운 법의 맛은
법계에 두루하여 가득하온데
이와 같은 물든 혀의 죄 때문에
저희들은 바로 알지 못하옵니다.

이제 이 제자가 여러 부처님의
대승 비밀장을 받아 지녀 외우고
보현보살과 온갖 세존께 귀의해
향을 살라 올리고 꽃을 뿌려서
혀로 지은 허물과 죄를 말하여
그 허물과 죄를 덮어두지 않나니
이 인연으로 나와 모든 법계 중생의
혀로 지은 바 온갖 무거운 죄가
끝내 모두 청정토록 하여 주소서.

지심참회 비구(모갑) 여일체법계중생 종무수겁래
至心懺悔 比丘(某甲) 與一切法界衆生 從無數劫來
설근소작 불선악업 탐제미미 손해중생
舌根所作 不善惡業 貪諸美味 損害衆生
파제금계 개방일문 무량죄업 종설근생
破諸禁戒 開放逸門 無量罪業 從舌根生
우이설근 기구과죄 망언기어 악구양설
又以舌根 起口過罪 妄言綺語 惡口兩舌
비방삼보 찬설사견 설무익어 투구괴란
誹謗三寶 讚說邪見 說無益語 鬪構壞亂
법설비법 제악업자 종설근출 단정법륜
法說非法 諸惡業刺 從舌根出 斷正法輪
종설근기 여차악설 단공덕종 어비의중
從舌根起 如此惡舌 斷功德種 於非義中
다단강설 찬탄사견 여화익신 설근죄과 무량무변
多端强說 讚歎邪見 如火益薪 舌根罪過 無量無邊
이시인연 당타악도 백겁천겁 영무출기
以是因緣 當墮惡道 百劫千劫 永無出期
제불법미 미만법계 설근죄고 불능별료
諸佛法味 彌滿法界 舌根罪故 不能別了

금송대승제불비장
今誦大乘諸佛秘藏
귀향보현보살급일체세존
歸向普賢菩薩及一切世尊
소향산화 설설과죄 불감부장
燒香散華 說舌過罪 不敢覆藏
이시인연 영아여법계중생
以是因緣 令我與法界衆生
설근일체중죄 필경청정
舌根一切重罪 畢竟淸淨

○ 몸의 죄를 참회하는 법〔身根懺悔〕

지극한 마음으로 참회합니다.
제자 ○○는 온갖 법계 중생과 함께
오래고 먼 옛날부터 좇아오면서
이 몸이 올바르고 착하지 못해
여러 가지 감촉을 탐착했나이다.
남녀 몸의 부드러움과 매끄러움 등
이와 같은 갖가지 몸의 감촉을
뒤바꾸어 사무쳐 알지 못하고
번뇌 불꽃 타올라 몸의 업 지어
산 목숨 죽임과 훔침, 음란한 행등
세 가지 악한 업 일으켰나이다.
또한 중생과 크나큰 원결을 지어
오역죄를 짓고 금한 계 깨뜨리며
탑과 절을 부수고 불을 지르며
삼보 물건 쓰고도 부끄러움 없어

이 같은 죄 한량없고 끝이 없으니
이 모든 죄가 몸의 업 좇아 일어남
이루 말로 다할 수 없사옵나니
이 죄의 인연으로 오는 세상에
마땅히 지옥세계 떨어지게 돼
활활 타는 불이 나의 몸을 태워서
한량없는 억겁의 긴 세월 동안
크나큰 괴로움을 받사오리다.
시방의 한량없는 부처님들은
늘 깨끗한 진리의 빛을 놓아서
우리들을 닿아 비춰주시는데
저희 몸의 무거운 죄 장애를 지어
깨끗한 진리의 빛 알지 못하고
탐착으로 지은 나쁜 감촉만 알아
여러 가지 괴로움을 현재에 받고
지옥 아귀 축생 고통 뒤에 받아서
이와 같은 괴로움의 바다에 빠져
올바로 깨쳐 알지 못하옵니다.

오늘 이 제자는 깊이 뉘우쳐
대승의 진실한 법장 외워 지니고
보현보살과 온갖 세존께 귀의해
향을 살라 올리고 꽃을 뿌려서
몸의 여러 허물과 죄를 말하여
그 허물과 죄 덮어두지 않나니
이 인연으로 나와 법계 중생의
몸으로 지은 온갖 무거운 죄를

끝내 모두 청정토록 하여 주소서.

지심참회 비구(모갑) 여일체법계중생 종구원래
至心懺悔 比丘(某甲) 與一切法界衆生 從久遠來

신근불선 탐착제촉 소위남녀신분 유연세골
身根不善 貪著諸觸 所謂男女身分 柔軟細滑

여시등 종종제촉 전도불료
如是等 種種諸觸 顚倒不了

번뇌치연 조작신업 기삼불선
煩惱熾然 造作身業 起三不善

위살도음 여제중생 작대원결
謂殺盜婬 與諸衆生 作大冤結

조역파계내지분소탑사 용삼보물무유수치
造逆破戒乃至焚燒塔寺 用三寶物無有羞恥

여시등죄 무량무변 종신업기 설불가진
如是等罪 無量無邊 從身業起 說不可盡

죄구인연 미래세중 당타지옥
罪垢因緣 未來世中 當墮地獄

맹화염치 분소아신 무량억겁 수대고뇌
猛火焰熾 焚燒我身 無量億劫 受大苦惱

시방제불 상방정광 조촉아등 신근중죄 장고불각
十方諸佛 常放淨光 照觸我等 身根重罪 障故不覺

단지탐착 추폐악촉 현수중고 후수지옥 아귀축생등고
但知貪著 麤弊惡觸 現受衆苦 後受地獄 餓鬼畜生等苦

여시종종중고 몰재기중불각부지
如是種種衆苦 沒在其中不覺不知

금일참괴 송지대승진실법장
今日慚愧 誦持大乘眞實法藏

귀향보현보살급일체세존
歸向普賢菩薩及一切世尊

소향산화 설신과죄 불감부장
燒香散華 說身過罪 不敢覆藏
이시인연 영여법계중생
以是因緣 令與法界衆生
신근일체중죄 필경청정
身根一切重罪 畢竟淸淨

○ 뜻의 죄를 참회하는 법〔意根懺悔〕

지극한 마음으로 참회합니다.
제자 ○○는 온갖 법계 중생과 함께
비롯 없는 옛날로부터 좇아오면서
저희 뜻이 착하고 바르지 못해
여러 가지 법을 깊이 탐착하여서
뒤바뀐 마음 미치고 어리석어
온갖 법의 참모습 깨쳐 알지 못하고
생각하는 바 온갖 모든 경계를 따라
탐냄 성냄 어리석음 일으키며
이와 같은 여러 삿된 생각이 다시
온갖 여러 물든 업을 일으켜서
열 가지 악 오역죄 지었습니다.
날뛰는 뜻은 마치 원숭이 같고
달라붙는 끈끈이 풀과 같아서
곳곳마다 탐내고 집착하여서
온갖 육정의 뿌리 속 두루 이르니
육근의 업 가지 치고 꽃잎이 피어
삼계 스물다섯 가지 물든 존재의
태어나는 온갖 곳에 두루 가득해

무명과 나아가서 늙고 죽음의
열두 가지 인연법을 기르나이다.
그리하여 여덟 가지 삿됨과 어려움
두루두루 거치지 않음 없어서
끝이 없는 좋지 못한 온갖 과보가
물든 뜻을 따라서 생겨나나니
이 뜻 온갖 나고 죽음 근본이 되고
한량없는 괴로움의 근본 됩니다.

이는 곧 경전의 다음 말씀 같나니15)
부처님은 이렇게 말씀하시네.
'석가모니를 비로자나라 하나니
온갖 모든 곳에 두루 가득 하도다.
그러므로 있는 바 온갖 모든 법이
말법인 줄 마땅히 알아야 하니
망상분별로 여러 번뇌 받아서
깨달음 속 청정하지 않음을 보며
해탈 가운데서 번뇌 일으키도다.'

---

15) 경전의 말씀 : 『관보현행법경』의 가르침이니 경에 이렇게 말한다.
"그 때 수행자는 이 말씀을 듣고 나서는 허공 가운데 소리를 향하여 이렇게 묻는다.
'저는 지금 어느 곳에서 참회의 법을 행해야 합니까.'
이 때 허공 가운데 소리가 곧 이렇게 말할 것이다.
'석가모니 부처님을 비로자나라 이름하니 온갖 곳에 두루하신다. 그 부처님이 머무는 곳을 늘 고요하고 밝음〔常寂光〕이라 하니, 항상함〔常〕의 바라밀이 거두어 이룬 곳이고, 참된 나〔我〕의 바라밀이 세워낸 곳이며, 즐거움〔樂〕의 바라밀이 느낌과 모습 취함을 없앤 곳〔滅受想處〕이고, 깨끗함〔淨〕의 바라밀이 몸과 마음의 모습에 머물지 않는 곳〔不住身心相處〕이다. 또한 있고 없는 여러 법의 모습을 보지 않는 곳이며 고요함 그대로의 해탈이며 나아가 반야바라밀은 물질의 늘 머물러 있는 법〔色常住法〕이므로 이와 같이 시방의 부처님을 마땅히 살피라.'"

爾時行者聞此語已 問空中聲 我今何處行懺悔法 時空中聲卽說是語. 釋迦牟尼名毘盧遮那遍一切處 其佛住處 名常寂光 常波羅蜜所攝成處 我波羅蜜所安立處 淨波羅蜜滅有相處 樂波羅蜜不住身心相處 不見有無諸法相處 如寂解脫 乃至般若波羅蜜 是色常住法故 如是應當觀十方佛.

이 제자는 이제서야 비로소 깨쳐
지난 죄를 깊이 깊이 참회하옵고
마음속에 두려운 뜻을 일으켜
여러 가지 대승경을 지녀 외우고
말씀하신 바와 같이 닦아 행하네.
보현보살과 온갖 세존께 귀의하여
향을 살라 올리고 꽃을 뿌려서
온갖 뜻의 허물과 죄를 말해서
모든 죄 드러내 참회하옵고
그 허물과 죄 덮어두지 않나니
이 인연으로 나와 모든 법계 중생의
뜻으로 지은 온갖 무거운 죄와
나아가서 육근으로 지어 일으킨
온갖 여러 악한 업들 가운데
이미 지었거나 지금 일으키거나
앞으로 일으키게 될 모든 죄업을
깨끗이 씻어 모두 참회하여서
끝내 모두 청정토록 하여 주소서.

지심참회 비구(모갑) 여일체법계중생 종무시이래
至心懺悔 比丘(某甲) 與一切法界衆生 從無始已來
의근불선 탐착제법 광우불료 수소연경 기탐진치
意根不善 貪著諸法 狂愚不了 隨所緣境 起貪瞋癡
여시사념 능생일체잡업 소위십악오역
如是邪念 能生一切雜業 所謂十惡五逆
유여원후 역여이교 처처탐착 변지일체육정근중
猶如猨猴 亦如黐膠 處處貪著 遍至一切六情根中

차육근업 지조화엽 실만삼계 이십오유
此六根業 枝條華葉 悉滿三界 二十五有

일체생처 역능증장 무명로사 십이고사
一切生處 亦能增長 無明老死 十二苦事

팔사팔난 무불경력 무량무변악불선보 종의근생
八邪八難 無不經歷 無量無邊惡不善報 從意根生

여시의근 즉시일체생사근본 중고지원
如是意根 卽是一切生死根本 衆苦之源

여경중설 석가모니 명비로자나 변일체처
如經中說 釋迦牟尼 名毘盧遮那 遍一切處

당지일체제법 실시불법 망상분별 수제열뇌
當知一切諸法 悉是佛法 妄想分別 受諸熱惱

시즉어보리중 견불청정 어해탈중 이기전박
是則於菩提中 見不淸淨 於解脫中 而起纏縛

금시각오 생중참괴 생중포외 송지대승여설수행
今始覺悟 生重慚愧 生重怖畏 誦持大乘如說修行

귀향보현보살급일체세존
歸向普賢菩薩及一切世尊

소향산화 설의과죄 발로참회 불감부장
燒香散華 說意過罪 發露懺悔 不敢覆藏

이시인연 영아여법계중생
以是因緣 令我與法界衆生

의근일체중죄 내지육근소기일체악업
意根一切重罪 乃至六根所起一切惡業

이기금기미래응기 세한참회 필경청정
已起今起未來應起 洗澣懺悔 畢竟淸淨

2. 여섯 뜻뿌리 참회하는 대승의 길〔大乘六情懺悔〕
— 원효대사(元曉大師)

　온갖 법은 내가 짓는 것도 아니고 남이 짓는 것도 아니며, 나와 남이 함께 짓는 것도 아니고 나와 남을 떠나 짓는 것도 아니다. 그러므로 나와 네가 하나도 아니고 다름도 아닌 법계의 참모습은 스스로의 힘〔自力〕만으로 깨쳐 들어가는 것도 아니고, 남의 힘〔他力〕을 빌어서 들어가는 것도 아니지만, 나와 남의 힘을 떠나 들어가는 것도 아니다.
　여래의 참모습 법계의 진실을 아는 이는, 내가 나 아닌 나인 줄 알고 네가 너 아닌 너인 줄 알므로 스스로에 귀의하되 법에 귀의하며, 이미 해탈의 땅에 이르신 부처님의 부사의한 덕을 생각하되 스스로의 참된 실상에 복귀하는 것이다.
　저 세계는 세계인 세계가 아니라 업인 세계이며, 업은 스스로 업이 아니라 세계를 통해 연기한 업이다. 업은 원인과 조건을 통해 일어난 업이지만 원인과 조건 속에 업이 없고 원인과 조건을 떠나서도 업은 없다.
　업은 본디 없다〔本無〕가 지금 있는 것〔今有〕도 아니고, 본디 있는 것이 지금까지 이어지는 것도 아니며, 본디 없음과 지금 있음이 서로 화합한 것도 아니다.
　업은 있되 있음이 아니고 없되 없음이 아니며, 과거의 업이 끊어지고 현재의 업이 생김도 아니고, 과거의 업이 그대로 현재의 업이 되는 것도 아니다.
　이와 같은 업의 있되 있음 아니고 끊어짐도 아니고 항상함도 아닌 참된 실상을 깨치면 곧 여래의 부사의한 실상〔不思議實相〕에 돌아갈 수 있다.
　그렇다면 왜 법계인 업이 나고 죽음에 갇히고 무명에 싸인 업으로 뒤바뀌는가. 나와 내 것이 없는 실상 가운데 나와 내 것을 세워 집착하고, 앎에 앎이 있는 물든 앎을 일으키므로 긴 밤 동안 여섯 갈래 길의 고통바다를 돌고 도는 것이다.
　그러므로 이제 수행자는 모든 부처님의 부사의한 덕과 크나큰 자비의 원을 의지하고 큰 보리의 마음을 내, 나와 내 것, 아는 마음과 알려지는 세계가 모두 인연으로 난 바라 실로 있지 않음을 사무쳐 통달해야 할 것이다. 그렇게 하면 긴 밤의 꿈을 깨고, 나고 죽음을 벗어나 보리 열반의 해탈언덕에 오르게 되니, 이것이 여섯 뜻〔六情〕을 참회하는 대승의 길이다.

육근 죄업 돌이키면 해탈법계 현전하리라

1) 늘 실상을 사유하고 시방 모든 부처님께 귀명함

> 법계에 의지하여 노닐어 가려는 자는
> 네 가지 몸가짐 가운데 어느 하나에도
> 함부로 노닐어 지냄이 없어야 한다.
> 여러 모든 부처님들 부사의한 덕 생각하고
> 모든 법의 실상을 언제나 생각하여
> 업의 장애 모두 녹여 깨끗하게 없애며
> 육도의 끝이 없는 중생 널리 위하여
> 시방의 한량없는 여러 모든 부처님께
> 목숨 다해 지심으로 돌아가 의지해야 한다.

> 약의법계시유행자 어사위의무일당유
> 若依法界始遊行者 於四威儀無一唐遊
> 염제불부사의덕 상사실상오소업장
> 念諸佛不思議德 常思實相銷銷業障
> 보위육도무변중생 귀명시방무량제불
> 普爲六道無邊衆生 歸命十方無量諸佛

2) 해탈법계의 참모습

> 모든 부처님은 다르지 않고 같지도 않아서
> 하나가 온갖 것이요 온갖 것이 하나이니
> 비록 머무는 바 없지만 머물지 않음도 없으며
> 비록 하는 바가 없지만 하지 않음도 없도다.

거룩하신 낱낱 모습 낱낱의 털구멍들
끝없는 세계 두루하고 미래제를 다하지만
막힘 없고 걸림 없고 차별이 전혀 없이
중생을 교화하여 쉬어 그치지 않네.

제불불이이역비일 일즉일체일체즉일
諸佛不異而亦非一 一卽一切一切卽一
수무소주이무부주 수무소위이무불위
雖無所住而無不住 雖無所爲而無不爲
일일상호일일모공 변무변계진미래제
一一相好一一毛孔 遍無邊界盡未來際
무장무애무유차별 교화중생무유휴식
無障無礙無有差別 敎化衆生無有休息

3) 여래의 해탈의 삶과 중생의 소외된 삶

왜 그런가.
시방이 한 티끌이요 삼세가 한 생각이며
나고 죽음과 열반이 둘이 없고 차별 없어서
나고 죽음 취하지 않고 버리지 않으니
열여덟 가지 함께 하지 않는 법으로
서로 응해 쓰실 수 있기 때문이라네.

이제 이곳 연화장 세계 노사나부처님은
아름다운 연꽃대에 단엄하게 앉으시사
끝없는 빛을 놓고 한량없는 중생 모아
대승의 법바퀴를 굴림 없이 굴리니
보살무리 허공에 두루 가득히 모여서

대승의 받을 바 없는 법의 기쁨 받도다.

그렇지만 우리들은 하나인 진실한 삼보
허물 없는 곳에 함께 같이 있으면서도
귀머거리처럼 못 듣고 눈먼 이처럼 못 보아
있는 불성 없는 것과 같으니 왜 그런가.
무명으로 뒤바뀌어 바깥 경계 헛되이 지어
나와 내 것 헤아려서 갖가지 업 지으므로
불성의 밝은 작용 스스로 덮고 가리어
있는 불성 못 보고 들을 수도 없으니
아귀가 냇가에서 불을 봄과 같도다.

소이자하
所以者何
시방삼세일진일념 생사열반무이무별
十方三世一塵一念 生死涅槃無二無別
대비반야 불취불사 이득불공법상응고
大悲般若 不取不捨 以得不共法相應故
금어차처연화장계 노사나불좌연화대
今於此處蓮花藏界 盧舍那佛坐蓮花臺
방무변광 집무량중생 전무소전대승법륜
放無邊光 集無量衆生 轉無所轉大乘法輪
보살대중변만허공 수무소수대승법락
菩薩大衆遍滿虛空 受無所受大乘法樂

이금아등동재어차 일실삼보무과지처
而今我等同在於此 一實三寶無過之處
불견불문여농여맹 무유불성 하위여시
不見不聞如聾如盲 無有佛性 何爲如是

무명전도 망작외진 집아아소조종종업
無明顚倒 妄作外塵 執我我所造種種業
자이부폐부득견문 유여아귀임하견화
自以覆弊不得見聞 猶如餓鬼臨河見火

4) 무명으로 지은 죄를 깊이 참회함

    그러므로 이제 거룩하신 부처님 앞에
    깊이 뉘우쳐 부끄러워하는 마음 내고
    보리마음 일으켜 정성 다해 참회하니
    나와 모든 중생은 비롯 없는 옛날부터
    무명의 술에 취해 죄를 지음 한량없어
    다섯 가지 거스르는 크나큰 죄업과
    열 가지 악한 업을 짓지 않음 없었으니
    스스로 짓고 남을 시켜 악한 업을 지었으며
    남이 지은 악한 일 보고 따라 기뻐하여
    이와 같이 많은 죄업 이루 셀 수 없습니다.
    부처님과 현성들은 증명하여 아시리니
    이미 지은 죄업에는 부끄러움 깊이 내고
    아직 짓지 않은 죄는 다시 짓지 않으오리.

고금불전심생참괴 발보리심성심참회
故今佛前深生慚愧 發菩提心誠心懺悔
아급중생무시이래 무명소취 작죄무량
我及衆生無始以來 無明所醉 作罪無量
오역십악무소부조 자작교타견작수희
五逆十惡無所不造 自作教他見作隨喜
여시중죄불가칭수 제불현성지소증지
如是衆罪不可稱數 諸佛賢聖之所證知

이작지죄심생참괴 소미작자갱불감작
已作之罪深生慚愧 所未作者更不敢作

5) 참회하는 바 죄업과 참회의 참모습

이와 같은 모든 죄 실로 있는 바가 없어
뭇 조건이 화합함을 업이라 이름 하니
뭇 조건에 업이 없되 조건 떠나 업 없어서
업은 안도 아니고 바깥 또한 아니며
안과 밖이 어울린 가운데도 있지 않네.

지나간 것 사라졌고 오지 않음 안 생겼으며
지금 바로 있는 법은 머무르지 않으므로
짓는 업은 머묾 없고 또한 남이 없어라.

만약 업이 앞에 먼저 있다고 한다면
미리 있으므로 새로 생겨날 수 없으며
만약 업이 앞에 먼저 없다고 한다면
앞에 미리 없는데 어떤 것이 생길건가.

본디 없음과 지금 있음 두 가지 뜻 화합하여
업이 나는 것이라 이름 한다고 한다면
본디 없을 때에는 지금 있음 없을 테고
지금 있는 때에는 본디 없음 있지 않아
앞의 없음 뒤의 있음 미치지 아니하고
있음과 없음이 서로 합하지 아니하여
있고 없는 두 가지 뜻 합함이 없는데

그 어느 곳에서 업이 생겨남이 있겠는가.

있음과 없음 합하는 뜻 이미 무너졌다면
두 가지 흩어짐 또한 이루어지지 않아
합하는 것도 아니고 흩어짐도 아니며
있는 것도 아니고 없는 것도 아니네.

업이 없을 때에는 있음이 없는데
무엇을 상대하여 없다고 할 것이며
업이 있을 때에는 없음이 없는데
누구를 상대하여 있다고 할 것인가.

앞과 뒤의 있고 없음 다 이뤄지지 않으니
업의 성품 본래 남이 없음을 마땅히 알라.
본래부터 남이 있음 얻을 수가 없는데
마땅히 어느 곳서 남이 없음 얻을 건가.

남이 있음과 없음을 모두 얻을 수 없으며
얻을 수 없다 함도 또한 얻을 수 없으니
업의 성품 이와 같고 부처님 또한 그러네.16)

여차제죄실무소유 중연화합가명위업
如此諸罪實無所有 衆緣和合假名爲業

---

16) 업의 남이 없음〔無生〕과 자성 없음〔無自性〕: 업(業)이 나되 실로 남이 없는 실상을 『중론(中論)』은 다음 같이 말한다.
 "모든 삶들이 일으키는 행위와 번뇌, 행위의 주체와 행위의 결과는 실체 없음이 마치 허깨비나 꿈과 같고 아지랑이와 같고 메아리와 같다〔諸煩惱及業 作者及果報　皆如幻與夢 如炎亦如響—〕."

즉연무업이연역무 비내비외부재중간
卽緣無業離緣亦無 非內非外不在中間
과거이멸 미래미생 현재무주
過去已滅 未來未生 現在無住
고소작이기무주고역무생
故所作以其無住故亦無生
선유비생선무수생 약언본무급여금유
先有非生先無誰生 若言本無及與今有
이의화합명위생자 당본무시즉무금유
二義和合名爲生者 當本無時卽無今有
당금유시비유본무 선후불급유무불합
當今有時非有本無 先後不及有無不合
이의무합하처유생 합의기괴산역불성
二義無合何處有生 合義旣壞散亦不成
불합불산비유비무 무시무유대하위무
不合不散非有非無 無時無有對何爲無
유시무무대수위유 선후유무개부득성
有時無無待誰爲有 先後有無皆不得成
당지업성본래무생 종본이래부득유생
當知業性本來無生 從本以來不得有生
당어하처득유무생 유생무생구불가득
當於何處得有無生 有生無生俱不可得
언불가득역불가득 업성여시제불역이
言不可得亦不可得 業性如是諸佛亦爾

이와 같은 뜻을 경은 다음 같이 말씀하네.
비유하면 중생이 여러 업을 짓지만
짓는 바 업이 착한 업이든 악한 업이든
안의 마음 아니고 바깥 경계 아니듯
실로 있음 아니고 실로 없음도 아닌
업의 성품도 또한 다시 이와 같도다.

본디 없는 것이 지금 새로 있다고 하지만
이는 실로 원인 없이 생겨남이 아니니
업은 실로 지음 없고 받음 비록 없으나
때와 철이 이르르면 인연이 어울려서
짓는 바 업은 바로 그 과보가 있게 되네.17)

여경설언
如經說言
비여중생조작제업 약선약악비내비외
譬如衆生造作諸業 若善若惡非內非外
여시업성비유비무 역부여시
如是業性非有非無 亦復如是
본무금유비무인생 무작무수
本無今有非無因生 無作無受
시절화합고득과보
時節和合故得果報

수행자가 이와 같은 업의 공한 실상을
자주 자주 사유하여 깊이 깊이 참회하면
네 가지 무거운 죄 오역의 크나큰 죄도
그 사람은 결코 어찌 할 수 없으리니
마치 저 허공이 불에 타지 않음 같네.

그러나 수행자가 함부로 놓아 지내
뉘우침이 아주 없고 부끄러움 전혀 없어
업의 참된 모습을 사유할 수 없다면
비록 죄의 성품 없지만 지옥 들어가리니

---

17) 인연으로 남 : 업은 인연으로 나기 때문에 자성이 없고, 자성이 없으므로 인연이 어울려
남이 없이 남을 말한다.

허깨비 호랑이가 부리는 이 삼킴 같네.

행자약능삭삭사유 여시실상이참회자
行者若能數數思惟 如是實相而懺悔者
사중오역무소능위 유여허공불위화소
四重五逆無所能爲 猶如虛空不爲火燒
여기방일무참무괴 불능사유업실상자
如其放逸無慚無愧 不能思惟業實相者
수무죄성장입이리 유여환호환탄환사
雖無罪性將入泥梨 猶如幻虎還吞幻師

그러므로 마땅히 시방의 부처님 앞에
뉘우침 깊이 일으켜 참회해야 되지만
참회할 때 실로 참회함 지어서는 안 되니
마땅히 참회함의 참모습 다시 살피면
뉘우치는 죄가 이미 있는 바가 없는데
어떻게 참회하는 자를 얻을 수 있겠는가.
뉘우치는 자 뉘우치는 죄 얻을 수 없는데
마땅히 어디에서 뉘우치는 법 얻을 건가.

시고당어시방불전 심생참괴이작참회
是故當於十方佛前 深生慚愧而作懺悔
작시회시막이위작 즉응사유참회실상
作是悔時莫以爲作 卽應思惟懺悔實相
소회지죄기무소유 운하득유능참회자
所悔之罪旣無所有 云何得有能懺悔者
능회소회개불가득 당어하처득유회법
能悔所悔皆不可得 當於何處得有悔法

6) 자아의 반성

여러 업의 장애를 이렇게 참회한 다음
여섯 뜻의 놓아 지냄 마땅히 참회하리.
나와 모든 중생은 비롯 없는 옛날부터
모든 법이 본래 남이 없음 알지 못하고
망상으로 뒤바뀌어 나와 내 것 헤아려서
안으로 여섯 가지 뜻 뿌리를 세워서
여기에 의지하여 여섯 앎을 지어내며18)
밖으로 여섯 가지 객관 경계 세워서
이 모습을 집착하여 실로 있음 삼아서
이 모두가 스스로의 마음이 지은 바라19)
허깨비 같고 꿈과 같아 있지 않음 모르고서
그 가운데 남녀 모습 함부로 헤아리며
여러 번뇌 일으켜 스스로 얽혀 묶여
고통바다 길이 빠져 나올 길 못 구하니
고요히 생각할 때 참으로 괴이하네.
이는 마치 잠잘 때 잠이 마음 덮어서
자기 몸이 큰물에 떠내려감 헛되이 보아
꿈속에서 마음이 지은 줄 모르므로
실로 물에 빠졌다 해 큰 두려움 내면서
아직 깨기 전에는 다시 다른 꿈을 꾸어
내 보는 바가 꿈이라 진실 아니라 말하네.

---

18) 육정(六情)과 육식(六識) : 원효대사의 위 게송에서 육정(六情)은 여섯 앎의 뿌리인 육근(六根)을 뜻하고 육식(六識)은 여섯 근이 경계를 의지해 일으킨 앎[識]을 말한다.

19) 여섯 경계를 마음이 지음 : 저 세계는 세계 아닌 세계라 마음인 세계이고, 마음은 마음 아닌 마음이라 세계인 마음이다. 그러므로 마음과 세계가 모두 있되 실로 있지 않아 마음은 마음에 머물지 않고 법은 법에 머물지 않음을 한마음[一心]을 잡아 저 경계가 모두 마음이 지은 바라고 말한다.

마음 성질 날카로워 꿈 안에서 꿈을 알아[20]
꿈 가운데 물에 빠짐 두려워하지 않지만
평상 위에 몸이 누워있음 아직 알지 못해
머리를 흔들어대고 손을 마구 저어서
부지런히 길이 깨침 힘써 구해 찾는다.

길이 크게 깨칠 때 앞의 꿈 생각해 보면
물과 떠내려가는 몸 모두 있지 않아서
본래 진리 평상 위에 누워 있음만 보도다.
중생이 꾸는 기나긴 꿈도 또한 그러하니
무명이 마음 덮어 여섯 길 헛되이 지어
여덟 가지 괴로움 속 굴러가며 살도다.

어제업장작시회이 역응참회육정방일
於諸業障作是悔已 亦應懺悔六情放逸
아급중생무시이래 불해제법본래무생
我及衆生無始已來 不解諸法本來無生
망상전도계아아소 내립육정의이생식
妄想顚倒計我我所 內立六情依而生識
외작육진집위실유 부지개시자심소작
外作六塵執爲實有 不知皆是自心所作
여환여몽영무소유 어중횡계남녀등상
如幻如夢永無所有 於中橫計男女等相
기제번뇌자이전박 장몰고해불구출요
起諸煩惱自以纏縛 長沒苦海不求出要
정려지시심가괴재 유여면시수개부심
靜慮之時甚可怪哉 猶如眠時睡蓋覆心

---

20) 꿈 안에서 꿈을 알아 : 꿈 안에서 그것이 꿈인 줄 알았으나 꿈꾸는 몸 자체를 아직 깨닫지 못한 것을 비유하니, 이는 아공(我空)을 알았으나 법공(法空)을 깨닫지 못한 이승의 구도를 나타낸다.

망견기신대수소표　부지단시몽심소작
妄見己身大水所漂　不知但是夢心所作
위실유익생대포거　미각지시갱작이몽
謂實流溺生大怖懅　未覺之時更作異夢
위아소견시몽비실　심성총고몽내지몽
謂我所見是夢非實　心性聰故夢內知夢
즉어기익불생기거　이미능지신와상상
卽於其溺不生其懅　而未能知身臥床上
동두요수근구영각　영각지시추연전몽
動頭搖手勤求永覺　永覺之時追緣前夢
수여유신개무소유　유견본래정와어상
水與流身皆無所有　唯見本來靜臥於床
장몽역이무명부심　망작육도유전팔고
長夢亦爾無明覆心　妄作六道流轉八苦

7) 해탈의 길

안으로 여러 모든 한량없는 부처님들
부사의하게 끼쳐주는 힘을 의지하고
밖으로 부처님들 대비원력 의지하면
믿음과 앎 부처님을 차츰차츰 닮아가리.
나와 중생 기나긴 꿈만을 오직 꾸어
온갖 것이 실로 있다 허망하게 헤아리나
거스르고 따르는 여섯 티끌 남녀모습
이 모두가 내 꿈이라 실다운 일 길이 없으니
무엇을 근심하고 무엇을 기뻐하며
무엇을 탐착하고 그 무엇을 화낼 건가.
자주자주 사유하여 꿈같다고 잘 살피면
꿈과 같이 보는 삼매 점점 닦아 얻게 되리.

이 삼매로 남이 없는 법인을 얻게 되면
기나긴 꿈속에서 활짝 벗어 깨어나
본래부터 윤회 속 흘러 구름 없어서
다만 오직 움직임이 없는 한마음이라
한결같은 평상 위에 누워 있음 알리라.
만약 망상 떠나서 이처럼 자주 사유하면
비록 저 여섯 가지 경계 따라 생각해도
그 모든 경계를 실로 있음 삼지 않고
모든 번뇌 언제나 부끄럽게 여기어
스스로 뜻을 놓아 함부로 하지 않으니
이것이 대승의 여섯 뜻 뿌리 참회함이네.

내인제불부사의훈 외의제불대비원력
內因諸佛不思議熏 外依諸佛大悲願力
방불신해아급중생 유침장몽망계위실
彷彿信解我及衆生 唯寢長夢妄計爲實
위순육진남녀이상 병시아몽영무실사
違順六塵男女二相 並是我夢永無實事
하소우희하소탐진 삭삭사유여시몽관
何所憂喜何所貪瞋 數數思惟如是夢觀
점점수득여몽삼매 유차삼매득무생인
漸漸修得如夢三昧 由此三昧得無生忍
종어장몽활연이각 즉지본래영무유전
從於長夢豁然而覺 即知本來永無流轉
단시일심와일여상 약리능여시 삭삭사유
但是一心臥一如床 若離能如是 數數思惟
수연육진불이위실 번뇌수괴불능자일
雖緣六塵不以爲實 煩惱羞愧不能自逸
시명대승육정참회
是名大乘六情懺悔

제Ⅲ장

선정 지혜 평등히 닦아가리라
[定慧雙修願文]

1. 중생과 함께 하는 크나큰 보리의 서원〔天台大師願文〕
   - 천태지자선사(天台智者禪師)
2. 출가와 반야를 향한 영겁의 결단〔永嘉大師發願〕
   - 영가현각선사(永嘉玄覺禪師)
3. 일승 사제법의 지음 없는 발원〔一乘四諦發願文〕
   - 사명법지존자(四明法智尊者)
4. 법계의 경을 읽어 비로법계장에 귀명하는 서원〔歸命毘盧法界藏誓願〕
   - 대혜종고선사(大慧宗杲禪師)
5. 수행을 위한 자기 다짐, 묵조명〔默照銘〕
   - 천동정각선사(天童正覺禪師)
6. 피를 뽑아 경을 쓰며 원을 발함〔刺血書經願文〕
   - 우익지욱선사(藕益智旭禪師)
7. 원돈선을 열 가지 문으로 노래함〔圓頓禪十門頌〕
   - 학담(鶴潭)

불교는 초월적 신성의 계시를 전달하거나 영적 실체에의 몰입을 가르치는 종교가 아니다. 불교는 연기적인 존재의 실상을 모르고 영겁을 나고 죽음의 굴레 속에서 헤매는 중생에게 연기의 실상을 열어 보여 인간의 삶 속에 해탈과 열반을 실현하는 종교이다.

연기론으로 보면 온갖 것은 인연으로 있으므로 있되 실로 있음이 아니고, 인연으로 사라지므로 없되 실로 없음이 아니다. 그러므로 불교는 있는 모습과 나고 사라지는 모습에 물들고 막힌 중생에게는 있음이 있음 아님을 보여 삶의 휴식을 이루게 하고, 존재의 없는 모습에 빠지거나 공(空)을 집착하는 중생에게는 없음이 없음 아님을 보여 생활의 역동성을 잃지 않게 하고, 존재의 변화로 살피는 밝은 지혜를 늘 지니게 한다.

사마타(śamatha: 止)와 디야나(dhyāna: 禪定)가 존재의 있되 있음 아님에 상응한 실천행을 뜻한다면, 비파사나(vipaśyanā: 觀)와 프라즈냐(prajñā: 智慧)는 존재의 없되 없음 아님에 상응한 실천행을 뜻한다.

그런데 있음이 곧 있음 아님이므로 있음을 떠나 공함이 없고, 없음이 곧 없음 아님이므로 없음을 떠나 연기적인 있음이 따로 없는 것이다. 그러므로 존재의 있음 아닌 있음을 살펴 드러내는 지혜는 선정을 떠나지 않고, 존재의 있되 공함을 사무치는 선정은 지혜를 떠나지 않는 것이니, 불교에서의 바른 실천은 늘 '그침과 살핌을 함께 행함〔止觀俱行〕', '선정과 지혜를 평등히 지님〔定慧等持〕'으로 표시된다.

불교가 비록 여러 가지 차별적인 실천행〔道品〕과 한량없는 바라밀행〔無量波羅密行〕을 보이지만 실로는 선정과 지혜 두 법을 넘지 않으니, 왜 그런가.

바른 지혜와 선정으로 있음〔有〕도 버리고 없음〔無〕도 버리며 있음도 아니고 없음도 아님〔非有非無〕까지 버리면 곧 보시바라밀을 이루기 때문이고,

제Ⅲ장 선정 지혜 평등히 닦아가리라 [定慧雙修願文]

바른 지혜와 선정으로 '선악의 업이 공하고[善惡本空]' '선이 아니고 악이 아님도 또한 공한 줄 알면[非善非惡亦空]' 범행을 이루고 해야 할 일을 마쳐 참된 지계바라밀을 이루기 때문이다.

또한 바른 지혜와 선정으로 온갖 법이 남이 없음을 깨달으면 욕됨과 욕됨을 아는 자에 모두 얻을 것이 없음을 알아, 곧 남이 없는 법인[無生法忍]을 얻고 욕됨을 참는 바라밀[忍辱波羅密]을 이루기 때문이다.

다시 바른 지혜와 선정으로 온갖 법이 일어나고 사라짐도 아니고[無有起滅] 항상 머묾도 아님[無有常住]을 알면 늘 고요한 휴식 속에 영겁토록 삶의 역동성과 활력이 다하지 않을 것이니 곧 정진바라밀을 이룸이다.

그러므로 저 천태나 영가 같은 대조사(大祖師)들이 정혜쌍수(定慧雙修)를 발원할 뿐 아니라, 말법의 어지러운 때, 뒤에 배우는 못난 범부 학담[凡夫僧鶴潭] 또한 '열 가지 문의 게송[圓頓禪十門頌]'으로 정혜쌍수를 발원하는 것이다.

이미 선정이 지혜인 선정이고 지혜가 선정인 지혜라면, 암증선[暗證禪]에 떨어진 캄캄한 선사들이나 문자법(文字法)에 빠져 선정을 모르는 미친 지혜의 사람은 결코 바른 실천행에 나서는 자라 할 수 없을 것이다.

또한 선의 고요함에 고요한 모습이 없고 만 가지 바라밀행에 짓는 행의 모습이 없다면, 다만 선(禪)을 집착해 바라밀행을 등지는 자도, 만행(萬行)의 자취에 빠져 만행이 법계(法界)인 만행이며 만행이 휴식인 만행인 줄 모르는 자도 바른 실천행을 등지는 자라 할 것이다.

오직 선(禪)에 선하는 모습[禪相]이 없어 선(禪)이 바라밀행이 되고, 바라밀행이 다시 선정의 고요함이 되는 곳에 바른 실천행이 있다 할 것이니, 그러한 실천행으로 나아가는 자는 늘 '길가는 일' 가운데 '집안 소식'이 있고 '집안일'에 앉아 '길가는 일'을 씀이 없이 쓰리라.

고요함과 비춤의 이치가 원만하면
연꽃은 피어나고 잠든 꿈 깨어나서
백 가지 냇물들이 바다로 나아가고
천개의 봉우리가 높은 산 향함이네.

이는 마치 거위왕이 젖을 가려냄과 같고
벌이 꽃에서 꿀을 따는 것과 같아서
고요하게 비춤이 지극한 얻음 되니
우리 집안 참된 가풍 북돋아 드날리네.

우리 집안 참된 가풍 고요하게 비춤이니
꼭대기를 꿰뚫고 밑바닥을 꿰뚫어
텅 비어 막힘없는 순야다의 몸이요
묘한 응함 다함 없는 모다라의 팔이로다.

　　默照理圓　蓮開夢覺　百川赴海　千峰向岳
　　如鵝擇乳　如蜂採花　默照至得　輪我宗家
　　宗家默照　透頂透底　舜若多身　母陀羅臂

　　　- 천동정각선사 「묵조명(默照銘)」에서 -

1. 중생과 함께 하는 크나큰 보리의 서원〔天台大師願文〕
– 천태지자선사(天台智者禪師)

　　천태선사(天台禪師)는 중국 국가불교에서 진수(陳隋) 양조의 국사로 추앙된 선사로서, 선(禪)을 종지로 남북조 분열시대 불교의 이론실천적 역량을 총결집하여 회통불교를 건설하였다.
　　선사는 스승 남악혜사선사의 법화안락행(法華安樂行)의 지도 아래 3·7일 법화삼매를 닦던 중 『법화경』「약왕보살본사품」의 참된 법공양과 참된 정진을 말하는 구절에서 홀연히 삼매를 얻고 선다라니(旋陀羅尼)를 일으켰다.
　　스승을 대신하여 『대품반야경』을 강설하고 지관구행의 선풍을 드날렸으며, 『마하지관(摩訶止觀)』『법화현의(法華玄義)』『법화문구(法華文句)』 등의 방대한 저술을 남겨 천태종교(天台宗敎)를 수립하였다.
　　선사는 본 발원문에서 법계의 온갖 중생이 보리마음 모두 갖추길 발원하고, 한 생각이 삼천계의 중도실상 모두 갖춘 법계의 도장〔法界印〕임을 바로 믿어서 네 가지 삼매〔四種三昧〕를 닦아 부처님의 위없는 지견 얻길 발원한다.
　　그리고 목숨 마쳐 다할 때 서방정토 아미타 불국토에 바로 가서 태어나 남이 없는 법인〔無生法忍〕 깨친 뒤, 법계성품 떠나지 않고 시방세계에 돌아와 널리 온갖 중생에게 대승법문 설해 길이 보현행원 실천하길 서원한다.
　　이처럼 선사에게는 스스로 보리를 향한 자기결단〔菩提廻向〕이 법계성품에 돌아감〔實際廻向〕이 되고 온갖 중생을 해탈의 길에 이끄는 광대행원에의 돌아감〔衆生廻向〕이 되니, 이는 왜 그런가.
　　천태선사의 선(禪) 속에는 얻어야 할 자아도 없고 버려야 할 저 중생도 없어서, 선(禪)이 곧 법계(法界)이고 선(禪)이 온갖 중생의 여래장(如來藏)이기 때문이다.

온갖 중생 함께 같이 보리도에 나아가리

1) 삼보께 귀명하고 중생의 죄업장이 없어지길 서원함

　　제자 비구 ○○는 머리 숙여 귀의하옵고
　　온 시방 삼세 모든 부처님과 높은 법보
　　반야경과 십이부경 맑고 참된 묘한 법들
　　여러 크신 보살들과 거룩하신 여러 성현
　　법계바다 언제나 머무르신 삼보님께
　　한마음으로 목숨 다해 돌아가 의지하니
　　바라건대 신묘한 힘 사랑으로 보살피사
　　마땅히 이 제자를 증명해 알아주소서.

　　부르고 외우는 이 선근의 공덕으로
　　네 은혜 끼친 이와 삼계의 여러 중생
　　시방 법계 온갖 중생 장엄하여 주나니
　　바라건대 법계의 여러 모든 중생들
　　비롯 없는 옛날부터 오늘날에 이르도록
　　무명의 깊은 어둠 뒤바뀐 미혹으로
　　여섯 근의 세 가지 업 잘못되게 일으켜
　　도를 막는 온갖 죄업 끊임없이 지었나니
　　거칠거나 가늘거나 부처님들 아신 바라
　　한때에 남음 없이 모두 다 없어져서
　　이 제자가 몸을 바꿔 태어나는 세상마다
　　지옥 아귀 축생의 몸 길이 길이 떠나고
　　애욕의 몸 치우친 땅 낮은 몸을 떠나며
　　여덟 가지 어려움 겪는 몸 떠나지이다.

제자 비구모갑 계수화남 일심귀명
弟子 比丘某甲 稽首和南 一心歸命

진시방삼세일체제불 존법반야십이부경진정묘법 제대보살마하살중제현성승
盡十方三世一切諸佛 尊法般若十二部經眞淨妙法 諸大菩薩摩訶薩衆諸賢聖僧

상주삼보 유원신력 자애호념 원당증지
常住三寶 唯願神力 慈哀護念 願當證知

이차염송선근공덕 전용장엄사은삼유 진시방법계일체중생
以此念誦善根功德 專用莊嚴四恩三有 盡十方法界一切衆生

원공법계제중생등 종무시이래 지어금일
願共法界諸衆生等 從無始已來 至於今日

혼침도혹 육근삼업 조일체장도지죄 약추약세 제불소지 일시소멸
昏沈倒惑 六根三業 造一切齷道之罪 若麤若細 諸佛所知 一時消滅

생생세세 영리지옥아귀축생신 영리여인신 영리변지하천팔난신
生生世世 永離地獄餓鬼畜生身 永離女人身 永離邊地下賤八難身

2) 온갖 중생이 보리마음 갖추길 서원하고 실상을 바로 믿고 바로 통달하여 큰 자비로 널리 열반의 기쁨 나누어 주길 원함

　　바라건대 법계의 여러 모든 중생들
　　이 생이나 다른 생에 선지식을 늘 만나서
　　위없이 높은 대승의 바른 법 늘 들으며
　　늘 머무는 불성과 크나큰 열반 바다
　　부모 나준 이 몸에서 바로 알아 깨치고21)
　　모든 법이 본래로 적멸함을 알아서
　　위없고 크나큰 보리 모두 갖춰지이다.

---

21) 부모 나준 이 몸에서 : 이 몸은 나고 사라지나 진여의 성품은 나고 사라지지 않는다고 하면, 이는 외도의 삿된 견해일 뿐이다. 그러므로 천태선사는 부모가 나준 이 몸(父母所生身)이 곧 법계임을 깨달아 이 몸 그대로 보리열반 구현하길 발원한다.

육근 육경 주관 객관 의지하여 일어난
　　한 생각 그 마음이 온갖 법 백 가지 법계
　　삼천 가지 공함과 거짓 있음 중도 갖춰22)
　　이 마음이 곧 바로 법계의 도장이라
　　이루 말할 수 없고 생각할 수 없어서
　　마음과 부처 중생 이 세 가지 법
　　차별됨이 없음을 사무쳐 통달하고
　　방편을 체달하고 실상을 깨쳐 알아
　　위없고 큰 보리의 마음을 일으켜서
　　위로 보디 구하고 아래로 중생 건져
　　나고 죽는 괴로움을 모두 빼내 없애주고
　　구경의 열반 기쁨 함께 나눠 주오리.

　　원공법계제중생등 약어차생 약어여생 상치선지식
　　願共法界諸衆生等 若於此生 若於餘生 常値善知識
　　상문무상대승정법 즉어차신 오해 상주불성대열반해
　　常聞無上大乘正法 卽於此身 悟解 常住佛性大涅槃海
　　일체제법본래적멸 구대보리
　　一切諸法本來寂滅 具大菩提

　　요달근진능소 일념기심구일체법백계
　　了達根塵能所 一念起心具一切法百界
　　삼천공가중 즉법계인불가사의 심불중생삼무차별
　　三千空假中 卽法界印不可思議 心佛衆生三無差別

---

22) 한 생각이 백계 삼천의 공·가·중을 갖춤 : 지옥·아귀·축생·수라·인간·천상·성문·
연각·보살·불의 열 가지 법계가 서로 열법계를 갖춤이 백 가지 법계이고, 백 가지 법계가
「방편품」에서 말한 바 '이와 같은 성품[如是性], 이와 같은 모습[如是相]' 등 열 가지 '이와
같음[十如是]'를 갖춤이 천법계이고, 천법계의 낱낱에 오온세간·중생세간·기세간의 세 가지
세간[三種世間]을 갖춤이 삼천세간(三千世間)이다. 이 삼천세간이 곧 공하고 곧 거짓 있으며
곧 중도라 삼제를 갖추었지만, 삼천세간의 원융한 삼제가 곧 한 생각[一念]에 모두 갖춰 있
는 것이다.

제Ⅲ장 선정 지혜 평등히 닦아가리라 [定慧雙修願文] | 123

체권식실 발대보리심 상구하화 발생사고 여구경락
體權識實 發大菩提心 上求下化 拔生死苦 與究竟樂

3) 네 가지 삼매〔四種三昧〕를 닦아 살피는 지혜는 부사의한 한마음의 세 가지 살핌〔不思議一心三觀〕이 되고 십승의 관행〔十乘觀行〕이 되며, 살피는 바 경계는 열 가지 부사의한 경계〔不思議境界〕가 되어 살바야의 바다에 들어가길 바람

    굳세고 용맹하게 네 가지 삼매 닦되23)
    부사의한 한 살핌이 바로 세 살핌이니
    부사의한 한 진리가 세 진리임 살피면
    살핌과 살피는 진리 그윽이 하나되리.24)

    네 가지 마 세 장애 등 여러 경계 두루 거쳐
    살피는 바 경계를 마주하여 살핌에
    살피는 바 열 경계 묘한 법을 이루고25)
    능히 살핌 두렷한 진리 수레 이루니26)

---

23) 네 가지 삼매〔四種三昧〕 : 천태선사는 중도관행의 구체적 실천행법으로 네 가지 삼매를 말하니, 네 가지 삼매는 늘 앉음의 삼매〔常坐三昧 : 一行三昧〕, 늘 다님의 삼매〔常行三昧 : 一相三昧〕, 반은 앉고 반은 다니는 삼매〔半行半坐三昧 : 法華三昧〕, 다님도 아니고 앉음도 아닌 삼매〔非行非坐三昧 : 隨自意三昧〕이다.
24) 살핌과 살피는 진리의 하나됨 : 살피는 지혜는 살피는 바 진리인 지혜이고 진리는 능히 살피는 지혜인 진리이다. 그러므로 살피는 바 진리〔所觀境〕가 부사의한 원융삼제〔不思議圓融三諦〕가 되면 살피는 지혜가 부사의한 일심삼관〔不思議一心三觀〕이 되어 진리를 살피되 실로 살핌이 없으니, 살핌과 살피는 바 진리가 그윽이 하나됨〔觀諦冥一〕이다.
25) 살피는 바 열 경계 묘함 이루고 : 십승관행(十乘觀行)의 살피는 바 경계〔所觀境〕는 열 가지 경계〔十境〕이니, 열 경계는 오음경(五陰境) 번뇌경(煩惱境) 병환경(病患境) 업경(業境) 마사경(魔事境) 선정경(禪定境) 제견경(諸見境) 만경(慢境) 이승경(二乘境) 보살경(菩薩境)이다. 이 열 가지 경계는 부사의한 오음의 경계를 떠나지 않으니, 살피는 바 오음 십이처 십팔계가 곧 부사의실상인 줄 알면 열 가지 경계가 곧 다 묘함을 이루고 부사의경계를 이룬다.
26) 능히 살핌 두렷한 진리 수레 이루니 : 열 가지 경계를 살피는 지혜를 천태선사는 십승관행

행함과 바른 지혜 다시 서로 도우면
마음 마음 환히 밝아 고요하게 되리라.

치우침 없는 중도의 실상을 일으켜서
부처님의 지견을 열어내 밝혀내면
마음 마음 온전히 바른 지혜 드러나
지혜 몸은 남을 인해 깨달음이 아니니
살바야의 바다에 저절로 흘러들리.

수뢰강정진사종삼매
修牢强精進四種三昧

지부사의일관삼관 관부사의일제삼제
只不思議一觀三觀 觀不思議一諦三諦

관제명일
觀諦冥一

즉사마삼장역연 대경이묘
卽四魔三障歷緣 對境以妙

십법성원승 행해경자 심심명적
十法成圓乘 行解更資 心心明寂

발진중도 개불지견 심심현전
發眞中道 開佛知見 心心現前

(十乘觀行)으로 보이니 열 가지 살핌의 수레는 ①부사의경계를 살핌〔觀不思議境〕②참된 보리의 마음을 일으킴〔眞正發菩提心〕③지관을 교묘히 씀〔妙用止觀〕④법의 치우침을 깨뜨림〔破法偏〕⑤막히고 통함을 앎〔識通塞〕⑥실천방편들을 잘 조절함〔道品調達〕⑦대치법으로 정관을 도와 엶〔對治助開〕⑧차제를 앎〔知次位〕⑨잘 참아 편안히 함〔能安忍〕⑩법의 애착을 없앰〔無法愛〕이다.

비록 열 가지 수레의 이름이 있으나 열 수레는 첫째 부사의경계 살핌을 떠나지 않으니, 살피는 바 진리가 부사의하여 살피는 지혜가 살피되 살핌이 없으므로 열 가지 관행이 모두 두렷한 진리의 수레〔圓乘〕가 된다.

소유혜신불유타오 자연유입살바야해
所有慧身不由佗悟 自然流入薩婆若海

4) 십승의 관행[十乘觀行]으로 마하야나를 이루어서, 티끌 깨 대천 경권 펼쳐내 온갖 중생에게 지관법(止觀法) 설하기를 원함

　　남이 없음 깨쳐서 그 법인에 머물면
　　큰 지혜를 갖추어 마하야나 이루고
　　돈교 점교 여러 모든 가르침 통달하여
　　한 작은 티끌 깨서 대천경권 펼쳐내면
　　강가강 모래수의 온갖 모든 부처님 법
　　이 제자의 한마음 속 환히 밝아지리라.

　　부처님의 자비로운 마음을 바로 깨쳐
　　법과 재물 아끼는 여러 마음 모두 없이
　　지관법을 널리 온갖 중생에게 설하여
　　진리의 문을 열고 진리곳간 다 기울여
　　온갖 공덕 모두 갖춘 여의보주 주오리라.

　　주무생인 구대지혜 성마하연 통달점돈제교
　　住無生忍 具大智慧 成摩訶衍 通達漸頓諸教
　　파일미진 출대천경권 항사불법 일심중효
　　破一微塵 出大千經卷 恒沙佛法 一心中曉
　　각불자비 무제간린 설어지관
　　覺佛慈悲 無諸慳悋 說於止觀
　　변시일체 개문경장사여의주
　　遍施一切 開門傾藏捨如意珠

5) 육즉의 지위〔六卽位〕를 한 생각에 닦아 인행(因行)과 과덕(果德)
이 서로 융통하길 원함

    진리로 같은 지위, 문자로 아는 지위
    살펴 행해 가는 지위, 비슷하게 깨친 지위
    참됨 얻어 머문 지위, 얼음 없는 맨끝 깨침
    둥근 이자 세 점이 세로 가로 아니듯
    여섯 지위 닦아 깨침 같으면서 다르니
    바른 법의 크나큰 성 금강의 보배 곳간
    온갖 모든 부처님 법 스스로 행하고
    다른 중생 교화함이 한 생에 이룸 있네.
    만약 비록 밝고 밝게 사무치지 못해도
    원인 아닌 원인 좇아 그 결과를 부르니
    실로 얻음이 아닌 결과 아닌 결과로
    해탈의 빼어난 과보를 얻으리라.

    이즉명자 관행상사 분진구경 원이산점
    理卽名字 觀行相似 分眞究竟 圓伊三點
    부종불횡 정법대성 금강보장
    不縱不橫 正法大城 金剛寶藏
    일체불법자행 화타일생유판 설미명료
    一切佛法自行 化佗一生有辦 設未明了
    비인지인 종인감과 불과지과 획승과보
    非因之因 從因感果 不果之果 獲勝果報

6) 법계의 중생이 모두 목숨 다해 아미타의 국토에 바로 가서 부처
님들 영접 받아 모든 죄업 깨끗해지길 원함

제Ⅲ장 선정 지혜 평등히 닦아가리라 [定慧雙修願文]

바라건대 법계의 온갖 모든 중생들
목숨 마쳐 다할 때면 이레 전에 때를 알아
마음이 뒤바뀌어 어지럽지 않으며
마음이 물든 생각과 함께하지 않아서
몸과 마음 여러 가지 괴로움이 전혀 없이
두 발 꼬고 바로 앉아 바른 생각 또렷하여
몸과 마음 안락하게 깊은 삼매 들어서
시방의 부처님들 뵙게 되어지이다.

바라건대 서방정토 아미타 부처님과
삼세 모든 부처님들 관음세지 여러 보살
온갖 여러 성현무리 본 서원 버리지 않고
내 앞에 다 나타나 한때 같이 큰 빛 놓아
나의 몸과 마음을 비추어 닿아주사
지은 바 죄의 장애 한때 모두 없어져
육근 환히 여래지견 깊이 들어지이다.

부처님의 큰 신력 몸과 마음 거두어주고
금빛 손을 내미시어 머리 만져 맞아주어
이 제자는 크나큰 기쁨으로 뛰놀아
부처님의 원력 타고 금강 자리 앉아서
부처님을 모시는 여러 무리 성현 따라
한 생각에 상품세계 맨 위 태어나지이다.

원공법계제중생등 임명종시 칠일지전자지시절 심불전도 심불착란
願共法界諸衆生等 臨命終時 七日之前自知時節 心不顚倒 心不錯亂
심불공념신심 무제고통 가부정념 신심안락입심삼매 견시방불
心不共念身心 無諸苦痛 跏趺正念 身心安樂入深三昧 見十方佛

원미타세존 삼세제불 관음세지제대보살 일체성중불사본서 실현재전
願彌陀世尊 三世諸佛 觀音勢至諸大菩薩 一切聖衆不捨本誓 悉現在前
동시방대광명 조촉신심 소유죄장 일시소멸 제근활연심입지견
同時放大光明 照觸身心 所有罪障 一時消滅 諸根豁然深入知見
이대신력 섭수신심 수금색수마정 접인환희용약
以大神力 攝受身心 授金色手摩頂 接引歡喜踊躍
승불원력좌금강대 수종여래성중 어일념경상품상생
乘佛願力坐金剛臺 隨從如來聖衆 於一念頃上品上生

7) 서방정토에 태어나 남이 없는 법인〔無生法忍〕얻은 뒤 법성 떠나지 않고 시방세계에 널리 노닐어, 보현의 광대행원(廣大行願) 모두 갖추길 원함

서방정토 아미타 부처님의 극락세계
황금 연꽃 그 태에 변화로 태어나서
남이 없이 고요한 모든 법인 깨쳐들어
보살의 높은 지위 한 번에 뛰어올라
여섯 가지 신통 얻고 수능엄 삼매 머물리
법성에서 일어나 움직이지 아니하고
한 생각에 시방세계 널리 두루 노닐어서
삼세 모든 부처님들 받들어 모시오리.
낱낱 여러 부처님 앞 모두 다 내 몸 있어
그 모든 부처님께 온갖 공양 널리 닦고
법문 듣고 언약 받아 삼세 온갖 여래의
깊고 깊은 법바다 한때 널리 받아 지니리.

그리하여 법바다 스스로 밝게 깨쳐 알면
다른 이를 말미암아 깨달음이 아니니

큰 진리와 크나큰 원, 큰 장엄, 큰 지혜로 끊음
크게 두루 아는 지혜, 크나큰 도, 큰 작용
크나큰 방편과 실상, 큰 이익과 머묾 없음
여러 모든 부처님의 온갖 바라밀행들을
한때에 남김 없이 모두 다 닦아 익혀
문수·보현 같으신 크신 보살 벗을 삼아
온갖 모든 보살들의 한량없고 끝없는
광대한 행과 원을 빠짐없이 갖추오리.

서방아미타불극락세계 금연화생 오입무생적멸제인 초등상지
西方阿彌陀佛極樂世界 金蓮化生 悟入無生寂滅諸忍 超登上地
획육신통 주수능엄 부동법성 어일념경 유력시방 봉사삼세일체제불
獲六神通 住首楞嚴 不動法性 於一念頃 遊歷十方 奉事三世一切諸佛
일일불전 실유아신 수제공양 문법수기 일시보능수지삼세여래심심법해
一一佛前 悉有我身 修諸供養 聞法受記 一時普能受持三世如來甚深法海
즉자명해 불유타오 대리대원 대장엄대지단
卽自明解 不由佗悟 大理大願 大莊嚴大智斷
대변지대도 대용대권실 대이익대무주
大遍知大道 大用大權實 大利益大無住
제불소유일체바라밀행 일시수습 여문수보현등 제대사위반려
諸佛所有一切婆羅蜜行 一時修習 與文殊普賢等 諸大士爲伴侶
구족일체제보살 무량무변광대행
具足一切諸菩薩 無量無邊廣大行

8) 한 생각에 온갖 법문 두루 갖추고 시방세계에 널리 법바퀴 굴리어 중생 거둬 교화하는 불사 두루 짓기를 원함

바라건대 큰 다라니와 모든 삼매문을 얻어
널리 모든 부처님들의 나라를 두루 알아

부처님의 세계들을 깨끗하게 장엄하고
찰나 사이 시방 온갖 가는 티끌과 같이
한량없이 많고 많은 여러 삶들 길 가운데
바른 깨침 이루어서 큰 법바퀴 굴리어
고통 받는 중생 건져 모두 해탈시키며
따짐 없는 큰 자비로 널리 법계 덮어주고
참된 진리 바탕에서 움직이지 않고서
널리 삼세 들어가 온갖 중생 건져내리.

때로 부처 몸을 지어 방편 실상 베풀며
때로 아홉 법계의 여러 중생 모습 되어
그들에게 돈교 점교 드날려 말해주고
점교 돈교 법의 바퀴 굴려주길 청하며
점교 돈교 모두 널리 통하도록 하여서
세 바퀴27)로 여러 중생 거두어 교화하여
중생 거둬 교화함이 마쳐 다함 없어서
저 허공 법계처럼 두루 불사 지어가리.

원득제대다라니문 제삼매문 보지제불찰 엄정불국
願得諸大陀羅尼門 諸三昧門 普知諸佛刹 嚴淨佛國
어찰나경 보어시방일체미진도중 성등정각 전대법륜
於刹那頃 普於十方一切微塵道中 成等正覺 轉大法輪
도탈중생 무연자비보부법계 부동진제 보입삼세 도탈일체중생
度脫衆生 無緣慈悲普覆法界 不動眞際 普入三世 度脫一切衆生

---

27) 세 바퀴〔三輪〕: 세 가지 법바퀴는 근본법륜(根本法輪), 지말법륜(枝末法輪), 지말을 거두어 근본에 돌이키는 법륜〔攝末歸本法輪〕이다. 삼론종에서 여래의 일대교설을 세 가지 법륜으로 나눈 것으로 『화엄경』은 근본법륜, 『법화경』은 섭말귀본법륜, 그 밖의 교설은 지말법륜에 속한다.

혹작불신시권실 혹위구계상 대양점돈 청전점돈
或作佛身施權實 或爲九界像 對揚漸頓 請轉漸頓

홍통점돈 삼륜섭화 섭화무궁 동허공변계 이작불사
弘通漸頓 三輪攝化 攝化無窮 同虛空遍界 而作佛事

9) 진리의 비밀장 그대로인 이 원의 바다에 법계중생이 함께하기를 원함

근본 좇아 여러 가지 자취를 나타내고
자취 다시 거두어서 근본에 돌이킴에
근본과 자취가 비록 서로 다르지만
생각할 수 없고 말할 수 없이 같은 하나라
나와 너의 온갖 행은 언제나 두렷하여
다함 없는 진리의 비밀장에 늘 머무니
법계의 모든 중생 원수거나 친한 이나
이 같은 원의 바다 함께 하여지이다.

종본수적 섭적환본 본적수수 부사의일
從本垂迹 攝迹還本 本迹雖殊 不思議一
자타행원 상주비장 법계원친 동사원해
自佗行圓 常住秘藏 法界怨親 同斯願海

2. 출가와 반야를 향한 영겁의 결단〔永嘉大師發願〕
- 영가현각선사(永嘉玄覺禪師)

　　영가선사(永嘉禪師: 647~713)의 법명은 현각(玄覺)이며 중국 온주 영가현 분이다. 8세에 출가하여 경론을 널리 연구하고 천태지관에 정통하여, 가고 머물고 앉고 눕는 네 가지 몸가짐 가운데 늘 선관에 그윽이 하나되었다.
　　선사는 천태 8조 좌계현랑선사(左溪玄朗禪師)와 동문으로 천궁혜위선사(天窮慧威禪師)의 문하로서 『유마경』을 읽다 불심종(佛心宗)을 깨달았지만, 동문인 좌계선사의 권유와 현책(玄策)선사의 인도로 조계혜능선사(曹溪慧能禪師)를 만나 혜능에게 불심종을 인가받았다. 저서에 『선종영가집(禪宗永嘉集)』『증도가(證道歌)』가 있고 무상대사(無相大師)라 호를 받았다.
　　본 발원문은 출가수행자와 보살행자로서의 선사의 원을 담은 글로서, 태어나는 그 어느 세상에서나 반야지혜에서 물러서게 하는 모든 나쁜 인연을 멀리 여의고, 선지식의 인연과 대승경을 독송하고 선정지혜를 닦는 인연 등 좋은 법의 인연 늘 갖추기를 서원한다.
　　그리고 날 적마다 출가비구가 되어 가사와 발우를 늘 지니어 청정하게 수도하길 발원하고, 스스로 삼보에 귀의하고 삼보를 찬탄하는 공덕으로 육도의 나고 죽음 속에 빠진 모든 중생이 다 해탈하기를 서원한다.

날 적마다 반야인연 갖추고 나의 선근으로 온갖 중생 해탈
하여지이다

1) 스스로 삼보에 귀의하고 삼보의 가피력으로 온갖 중생 모두 바른
깨침 이루기를 원함

부처님께 머리 숙여 귀의하오니
원만하게 온갖 곳에 두루하여서
앎이 없이 모두 아는 지혜 성품은
고요하고 평등한 참 바탕이며
빼어나게 장엄하신 몸의 모습은
있는 모습 아니고 없음 아니니
지혜광명 티끌세계 널리 비치네.

부처님법 참 진리에 귀의하오니
맑고 묘한 참깨침이 말로 나타난
십이부의 싶고 싶은 여러 경전들
글과 글씨 아니고 말이 아님에
여래는 한 음성으로 법을 설하나
중생은 부류 따라 모두 깨치네.

청정하신 현성들께 귀의하오니
시방세계 다툼 없는 구도자들은
부처님의 계를 지켜 어김없으며
석장 물병 조촐한 살림살이로
널리 모든 중생들을 이롭게 하네.

계수원만변지각   적정평등본진원
稽首圓滿徧知覺   寂靜平等本眞源
상호엄특비유무   혜명보조미진찰
相好嚴特非有無   慧明普照微塵刹

계수담연진묘각   심심십이수다라
稽首湛然眞妙覺   甚深十二修多羅
비문비자비언전   일음수류개명료
非文非字非言詮   一音隨類皆明了

계수청정제현성   시방화합응진승
稽首淸淨諸賢聖   十方和合應眞僧
집지금계무유위   진석휴병리함식
執持禁戒無有違   振錫携缾利含識

알로 나고 태로 나고 습기로 나며
변화하여 태어나는 갖가지 것들
빛깔 있고 빛깔 없는 여러 가지와
생각 있고 생각 없는 갖가지 것과
생각 있지도 않고 없지도 않은 것들
여섯 갈래 길을 돌아 그침 없도다.

제가 이제 공경히 머리 숙여서
삼보전에 돌아가 의지하옵고
널리 중생 위해 도의 마음 발하나
많은 중생 고통바다 빠져 있도다.

바라건대 여러 모든 부처님들과

법과 승가 이 삼보의 힘으로 인해
자비로운 방편으로 고통 빼내어
크고 넓은 서원을 버리지 않고
모든 중생 빠짐없이 제도하리니
교화의 힘 자재하고 제도 끝없어
강가강 모래수의 온갖 중생들
모두 다 바른 깨침 이뤄지이다.

난생태생급습화   유색무색상비상
卵生胎生及濕化   有色無色想非想
비유비무상잡류   육도윤회부잠정
非有非無想雜類   六道輪廻不暫停

아금계수귀삼보   보위중생발도심
我今稽首歸三寶   普爲衆生發道心
군생침륜고해중   원인제불법승력
群生沉淪苦海中   願因諸佛法僧力

자비방편발제고   불사홍원제함령
慈悲方便拔諸苦   不捨弘願濟含靈
화력자재도무궁   항사중생성정각
化力自在度無窮   恒沙衆生成正覺

2) 삼보전에 다시 귀의하여 날 적마다 반야의 인연 갖추고 온갖 마의 장애 떠나길 서원함

이 게송을 말한 다음 제가 거듭 머리 숙여
시방 삼세 온갖 여러 부처님과 법과 승가에

제Ⅲ장 선정 지혜 평등히 닦아가리라 [定慧雙修願文]

귀의하옵고 삼보의 거룩하신 힘을 받아
지심으로 발원하여 위없는 보리 닦되
맹세코 이생부터 바른 깨침 이룰 때까지
그 가운데 부지런히 보리의 도를 구해
반드시 뒤로 결코 물러서지 않으오리.
위없고 바른 도를 아직 얻기 전에는
이 몸에 갑작스런 재난과 병이 없고
목숨은 중간에 일찍 끊어지지 않으며
바로 이 목숨 다할 때 나쁜 모습 보지 않고
온갖 두려움 없으며 뒤바뀜을 내지 않고
몸에는 괴로움 없고 마음은 고요하여
바른 지혜 분명하게 가운데 몸 거침없고
지옥·축생·아귀의 길 들어가지 아니하며
물과 뭍과 허공으로 다니는 무리들과
하늘의 마·외도와 저승의 귀신들과
어지러운 온갖 모습 받지 않아지이다.

길이 사람 몸을 얻되 총명하고 올바르며
악한 나라 나지 않고 악한 임금 안 만나며
변두리에 나지 않고 가난 고통 안 받으며
노예와 여인형상 성을 옳게 못 갖춤과
누른 머리 검은 이와 답답하게 어리석음
무디고 어두움과 못생기고 몸이 빠짐
눈이 멀어 보지 못함, 귀머거리, 벙어리 등
이러한 갖가지 좋지 못한 모습으로
끝내 세상 태어나지 않게 하여지이다.

설차게이 아부계수귀의
說此偈已 我復稽首歸依

시방삼세 일체제불법승전
十方三世 一切諸佛法僧前

승삼보력 지심발원 수무상보리 계종금생
承三寶力 志心發願 修無上菩提 契從今生

지성정각 중간결정 근구불퇴 미득도전
至成正覺 中間決定 勤求不退 未得道前

신무횡병 수불중요 정명진시 불견악상
身無橫病 壽不中夭 正命盡時 不見惡相

무제공포 불생전도 신무고통 심불산란
無諸恐怖 不生顚倒 身無苦痛 心不散亂

정혜명료 불경중음 불입지옥 축생아귀
正慧明了 不經中陰 不入地獄 畜生餓鬼

수륙공행 천마외도 유명귀신 일체잡형 개실불수
水陸空行 天魔外道 幽冥鬼神 一切雜形 皆悉不受

장득인신 총명정직 불생악국 불치악왕
長得人身 聰明正直 不生惡國 不值惡王

불생변지 불수빈고 노비여형 황문이근 황발흑치
不生邊地 不受貧苦 奴婢女形 黃門二根 黃髮黑齒

완우암둔 추루잔결 맹농음아 범시가오 필경불생
頑愚暗鈍 醜陋殘缺 盲聾瘖啞 凡是可惡 畢竟不生

좋은 나라 태어나고 믿음 있는 집에 나서
장부의 몸 항상 얻어 육근 모두 갖추지며
단정하고 깨끗하여 모든 허물 때 없으며
지닌 뜻은 언제나 부드럽고 우아하며
병 없는 몸 편안하고 마음은 고요하여
탐내고 성내고 어리석지 아니하여

세 가지 독 길이 끊고 뭇 악 짓지 않으며
언제나 여러 가지 착한 일만 생각하리.

왕의 신하나 부리는 심부름꾼 되지 않고
화려한 몸의 꾸밈 바라지 아니하며
가난을 편히 여겨 이 세상을 지내리.
마음에 욕심 줄여 만족할 줄 알아서
오래도록 쌓아서 모아두지 않으며
몸에 입을 거리와 먹을 거리 위하여
주지 않는 남의 것을 훔치지 아니하며
살아 있는 여러 무리 죽이지 아니하고
물고기나 짐승고기 씹어 먹지 아니하며
언제나 여러 중생 공경하고 사랑하길
나의 몸과 다름이 없도록 하오리라.

출처중국 정신가생 상득남신 육근완구
出處中國 正信家生 常得男身 六根完具
단정향결 무제구예 지의화아 신안심정
端正香潔 無諸垢穢 志意和雅 身安心靜
불탐진치 삼독영단 부조중악 항사제선
不貪瞋癡 三毒永斷 不造衆惡 恒思諸善

부작왕신 불위사명 불원영식 안빈도세
不作王臣 不爲使命 不願榮飾 安貧度世
소욕지족 부장축적 의식공신 불행투도
少欲知足 不長畜積 衣食供身 不行偸盜
불살중생 부담어육 경애함식 여아무이
不殺衆生 不噉魚肉 敬愛含識 如我無異

성품 행동 부드러워 남의 허물 안 찾으며
나의 착함 칭찬 않고 중생과 안 다투며
원수거나 친한 이에게 평등하여서
분별하는 마음 일으키지 아니하며
미워하고 사랑하는 마음을 내지 않고
남의 물건 욕심내서 바라지 아니하며
스스로의 재물은 아끼지 아니하고
남의 것 침범하기 좋아하지 않으며
곧고 바른 뜻 언제나 품고서 살아가며
마음은 제멋대로 급하게 쓰지 않으리.

언제나 겸손하게 낮추기를 좋아하고
입에 모진 욕설 없고 몸에 나쁜 행 없으며
마음은 아첨 않고 세 가지 업 청정하여
있는 곳 곳곳마다 언제나 안온하여
온갖 걸림 어려운 일 모두 없어지이다.

물건 뺏는 도적과 왕의 법과 감옥과
칼틀과 몽둥이와 갈고리와 쇠사슬
칼과 창, 화살 쌍창, 맹수와 독한 벌레
산봉우리에서 떨어지고 물에 빠지고
불에 타고 아주 세찬 바람에 날려 가고
벼락 소리에 놀람과 내리치는 번갯불
나무가 부러지고 바위가 무너짐과
집이 무너져 내림과 기둥이 썩음과
몽둥이로 내리침에 두려워 놀람과
내쫓기고 포위됨과 붙잡히어 묶임과

없는 죄를 무고함과 헐뜯어 비방함과
없는 사실 날조하여 갈고리로 끌리는 등
이런 모든 어려운 일 받지 않아지이다.

성행유연 불구인과 불칭기선 불여물쟁
性行柔軟 不求人過 不稱己善 不與物諍
원친평등 불기분별 불생증애 타물불희
怨親平等 不起分別 不生憎愛 他物不悕
자재불린 불락침범 항회질직 심불졸포
自財不吝 不樂侵犯 恒懷質直 心不卒暴

상락겸하 구무악설 신무악행 심불첨곡
常樂謙下 口無惡說 身無惡行 心不諂曲
삼업청정 재처안온 무제장난 절도겁적
三業淸淨 在處安隱 無諸障難 竊盜劫賊
왕법뇌옥 가장구쇄 도쟁전삭 맹수독충
王法牢獄 枷杖鉤鎖 刀鎗箭槊 猛獸毒蟲
타봉익수 화소풍표 뇌경벽력 수절암퇴
墮峰溺水 火燒風飄 雷驚霹靂 樹折巖頹
당붕동후 과타포외 진축위요 집착계박
堂崩棟朽 撾打怖畏 趁逐圍繞 執捉繫縛
가무훼방 횡주구견 범제난사 일체불수
加誣毁謗 橫註鉤牽 凡諸難事 一切不受

악귀가 퍼뜨리는 여러 가지 재앙과
하늘이 내돌리는 모질고 나쁜 병과
삿된 여러 마군들과 도깨비 귀신들
강과 바다 높은 산과 멧부리에 살거나
나무에 붙어사는 여러 가지 귀신들
이와 같은 영과 신들 나의 이름을 듣거나

나의 형상 보는 이는 보리의 마음 내어
서로 덮어 보살펴서 침범하지 않으며
밤이거나 낮이거나 언제나 안온하여
여러 가지 놀람과 두려움 없어지이다.

사대가 건강하고 육근이 청정하며
여섯 가지 티끌 경계에 물들지 아니하고
어지러운 생각 없고 어둡게 막힘 없으며
끊어져 없어진다는 견해를 내지 않고
공함과 있음 두 견해 집착하지 않으며
모든 모습 멀리 떠나 거룩하신 부처님을
언제나 깊이 믿고 받들어 모셔지이다.

자기 견해 집착 않고 깨달아 앎 분명하며
날 적마다 닦아 익혀 바른 지혜 굳세어져
삿된 마의 무리들께 거둬지지 않으며
큰 목숨 마칠 때, 편안하고 즐거우며
지금 받은 이 몸 버려 새 몸 다시 받을 때
원수 맺어 미워할 상대가 전혀 없어
온갖 중생 함께 같이 좋은 벗 되어지이다.

악귀비재 천행독려 사마망량 약하약해
惡鬼飛災 天行毒癘 邪魔魍魎 若河若海
숭산궁악 거지수신 범시령기 문아명자
崇山穹嶽 居止樹神 凡是靈祇 聞我名者
견아형자 발보리심 실상부호 불상침뇌
見我形者 發菩提心 悉相覆護 不相侵惱
주야안온 무제경구
晝夜安隱 無諸驚懼

제Ⅲ장 선정 지혜 평등히 닦아가리라 [定慧雙修願文]

```
사대강강  육근청정  불염육진  심무난상
四大康强  六根淸淨  不染六塵  心無亂想
불유혼체  불생단견  불착공유  원리제상
不有昏滯  不生斷見  不著空有  遠離諸相
신봉능인  부집기견  오해명료  생생수습
信奉能仁  不執己見  悟解明了  生生修習
정혜견고  불피마섭  대명종시  안연쾌락
正慧堅固  不被魔攝  大命終時  安然快樂
사신수신  무유원대  일체중생  동위선우
捨身受身  無有怨對  一切衆生  同爲善友
```

3) 날 적마다 늘 동진으로 출가해 선정지혜 같이 닦아 위없는 도 이루기를 원함

태어나는 곳마다 부처님 만나 법문 듣고
어린이로 출가하여 승려 되어 화합하며
몸에 걸친 옷은 늘 가사 여의지 않고
먹는 그릇 발우를 어기지 아니하여
도의 마음 굳세어 교만 내지 않으오리.

삼보를 존중하고 청정한 행 늘 닦으며
밝은 스승 늘 모시고 선지식을 따라서
바른 법을 깊이 믿어 육바라밀 행하오며
대승경 읽고 외워 길 걸으며 절하오리.
미묘한 맛 향기로운 꽃과 음성 범패 소리
등불 촛대 누대의 집 산과 바다, 숲과 샘
허공 속의 너른 땅과 이 세간에 있는 바
가는 티끌 이상의 것을 모두 가져 공양하고

그 공덕을 모두 모아 보리에로 돌아가리.

소생지처 치불문법 동진출가 위승화합
所生之處 値佛聞法 童眞出家 爲僧和合
신신지복 불리가사 식식지기 불괴우발
身身之服 不離袈裟 食食之器 不乖盂鉢
도심견고 불생교만
道心堅固 不生憍慢

경중삼보 상수범행 친근명사 수선지식
敬重三寶 常修梵行 親近明師 隨善知識
심신정법 근행육도 독송대승 행도예배
深信正法 勤行六度 讀誦大乘 行道禮拜
묘미향화 음성찬패 등촉대관 산해임천
妙味香花 音聲讚唄 燈燭臺觀 山海林泉
공중평지 세간소유 미진이상 실지공양
空中平地 世間所有 微塵已上 悉持供養
합집공덕 회조보리
合集功德 迴助菩提

큰 뜻 다한 대승경을 깊이깊이 생각하여
지닌 뜻 한가롭게 고요함을 즐기며
맑고 맑아 깨끗하며 고요하고 말없이
시끄럽고 어지러움 좋아하지 않으며
무리 속에 섞여 살기 즐거워하지 않고
홀로 있기 늘 좋아해 온갖 구함 없으며
마음을 오로지 해 선정 지혜 닦아가리.
여섯 가지 신통 갖춰 중생을 제도하되
마음의 원함 따라 자재하여 걸림 없이
만 가지 행 성취하여 미묘함이 그지없고

제Ⅲ장 선정 지혜 평등히 닦아가리라 [定慧雙修願文] | 145

마음이 곧고 발라 곧고 두렷하게 밝아서
부처님의 위없는 도 끝내 이뤄지이다.

사유요의 지락간정 청소적묵 불애훤요
思惟了義 志樂間靜 淸素寂默 不愛喧擾
불락군거 상호독처 일체무구 전심정혜
不樂群居 常好獨處 一切無求 專心定慧
육통구족 화도중생 수심소원 자재무애
六通具足 化度衆生 隨心所願 自在無礙
만행성취 정묘무궁 정직원명 지성불도
萬行成就 精妙無窮 正直圓明 志成佛道

4) 선근을 중생에게 회향하고 삼보에 귀의하는 공덕으로 온갖 중생이 고통에서 해탈하여 모두 위없는 도 이루기를 원함

바라오니 이 선근이 시방 세계 널리 미쳐
위로는 삼계 맨 위 유정천까지 다하고
아래로는 허공 속 풍륜까지 다하여
하늘 위와 사람 세상 여섯 길 여러 몸과
온갖 여러 중생에게 널리 두루 미치게 해
내 모든 공덕을 그 중생과 함께 하되
티끌수 오랜 겁이 다하도록 하여서
다만 한 중생에만 미치는 것 아니라
내가 있는 선근따라 한량없는 모든 중생
널리 모두 그 선근에 가득 젖어지이다.

원이차선근 보급시방계 상궁유정 하극풍륜
願以此善根 普及十方界 上窮有頂 下極風輪

천상인간 육도제신 일체함식
天上人間 六道諸身 一切含識
아소유공덕 실여중생공 진어미진겁
我所有功德 悉與衆生共 盡於微塵劫
불유일중생 수아유선근 보개충훈식
不惟一衆生 隨我有善根 普皆充薰飾

지옥도 가운데서 모진 고통 받아도
불법승 삼보님께 지심으로 귀의하면
불법승의 이름을 일컫는 공덕으로
바라건대 모두 다 해탈을 얻사오며
아귀도 가운데서 배고픈 고통 받아도
불법승 삼보님께 지심으로 귀의하면
불법승의 이름을 일컫는 공덕으로
바라건대 모두 다 해탈을 얻사오며
축생도 가운데서 어둠의 고통 받아도
불법승 삼보님께 지심으로 귀의하면
불법승의 이름을 일컫는 공덕으로
바라건대 모두 다 해탈을 얻사이다.
뭇 하늘과 사람들 아수라의 온갖 무리
강가강의 모래처럼 많고 많은 중생들이
여덟 가지 괴로움에 내몰려 시달려도
불법승 삼보님께 지심으로 귀의하면
이와 같이 귀의하는 이 제자의 선근으로
널리 여러 묶임을 모두 벗어지이다.

지옥중고뇌 나무불법승 칭불법승명 원개몽해탈
地獄中苦惱 南無佛法僧 稱佛法僧名 願皆蒙解脫

제Ⅲ장 선정 지혜 평등히 닦아가리라 [定慧雙修願文] | 147

아귀중고뇌 나무불법승 칭불법승명 원개몽해탈
餓鬼中苦惱 南無佛法僧 稱佛法僧名 願皆蒙解脫
축생중고뇌 나무불법승 칭불법승명 원개몽해탈
畜生中苦惱 南無佛法僧 稱佛法僧名 願皆蒙解脫
천인아수라 항사제함식 팔고상전박
天人阿修羅 恒沙諸含識 八苦相煎迫
나무불법승 인아차선근 보면제전박
南無佛法僧 因我此善根 普免諸纏縛

삼세의 부처님께 지심으로 귀의하고
부처님이 설하신 수다라에 귀의하며
보살 성문 승보님과 티끌수 많고 많은
거룩하신 현성들께 지심 귀의하오니
본디 갖춘 큰 자비를 버리지 마시옵고
저희 중생 무리들을 거두어 주옵소서.

온 허공의 모든 중생 불법승에 귀의하여
괴로움을 여의고 삼악도를 벗어나며
어서 빨리 삼계의 물든 세간 뛰어나서
각기 모두 위없는 보리의 마음 내어
밤낮으로 쉴 새 없이 반야를 행하고
날 적마다 부지런히 닦아 행해 정진하되
언제나 마치 머리에 붙은 불을 끄듯하여
먼저 만약 위없는 보리를 얻을 때는
바라건대 서로 서로 제도하여지이다.

이 제자가 법좌 돌아 길 걸으며 절하고[28]

---

28) 길 걸으며 절하고[行道禮拜] : 길 걸으며 절하고 경 외우고 좌선한다고 말하는 것은 영가 선사가 법화삼매(法華三昧), 방등삼매(方等三昧)와 같은 반행반좌삼매법(半行半坐三昧法)으로

이 제자가 경을 외고 부처님 이름 부르며
이 제자가 계행과 선정 지혜 닦아서
불법승 삼보님께 지심 귀의하옵나니
바라건대 온갖 중생 불도 이뤄지이다.

저희들 모든 중생 굳게 보리 구하여
불법승 삼보님께 머리 숙여 절하오니
바라건대 바른 깨침 어서 이뤄지이다.

나무삼세불 나무수다라 보살성문승
南無三世佛 南無修多羅 菩薩聲聞僧
미진제성중 불사본자비 섭수군생류
微塵諸聖衆 不捨本慈悲 攝受群生類

진공제함식 귀의불법승 리고출삼도 질득초삼계
盡空諸含識 歸依佛法僧 離苦出三塗 疾得超三界
각발보리심 주야행반야 생생근정진 상여구두연
各發菩提心 晝夜行般若 生生勤精進 常如救頭然
선늑보리시 서원상노달
先得菩提時 誓願相度脫

아행도예배 아송경염불 이수계정혜
我行道禮拜 我誦經念佛 我修戒定慧
나무불법승 보원제중생 실개성불도
南無佛法僧 普願諸衆生 悉皆成佛道

아등제함식 견고구보리 정례불법승 원조성정각
我等諸含識 堅固求菩提 頂禮佛法僧 願早成正覺

수행하였음을 말한다.

3. 일승 사제법의 지음 없는 발원〔一乘四諦發願文〕
- 사명법지존자(四明法智尊者)

   법지존자는 그 이름이 지례(智禮)이고 법지(法智)는 송(宋) 진종(眞宗)이 드린 호이다. 사명산(四明山) 보은원(報恩院)에서 교관(敎觀)을 폈으므로 그를 사명존자(四明尊者)라고도 한다. 법지존자는 고려에서 송에 들어가 천태선문을 크게 중흥한 보운의통존자(寶雲義通尊者)의 제자이다. 사명법지는 천태선문의 정통을 표방한 산가파(山家派)의 중심이 되는 존자 대법사로서 천태 17대 조사로 추앙된다.
   존자는 7세에 출가를 발원하고 15세에 구족계를 받았으며, 의통존자의 강설을 듣고 크게 깨친 뒤, 사명산에 보은원(報恩院)을 세움에 나라에서 연경사(延慶寺)라는 이름을 내리니〔賜額〕, 그곳에서 40년간 삼매예참과 강설을 겸해 행했다.
   스스로 깊이 삼매를 증득하고 산외(山外)의 이설을 비판하며 『관심이백문(觀心二百問)』『십불이문지요초(十不二門指要鈔)』 등 저술과 많은 경전 해석서〔疏記〕를 남겼으니, 존자는 고려 보운의통의 뜻을 이어 송대 천태선문 중흥의 중심에 선 대조사라 할 것이다.
   본 발원문은 원교(圓敎)의 '지음 없는 사제법〔無作四諦法〕'에 의지하여, 나와 온갖 중생이 함께 해탈의 길에 나아가도록 네 가지 넓고 큰 서원을 발하는 글이다.
   원교의 지음 없는 사제문에서는 번뇌가 법계(法界)이며 중생이 곧 여래장(如來藏)이라 건질 중생과 건지는 내가 모두 적멸한 것이다. 그러므로 비록 일승의 구도자가 네 가지 크고 넓은 원을 일으키되, 이 발원은 함이 없고〔無爲〕 모습 없고〔無相〕 원함 없는〔無願〕 법계 그대로의 서원행인 것이다.

일승의 사제법 의지하여 네 가지 넓고 큰 원을 발하니

1) 네 가지 넓고 큰 서원 세우길 당부함

지금 앞에 모인 여러 사람들이여
오늘 이미 부처님의 계 얻었으니
중생 건질 마음 마땅히 일으키라.
참으로 세상 사람 옛날로부터
지어나온 가지가지 일들은 모두
자기 주변 위하는 것이기 때문에
한 생각 남 돕는 마음 낼 수 없어서
나고 죽음의 여섯 길 돌아 굴러서
복덕 지혜 작아지고 엷어지도다.

오늘 이미 크나큰 계 받아지니니
다음에는 꼭 보리의 마음을 내고
네 가지 넓고 큰 서원 일으키라.
네 큰 서원 부처님의 스승이 되니
모든 부처님들 이 큰 서원 때문에
위없고 바른 깨달음 이루시었네.

현전제인금일기이득계　당수발기도생지심
現前諸人今日旣已得戒　當須發起度生之心
양유세인자석이래범　소작위개시자기변사
良由世人自昔已來凡　所作爲皆是自己邊事
불능발일념이타지심　소이윤회육도 복혜미박
不能發一念利他之心　所以輪廻六道 福慧微薄

금기수지대계 이후필수발보리심 기사홍서원
今旣受持大戒 已後必須發菩提心 起四弘誓願
차사홍자 제불소사 제불유자이성정각
此四弘者 諸佛所師 諸佛由玆而成正覺

2) 일으키는 보리의 마음이 곧 부처님의 깨친 마음이고 중생의 여래 장임을 보임

보디란 여기 말로 도라 옮기니
이 높은 도로써 마음 삼으므로
도의 마음이라고 이름하도다.
수행자가 도의 마음을 일으킴에
네 가지 가르침에 의지해보면29)
살피는 바 경계 지혜 같지 않아라.

지금 원교의 지음 없는 사제 의지해
도의 마음 일으킴에 이 도의 마음은
시방 부처님 마음과 중생 마음과
평등하게 서로 같아 다름없도다.

그러므로 『화엄경』은 말하여주되
마음처럼 부처님 또한 그렇고
부처님처럼 중생 또한 그러해
마음과 부처님과 그리고 중생

---

29) 네 가지 가르침에 의지해보면 : 장교(藏敎)는 생멸사제(生滅四諦)를 보이고, 통교(通敎)는 무생사제(無生四諦)를 보이며, 별교(別敎)는 무량사제(無量四諦)를 보이고, 원교(圓敎)는 무작사제(無作四諦)를 보이므로, 가르침 따라 경계와 지혜가 같지 않다고 한 것이다.

이 세 가지 법 차별이 없다 하였네.

이 마음이 곧 부처님의 마음이고
또한 바로 중생의 마음인 줄 알면
사법과 진리법이 둘이 아니고
중생과 부처님이 한결같으니
공가중 삼제 진리 본디 그러해30)
미묘하고 고요하여 모습 없도다.

보리차번위도 이도위심고명도심
菩提此翻爲道 以道爲心故名道心
발차도심 의호사교 경지부동
發此道心 依乎四教 境智不同

금의원교무작사제 이발도심 차도심자
今依圓敎無作四諦 以發道心 此道心者
즉여시방제불급일체중생지심등무유이
卽與十方諸佛及一切衆生之心等無有異

고화엄운
故華嚴云

여심불역이 여불중생연
如心佛亦爾 如佛衆生然

---

30) 삼제 진리 본디 그러해 : 『화엄경』에서 마음[心]은 주관적인 마음이 아니라 주·객이 의지해서 연기되는 삶 현실을 가리킨다. 의타기상(依他起相)으로서의 마음에는 아는 마음과 알려지는 세계, 나와 내 것이 실로 없는데, 나와 내 것을 실로 있는 것으로 집착하면 이를 중생이라 하고 마음의 연기적인 실상을 온전히 깨달아 쓰면 부처라 한다. 그러므로 마음의 물든 모습이 중생이고 마음의 깨친 모습이 부처이나, 중생의 물든 모습에도 실로 물든 모습이 없고 여래의 깨친 모습에도 실로 깨쳐 얻은 모습이 없다. 이는 지어서 그런 것이 아니라 연기되는 속제가 곧 공하여 중도이기 때문이다. 또한 사법과 진리가 둘 아님도 또한 그러니 사법인 속제가 곧 공함이 진제이고 속제 밖에 얻을 진제가 없어서 진제와 속제가 중도이기 때문에 사법과 진리가 둘이 아닌 것이다.

심불급중생 시삼무차별
心佛及衆生 是三無差別

약지차심즉시불심역즉중생지심즉
若知此心卽是佛心亦卽衆生之心則
사리불이 생불일여 삼제천연 미묘적절
事理不二 生佛一如 三諦天然 微妙寂絶

3) 원교의 법문에 의지해 참되고 바르게 보리의 마음 내도록 가르침

여기 의지해 보리의 마음을 내야
참되고 바르게 마음 냄이라 하고
여기에 어긋나서 원을 세우면
그 원은 넓은 원이라 이름 못하리.

그러므로 천태대사 말씀하시되
마음 발함 치우치고 넘치게 되면
만행만을 헛되이 베푼다 했네.

의차발심 시명진정 위자입원 원불명보
依此發心 是名眞正 違玆立願 願不名普
고천태운 발심벽월 만행도시야
故天台云 發心僻越 萬行徒施是也

4) 진리에서는 같지만 사법에 차별 있으므로 사제에 의해 네 가지 큰 서원 내도록 함

그렇듯 이 마음이 진리에 있어

부처님 마음이라 같이 이름해
진리는 비록 서로 다름없으나
사법에선 부처 중생 아주 다르니
반드시 부처님의 자비 배워서
넓고 크나큰 대승의 서원 일으켜
위로는 부처님의 도를 구하고
아래로 중생교화 해야 하리라.

네 가지의 다짐이 넓고 큼이란
넓고 넓게 다짐하여 제어함이니
사제의 진리경계 의지하여서
그 마음을 넓고 넓게 제어함이네.
먼저 고제의 경계 의지하여서
하나의 넓은 서원 일으킴이니
끝없는 중생 서원코 제도함이요
둘째는 집제의 경계 의지하여서
하나의 넓은 서원 일으킴이니
셀 수 없는 번뇌 서원코 끊음이며
셋째는 도제의 경계 의지하여서
하나의 넓은 서원 일으킴이니
한량없는 법문 서원코 배움이고
넷째는 멸제의 경계 의지하여서
하나의 넓은 서원 일으킴이니
위없는 불도 서원코 이룸이로다.

연즉차심재리 동명불심 이수무별 사상천수
然則此心在理 同名佛心 理雖無別 事相天殊

고수학불자비발기홍서 상구불도하화중생
故須學佛慈悲發起弘誓 上求佛道下化衆生

홍자광야서자제야 의사제경광제기심
弘者廣也誓者制也 依四諦境廣制其心
선의고제경발일홍서 중생무변서원도
先依苦諦境發一弘誓 衆生無邊誓願度
이의집제경발일홍서 번뇌무수서원단
二依集諦境發一弘誓 煩惱無數誓願斷
삼의도제경발일홍서 법문무량서원학
三依道諦境發一弘誓 法門無量誓願學
사의멸제경발일홍서 불도무상서원성
四依滅諦境發一弘誓 佛道無上誓願成

5) 중생의 한 생각 속 부처님의 지혜와 경계 갖춰있으니 여기에 의지해 다시 네 큰 원을 일으키도록 함

지금 앞에 모인 여러 사람들의
한 생각 범부의 물든 마음에
부처님의 경계 지혜 온전히 쓰니
이 네 가지 큰 서원 일으킨다면
스스로와 남을 모두 이롭게 하는
그 공덕 이루 헤아릴 수 없어라.
이 빼어난 진리의 연을 의지해
정토의 상품 세계 나려고 하면
마땅히 각기 뜻과 정성 기울여
외우는 소리 따라 원을 발하라.

오늘 이제 출가 제자 ○○는
부처님과 보살들의 모습 앞에서
참되고 바르게 보리의 마음 내어
서원코 끝없는 중생 제도하오리.
서원코 셀 수 없는 번뇌 끊으리.
서원코 한량없는 법문 배우리.
서원코 위없는 불도 이루오리.

현전제인어일념범심 전용불경불지
現前諸人於一念凡心 全用佛境佛智

기차사홍 자리이타공불가량
起此四弘 自利利他功不可量

빙차승연 구생상품정토 의각지성수성발원
憑此勝緣 求生上品淨土 宜各志誠隨聲發願

제자(모갑) 금어제불보살상전 진정발보리심
弟子(某甲) 今於諸佛菩薩像前 眞正發菩提心

중생무변서원도 번뇌무수서원단
衆生無邊誓願度 煩惱無數誓願斷

법문무량서원학 불도무상서원성(삼설)
法門無量誓願學 佛道無上誓願成(三說)

4. 법계의 경을 읽어 비로법계장에 귀명하는 서원〔歸命毘盧法界藏誓願〕

- 대혜종고선사(大慧宗杲禪師)

송대 임제종(宋代 臨濟宗) 양기파의 대종사로서 간화(看話)의 공안선(公案禪)을 정형화하여 경절문(經截門)의 수행방법으로 제시한 선사이다.

자(字)는 담회(曇晦)이고 호(號)는 묘희(妙喜)라 했으나 때로 운문(雲門)이라 스스로 불렀다. 17세에 동산 혜운사(東山慧雲寺)의 혜제문하(慧齊門下)로 출가하여 다음 해에 구족계를 받았다.

담당문준(湛堂文準) 원오극근(圓悟克勤) 등의 선사를 찾아 법을 물었으며 원오선사의 회상에서 크게 깨쳤다.

생전에 나라에서 내리는 불일대사(佛日大師)의 이름〔賜號〕을 받았으며, 북송(北宋)과 금(金)과의 전쟁에 주전파(主戰派)의 입장에 섬으로써 주화파(主和派)들에 의해 체탈되어 현주로 귀양 가 14년 만에 복권되어 다시 승복을 입게 되었다.

복권 된 뒤 나라의 칙령을 받들어 경산(徑山)에 머물렀으므로 선사를 경산종고(徑山宗杲) 선사라 부른다. 입적한 뒤 효종이 귀의하여 대혜선사(大慧禪師)라 시호하였다.

남긴 저술에 『대혜보각선사어록(大慧普覺禪師語錄)』 『정법안장(正法眼藏)』 『종문무고(宗門武庫)』가 있다.

임제종 선사에게는 거의 발원문이 없으나, 선사는 이 원문에서 바른 지혜가 없는 암증선(暗證禪) 묵조사선(默照邪禪)을 경계하며, 번뇌 티끌을 깨 대천세계에 가득한 경권을 펼쳐내 불사를 짓고 중생과 함께 비로자나 법계장에 돌아갈 것을 서원하고 있다.

한 작은 티끌 깨 대천의 경을 펼치리라

1) 부처님께 귀의하고 여래의 법바퀴 굴림을 찬탄함

열 가지 힘 갖추신 크신 도사께
머리 숙여 지심으로 절하옵나니
부처님은 삼계에 홀로 높으사
그 어느 누구와도 비할 수 없네.
부처 이룸 보이시고 법륜 굴리사
끝없는 경전바다 널리 설하니
중생 마음 생각 생각 모두 다름에
굴리신 바 법의 바퀴 차별되도다.
법륜 공덕 헤아릴 수가 없으니
생각과 힘 다 기울여도 잴 수 없어라.

계수십력대도사 삼계독존무비황
稽首十力大導師 三界獨尊無比況
시현성불전법륜 광연무변계경해
示現成佛轉法輪 廣演無邊契經海
중생심상염념수 소전법륜역차별
衆生心想念念殊 所轉法輪亦差別
법륜공덕불가량 진사갈력무능측
法輪功德不可量 盡思竭力無能測

2) 한 티끌을 깨 대천의 경권 드러냄을 보임

한 티끌 속 크나큰 경이 있어서

그 크기 삼천대천 세계 같나니
이 세간에 밝은 지혜 통달한 이와
하늘 눈 갖춘 이는 다 알고 보아
티끌을 깨뜨리고 경권을 내서
부처님의 거룩한 일 항상 짓지만
실다우니 실답지 않다니 하는
모든 생각 전혀 짓지 아니하도다.

유대경권재일진　양등삼천대천계
有大經卷在一塵　量等三千大千界
세유총혜명달인　구족천안실지견
世有聰慧明達人　具足天眼悉知見
파진출경작불사　부작실여비실상
破塵出經作佛事　不作實與非實想

3) 끝없는 법계 허공이 한 털 구멍 속에 드는 실상을 보임

다시 또 끝이 없는 법계 허공을
부처님 몸 한 털구멍에 거둬들이고
수미산과 철위산과 큰 바다까지
낱낱이 털구멍 속 받아들여도
조금이라도 비좁지 아니하나니
한 털구멍 이미 곧 이와 같음에
나머지 털구멍도 모두 그렇고
도사의 방편 또한 이와 같다네.

우이무변법계공　납재불신일모공
又以無邊法界空　納在佛身一毛孔

수미철위급대해　일일포용무박애
須彌鐵圍及大海　一一包容無迫隘
일모기이여실연　도사방편역여시
一毛既爾餘悉然　導師方便亦如是

4) 부처님의 방편이 법계진리 그대로임을 보임

생각 생각 모든 털구멍에 두루하며
생각 생각 금강 같은 지혜 얻으며
생각 생각 부처님의 보리 이루며
생각 생각 보현보살 원을 채우되
희론하는 마음을 내지 않으며
또한 다시 깊은 경계 머물지 않고
꿈 같고 헛깨비 같고 물의 달 같고
우담발라 이 세간에 나타남 같이
이와 같이 크나큰 경 항상 굴리되
굴림과 굴리는 바 없음 깨치네.

염념보변제모공　염념극증금강혜
念念普遍諸毛孔　念念克證金剛慧
염념성취불보리　염념만족보현원
念念成就佛菩提　念念滿足普賢願
이불생어희론심　역불주어심경계
而不生於戲論心　亦不住於深境界
여몽여환여수월　여우담화출세간
如夢如幻如水月　如優曇華出世間
여시상전대경권　요무능전소전자
如是常轉大經卷　了無能轉所轉者

제Ⅲ장 선정 지혜 평등히 닦아가리라 [定慧雙修願文] | 161

5) 온갖 중생과 함께 이 크나큰 경권 한 티끌에 거두어 비로자나 법계장에 돌아갈 것을 말함

삼세의 부처님과 모든 보살과
성문 연각 하늘 무리 모든 사람과
지옥 수라 귀신과 축생의 무리
낱낱이 다 이 경의 힘 받아 쓰나니
나는 이제 다시 모든 불자와 함께
부처님 법 아주 높아 비할 데 없고
만나 보기 어렵다는 마음을 내며
이 경 다시 한 티끌에 거둬 돌려서
비로자나 법보장에 편히 머물리.

삼세제불제보살　성문독각급천인
三世諸佛諸菩薩　聲聞獨覺及天人
지옥수라귀축등　일일개승차경력
地獄修羅鬼畜等　一一皆承此經力
아금부여제불자　각생수승난우심
我今復與諸佛子　各生殊勝難遇心
환섭차경일귀진　안주비로법보장
還攝此經一歸塵　安住毘盧法寶藏

5. 수행을 위한 자기 다짐, 묵조명〔默照銘〕
- 천동정각선사(天童正覺禪師)

　천동정각선사는 대혜종고선사와 함께 송대 조사선(祖師禪)의 양대 선맥을 이루었던 선사로서 대혜선사의 간화선풍에 대해 묵조선풍(默照禪風)을 표방하였다.

　선사는 11세에 출가하여 14세에 구족계를 받고 18세에 제방을 다니며 선지식을 찾아 배웠는데, 하루는 어떤 승려가 『법화경』 외우는 소리를 듣다 '부모가 나준 눈으로 삼천계를 다 본다〔父母所生眼 悉見三千界〕'는 구절에서 갑자기 깨침이 있었다. 뒤에 단하자순(丹霞子淳) 선사를 찾아가 법을 물어 의심이 풀렸다.

　뒤에 보타산(普陀山)을 참배하러 가는 도중 천동산을 지나다 고을 수령이 청하여 천동사(天童寺)에 머물렀다. 영은사 주지를 거쳐 다시 천동사에 돌아와 머문 지 앞뒤로 30년에 이르렀다.

　천동사 도량의 가람을 정비하고 수행청규를 엄격히 해 대중을 이끌었으므로 세상에서 선사를 천동화상(天童和尙)이라 불렀다.

　본 묵조명(默照銘)은 선사의 수행가풍을 단적으로 보여주는 문헌으로 대혜선사가 간화가풍을 천명하며 '고요함에 떨어진 삿된 선정〔寂照邪禪〕'을 비판함에 대해 묵조의 선풍이 '고요함과 비춤이 함께하는〔寂照同時〕 선풍'임을 다시 보이고 있다. 방편의 땅에는 이처럼 선의 종사에 따라 이런 가풍 저런 가풍이 세워질 수 있다. 그러나 선(禪)이 중생의 실상 그대로의 선이며 선(禪)에 선상(禪相)이 공하다면 부사의법계인 본분의 선에 간화(看話)와 묵조(默照)의 이름은 다시 어디 있겠는가.

고요하게 비춤이 우리 집안일이니

1) 중도를 비추되 비춤 없음이 고요하게 비춤이니

   잠잠히 말 잊으니 밝고 밝게 나타나고
   환히 비출 그 때가 툭 트여 맑음이요
   고요한 바탕 자리 신령하게 밝음이네.
   고요하게 신령히 홀로 비춤이여
   중도를 비추어서 도로 묘함이 되니
   은하물에 우뚝 드러난 밝은 달이요
   구름 낀 산의 흰 눈 덮인 소나무로다.

   어두울수록 더욱 더 밝아지고
   숨을수록 더욱 더 환하게 드러나니
   학의 꿈에 서린 안개는 차고
   물은 가을 머금어 아득하게 멀도다.
   아득한 겁과 텅 빈 허공 서로 같이 어울리니
   묘함이 잠잠히 말없는 곳에 있으나
   쓰는 공을 잊어야 중도를 비추나니
   묘하게 있음이여 어찌 실로 있음이랴.

   묵묵망언 소소현전 감시곽이 체처영연
   默默忘言 昭昭現前 鑒時廓爾 體處靈然
   영연독조 조중환묘 노월성하 설송운교
   靈然獨照 照中還妙 露月星河 雪松雲嶠
   회이미명 은이유현 학몽연한 수함추원
   晦而彌明 隱而愈顯 鶴夢煙寒 水含秋遠

제Ⅲ장 선정 지혜 평등히 닦아가리라 [定慧雙修願文]

호겁공공 상여뇌동 묘존묵처 공망조중 묘존하존
浩劫空空 相與雷同 妙存默處 功忘照中 妙存何存

2) 살피는 바 번뇌에 번뇌 없음을 알면 곧 중도를 비추어 바탕과 작용 둘이 없으니

또렷또렷 깨어 있어 어두움을 깨뜨리니
고요하게 비춤 없이 비추는 이 길이여
가는 티끌 떠나는 수행의 뿌리로다.
밝게 사무쳐 보아 번뇌 티끌 떠나면
황금북 그 작용과 옥의 기틀 그 바탕31)
모습 없는 바름과 모습 있는 치우침이
뚜렷이 서로 서로 돌이켜 어울리고
밝음과 어두움이 서로 의지하여 나지만
의지함에 의지한 자 의지하는 바가 없네.

성성파혼 묵조지도 리미지근 철견리미
惺惺破昏 默照之道 離微之根 徹見離微
금사옥기 정편완전 명암인의 의무능소
金梭玉機 正偏宛轉 明暗因依 依無能所

3) 죽이는 때가 곧 살리는 때라 죽이고 살림 내 손에 있으니

바탕에 이르른 때가 서로 돌아 어울림이니

---

31) 황금북과 옥의 기틀 : 베틀은 움직임 없으니 진리의 바탕에 비유하고, 북은 움직이니 진리의 작용에 비유한다. 그리하여 천동선사는 움직임 없는 베틀을 여성성과 연결하여 옥의 기틀〔玉機〕이라 말하고, 움직이는 북을 남성성과 연결하여 황금북〔金梭〕이라 하고 있으나, 작용이 바탕을 떠나지 않고 바탕이 작용 속에 있으므로 서로 서로 돌이켜 어울린다고 말한다.

죽은 자도 살리는 선견의 약을 마심이
듣는 이가 다 죽는 독 바른 북 침이로다.32)
서로 돌아 어울림이 바탕 이르른 때이니
죽이고 살리는 것이 나에게 있어서
문 안에서 몸을 내고 가지 끝 열매 맺네.

저시회호 음선견약 과도독고
底時回互 飮善見藥 檛塗毒鼓
회호저시 살활재아 문리출신 지두결과
回互底時 殺活在我 門裡出身 枝頭結果

4) 비추되 비춤 없어야 비춤 없이 잘 응해 비추고 말에 말 없어야 말 없는 말을 쓰리니

고요히 말없음이 지극한 말이 되고
비춤 없이 비춤이 널리 잘 응함이니
잘 응함은 짓는 공에 떨어지지 아니하고
지극한 말은 귀로 들음을 겪지 않네.

묵유지언 조유보응 응불타공 인불섭청
默唯至言 照唯普應 應不墮功 言不涉聽

5) 무정이 설법하고 온갖 것이 마주하여 서로 묻고 답하니

---

32) 선견의 약과 독 바른 북 : 선견의 약은 마시면 죽은 자가 다 살아나는 약이요, 『열반경』에서 말한 독 바른 북은 그 소리 듣는 자가 모두 죽는 북이다. 그러므로 선견의 약과 독 바른 북이 둘이 아닌 때는 죽임이 살림이 되는 때〔殺活同時〕요, 모두 막음이 모두 비춤이 되는 때〔遮照同時〕이다.

제Ⅲ장 선정 지혜 평등히 닦아가리라 [定慧雙修願文]

만 가지 온갖 모습 벌려 있는 모든 것들
밝은 빛을 놓아서 부처님 법 설해주며
그것과 그것들이 서로를 증명하고
온갖 것들 각기 서로 묻고 또 대답하네.

만상삼라 방광설법 피피증명 각각문답
萬象森羅 放光說法 彼彼證明 各各問答

6) 고요함 밖에 밝게 비춤 없고 밝게 비춤 밖에 고요함이 없으니

서로 묻고 대답하며 각기 서로 증명하되
서로 맞춰 어울리고 서로 응해 하나 되니
밝게 비춤 가운데서 고요함을 잃으면
곧바로 넘치어 억누름을 보게 되고
서로를 증명하여 서로 묻고 답하되
서로 응해 하나되고 서로 맞춰 어울리니
고요함 그 가운데 밝게 비춤 잃으면
한 덩이로 뒤섞여서 쓸모없는 법 이루리.

문답증명 흡흡상응 조중실묵 변견침능
問答證明 恰恰相應 照中失默 便見侵凌
증명문답 상응흡흡 묵중실조 혼성잉법
證明問答 相應恰恰 默中失照 渾成剩法

7) 고요함과 비춤이 하나되면 얻음 없는 지극한 얻음이 되고 씀이 없는 지극한 씀이 되니

고요함과 비춤의 이치가 원만하면
연꽃은 피어나고 잠든 꿈 깨어나서
백 가지 냇물들이 바다로 나아가고
천개의 봉우리가 높은 산 향함이네.

이는 마치 거위왕이 젖을 가려냄과 같고
벌이 꽃에서 꿀을 따는 것과 같아서
고요하게 비춤이 지극한 얻음 되니
우리 집안 참된 가풍 북돋아 드날리네.

우리 집안 참된 가풍 고요하게 비춤이니
꼭대기를 꿰뚫고 밑바닥을 꿰뚫어
텅 비어 막힘없는 순야다33)의 몸이요
묘한 응함 다함 없는 모다라34)의 팔이로다.

비롯함과 마침이 하나의 법이지만
변화하는 지혜는 만 가지로 차별되니
화씨는 다듬지 않은 좋은 옥을 바치고35)
상여는 옥 가운데 티를 가리켜 보이네.36)

---

33) 순야다 : 순야타(śūnyatā)는 공성(空性)이라 번역하는데 바로 허공을 뜻한다. 또 신격으로는 허공신이 순야타이니 이 묵조명에서는 허공신의 뜻을 취한다.
34) 모다라 : 모다라(母陀羅)는 범어 무드라(mudrā)의 소리 옮김이니 인계(印契)라는 뜻으로 옮긴다. 여러 성인들이 중생구제의 갖가지 서원을 손모양 맺음[結印]으로 나타낸 것이다.
35) 화씨(和氏)가 옥을 바침 : 변화(卞和)가 초나라의 여왕(厲王)에게 다듬지 않은 옥[璞]을 바친 고사를 이끌어 분별이 없는 진리의 바탕을 나타낸다.
36) 상여(相如)가 티를 가리킴 : 전국시대 조(趙)나라가 화씨의 옥을 가지고 있자 진(秦)나라 왕이 그 옥을 탐해 15성과 바꾸자고 하니, 조나라는 상여(相如)로 하여금 화씨의 옥을 가지고 진에 가서 옥을 바치게 한다. 상여가 옥을 바친 뒤 옥의 티를 가리켜서 진나라의 간계를 깨고 옥을 고스란히[完璧] 조나라에 다시 가져온 고사. 묵조명은 이 고사를 들어 분별없음에 떨어지지 않고 바르고 삿됨을 가리는 지혜 작용을 나타낸다.

기틀을 맞닥치면 그에 맞는 법 있으나
지혜의 큰 씀씀이 힘쓰는 것 아니로다.

묵조리원 연개몽각 백천부해 천봉향악
默照理圓 蓮開夢覺 百川赴海 千峰向岳
여아택유 여봉채화 묵조지득 수아종가
如鵝擇乳 如蜂採花 默照至得 輸我宗家
종가묵조 투정투저 순야다신 모다라비
宗家默照 透頂透底 舜若多身 母陀羅臂
시종일규 변태만차 화씨헌박 상여지하
始終一揆 變態萬差 和氏獻璞 相如指瑕
당기유준 대용불근
當機有準 大用不勤

8) 바탕과 씀이 둘이 없는 이 법 온세상에 전하나니

두렷하게 천자의 뜻 꼭 맞아 어울리니
요새 밖의 장군도 우리 집안일이라
됨질하는 되에 맞고 재는 자에 꼭 맞도다.
여러 곳 사람들에게 전하여 보내나니
속이려고 이런 말 들어보임 아니로다.

환중천자 새외장군 오가저사
寰中天子 塞外將軍 吾家底事
중규중구 전거제방 불요잠거
中規中矩 傳去諸方 不要賺擧

6. 피를 뽑아 경을 쓰며 원을 발함〔刺血書經願文〕
- 우익지욱선사(藕益智旭禪師)

우익지욱선사(藕益智旭禪師)는 명말에 감산(憨山) 자백(紫柏) 연지(蓮池) 대사와 함께 명대 사대고승으로 추앙되는 선사이다.

처음 유교를 배우며 불교를 배척했으나 운서주굉선사의 『자지록(自知錄)』과 『죽창수필(竹窓隨筆)』을 읽고 잘못을 뉘우치고 출가하였다.

거사로서 23세에 48원을 발하였고, 출가한 뒤 『수능엄경』과 유식론의 종지를 융회하지 못하다 나중 경산(徑山)에 가서 좌선하여 '성품과 모습의 두 종〔性相二宗〕'에 모순이 없음을 깨달았다.

32세 때에 법통과 종파주의에 빠진 종문(宗門)의 폐해를 깊이 개탄하다 율장의 홍포를 위해 『범망경』을 주석하면서 의지해야 할 종지를 가리기 위해 화엄(華嚴) 법상(法相) 천태(天台) 자립종(自立宗) 네 개의 심지를 불전에 두고 천태종의 심지를 뽑은 뒤에 천태종교(天台宗敎)를 크게 천양하였다.

그의 종풍은 '선을 중심으로 선교율을 융합하여 정토에 돌아감〔融合禪敎律而歸入淨土〕'으로 요약될 수 있으니, 그 가풍은 송대 법안종 영명연수선사의 선정융회(禪淨融會)의 종풍을 이어받았으며, 엄정한 문자반야(文字般若)를 세워 선종의 종지 천양과 경전 주석에 힘쓴 것 또한 연수(延壽) 진가(眞可)의 문자선(文字禪)을 계승한 것으로 볼 수 있다.

그는 평생 『수능엄경현의』, 『수능엄경문구』, 『범망경합주』, 『성유식론관심석』 등 방대한 경론의 주석서를 남겼고, 그밖에 10권의 종론(宗論)을 남겼을 뿐 아니라 외전주석에도 힘써 『사서우익해(四書藕益解)』, 『주역선해(周易禪解)』와 기독교 관련 저작까지 남겼다.

본 발원문은 선사의 선교일치의 가풍 그대로 피를 뽑아 대승경과 율을 쓰고 나서 지은 발원문으로 대승경을 발간한 공덕으로 과거세의 모든 부모와 법계중생이 모두 보리의 마음을 내 정토에 가서 나며, 함께 물러섬이 없는 해탈의 지위에 오르길 서원하고 있다.

다생의 어버이와 법계중생 보리 얻고 정토에 태어나지이다

1) 향으로 팔을 태워 원을 발함

> 보살계 제자 비구 지욱은 이제
> 대승경율 혀의 피를 뽑아 쓰고서
> 먼저 간절히 불법승 삼보님 앞에
> 열두 줄 향으로 팔을 태워서
> 열두 가지 크나큰 원 발하옵니다.

> 보살계제자지욱 자설혈서대승경률
> 菩薩戒弟子智旭 刺舌血書大乘經律
> 선우삼보전 연비향십이주 발십이원
> 先于三寶前 燃臂香十二炷 發十二願

2) 돌아가신 아버님과 비롯 없는 옛날의 아버님들이 정토에 나길 원함

> 바라건대 돌아가신 아버님과
> 비롯 없는 옛날의 아버님들이
> 비롯 없는 아집을 모두 끊고서
> 큰 기쁨의 정토세계 모두 태어나
> 부처님의 해탈 언약 받아지이다.

> 원망부급무시자부 단무시아집
> 願亡父及無始慈父 斷無始我執
> 생락토 수불기
> 生樂土 受佛記

3) 돌아가신 어머님과 비롯 없는 옛날의 어머님들이 정토에 나길 원함

   바라건대 돌아가신 어머님과
   비롯 없는 옛날의 어머님들이
   근본 번뇌 모두 다 아주 끊어서
   정토세계 연꽃 태에 모두 태어나
   부처님이 해탈 언약 주어지이다.

   원망모급무시비모 단근본번뇌
   願亡母及無始悲母 斷根本煩惱
   연화생 불수기
   蓮花生 佛授記

4) 함께하고 가르침 주는 모든 선지식이 보리 원만히 깨치길 원함

   바라건대 현재의 동행 선지식과
   지난 세상 온갖 참된 선지식들이
   모두 보리 원만히 하여지이다.

   원현재동행급과거일체진선지식
   願現在同行及過去一切眞善知識
   개선원만보리
   皆先圓滿菩提

5) 법계중생이 모든 집착 깨뜨려 진리의 몸을 얻고 계정혜를 원만히 해 보리 얻기를 원함

바라건대 널리 법계 모든 중생이
아집 법집 두 가지 집착 깨뜨려
뭇 괴로움 모두 다 끊어 없애고
금강 같은 진리의 몸을 얻어지이다.
삼취계37)를 모두 다 깨끗이 하고
샘이 없는 바른 선정 두렷이 하여
법계실상 지혜를 깨쳐 얻고서
다함 없는 보리의 마음을 내고
물러섬이 없는 해탈의 지위 얻어
위없는 깨달음에 돌아가지이다.

원보여법계중생 파이집 단중고
願普與法界衆生 破二執 斷衆苦

득금강신 정삼취계 원정정 증실혜
得金剛身 淨三聚戒 圓正定 證實慧

발보리심 득불퇴전 귀무상각
發菩提心 得不退轉 歸無上覺

6) 모든 선근 공덕을 법계중생에게 널리 베풀고 모든 중생 남이 없음을 깨쳐 열반의 기쁨 얻길 원함

위와 같이 마음 내고 원을 발하는
여러 가지 선근의 힘 좋은 인연을
법계의 중생에게 널리 베푸니

---

37) 삼취계(三聚戒) : 삼취정계(三聚淨戒)의 준말, 범어 실람 뜨리비담(silam-trividham)으로 대승보살의 계법이다. 악(惡)을 끊어 몸가짐을 거두는 섭율의계(攝律儀戒), 온갖 선행을 잘 거두어 행하는 섭선법계(攝善法戒), 중생을 거두어 요익케 하는 섭중생계(攝衆生戒)가 온갖 계법을 거두는 세 가지 깨끗한 법이다.

둘 없음과 남이 없음 같이 깨치며
얻음 없고 또한 다시 지음 없어서
길이 길이 허망함을 모두 다 떠나
항상함과 즐거움을 얻어지이다.

이상발심발원 선력인연 보시법계
以上發心發願 善力因緣 普施法界
동료무이무생 무득무작
同了無二無生 無得無作
영리허망 회증상락
永離虛妄 會證常樂

7. 원돈선을 열 가지 문으로 노래함〔圓頓禪十門頌〕

— 학담(鶴潭)

여래의 경교(經敎)는 법계의 실상인 언교(言敎)라 경전의 말에는 말이 끊어지고 가르침에는 실로 그렇다 할 가르침의 모습이 없다. 그러나 중생이 중도의 뜻을 다하지 못한 방편의 가르침에 집착함이 있으므로 '두렷한 가르침〔圓敎〕'을 말하고, 차제의 방편에 떨어짐이 있으므로 '단박 깨닫게 하는 가르침〔頓敎〕'을 세운다. 가르침에 원돈교(圓頓敎)를 말하듯 선(禪)에 원돈선(圓頓禪)을 말하는 뜻은 무엇인가.

본디 조사선의 근본종지인 돈오법(頓悟法)은 선정을 강화해서 해탈을 얻어가려는 선정해탈론을 반대하고, 망념이 본디 공한 실상을 바로 깨쳐 곧바로 해탈과 자재를 구현하도록 가르친다. 그러나 일부 선류들이 돈오선(頓悟禪) 조사선(祖師禪)의 이름 밑에 단계적인 깨달음의 과정을 거쳐 구경의 깨달음을 얻는다고 하거나, 외도의 신아론(神我論)과 같은 치우친 종지를 주장하는 이들이 번성하는 선종의 폐단이 커지므로, 실로 이름 세울 것이 없는 데서 원돈선의 이름을 세운 것이다.

본 게송은 1994년도 한국불교에 한창 진행되고 있었던 돈오점수(頓悟漸修) 돈오돈수(頓悟頓修)에 관한 소모적 논쟁과 일부 학자들의 체·상·용(體·相·用)의 잘못된 범주 사용에 대한 필자의 응답을 노래로 보인 것이다.

당시 이 십문송(十門頌)을 발표하면서 앞에 붙인 글을 소개하면 다음과 같다.

선(禪)과 교(敎)와 행(行)은 그 모두가 그것 아닌 그것으로 세워질 때만 서로간의 닫혀진 벽을 허물고 비로소 하나됨을 이룰 것이다. 우리는 원돈선(圓頓禪)이라는 이름으로 선 없는 행과 행 없는 선을 동시에 지양〔雙遮禪行〕하여 선(禪)을 행인 선으로 행(行)을 선인 행으로 정립〔雙照禪行〕하려 한다. 이렇게 할 때 불교의 실천은 '선 없는 사회적 실천〔愛見大悲行〕'과 '행이 빠진 눈먼 선정〔暗證禪〕'을 넘어서서 선적 실천과 사회적 실천의 하나됨으로 요약되어 이 시대 대중 앞에 제출될 것이다.

선적 실천과 사회적 실천의 하나됨은 결코 전통불교에 대한 도전이거나 불교 정신의 부정이 아니라 선바라밀이 반야바라밀이며 보시바라밀이라는 육바라밀정신의 창조적 해석일 뿐이니, 바라밀행으로서의 선(禪)을 우리는 각운동(覺運動)이라는 이름으로 다시 부른다.

각운동은 이제 푸른 산속의 앉아 있음[坐禪]을 일행삼매(一行三昧)로 되게 하여 저자거리의 흙먼지 둘러쓴 노동을 등지지 않게 하고, 선정의 말 없음을 총지삼매(總持三昧)가 되게 하여 손으로 경권을 잡지 않고도 경 읽는 문자행(文字行)이 되게 하며, 다시 흙먼지 둘러쓴 저자거리의 힘겨운 살림살이들이 푸른 산의 움직임 없음과 선정의 고요함을 떠나지 않게 한다.

불교 범주에서 체(體)와 용(用)은 결코 이원적인 개념이 아니며, 체(體)는 본체, 실체와 비슷한 뜻이라기보다는 오히려 실체를 부정하는 개념이다.

몸을 인연으로 일어난 어떤 것의 자기동일성이 곧 상(相)이라 한다면, 몸의 몸 아님이 체(體)이며 몸짓은 용(用)이다. 몸에 실체로서의 몸도 없고[非有] 허무로서의 몸 아님도 없으므로[非無] 몸은 덩어리로서의 몸이 아니라 몸짓으로 드러난다. 그런데 몸짓은 몸이라는 고정된 주재자의 활동이 아니라 몸이 몸 아니되 몸 아님도 아니므로 일어나는 열려진 활동이므로 그 몸짓은 짓 없는 짓[無作行]이다.

이렇게 보면 몸의 몸 아님은 체(體)가 되고, 몸 아님이 몸 아님도 아니므로 구성되는 모습의 연기적인 성치는 상(相)이 되며, 몸의 모습이 머물러 있지 않음은 몸짓[用]이 되고, 몸짓의 짓 없음이 다시 체(體)가 되어 체·상·용은 떨어질 수 없는 통일된 고리를 이룬다.

그러므로 체적 실천과 용적 실천의 구분은 도중사(途中事)에서 방편으로 그 말을 쓴다면 그럴 수 있다 하거니와, 길 가는 노동[途中事]과 꽃 피고 새 지저귀는 집안 속 소식[家裏事]이 끝내 둘일 수 없는 상승선(上乘禪)의 가풍에서 그러한 언어용법은 옳지 않다.

철학의 범주는 그 언어가 실다움과 참다움을 담보함으로써 대중에 의해 공인되고 역사 속에 전승되어 범주로서 확정되는 것이지 한 개인의 사적인 언어사용이 그대로 범주로 채택되어서는 안 된다.

제Ⅲ장 선정 지혜 평등히 닦아가리라 [定慧雙修願文]

그리고 깨달음에 관한 해오(解悟)와 증오(證悟)의 구분에서 증오는 해오의 새로운 자기부정이며 자기지양의 모습임은 분명하지만, 그렇다고 증오를 중생의 번뇌나 해오 너머에 선험성으로 보존하려 한다면 옳지 않다. 증오와 구경각(究竟覺)은 중생의 번뇌와 수행자의 해오와 그대로 같지도 않지만 번뇌와 문자적인 이해를 떠나지도 않는 것이다. 그러므로 구경의 깨달음을 중생의 물든 현실 너머에 있는 신비한 경지로 고정하려 한다면, 깨달음은 『원각경』에서처럼 '온갖 장애가 구경각이며, 생각 얻고 생각 잃음이 해탈 아님이 없고, 법을 이루고 법을 깨뜨림이 모두 열반이다'라고 표현될 수 없을 것이다.

선(禪)의 무념(無念)은 중생이 지금 쓰는 생각[念]이 곧 생각 아님을 체달하여 구현된다. 그러므로 지식과 앎의 덧없음을 모르고 반성되지 못한 학문적 지식으로 부사의법계를 더듬어 찾는 이들이나 선정 속에서 얻어지는 신비 체험에 주저앉아 있는 이들은 선이 제창하는 무념(無念)의 뜻을 전혀 보지 못할 것이다. 그렇다고 중생의 지금 보고 듣고 깨쳐 아는 경험활동을 버리고 지혜를 찾고 진리를 구하는 이들은 더더구나 꿈속에서도 불법을 보지 못할 것이다.

보리의 길은 바로 앎[知]과 알지 못함[不知] 그 어디에도 떨어져 있는 것이 아니기에 이론불교, 지식불교의 한계에 머물러 있는 자도, 지식불교, 학문불교라는 비판 앞에 좌절함으로써 불교를 시대언어로 창조적으로 해석해내는 지적 사명을 방기해버리는 자도 용기 있게 보디사트바의 길을 가는 자라 할 수 없을 것이다.

진리관과 수행관의 혼란은 끝내 불교체계 전체의 혼란으로 귀결될 우려가 있다. 오늘의 시대는 이제 불교가 제시하는 연기론의 세계관과 실천관에 철저하되 그 불교를 불교 아닌 불교로 보아냄으로써 시대와 대중의 요구 앞에 자신을 열어내는 참된 선사(禪師), 역사 앞에 당당히 걸어나가는 창조적 보디사트바(bodhisattva)의 역할을 우리 모두에게 요구한다. 이에 갖가지 어지러운 이설의 난무 속에서 불법의 바른 종지를 대중과 더불어 다시 확인하기 위해 요의경(了義經)과 여러 조사의 뜻을 이어 원돈선십문송(圓頓禪十門頌)을 발표하니, 그 차례는 다음과 같다.

① 귀의송(歸依頌) ② 언교송(言敎頌) ③ 체용송(體用頌) ④ 인과송(因果頌) ⑤ 선상송(禪相頌) ⑥ 돈점송(頓漸頌) ⑦ 지식송(智識頌) ⑧ 정혜송(定慧頌) ⑨ 묘행송(妙行頌) ⑩ 회향송(廻向頌)

선정 지혜 함께 갖춰 행원 이루리

1) 귀의하는 노래〔歸依頌〕

　　다섯 가지 몹시 흐린 악세를 맞아
　　국토는 허리 잘려 두 조각 나니
　　겪는 고통 만 갈래로 그지없어라.
　　불법의 바른 종지 떨어져 가고
　　민중의 마음은 늘 어지러워서
　　잠시라도 편안할 길 전혀 없도다.

　　참선 법문 익혀서 배우는 이들
　　암증의 어두운 선 굳게 붙들고
　　경 설하고 교리를 연구하는 이
　　많이들 부질없는 논쟁 일삼네.
　　세간 대중 함께 하여 교화하는 이
　　애견의 마음속에 쉽게 빠지니
　　그 나머지 다른 이들 논할 것 없네.

　　지난 세상 여러 조사 우리들에게
　　어리석은 선정과 미친 지혜를
　　모두다 남김없이 놓아버리고
　　교와 관이 하나된 바른 종지와
　　선정 지혜 한 몸인 참된 삼매에
　　바로 돌아가도록 분부하셨네.

　　그러므로 이 제자는 보리심 내어

지난 세상 지은 잘못 모든 업장을
슬피 울며 깊이 깊이 참회하오니
바라건대 부처님은 증명하시어
언제나 보살피어 생각해주고
그윽한 힘 제자에게 더해 주소서.

시당오탁악세중　국토양분고만단
時當五濁惡世中　國土兩分苦萬端
불법정종장타지　민심혼란무안녕
佛法正宗將墮地　民心混亂無安寧

습선학자집암증　설경연교다희론
習禪學者執暗證　說經硏敎多戲論
교화세속익애견　기여타자무가론
敎化世俗溺愛見　其餘他者無可論

과거제조분부아　치선광혜도방하
過去諸祖分付我　痴禪狂慧都放下
환귀교관일치종　정혜일체진삼매
還歸敎觀一致宗　定慧一體眞三昧

시고제자발보리　체루비읍심참회
是故弟子發菩提　涕淚悲泣深懺悔
유원제불작증명　상상호념가피아
唯願諸佛作證明　常常護念加被我

2) 언교에 관하여 〔言敎頌〕

부처님이 설하신 모든 언교는

범부들의 갖가지 견해의 그물
깨끗이 없애주기 위함이시네.
법의 약과 견해의 병 서로 다하면
반야의 밝은 지혜 환히 열리리.

반야는 본래 오직 한 법이지만
부처님이 갖가지 이름 말씀하신 건
여러 중생 한량없는 마음을 따라
그를 위해 다른 이름 세워줌이네.

만약 누가 앎을 돌이켜 반야 얻으면
망념으로 일으킨 모든 희론들
모두다 남김없이 사라지리니
비유하면 마치 저 푸른 하늘에
아침 해가 찬란히 떠오를 때에
안개 이슬 한꺼번에 사라짐 같네.

문자와 관조와 실상반야는
고정된 자성이 본래 없어서
서로 서로 떨어지지 아니하도다.
그러므로 가르침에 의거하여서
모습 없는 참모습을 통달한다면
거짓 이름 무너뜨리지 아니하고서
참된 지혜 곧바로 드러내리라.

불설일체제언교   위제범부견해망
佛說一切諸言敎   爲除凡夫見解網

법약견병상치이　반야낭지활연개
法藥見病相治已　般若朗智豁然開

반야본시유일법　불설종종제명상
般若本是唯一法　佛說種種諸名相
수제중생일체심　위지설립이명자
隨諸衆生一切心　爲之設立異名字

약인전식득반야　망념희론개소멸
若人轉識得般若　妄念戱論皆消滅
비여청천일출시　무로일시탕연무
譬如靑天日出時　霧露一時蕩然無

문자관조여실상　본무자성불상리
文字觀照與實相　本無自性不相離
시고의교달본원　불괴가명현진지
是故依敎達本源　不壞假名顯眞智

3) 체와 용에 관하여 〔體用頌〕

　　모습이 모습 없음 체라 말하고
　　모습 없음 모습됨을 용이라 하네.
　　그러므로 모습 없는 체와 모습과
　　모습의 작용 서로 떠남 없으니
　　체와 용은 스스로 한결 같으며
　　성품 모습 또한 서로 다르지 않네.

　　체는 본래 실다운 자성 없어서
　　연을 따라 만 가지 법 이루어내나

인연으로 일어남에 바로 공하니
일어난 법 그대로 고요하도다.
그러므로 흐름 따라 성품 얻으면
체와 용이 둘이 아닌 선정이라네.

머묾 없는 참된 바탕 법신이 되고
법신이 어리석지 않음 반야며
반야가 막히지 않음 곧 해탈이고
해탈작용 고요함이 법신이라네.

체대 상대 용대 이 세 가지 법이
서로 떠나지 않는 모습 바로 법계고
법신 반야 해탈 이 세 가지 덕이
한 몸 되면 그대로 열반 이루네.

상즉무상가명체　무상즉상가명용
相卽無相假名體　無相卽相假名用
시고체상용불리　체용자여성상동
是故體相用不離　體用自如性相同

체본무실수연성　연기즉공항적멸
體本無實隨緣成　緣起卽空恒寂滅
시고수류인득성　즉시체용불이선
是故隨流認得性　卽是體用不二禪

무주진체즉법신　법신불치시반야
無住眞體卽法身　法身不癡是般若
반야무체즉해탈　해탈적멸본법신
般若無滯卽解脫　解脫寂滅本法身

체대상대여용대　삼대불리즉법계
體大相大與用大　三大不離卽法界
법신반야여해탈　삼덕일체성열반
法身般若與解脫　三德一體成涅槃

4) 수행의 인과에 관하여〔因果頌〕

고집멸도 네 가지 거룩한 법은
유전과 환멸의 인과법이네.
인이 있고 과가 있되 바로 공이며
공이므로 연기하여 만법 이루네.

유전하는 원인 결과 없지 않음에
부처님은 못 깨침의 뜻 말씀하셨고
번뇌인 못 깨침에 자성 없으니
본디 깨침 짐짓 세워 말씀하셨네.38)

본디 깨침 못 깨침에 실체 없으니
불성의 정인 좇아 닦음을 내고
문자 관행 깨닫게 하는 연인이 되어
상사 분진 결과가 이루어지네.

끝내 다한 깨침인 요인의 모습
문자 관행 깨닫게 하는 연인의 행과

---

38) 사제법(四諦法)과 삼인불성(三因佛性) : 고집멸도 사제의 연기가 곧 공하므로 사제의 연기가 있으니, 고제(苦諦)가 『기신론』의 불각상(不覺相)이라면 고제가 곧 공해 본디 청정함은 본각(本覺)이며 도제를 통해 성취한 멸제(滅諦)는 시각(始覺)이니 본각 불각 시각은 모두 자성이 없다. 다시 고제가 중생의 이즉위(理卽位)이며 중생 속의 정인불성(正因佛性)이라면, 도제는 문자(文字)와 관행(觀行)을 통해 닦아가는 연인불성(緣因佛性)이고, 멸제는 정인을 깨친 요인불성(了因佛成)이자 구경즉위(究竟卽位)이다.

같지 않고 떠나지도 아니하도다.
그러므로 끝내 다한 깨침 속에는
깨친 모습 또한 다시 얻지 못하니
중생의 여래장 그 진리 가운데
맨끝 깨침 언제나 현전해 있네.

고집멸도사성제　유전환멸인과법
苦集滅道四聖諦　流轉還滅因果法
유인유과즉시공　공즉연기만사성
有因有果卽是空　空卽緣起萬事成

유전인과즉불무　시고불설불각의
流轉因果卽不無　是故佛說不覺義
번뇌불각무실성　시고본각의가립
煩惱不覺無實性　是故本覺義假立

불각본각무실체　종정인중기수행
不覺本覺無實體　從正因中起修行
문자관행위연인　상사분진과성취
文字觀行爲緣因　相似分眞果成就

구경각지요인상　부즉불리연인행
究竟覺之了因相　不卽不離緣因行
시고각중무각상　중생이즉중현전
是故覺中無覺相　衆生理卽中現前

5) 선의 체험에 관하여〔禪相頌〕

선의 체험 이름과 모습 아니며

얻을 바 있는 마음의 경계 아니네.
안으로 얻을 바 마음이 없고
밖으로 구하는 바 모습 없지만
모든 행 버리지 않음 바로 선이네.

여래의 청정한 남이 없는 선
선정 닦아 해탈 얻는 길이 아니니
모든 법이 공함으로 자리를 삼아
끝끝내 얻음 없음이 바로 선이네.

선의 성품 머무는 바가 없으니
선정속의 고요함마저 여의고
선의 성품 생겨나는 바가 없으니
선 한다는 그 생각마저 여의어
고요함과 어지러움 모두 떠나고
나가거나 들어오지 아니하여서
체와 용이 하나 되면 바로 선이네.

범부는 생각 있고 앎도 있으며
이승은 생각 없고 앎도 없지만
있고 없는 치우침 떠난 보살은
생각 없되 앎 없음 또한 없으니
생각 없되 알 수 있음 바로 선이네.

선지체험비명상　역비소득심경계
禪之體驗非名相　亦非所得心境界
내무소득외무구　불퇴제행즉시선
內無所得外無求　不退諸行卽是禪

여래청정무생선   불인선정이득탈
如來淸淨無生禪   不因禪定而得脫
제법공위청정좌   필경무증진시선
諸法空爲淸淨座   畢竟無證眞是禪

선성무주이선적   선성무생이선상
禪性無住離禪寂   禪性無生離禪想
부정불란불출입   체용여여정시선
不定不亂不出入   體用如如正是禪

범부유념이유지   이승무념이무지
凡夫有念而有知   二乘無念而無知
보살무념무무지   무념이지자시선
菩薩無念無無知   無念而知自是禪

6) 돈과 점에 관하여〔頓漸頌〕

법에는 돈과 점의 모습 없지만
돈교 점교 가르침을 베풀어준 건
중생의 병 깨뜨리기 위함이로다.
법은 본래 한 종이라 다름 없지만
사람의 근기에 차별이 있어
돈과 점의 법이라 이름하였네.

모습에 집착하여 닦음을 내는
견해를 상대하여 다스리려고
불성이 언제나 깨끗함으로
돈오법을 열어내 보여주었고
성품을 집착하여 닦을 것 없는

제Ⅲ장 선정 지혜 평등히 닦아가리라 [定慧雙修願文]

견해를 내는 이들 다스리려고
닦아 얻음 아예 없지 않음으로써
닦음 없는 참된 닦음 열어 보였네.

닦아 행함을 길 가는 일이라 하면
단박 깨침 집안속의 일이 되도다.
길을 감과 집안 속 일 다름 없으면
성품 닦음 둘이 아닌 참가풍이네.

그 옛날 법안종의 영명선사는
신수대사 두 눈을 모두 갖췄고
혜능선사 외짝눈만 있다 했으나
대감혜능 외짝의 바른 눈이여
번뇌를 조복하지 않는 모습과
번뇌를 억지로 누르는 모습
이 두 가지 집착을 길이 여의었네.

법무돈점이교상　　언교시설위파병
法無頓漸二敎相　　言敎施設爲破病
법본일종무다단　　인유차별명돈점
法本一宗無多端　　人有差別名頓漸

대치집상기수견　　이본청정개돈오
對治執相起修見　　以本淸淨開頓悟
타파집성불수견　　이불무증개진수
打破執性不修見　　以不無證開眞修
수행즉시도중사　　돈오즉시가리사
修行卽是途中事　　頓悟卽是家裏事
도중가리사불별　　성수불이진가풍
途中家裏事不別　　性修不二眞家風

석일영명선사운   대통구이대감척
昔日永明禪師云   大通具二大鑑隻
대감일척정안혜   영리조복불조복
大鑑一隻正眼兮   永離調伏不調伏

7) 지식과 지혜에 관하여 〔智識頌〕

앎은 본래 정해진 자성 없으며
실체로서 일어난 바가 없으니
반드시 뭇 연 빌어 성립되도다.
앎의 모습 안과 밖 중간 없으니
앎이 본래 남이 없음 요달한다면
공적영지 눈앞에 드러나리라.

주관 객관 실체성을 헛되이 따져
중생의 미한 집착 이루게 되어
병든 눈앞 허공꽃이 어지럽도다.
허망경계 아예 없음 바로 깨치면
망념 속 흰 소 수레 길이 끌리라.

선문의 여러 크신 조사 스님들
지혜의 병 모두 다 꾸중하셨네.
비록 그렇듯 지혜가 병이 되지만
지혜가 나는 곳에 어둡지 않으면
보고 듣고 깨쳐 앎을 떠나지 않고
앎을 돌려 네 가지 지혜 얻어서
원성실성 환하게 드러나리라.

인연으로 일어나는 모습 그 밖에
원성실성 결코 따로 있지 않으니
여러 앎을 끊어내 버리지 않고
앎들을 돌이켜서 지혜 이루네.
만약 앎과 알지 못함 머묾 없으면
네 가지 지혜와 세 가지 몸이
자기 생활 바탕 속에 두렷 밝으리.

식본무성실무생　필가중연이성립
識本無性實無生　必假衆緣而成立
부재내외비중간　요달무생적지현
不在內外非中間　了達無生寂知顯

망계능소성미집　병목안전공화란
妄計能所成迷執　病目眼前空華亂
요달차망상본무　즉망장어백우거
了達此妄相本無　卽妄長御白牛車

선문제조가지해　수연불매지생처
禪門諸祖呵知解　雖然不昧知生處
불리견문각지연　전식득지원성현
不離見聞覺知緣　轉識得智圓成顯

의타기외별무원　부단제식성전의
依他起外別無圓　不斷諸識成轉依
약인무주지부지　사지삼신체중원
若人無住知不知　四智三身體中圓

8) 선정과 지혜에 관하여〔定慧頌〕

생각하되 생각하고 생각됨 없고
말하지만 말하고 말됨 없으면
연기이므로 공하다는 관을 통달해
저절로 깨끗한 바탕 들 수 있으리.

진여의 마음바탕 자성 없음에
머묾 없는 근본 좇아 묘용을 내면
공이므로 연기한다는 관을 통달해
불꽃 일듯 모든 불사 세워내리라.

생각하되 생각 없음 정이라 하고
생각 없되 생각함을 혜라고 하네.
정은 바로 지혜의 바탕이 되고
혜는 바로 선정의 작용이 됨에
지혜일 때 선정이 지혜에 있고
선정일 때 지혜가 선정에 있네.

선정 지혜 한 몸이라 앞뒤 없으니
그침 살핌 언제나 같이 행하고
밝음과 고요함을 평등히 하면
밝은 지혜 고요하게 항상 비치고
일행삼매 언제나 현전하리라.

수념무유능소념   수설무유능소설
雖念無有能所念   雖說無有能所說

제Ⅲ장 선정 지혜 평등히 닦아가리라 [定慧雙修願文] | 193

통달연기즉공관　자연득입청정체
通達緣起卽空觀　自然得入淸淨體

진여심체본무성　종무주본기묘용
眞如心體本無性　從無住本起妙用
통달공즉연기관　치연건립제불사
通達空卽緣起觀　熾然建立諸佛事

염이무념즉명정　무념이념즉명혜
念而無念卽名定　無念而念卽名慧
즉혜지시정재혜　즉정지시혜재정
卽慧之時定在慧　卽定之時慧在定

정혜일체무선후　지관구행성적등
定慧一體無先後　止觀俱行惺寂等
원명지혜상적조　일행삼매항현전
圓明智慧常寂照　一行三昧恒現前

9) 묘한 행에 관하여 [妙行頌]

　　수행자가 생각에서 생각 없으면
　　능히 아는 지혜가 공함이 되고
　　수행자가 모습에서 모습 없으면
　　알려지는 경계가 사라짐 되네.
　　주·객의 실체성이 모두 공하되
　　공함마저 다시 공해 자취 없으면
　　주·객의 모습을 모두 비추되
　　그 모습들 도리어 고요함 되네.

생각이 바로 생각 없음이므로
생각 없음 또한 다시 실체가 없고
모습이 바로 모습 없음이므로
모습 없음 또한 다시 실체가 없네.
그러므로 있고 없음 머물지 않으면
중도의 바른 행이 현전하리라.

혜능선사는 단어의 법문 가운데
생각 없음 먼저 세워 종지를 삼고
모습 없음 모든 법의 바탕 삼으며
머묾 없음 묘한 행의 근본 삼으니
이것이 곧 일행삼매 상승선이네.

일행삼매 상승의 선문에서는
모습과 모습 없음 집착 않도다.
그러므로 생각 없음 통한 선객은
보현보살 광대한 실천행으로
부처님의 위없는 보리 이루리.

어념무념능관공　어상무상소관무
於念無念能觀空　於相無相所觀無
능소구공공역공　쌍조능소환적멸
能所俱空空亦空　雙照能所還寂滅

염즉무념무무념　상즉무상무무상
念卽無念無無念　相卽無相無無相
시고무주유무변　중도정행상현전
是故無住有無邊　中道正行常現前

혜능선사단어중 선립무념위정종
慧能禪師壇語中 先立無念爲正宗
무상위체무주본 차시일행삼매선
無相爲體無住本 此是一行三昧禪

일행삼매상승선 불착제상여무상
一行三昧上乘禪 不着諸相與無相
시고무념진선객 이보현행성보리
是故無念眞禪客 以普賢行成菩提

10) 회향하는 노래 [廻向頌]

바라건대 이 제자가 닦은 공덕을
삼처에 회향하니 원만해지고
머물러 살고 있는 분단국토는
어서 빨리 한 나라로 통일이 되며
깨달음의 밝은 해는 더욱 빛나고
법의 바퀴 길이 길이 굴러지이다.

바라건대 이 제자는 모든 붇다와
천태 혜능 등과 같은 크신 조사들
항상 따라 깊은 법문 배워가리니
모든 중생 같이 성불하여지이다.

바라건대 이 제자는 있는 곳마다
부처님의 원돈교를 펼쳐 드날려
중생에게 해탈의 문 열어주리라.
허나 비록 그처럼 공덕을 지어

부처님의 보리도를 끝내 이뤄도
보살의 광대한 행 버리지 않으리.

바라건대 이 제자는 어느 생에나
다른 마음 다른 생각 내지 않고서
원돈교에 의지하여 대승 발하고
일행삼매 언제나 닦아가리니
고통 속에 헤매이는 모든 중생들
함께 같이 법계바다 들어지이다.

원아소수제공덕　회향삼처실원만
願我所修諸功德　廻向三處悉圓滿
소주국토속통일　불일증휘법륜전
所住國土速統一　佛日增輝法輪轉

원아상수제불학　역수천태혜능등
願我常隨諸佛學　亦隨天台慧能等
제대조사상수학　보공중생성정각
諸大祖師常隨學　普共衆生成正覺

원아선양원돈교　개시중생해탈문
願我宣揚圓頓敎　開示衆生解脫門
수연구경불보리　불사보살광대행
雖然究竟佛菩提　不捨菩薩廣大行

원아세세무별념　의원돈교발대승
願我世世無別念　依圓頓敎發大乘
일행삼매상수습　함식동입법계해
一行三昧常修習　含識同入法界海

제 Ⅳ장

선지식을 늘 따라 배워가오리
[常隨師長願文]

1. 가상길장선사(嘉祥吉藏禪師)가 천태선사(天台禪師)에게 올림
2. 진 좌박야(陳 左僕射) 서릉(徐陵)이 천태선사께 올림
3. 진 영양왕(陳 永陽王)이 경전 강설하는 법회를 열며 천태선사께 올림
4. 현수법장법사(賢首法藏禪師)가 의상법사(義湘法師)께 올림
5. 원효법사(元曉法師)가 낭지법사(朗智法師)께 올린 글
6. 대각국사 의천(大覺國師 義天)이 천태탑 밑에서 원을 발함
7. 대각국사 의천이 원효성사(元曉聖師)에게 바치는 글
8. 증시랑 천유(曾侍郎 天遊)가 대혜선사(大慧禪師)께 묻고 대혜선사가 답함
9. 자운준식법사(慈雲遵式法師)가 천태성사(天台聖師)께 바친 발원
10. 백운경한선사(白雲景閑禪師)가 석옥청공선사(石屋淸空禪師)로부터 사세송(辭世頌)을 받고 스승을 추모함
11. 백운경한선사가 서천지공선사(西天指空禪師)께 올린 글
12. 우익지욱선사(藕益智旭禪師)가 유계전등존자(幽溪傳燈尊者)께 바친 글

　수행자가 범행을 성취하는데 선지식이 절반의 몫을 해주는가. 그렇지 않다. 왜 그렇지 않은가. 선지식이 곧 범행은 아니지만 범행과 붇다를 이룰 보리의 씨앗은 연(緣)을 좇아 나며, 선지식의 인연이 아니면 범행이 이루어질 수 없기 때문이다.
　그러므로『잡아함경(雜阿含經)』에서 붇다는 여러 제자들에게 다음 같이 가르쳐 보인다.
　"아난다여, 그런 말 말라. '범행의 절반은 이른바 선지식·좋은 벗·착함을 따르는 이들 때문이고, 악지식·나쁜 벗·악함을 따르는 이들 때문이 아니다'라고.
　왜 그런가. 순수하고 원만하며 깨끗하고 맑은 범행은 이른바 선지식·착한 벗·착함을 따르는 이들 때문이다. 악지식·나쁜 벗·악함을 따르는 이들 때문이 아닌 까닭이다."
　또『증일아함경(增壹阿含經)』에서는 이렇게 말한다.
　"그런 말 말라. '선지식이란 곧 범행의 반이 되는 사람이다'라고.
　왜 그런가. 선지식이란 온전한 범행의 사람으로, 그와 같이 따르면 좋은 길을 이끌어 보게 하기 때문이다. 나도 또한 선지식으로 말미암아 위없고 바른 깨달음을 이루어 중생을 건져냄이 이루 헤아릴 수 없어서 모두 다 늙고 병들어 죽는 괴로움을 벗어나게 되었다. 이런 방편으로 선지식은 온전한 범행의 사람인 줄 아는 것이다."
　그런데 여기서 선지식이란 어떤 사람을 말하는가. 선지식이란 다만 나보다 진리의 길에 먼저 들어서서 앞서 깨달은 이만이 선지식인가. 천태선사의『소지관(小止觀)』은 선지식을, 가르침을 주는 선지식〔敎授善知識〕·행함을 같이 하는 선지식〔同行善知識〕·밖에서 보살피는 선지식〔外護善知識〕이 세 가지로 보이고 있으니, 선지식은 스승이고 벗이며 도와 보살피는 이가 다 선지식인 것이다.

또 중국 종파불교에서 선종(禪宗)의 법통이 교조화되면서 선지식은 자기 종파의 스승, 수행방법을 같이 하는 특정 문파의 스승으로 그 뜻이 제한되어 왔다.

그러나 붇다의 가르침을 따라 해탈의 길에 나선 구도자들에게 최고의 선지식은 '지혜와 행을 다 갖추신 이〔明行足〕' '위없는 스승〔無上師〕' '하늘과 사람의 스승〔天人師〕'이신 붇다이다. 그러므로 윗대로부터 선지식이 선지식으로 이름되어지는 것은 '붇다의 뜻〔佛心宗〕'을 옳게 깨쳐 전할 때〔傳佛心印〕 그리고 여래의 방에 들어가〔入如來室〕 여래의 자리에 앉아〔坐如來座〕 여래의 옷을 입고〔着如來衣〕 중생에게 그 가르침을 두려움 없이 설할 때〔六種法師行〕 선지식의 이름을 얻게 되는 것이다.

이에 본서에서는 임제일종의 선지식주의에 빠져 있는 한국불교의 왜곡된 풍토를 깨기 위해, 종파를 넘어 중국과 우리 불교에서 바르게 깨쳐 가르치고 가르침 받은 여러 스승과 제자들의 기록들을 본 장에 모아 엮었다.

또한 의천(義天)이 원효성사(元曉聖師)께 바치는 발원이나, 자운준식(慈雲遵式)이 천태성사(天台聖師)께 바치는 발원처럼, 이미 가신 조사와 대성사에 대한 간절한 추모의 글 또한 함께 수록하였다.

선지식은 선지식이 아니라 그 이름이 선지식이니, 실로 가르치고 배울 것이 없는 곳에서 가르침 없이 잘 가르치고 배움 없이 잘 배우는 곳, 곧은 마음의 도량〔直心道場〕에서 선지식은 늘 출현하는 것이다.

선지식, 선지식이여! 잡을 끝코가 없으니〔沒把鼻〕 선지식에 잡힐 끝코 없는 줄 아는 자가 살아 움직이는 선지식을 늘 눈앞에서 친견하리라.

53선지식을 찾아 붙잡을 수 없는 곳이 바로 여러 사람이 날로 쓰는 소식이며, 여러 사람을 찾아 붙잡을 수 없는 곳이 바로 53선지식이 날로 쓰는 소식이다.
　여러 사람이 날로 쓰는 소식을 53선지식이 결정코 찾아 붙잡을 수 없고, 53선지식이 날로 쓰는 소식을 여러 사람이 결정코 찾아 붙잡을 수 없다. 그러므로 경은 말한다.

　　　　　모든 법은 실체적인 작용 없으며
　　　　　또한 다시 정해진 체성 없도다.
　　　　　그러므로 저 있는 바 모든 것들은
　　　　　제가기 서로 서로 알지 못하네.
　　　　　마치 저 크나큰 불 무더기에
　　　　　맹렬한 불꽃 한때에 피어나지만
　　　　　제각기 서로 알지 못함 같나니
　　　　　모든 법의 자성 없음 이와 같아라.

　　　　　　－『대혜종고선사어록』중에서 －

1. 가상길장선사가 천태선사(天台禪師)에게 올림
– 가상길장(嘉祥吉藏)

　　가상길장(嘉祥吉藏)은 삼론종(三論宗)을 대성한 대법사로 알려져 있지만, 가상길장이 천태선사에게 『법화경』 강설을 청하고 장안관정선사에게 귀의했으므로 『불조통기(佛祖統紀)』에서는 가상길장을 장안관정 문하 가상길장선사(嘉祥吉藏禪師)라 한다. 그러므로 본서도 『불조통기』에 따라 가상길장선사라 일컫는다.

　　가상선사는 본디 조상이 페르시아사람〔安息人〕이었으나 그 조상이 금릉(金陵)으로 옮겨와 살며 성씨를 안(安)이라 하였다.

　　그 부친이 진제(眞諦) 삼장을 뵈러 갈 때 함께 가 진제삼장으로부터 길장(吉藏)이라는 이름을 받았다.

　　삼론종 법랑(法郞)의 문하에 출가하여 삼론학에 통달하여 19세에 강론하였다. 법랑이 입적한 뒤 선사의 나이 32세 때 절강 회계현 가상사(嘉祥寺)로 옮겨 그곳에서 강설과 저술에 힘썼으므로 선사를 가상길장이라 한다.

　　평생 저술에 힘써 『중관론소(中觀論疏)』 『십이문론소(十二門論疏)』 『백론소(百論疏)』 『삼론현의(三論玄義)』 『법화현론(法華玄論)』 『법화의소(法華義疏)』 등 방대한 저작을 남겼다.

　　선사는 늘 강설과 저술에 힘썼지만 좌선수행을 깊이 행해, 당 무덕 6년(唐武德六年: 623년)에 입적할 때는 목욕하고 향을 태워 염불하고 '죽음을 두려워할 것이 없음을 논한다〔死不怖論〕'는 글을 짓고 입적하였다.

　　천태선사께 올린 이 글은 삼론종의 대종주이지만 남악선사를 예성(叡聖)으로 추앙하고 천태선사를 밝은 현인〔明哲〕으로 일컬으며, 좌선대중〔禪衆〕 백여 명과 함께 천태선사께 『법화경』 강설을 청하면서 올린 글이다.

모든 경의 빗장인 법화경을 강설하사 중생의 깊은 밤을 밝혀주소서〔請講法華經疏〕

1) 천태선사가 머무는 천태산 불롱의 아름다움을 들어 천태선사의 도덕을 기림

오주 회계현 가상사 길장은 머리 숙여 귀의합니다.

엎드려 듣자오니 옛 현성이 살던 그 산을 높고 가파름으로 이름하여, 도안법사(道安法師)가 여기 올라 법을 설했으며, 봉우리를 곧게 솟구침으로 이름하여, 혜원법사(慧遠法師)가 여기 깃들어 편안히 선정을 닦았습니다.

그러나 아직 선사가 머무시는 이 고갯마루가 웅장하고 아름다워 한(漢)에 맞대고 하(霞)에 이어져 골짜기가 깊이 파여져 물이 흘러 부딪침만 같지는 못합니다.

황제가 등극하는 날〔天灌日〕에 제가 머무는 적성(赤城)의 단수(丹水)와 선택(仙宅)은 보잘 것 없지만〔隩區〕, 선사께서 머무시는 불롱(佛隴)의 향기로운 검은 흙〔香爐〕은 성인의 열매를 맺는 복된 땅입니다.

거듭 아름다움을 더하게 되면서 자손들은 시를 지어 그 기이함을 찬탄하고 지자선사께서 깃들어 의지한 지 스무 해 남짓이 되니, 선정과 지혜의 문도〔禪慧門徒〕들 그 교화는 먼 곳이나 가까운 곳에 적셔 흘렀습니다.39)

2) 천태선사의 선정과 지혜가 부처의 지위에 가지런함을 말함

옛날에는 동수(同壽)와 영언(英彦)이 겨우 경전 통하는 법을 알았고 정준(淨俊)과 신정(神定)은 선정의 업〔禪業〕을 전했습니다.

---

39) 吳州 會稽縣 嘉祥寺吉藏 稽首和南 伏聞山號崔嵬 道安登而說法 峰名匡岫 慧遠棲以安禪 未若玆嶺宏麗 接漢連霞 瀿壑飛流 衝天灌日 赤城丹水 仙宅隩區 佛隴香爐 聖果福地 復經擅美 孫賦稱奇 智者棲憑 二十餘載 禪慧門徒化流遐邇.

만약 도로써 학덕(學德)을 사무쳐 다해 보처(補處)의 지위에 가지런하지 않다면 어찌 경론(經論)을 밝게 통달하여 선정과 지혜를 같이 비출 수 있겠습니까.40)

3) 주공 다음 공자가 있고 마명보살 다음 용수보살이 있듯 천태선사는 남악선사의 법 이었음을 말함

마치 주공(周公)이 돌아감에 이르러 뒤에 공구(孔丘)가 세상에 그 가르침을 보이고 마명보살이 교화를 마침에 용수보살이 뒤를 이음과 같으니, 안과 밖이 땅에 떨어지지 않음은 그 미더움이 사람의 넓힘에 있습니다.

대승을 빛나게 드러내고 비밀한 가르침을 열어 보임에는 천년과 오백년이 실로 다시 오늘에 있습니다.

남악선사께서는 밝은 성인[叡聖]이시고 천태선사께서는 밝은 현인[明哲]이시라, 옛날 여러 성인들이 세 가지 업[三業]으로 머물러 지니심을 지금 두 분 높은 성사[二尊]께서 이어주시니, 단이슬을 어찌 중국땅에만 적시겠습니까. 또한 마땅히 법의 북을 천축의 하늘에도 떨칠 것입니다.

선사께서는 나면서 아는 지혜[生知]의 바탕에 묘하게 깨치셨으니[妙悟], 위진(魏晉)에서 내려오면서 전적(典籍)에 대해 풀이하고 노래함[風謠]에 실로 그와 같음을 이어온 이가 없었습니다.41)

4) 법을 묻는 옛일을 따라 좌선대중과 함께 법화경 강설해주시길 청함

그러나 석가모니 교주에게는 어린 제자[童英]가 의심을 일으켜서 물었고, 노사나 법왕의 회상에서는 선재 어린이[善財]가 도를 찾아 길을 떠났습니다.

---

40) 昔同壽英彦 纔解通經法 淨俊神正傳禪業 若非道參窮學德伴補處 豈能經論洞明定慧兼照.
41) 至如周旦歿 後孔丘命世 馬鳴化終龍樹繼後 如內外不墜信在人弘 光顯大乘開發祕敎 千年之與五百 實復在於今日 南嶽叡聖 天台明哲 昔三業住持 今二尊紹係 豈止灑甘露於震旦 亦當振法鼓於天竺 生知妙悟 魏晉以來 典籍風謠 實無連類.

감히 앞의 자취를 우러러 따르고 깊이 생각해 그 진실하심을 숭상해 삼가 좌선하는 대중〔禪衆〕 일백 명 남짓 승려들과 같이 지자대사(智者大師)께서 『법화경』 한 부〔法華一部〕를 드날려 연설해주실 것을 우러러 청하옵니다.42)

5) 모든 경의 빗장인 법화경을 설해 미혹 없애주길 청함

이 경전은 뭇 성인의 법도〔喉襟〕요 모든 경의 빗장〔關鍵〕이니, 엎드려 바라건대 부처님의 지견을 열어〔開佛知見〕 여기 무거운 어두움을 환히 빛내주시고 진실한 도를 보이시어〔示眞實道〕 이 깊은 밤을 밝혀주소서.43)

6) 법화경 강설의 방편을 보여주시면 진리의 인연이 온 세상에 가득해짐을 말함

그렇게 해주시면 거의 삼천국토에서 와 일찍이 듣지 못함을 받게 되고, 백 겁의 다음 생에서도 큰 뜻을 모셔 받들 것이며, 터전을 쌓고 마디를 경계하며 거친 나무를 잘라 이르를 것입니다.

산과 마을〔山莊〕에 잎을 흔들어 떨어지게 하면 짙은 노란 잎들이 온 들에 두루할 것이며, 나무 우거진 바위에 옥 같은 꽃들이 피고 국화 핀 언덕에 꽃이 우거질 것입니다. 그리하여 더욱 성문(聲聞)의 마음을 끊게 되고 자못 연각(緣覺)의 뜻을 없애게 될 것입니다.

길장은 앞서 통달하심을 우러러 감사드리며, 머리 숙여 부끄럽게 법을 물어 구하옵니다. 조심스럽고 두려운 마음 오직 깊어지고, 다만 떨려 두려움은 더욱 늘어나지만 삼가 청하옵니다.

---

42) 釋迦教主童英發疑 盧舍法王善財訪道 敢緣前跡諦想崇誠 謹共禪衆一百餘僧 奉請智者大師演暢法華一部.

43) 此典衆聖之喉襟 諸經之關鍵 伏願開佛知見耀此重昏 示眞實道朗茲玄夜.

제Ⅳ장 선지식을 늘 따라 배워가오리 [常隨師長願文] | 205

수 개황 17년(597) 8월 21일에 길장은 올립니다.44)

---

44) 庶以三千國土來稟未聞 百劫後生 奉邁大義 築場戒節析木將臨 搖落山莊玄黃均野 桂巖玉蘂菊岸華榮 彌切聲聞之心 頗傷緣覺之抱 吉藏仰謝前達 俯愧詢求 兢懼唯深 但增戰悚 謹請 開皇十七年八月二十一日。

2. 진 좌박야(陳 左僕射) 서릉(徐陵)이 천태선사(天台禪師) 께 올림

— 서릉(徐陵)

　서릉은 천태선사의 재가 제자로 그 이름이 『불조통기』에 올려져 있는 거사로서 진조에 좌박야(左僕射)의 벼슬을 살았다.
　이 서릉은 천태6조 법화지위선사(法華智威禪師)의 전신(前身)으로 알려진 사람이다. 『불조통기』에 의하면 법화지위선사가 어릴 때 어떤 신승(神僧)을 만났는데, 그 신승이 '어린이는 어찌 앞세상에 세운 원을 기억하지 못하는가' 라고 깨우치는 말을 듣고 장안관정선사에 출가하여 법화삼매를 증득하였다.
　이 신승이 깨우쳐준 앞 세상 원이 바로 서릉이 천태에게 바친 다섯 가지 원〔五願〕이다.
　그러나 생각해보면 '앞 세상 어린이로 출가하고자 한 원을 어찌 잊었는가' 라고 경책하는 한 마디에 바로 마음 돌이켜 출가할 때, 그가 바로 앞 세상 어린이로 출가할 서원의 씨앗을 여래장의 땅에 이미 심고 다시 온 자〔再來人〕가 아니고 누구이겠는가.

다섯 가지 원을 세워 장엄하오니 이 제자를 증명하소서

1) 깊이 귀의하며 단이슬의 법〔甘露法〕 들은 기쁨을 말함

능은 귀의합니다.
어제는 깊은 진리의 의식〔深儀〕에 함께 들어가고 법 자리〔法座〕에 같이해 단이슬의 법맛을 맛보아 받드니, 두려움 없는 외침에 뭇 사람들이 모두 돌아가 엎드렸습니다.
바른 법의 횃불을 태워 여러 깨우치지 못한 이들을 환히 밝혀주시니 스스로 남은 생에 묘한 말씀 만날 수 있게 됨을 기뻐합니다.
일상의 일〔尋事〕에 대해 여쭙고 싶은 것들, 이에 대해서는 마음을 다 펴서 보이지 못하옵니다.
삼가 귀의합니다.45)

2) 다섯 가지 보리의 원을 세우고 선사의 증명을 바람

능은 귀의합니다.
제자가 얽매임의 울타리와 광주리를 벗어나고자 생각하나 벗어나 높이 위로 올라가지 못하고 있습니다.
이미 선근이 작고 힘이 없으니 다음 같이 원의 힘으로 장엄할 것을 바라옵니다.
첫째, 바라건대 목숨 마칠 때 바른 생각〔正念〕 이루어지이다.
둘째, 바라건대 지옥과 세 가지 악한 길〔地獄三途〕에 다시 가지 않아지이다.
셋째, 바라건대 사람 가운데 다시 와도 높지도 않고 낮지도 않은 곳〔不高不下處〕에 몸을 의탁해 태어나지이다.

---

45) 陵和南 昨預沈儀同法席 餐奉甘露無畏之吼 衆咸歸伏 然正法炬 朗諸未悟 自慶餘年得逢妙說 尋事諮展 此不申心 謹和南。

넷째, 깨끗한 어린 아이[童眞]로 출가하여 법다이 계를 받들어지이다.
다섯째, 세속에 흘러 다니는 승려무리[流俗之僧]에 떨어지지 않아지이다.
이 서원의 마음을 의지해 저무는 나이[西暮]를 경책하고자 하여 지금 글을 써서 붉게 도장 찍었사오니, 증명해주시길 우러러 바라옵니다.
능은 귀의합니다.46)

---

46) 陵和南 弟子思出樊籠 無由羽化 旣善根微弱 冀願力莊嚴 一願臨終正念成就 二願不更地獄三途 三願卽邊人中 不高不下處託生 四願童眞出家 如法奉戒 五願不墮流俗之僧 憑此誓心以. 策西暮 今書丹款 仰乞證明 陵和南.

3. 진 영양왕(陳 永陽王)이 경전 강설하는 법회를 열며 천태선사(天台禪師)께 올림

— 진 정혜(陳 靜惠)

　진 영양왕은 천태선사께 보살계를 받은 제자로 법명은 정지(靜智) 또는 정혜(靜惠)라 하였다. 진(陳) 나라는 그 왕실이 천태선사와 같은 일족으로, 수(隋)에 망하기 전 깊이 불교를 숭상하고 천태에 귀의한 왕조로『능가사자기(楞伽師資記)』「도신장(道信章)」 가운데 진선제(陳宣帝)에게 법을 설한 지민선사(智敏禪師)가 곧 천태지의선사이다.
　영양왕은 천태 뿐 아니라 천태의 제자였던 진관(眞觀) 법사에게도 깊은 귀의의 글을 부친 왕이다.
　본 글은 천태선사께 경전 강설하길 청하며 이 법의 인연으로 궁 안팎의 권속들이 진리의 은혜를 받고, 이 법을 들은 인연으로 선정과 지혜가 밝아져서 날 적마다 천태선사와 선지식의 인연을 맺어, 보살행과 일승의 도가 원만히 갖춰지길 원하고 있다.

선정지혜 가을달 봄물 같아져 날 적마다 천태선사와 선지식
의 인연 맺어지이다

1) 삼보께 귀의하고 일승의 경 설하시길 청함

　　보살계 제자 진정지는 머리 숙여서
　　시방에 늘 머무신 삼보님과
　　숨거나 드러나 있는 허공신들과
　　현전의 범부와 온갖 성인께
　　지심으로 목숨 다해 귀의합니다.

　　엎드려 법왕의 법의 힘을 바라니
　　삼계중생 어리석음 슬피 여기사
　　샘이 없고 함이 없는 크신 지혜로
　　일승의 깊은 경전 열어주소서.

　　보살계제자진정지 계수화남 시방상주삼보 유현명공현전범성
　　菩薩戒弟子陳靜智 稽首和南 十方常住三寶 幽顯冥空現前凡聖
　　복유법왕법력 민삼계지전우 무루무위 개일승지오전
　　伏惟法王法力 憫三界之顚愚 無漏無爲 開一乘之奧典

2) 방편의 문을 세워 비밀장을 열어 이끌어주길 바람

　　깊은 종지 온갖 말들 다 끊겼지만
　　연꽃을 의지하여 이름 세웠고
　　진실한 지혜는 생각할 수 없으나
　　보배구슬 빌어서 진리 비유해

가만히 법을 넓혀 중생 맞으니
처음에는 큰 일의 인연에 대해
손바닥만 가리켜 보이시고는
손으로 들어 올림 말해 보이고
끝내는 소승들도 깨닫게 하네.

수미산 잡아 세계에 던진다 해도
어려운 일이라고 할 수 없지만
비밀장을 열어서 중생을 이끎
이것은 쉬운 일이라 하지 못하리.

심종절칭 앙연화이입명
深宗絶稱 仰蓮華以立名
실지난사 차보주이유리 은근홍접
實智難思 借寶珠而喻理 殷勤弘接
시즉대사인연 지장언제 종령소승해오
始則大事因緣 指掌言提 終令小乘解悟

접수미 척세계 미시위난
接須彌 擲世界 未是爲難
개비밀 도창생 사위물이
開祕密 導蒼生 斯爲勿易

3) 천태선사의 깊은 선정과 변재, 넓은 교화를 찬탄함

천태지의 높으신 아사리께선
법문 바다 자재하게 노닐으시며
선정의 뜰 꿰뚫어 통하셨으니

함이 있는 모든 맺음 이미 떠나고
남이 없는 법인이 현전하시사
우러르고 구부리는 몸가짐 속에
지극한 가르침을 드날리시네.

궁전의 높은 마루 높은 집에서
궁의 무리 널리 열어 깨우치시니
거룩하신 대중 구름처럼 모이고
신선 무리 안개처럼 몸을 맡겨서
법등 전하는 밝음을 같이 받들며
내리 쏟는 법의 물길 같이 잡으니
진리의 벗들은 모두 다 기뻐하고
신의 무리 기뻐 춤을 춰 뛰놀도다.

천태의사리 유랑법문 관통선원
天台闍闍黎 遊浪法門 貫通禪苑
유위지결이리 무생지인현전 앙굴내의 천양극교
有爲之結已離 無生之忍現前 仰屈來儀 闡揚極敎
고헌층전 광벽제궁 성중운집 선군무위
高軒層殿 廣闢齊宮 聖衆雲集 仙群霧委
구봉전등지요 공파현하지류 법려흔경 신지용약
俱奉傳燈之曜 共把懸河之流 法侶忻慶 神祇踊躍

4) 스스로의 업이 무거움과 세월의 덧없음을 돌이켜 생각하며 법문
   열어주길 간청함

제자는 업의 바람 날려 뛰놀며
애욕의 물속에 깊이 빠져서

법의 즐거움을 비록 맛보았으나
어둡게 가린 마음 못 버렸으며
선정 기쁨 부질없이 우러렀으나
흩어져 움직이는 생각 끝내 품고
어지럽게 세상을 살았습니다.

다만 해 바퀴가 마구 뛰어 달려서
밝은 햇님의 고삐 멈추지 못하고
달 거울이 마루를 돌고 돌아서
월궁 선녀 그림자 그칠 수 없는데
마침 빛나는 황금의 함을 열어서
보배의 경전 얻어 거두었으나
법의 바퀴 그 수레틀이 멈추어지면
영축산의 말씀 어찌 기약하오리.

맑은 범음 그 소리를 그치게 되고
어산의 노래 바야흐로 쉬게 된다면
떠남이 있고 만남이 있게 되니
슬픈 탄식 어찌 다 말하오리까.

제자표탕업풍침륜애수 수찬법희 불거몽폐지심
弟子飄蕩業風沈淪愛水 雖餐法喜 弗祛蒙蔽之心
도앙선열 종회산동지려
徒仰禪悅 終懷散動之慮

단일륜치목 희화지비불류 월경회헌 항아지영난주
但日輪馳騖 曦和之轡不留 月鏡迴軒 嫦娥之影難駐
적계금함 변수보축 법륜철진 취령지설하기
適啓金函 便收寶軸 法輪輟軫 鷲嶺之說何期

청범정음 어산지창방식 유리유회 탄식해언
淸梵停音 漁山之唱方息 有離有會 歎息奚言

5) 경전 강설하는 법회를 열어 관음상을 모시고 궁 안팎 여러 권속들이 법의 은혜 받길 원함

법을 사랑하고 또 공경하는 마음
굽실 흐르는 물처럼 마침 없어서
삼가 바로 이번 달 열사흘 날에
풀이해 강설하는 공덕을 위해
우러러 법의 모임 세워 베풀어
사람 건져 출가토록 하려합니다.

관음보살은 법신의 큰 스승이라
위태롭고 어려운 이 건져내주며
사람들과 하늘들을 이익 주심에
신령스런 자태 만들어 모시려 해
그 날 바로 틀에 녹여 부으렵니다.

이러한 복덕과 착한 행으로써
위로는 맑은 조상의 신령을 돕고
또 오늘 높으신 황제 받들려 하니
바라건대 황제의 잡수시고 주무심
언제나 편안하고 즐거우시며
덕궁태후의 주무시고 일어나심은
건강하여 즐거움을 늘 받으시며
황태자의 생활은 온통 복되고

모든 왕자 제후들 기쁨 지니며
맨 끝에 이 제자와 제 자식들과
안과 밖 여러 권속 온갖 인연들
그 목숨이 모두 늘어나 길어지며
몸과 마음 언제나 즐거워지이다.

애법경법잔원무이 근어금월십삼일 해강공덕앙설법회 병도인출가
愛法敬法潺湲無已 謹於今月十三日 解講功德仰設法會 幷度人出家
우관음보살법신대사 증위발난 이익인천 봉조영의 즉일용주
又觀音菩薩法身大士 拯危拔難 利益人天 奉造靈儀 卽日鎔鑄
용사복선 상자청묘성령 우봉위즉일지존
用斯福善 上資淸廟聖靈 又奉爲卽日至尊
원어선승상안 덕궁태후보살침흥납예 황태자기거만복 제왕제주함보가경
願御膳勝常安 德宮太后菩薩寢興納豫 皇太子起居萬福 諸王諸主咸保嘉慶
말급제자자신병식심등 내외권속일체인연 수명장원 신심쾌락
末及弟子自身幷息諰等 內外眷屬一切因緣 壽命長遠 身心快樂

6) 천태선사의 설법인연으로 선정지혜 밝아져 날 적마다 선지식 인연 맺길 원함

바라건대 삼보 밝게 드날리시사
오승47)의 진리 깊이 통달케 하여
계와 가을달이 같이 밝아지며
선정과 봄물이 같이 깨끗해져
이 몸이 태어나는 모든 세상에
천태지의 높고 높은 아사리와

---

47) 오승(五乘) : 범어 빤차야나(pañca-yāna). 오승에는 여러 구분법이 있으나 천태교의 입장에서는 인천승(人天乘) 성문승(聲聞乘) 연각승(緣覺乘) 보살승(菩薩乘) 불승(佛乘)을 오승으로 보아야 할 것이다.

강설 듣는 출가 재가 온갖 무리와
보고 듣고 깨쳐 아는 일상생활에
언제나 좋은 벗을 맺어지이다.

유원 현양삼보 통달오승
唯願 顯揚三寶 通達五乘
계여추월구명 선여춘지공결
戒與秋月俱明 禪與春池共潔
생생세세 여사리급강중흑백 견문각지항결선우
生生世世 與闍黎及講衆黑白 見聞覺知恒結善友

7) 날 적마다 반야를 떠나지 않고 영겁토록 보살도 행할 것을 원함

언제나 중생 제도 하려는 것은
도리어 지적보살과 같아지이며
지승여래 받들어 모시는 것은
약왕보살 몸을 살라 공양한 뒤에
운뇌음왕 부처님을 우러러 뵙고
찬탄의 노래함과 같아지이고
지금 이 생 보리의 씨앗 심어서
때로는 안락세계 태어남 보고
때로는 도솔천궁 머물러지이다.

방편법인 삼승의 행 모두 없애고
모두 같이 일승의 도 향해 나가며
강가강 모래수의 모든 보살과
진리의 길 함께 하는 벗이 되어서
강가강 모래수의 모든 국토로

부처님의 도량과 일을 삼으며
온갖 법에 자재함을 언제나 얻고
마음의 자재함을 또한 얻어서
함께 같이 칠각지를 닦아 행하며
위없는 보리도에 같이 가리니
저 허공에 다하는 끝 있다고 한들
나의 원은 결코 다함 없사오리라.

항장제도환동지적 봉지승여래 변사약왕근뇌음
恒將濟度還同智積 奉智勝如來 便似藥王觀雷音

종각 혹견생안락세계 혹처도솔천궁
種覺 或見生安樂世界 或處兜率天宮

구탕삼승행 구향일승도
俱蕩三乘行 俱向一乘道

항사보살위등려 항사국토위불사
恒沙菩薩爲等侶 恒沙國土爲佛事

득법자재 득심자재
得法自在 得心自在

동수칠각분 동취삼보리
同修七覺分 同趣三菩提

허공유변 차원무진
虛空有邊 此願無盡

8) 모든 성인께 증명하길 청하고 모든 공덕 살바야에 회향함

숨거나 드러나신 모든 성인께
우러러 간절하게 바라옵나니
나의 원을 모두 다 증명하시사

법계의 원수거나 친한 모든 이
모두 같이 원력 바다 들어지이다.
모든 공덕 살바야에 회향하오니
얻을 바가 실로 없기 때문입니다.

앙희유현증명 법계원친 동입원해
仰希幽顯證明 法界怨親 同入願海
회향살바야 위무소득고
迴向薩婆若 爲無所得故

4. 현수법장법사가 의상법사(義湘法師)께 올림
- 현수법장(賢首法藏)

　중국 화엄종(華嚴宗)은 두순법사(杜順法師)를 초조로 하고 지엄법사(智儼法師)를 그 2조, 현수법장을 3조로 하지만 현수법장(賢首法藏)이 『오교장(五敎章)』, 『망진환원관(妄盡還源觀)』, 『탐현기(探玄記)』 등을 지어 화엄교관이 하나의 종으로 서게 된 것이니, 화엄종교(華嚴宗敎)의 실질적 수립자는 현수법사이다.
　현수법장은 본디 그 조상이 강거(康居) 사람으로 조부 때 장안에 왔으므로 그 속성이 강(康)이고 법장이 이름이며 호를 향상(香象)이라 하였다.
　17세에 태백산에 들어가 경론을 연구하다 낙양 운화사에서 지엄법사에게서 『화엄경』을 배웠다.
　지엄법사 열반 후 28세에 나라의 칙령으로 출가하였으며 불타발타라역 60권 화엄(六十卷華嚴)으로 『탐현기』를 지었으나, 실차난타가 우전국에서 범본 화엄경을 가지고 와 80권 『화엄경』을 번역할 때 그 필수(筆受)를 맡았다. 스스로를 번경사문으로 일컬었으며 측천무후 앞에서 80권 『화엄경』을 낭음하고 무후로부터 현수라는 호를 받았다.
　지금 이 서간문은 중국 화엄종의 대조사 현수법장이 신라 의상대사에게 보낸 글이다. 현수대사는 의상대사께 스승을 대하듯 존경의 마음을 다하여 큰 발원의 뜻을 담아 글을 보내고 있지만, 현수법장과 의상은 지엄법사의 문하에서 같이 배우고 같이 수행했던 동학(同學)의 도반이다.
　이 글은 헤어진 지 20여년 만에 현수법사가 『탐현기』를 지어 그 글을 승전법사(勝詮法師)를 통해 의상법사에게 보내 잘못된 곳이나 치우친 곳이 있으면 지적해주길 바라는 글이다. 글에서 날 적마다 노사나부처님의 법을 같이 받아 지니고 보현의 원행 같이 닦길 바라니, 한 스승의 제자인 현수와 의상이 서로 받들고 서로 격려하는 이 모습은 동행선지식(同行善知識)의 가장 아름다운 인연의 예라 할 것이다.

옛날의 아름다운 인연 버리지 마시고 모든 악도 가운데 바
른 길 보여주소서

1) 법장법사가 의상법사께 안부를 물음

    서경 숭복사(崇福寺) 사문 법장(法藏)은
    신라 화엄법사께 글월 올리나이다.
    시자는 한 번 헤어져 20여년이 되었지만 기울여 바라보는 정성이
    마음에서 어찌 떠나겠습니까.
    더욱 구름과 연기가 만리 아득한 뭍과 바다에 천겹으로 가려져
    이 한몸이 두 번 다시 뵙지 못하게 됨을 한하오니
    그리워하는 마음은 어찌 무어라 말할 수 있겠습니까.
    지난 세상 인연을 같이 함으로
    아마 금생에서도 진리의 업(業)을 같이하고
    이러한 좋은 과보를 받았으며
    『화엄경(華嚴經)』의 법의 샘물에 같이 목욕하며
    특별히 스승으로부터 깊은 경전 가르쳐주심을 입은 듯합니다.[48)]

2) 의상법사의 지혜와 교화의 행을 찬탄함

    우러러 듣자오니 상인(上人)께서는 귀향하신 뒤로
    『화엄경』을 펴 연설하시며〔開演華嚴〕
    법계의 걸림 없는 연기〔法界無碍緣起〕가
    인드라그물처럼 겹치고 겹침〔重重帝網〕을 베풀어 드날리시어

---

48) 西京崇福寺僧 法藏 致書於海東新羅華嚴法師 侍者 一從分別二十餘年 傾望之誠 豈離心首 加以
    烟雲 萬里海陸千重 恨此一身 不復再面 抱懷戀戀 夫何可言 故由夙昔同因 今生同業 得於此報 俱沐
    大經 特蒙先師授玆典.

부처님의 나라를 새롭게 하고〔新新佛國〕
중생을 위해 이익을 넓게 펴신다〔利益弘廣〕 하오니
기뻐서 뛰고 싶은 마음 더욱 깊습니다.
이로써 알겠습니다.
부처님께서 입멸하신 뒤 부처님의 지혜의 해〔佛日〕를 빛내고
진리의 수레바퀴를 다시 굴려 법이 오래 머물도록 한 분은 오직 법사(의상) 뿐인가 합니다.49)

3) 승전법사의 귀국편에 『탐현기』를 지어 보내면서 그 잘못된 곳 지적해주길 청함

법장은 공부에 나아간 바가 없고 분주하여 경황도 없으며,
이 책〔探玄記〕을 생각해보니 스승의 뜻을 감당하기에는 부끄럽지만,
제 분수를 따라 받아 지녀 저버리지 아니하고,
이 좋은 업에 의지하여 오는 생의 인연을 맺고저 합니다.
다만 스승의 장소(章疏)는 뜻이 풍부하나 글이 너무 간략하여
뒷사람들이 이해하여 들어가기 어려우므로
스승의 말씀과 미묘한 뜻을 뽑아 의기(義記)를 만들었습니다.
요즈음 승전법사(勝詮法師)가 그것을 가려 베껴 돌아가 그 땅에 전하려 하니
청컨대 상인(上人)은 자세히 감추인 잘못을 검토하시어 가르치심을 보여 주소서.50)

---

49) 仰承上人歸鄉之後 開演華嚴 宣揚法界無礙緣起 重重帝網 新新佛國 利益弘廣 喜躍增深.
  是知 如來滅後 光輝佛日 再轉法輪 令法久住者 其唯法師矣.
50) 藏 進趣無成 周旋寡況 仰念玆典 愧荷先師 隨分受持 不能捨離 希憑此業 用結來因 但以和尚章疏 義豊文簡 致令後人多難趣入 是以 錄和尚微言 妙旨 勒成義記 近日 勝詮法師 抄寫還鄉 傳之彼土 請上人 詳檢藏否 幸示箴誨.

4) 날 적마다 동행선지식으로 진리의 길 같이 걷기를 원함

　엎드려 바라건대 앞으로 오는 세상 몸을 버려 몸을 받을 때마다
　서로 같이 노사나부처님의 회상에 함께 해 이와 같이 다함 없는 묘한 법 받아 지니고,
　이와 같은 한량없는 보현의 원과 행〔願行〕을 닦도록 합시다.
　만일 아직 남은 악업이 있어 하루 아침에 악도에 떨어지더라도
　상인(上人)께서는 옛날의 아름다운 인연을 버리지 마시고
　모든 악도 가운데에서라도 바른 길을 보여주소서.
　그리고 인편이 있을 때마다 때로 안부를 물어주십시오.
　다 아뢰지 못합니다.51)

---

51) 伏願當當來世 捨身受身 相與同於盧舍那 聽受如此無盡妙法 修行如此無量普賢願行 儻餘惡業 一朝顚墜 伏希上人 不遺宿昔 在諸趣中 示以正道 人信之次 時訪存沒 不具.

5. 원효법사(元曉法師)가 낭지법사(朗智法師)께 올린 글
                                          - 원효(元曉)

　원효대사는 의상대사와 더불어 두 차례 당으로의 유학길에 올랐으나 한 번은 고구려 땅 요동에서 첩자의 혐의로 붙잡혔다 되돌아오고, 다음에는 뱃길로 바다를 건너 당에 들어가려고 옛 무덤에서 자다 홀연히 일심법계(一心法界)를 깨닫고 신라에 되돌아왔다.
　원효성사는 일생 일정한 스승이 없이 스스로 깨달아 천경만론(千經萬論)의 가르침을 일미진실(一味眞實)의 실상에 회통하는 대저술 활동을 펼쳤으나, 영축산 낭지법사(朗智法師)에게 『법화경(法華經)』을 배우고 고구려 보덕성사(普德聖師)에게 『열반경(涅槃經)』과 방등교(方等敎)를 전수 받음이 기록에 나온다.
　대각국사 의천은 원효와 의상이 보덕성사에게 수학한 인연을 다음 같이 노래로 보인다.

　　　열반경과 방등경의 큰 가르침을
　　　우리 스승에게서 전해 받으니
　　　원효 의상 두 성사가 경 배울 때는
　　　보덕성사 홀로 높이 거닐 때이네.
　　　涅槃方等敎 傳受自吾師
　　　兩聖橫經日 高僧獨步時

보덕성사와 함께 원효가 스승 삼은 낭지법사(朗智法師)는 영축산에 머물며 늘 법화(法華)를 외우고 구름을 타는〔乘雲〕 등 신통을 갖춘 성사라고 『삼국유사』는 기록하고 있다.
　또 『삼국유사』는 의상의 제자인 지통(智通)이 사미 때 낭지를 만나 마음의 눈이 열렸다고 하고 원효도 낭지를 스승으로 모셨으므로, 성사인 지통과 원효 두 스님이 모두 낭지를 스승으로 섬긴 것으로 보아 그의 도가 매우 높았었음을 알 수 있다고 말한다.
　원효대사가 낭지법사에게 보낸 이 게송과 보덕국사에게서 경을 배운 기록 말고는 원효가 직접 모시고 경을 배운 스승에 관한 기록은 찾아보기 어렵다.
　또한 원효는 지엄법사를 찾아 길을 떠난 의상과는 달리 중국 유학길을 떠났다 홀연히 일심법계를 깨닫고서는 가던 길을 멈추고 신라로 돌아왔다.
　이러한 그의 행적에서 알 수 있듯, 원효성사는 당시 동아시아 국제질서 속에서 중국불교의 사상적 권위에 추종하지 않고 주체적으로 붇다의 보리의 도를 깨달아 대저작을 남긴 분이다.
　그러나 보덕과 낭지법사의 예에서 볼 수 있듯 그 또한 몸을 낮추어 선지식을 찾고 스승에게 배웠던 겸허한 수도자였음을 알 수 있다.

서쪽 골짝 사미는 머리 숙여 절하오니

1) 『초장관문(初章觀文)』과 『안신사심론(安身事心論)』을 짓고 스승에게 책을 보냄

 원효가 반고사에 머물 때 늘 낭지법사를 찾아뵈었다.
 낭지법사가 원효에게 『초장관문(初章觀文)』과 『안신사심론(安身事心論)』을 짓게 했는데, 원효가 찬술해 마치고 숨어지내는 선비 문선(文善)을 시켜 낭지법사께 책을 받들어 가게 했다.52)

2) 게송으로 크신 스승의 은혜를 기림

 찬술한 책의 맨 끝에 노래를 붙였다.53)

  서쪽 골짝 사미는 동쪽 산 큰 바위 앞의
  높은 스승께 머리 숙여 공손히 절하옵니다.
  (스승의 뜻을 받아 제가 비록 저술했으나)
  가는 먼지 불어 영축산에 보탬이고
  작은 빗방울 날려 용못에 던짐입니다.

  서곡사미계수례 동악상덕고암전
  西谷沙彌稽首禮 東岳上德高巖前
  취이세진보취악 비이미적투용연
  吹以細塵補鷲岳 飛以微滴投龍淵

---

52) 元曉住磻高寺時 常往謁智 令著初章觀文及安身事心論 曉撰訖 使隱士文善奉書馳達。
53) 其篇尾述偈云。

3) 지통과 원효가 모두 낭지법사를 스승으로 삼았음을 말함

산의 동쪽에 태화강이 있는데, 중국 태화지 못의 용에게 복을 심기 위해 만든 것이므로 용못〔龍淵〕이라 한다.

지통54)과 원효가 모두 큰 성사인데, 두 성사가 옷깃 여미 배운 것으로 낭지법사의 도가 높음을 알 수 있다.55)

---

54) 지통법사와 낭지법사 : 의상대사의 제자인 지통법사와 낭지법사의 인연에 대해 『삼국유사』는 다음 같이 말한다.
  "용삭의 해 사이(661~663) 첫무렵에 사미(沙彌) 지통(智通)이 있있는데 이량공(伊亮公)의 집 종이었다. 7세 때 까마귀가 와서 울면서 '영축산에 가서 낭지의 제자가 되라'고 하였다. 이 말을 듣고, 이 산에 들어와 동네 나무 밑에서 쉬고 있었다. 홀연히 기이한 사람이 나와서 '나는 보현대사인데 너에게 계품을 주려 왔다'고 하며 곧 계품을 내리고는 숨었다.
  지통은 마음과 몸이 환히 트여 지혜가 원만해졌다. 곧 길을 가다가 길에서 한 스님을 만나서 낭지스님이 계신 곳을 물으니 '내가 낭지인데 까마귀가 내게 나타나서 성스러운 아기가 스님에게 오게 되었으니 영접하라고 해서 왔다'고 하였다. 낭지는 제자가 된 지통에게 계품을 주려 하였는데 지통이 이미 나무 밑에서 받았다고 하였다. 이에 낭지는 지통에게 경례하며 보현보살에게 계 받은 그 나무를 보현수(普賢樹)라고 불렀다. 지통이 낭지에게 '여기에 머무신지 얼마나 되었느냐'고 묻자 법흥왕 정미년이라고 대답하였다. 이때가 문무왕 1년(661)이었으니 산에 온 지 135년이 지난 것이 된다. 이 뒤에 의상(義湘)에게 불법의 깊은 뜻을 전수받았다."
55) 山之東有太和江 乃爲中國太和池龍植福所創 故云龍淵 通與曉皆大聖也 二聖而樞衣 師之道邁可知 〔一然 三國遺事 卷五 朗智乘雲 普賢樹〕.

6. 대각국사 의천이 천태탑 밑에서 원을 발함
- 대각국사의천(大覺國師義天)

    대각국사 의천은 고려 문종의 넷째 아들로서 11세 때 화엄종 사찰인 개성 영통사(靈通寺)로 출가하여 왕사(王師) 난원(爛圓)에게 득도(得度)하였다. 15세 때 우세(佑世)라고 이름하여 승통(僧統)이 되었다.
    선교(禪敎)의 여러 종파가 사상적으로 분열하고 지방호족세력들이 불교세력과 연결되어 국가의 힘이 모아지지 않을 때, 의천은 국가통합을 위해 새로운 사상 통합의 필요성을 느끼고 중국 유학을 결행한다.
    화엄회상에서 선재동자가 53선지식을 찾는 구도의 행을 본받아 중국 각지를 다니며 여러 선지식을 참방하였으니, 선종(禪宗)의 대각회련(大覺懷璉), 불인요원(佛印了元), 천태(天台)의 자변종간(慈辯從簡), 화엄의 진수정원(晋水淨源) 법사들이다.
    나중 천태산으로 찾아가 지자대사(智者大師)의 탑 앞에서 고려에 돌아가 천태의 가르침 전할 것을 발원하고, 귀국해서 구산문 가운데 법안종(法眼宗)을 중심으로 오산문(五山門)의 선류들을 모아 고려 천태선문을 개창한다.
    송(宋)과 요(遼) 일본(日本)에서 수집한 경서를 중심으로 흥왕사에 교장도감(敎藏都監)을 두어 740여 권의 불전을 간행하였다. 1098년 다섯째 왕자 증엄(證儼)을 출가시켜 제자로 삼고 1101년 국사가 되었고 그해 10월 5일 입적하였다.

고려에 돌아가 천태의 교관을 목숨 다하도록 펼쳐 드날리오리

1) 천태산으로 지자대사의 탑을 찾아가 발원함

다음 천태산으로 가 지자대사의 부도를 찾아뵙고 발원의 글을 말하고 탑 앞에서 이렇게 다짐했다.56)

2) 천태교판(天台教判)의 위대성을 말함

일찍이 듣자오니 대사께서는
다섯 때 여덟 가지 가르침으로57)
인도에서 동으로 흘러 들어온
일대의 거룩한 부처님의 말씀을
분명하게 가리어 풀이하여서
다하지 않음이 없으셨습니다.

상문대사 이오시팔교
嘗聞大師 以五時八教
판석 동류일대성언 해무부진
判釋 東流 代聖言 罄無不盡

---

56) 次詣天台山 謁智者大師浮圖 述發願文 誓於塔前 曰。
57) 다섯 때 여덟 가지 가르침〔五時八教〕: 천태대사는 『법화경』「신해품」의 거지자식의 비유와 『열반경』의 다섯 맛〔五味〕의 비유, 『화엄경』의 다섯 비춤〔五照〕을 근거로 일대교설의 시기를 오시(五時)로 나누고, 교화내용을 잡아서〔化法〕늘 중도 삼제게(三諦偈)를 근거로 장교(藏教), 통교(通教), 별교(別教), 원교(圓教)의 네 가르침〔化法四教〕으로 나누었으며, 교화형식〔化儀〕을 잡아서는 남북조 불교의 남삼북칠(南三北七)의 교관을 통합하여 돈교(頓教), 점교(漸教), 비밀교(秘密教) 부정교(不定教)의 네 가르침〔化儀四教〕으로 나누었다.

3) 고려에 교관(敎觀)을 받아 익힘이 끊어짐을 말함

    고려에도 옛날 제관 법사가 계셔
    대사의 교관을 전하였는데
    지금은 교관을 받아 익힘이
    오래 끊겨 잇지 못하고 있습니다.

    본국 고유제관자 전득교관 금승습구절
    本國 古有諦觀者 傳得敎觀 今承習久絶

4) 자변종간의 문하에서 교관을 받아 고려에서 크게 선양할 것을 말함

    제가 이제 분한 뜻을 일으켜
    몸을 잊고 스승 찾아 도를 묻다가
    지금 이미 항주의 전당에 계시는
    자변법사가 강설하는 문하에서
    대사의 교관을 받아 이었으니
    다른 날 고향에 돌아가게 되면
    목숨 다해 교관을 선양하겠나이다.

    여발분망신 심사문도 금이전당 자변강하
    予發憤忘身 尋師問道 今已錢塘 慈辯講下
    승품교관 타일환향 진명전양
    承稟敎觀 他日還鄕 盡命前揚

7. 대각국사 의천이 원효성사(元曉聖師)에게 바치는 글
- 대각국사의천(大覺國師義天)

　의천은 중국에서 천태종 자변종간법사에게서 교관(敎觀)을 이어받고 고려에 돌아와 개성에서 오산문(五山門)의 선류를 모아 천태선문을 열고 국청사(國淸寺)를 창건하였으나, 우리 불교의 역사 속에서 원효(元曉)를 천태와 어깨를 나란히 할 대성사로 추앙하여 원효현창운동(元曉顯彰運動)을 전개한다.
　그리하여 고려 숙종은 원효대사에게 화쟁국사(和諍國師)라 호를 드리고, 의천은 원효를 해동원효보살(海東元曉菩薩), 효성(曉聖)으로 받든다.
　원효에게 바치는 이 글은 '분황사에서 원효성사에게 제(祭)를 올리며 지은 글〔祭芬皇寺曉聖文〕'이다.
　의천은 위 제문에서 해동교주 원효보살을 백가의 다툼〔百家異諍〕을 화회(和會)시킨 회통불교의 건설자로서, 중국 종파불교의 분파주의에 대해 우리 불교의 독창성을 발휘한 대사상가로 천명한다. 그리고 진속불이(眞俗不二)로 표시될 수 있는 불교 본래의 진리관과 실천성을 온몸으로 체득하여, 중국과 인도에까지 그 아름다운 이름을 펼친 세계주의적 보편성을 얻은 실천가로 추앙한다.

해동 원효보살께서는 성품과 모습 융통하게 밝히시고

1) 제자 의천이 해동교주 원효보살에게 공양물을 바쳐 올림을 말함

○○해 ○○달 ○○날
법을 구하는 사문 의천은 삼가 차와 과일 등 재에 올리는 음식을 갖추어 해동교주 원효보살께 받들어 올립니다.58)

2) 원효보살이 성품과 모습을 융통케 하고 백가의 다툼을 화쟁하는 대성사임을 말함

엎드려 살피니, 진리는 가르침으로 말미암아 드러나고 도는 사람에 의지하여 넓혀지는데, 풍속이 들뜨고 시대가 물듦에 이르러서는 도 넓힐 사람은 떠나고 도는 사라지게 되었으며, 스승된 이들은 익혀온 종지에 막히고 제자되는 이 또한 자기가 보고 들은 것만을 서로 집착하게 되었습니다.
자은(慈恩)같이 백본의 소를 지은 대저술가〔百本之談〕라 하더라도 오직 교리의 범주〔名相〕에 걸리고, 천태산〔台嶺〕 지의선사의 90일 설법일지라도 다만 진리의 관〔理觀〕을 높였으니, 비록 본받을 수 있는 글이라고는 말할 수 있으나, 온갖 방편에 통달한 가르침이라 할 수는 없습니다.
오직 우리 해동보살께서만 '성품과 모습을 융통하게 밝히시고〔融明性相〕' '가만히 옛과 지금을 싸안아〔隱括古今〕' 백가(百家)가 서로 다투는 실마리를 화합하여 '일대의 지극히 공정한 논〔一代至公之論〕'을 얻으셨는데, 하물며 신통이 이루 헤아릴 수 없으며 묘한 작용이 이루 생각할 수 없음이겠습니까.59)

---

58) 維年月日 求法沙門某 謹以茶菓施食之奠尊 致供于海東教主元孝菩薩.
59) 伏以理由教現 道藉人弘 逮俗薄而時澆乃人離而道喪 師旣各封其宗習 資亦互執其見聞.
至如慈恩百本之談 唯拘名相 台嶺九旬之說 但尙理觀 雖云取則之文 未曰通方之訓.
唯我海東菩薩 融明性相 隱括古今 和百家異諍之端 得一代至公之論 而況神通不測 妙用難思.

3) 원효성사의 지혜와 교화의 행을 다시 찬탄함

성사께서는 비록 티끌에 함께 하시나 그 참됨을 물들이지 않으시고 빛을 비록 누그러뜨리나 그 바탕을 더럽히지 않으십니다.
그리하여 거룩한 이름을 '중국과 인도〔華梵〕'에까지 떨치시고 자비의 교화를 '어두운 곳과 밝은 곳〔幽明〕'에 두루 입히시니, 그렇듯 부처님의 교화를 대신해 드날리심은 참으로 헤아려 알 수 없습니다.60)

4) 원효성사의 도를 사모하고 그 뜻을 옳게 전하기 위해 저술을 두루 구해왔음을 말함

의천은 다행히도 일찍부터 불승(佛乘)을 사모하여 선철(先哲)의 가르침을 두루 살폈지만, 성사의 옆을 넘는 이가 없었습니다.
의천은 성사의 은밀한 가르침이 잘못 이해됨을 가슴 아프게 생각하고 지극한 도가 점차 사라짐을 안타깝게 여기어 이름난 산을 멀리 찾고 잃어버린 저술을 두루 구하였습니다.61)

5) 원효성사를 추모하여 분황사에서 재를 올리며 성사께서 자비로 살펴주길 바람

그러다가 이제 성사께서 계셨던 계림의 옛 절 분황사에서 다행히 살아계신 듯한 진용을 우러르니, 영축의 옛 봉우리〔鷲嶺舊峰〕에서 처음 함께 만나던 때에 있는 것과 같습니다.62)

---

60) 塵雖同而不汚其眞 光雖和而不渝其體 令名所以振華梵 慈和所以被幽明 其在替揚固難擬議.
61) 某夙資天幸 早慕佛乘 歷觀先哲之間 無出聖師之右 痛微言之紕繆 惜之道之陵夷 遠訪名山 遐求 墜典.
62) 의천은 분황사에서 원효의 진영을 보고서, 영산회상에서 원효와 함께 만난 옛 인연으로 다시 만나게 되었음을 말하고 있다. 이는 천태선사가 스승 혜사선사를 찾아뵙자 혜사선사가 '영

애오라지 변변치 못한 공양거리에 의지하여 감히 작은 정성을 드리오니, 우러러 바라옵건대 두터운 자비로 밝게 굽어 살펴주옵소서.63)

산회상에서 같이 법화를 들었는데 옛 인연이 밀어서 왔구나'라고 말한 고사를 통해 제자 의천이 원효성사의 진영을 만난 감격을 보인 것이다.

63) 今者鷄林古寺 幸瞻如在之容 鷲嶺舊峰 似値當初之會 聊憑薄供 敢敍微誠 仰冀厚慈 俯垂明鑑。

8. 증시랑 천유가 대혜선사(大慧禪師)께 묻고 대혜선사가 답함   - 증시랑(曾侍郞) 천유(天遊)

  이 글은 『대혜보각선사어록(大慧普覺禪師語錄)』 가운데 사대부들과의 편지를 모은 서장(書狀)의 글로서, 편지글의 맨 처음에 나오는 글이다.
  『대혜어록』은 제자 설봉온문(雪峰蘊聞)이 엮었는데 내용은 어록(語錄) 송고(頌古) 게송(偈頌) 찬게(讚偈) 보설(普說) 법어(法語) 서장(書狀)의 7부로 되어 있다. 그 가운데 서장은 사대부 거사들과 편지로 문답한 내용을 모은 것이다.
  대혜선사께 편지로 법을 물은 증시랑은 이름이 개(開)이고 자(字)가 천유(天遊)이며 벼슬이 시랑(侍郞)이었다. 증시랑은 벼슬살이와 결혼생활 했던 지난 업에 대해 뉘우치고 두려워하는 마음을 내 간절한 마음으로 선사께 해탈의 길과 바른 수행방법을 묻고 있다. 그에 대해 대혜선사는 과거의 업과 현전의 경계가 다 허깨비 같으므로 막혀 걸릴 것이 없고, 위없는 보리에도 얻을 것이 없음을 보여 물러섬이 없는 수행의 진로를 열어 보이고 있다.

어떻게 공부를 지어가야 '본디 땅 바람과 빛〔本地風光〕'에 서로 맞아 하나될 수 있습니까 - 증시랑 천유(曾侍郞 天遊)

1) 증개가 원오선사의 말씀을 들어 안부를 물음

증개가 지난 번 장사(長沙)에 있으면서 원오노사(圓悟老師)의 글을 받았는데, 노사께서 스님을 칭송하기를 '늦은 나이에 서로 만났으나 얻은 바가 매우 기특하고 뛰어나다'고 하셨습니다.
이를 두 번 세 번 거듭 생각해온 지 지금 8년이 되었으나, 아직도 가르침의 나머지 실마리〔緖餘〕를 몸소 듣지 못한 것을 한탄합니다.
오직 간절히 받들고 우러를 뿐입니다.64)

2) 지난 업을 돌아보고, 뉘우치고 부끄러워하는 마음을 말함

저는 어려서부터 보리의 마음을 내 선지식을 찾아뵙고 이 일〔此事〕을 물었으나, 스물의 나이가 되어서는 혼인하고 벼슬하는 일에 쫓겨 공부하는 것이 순일하지 못했습니다.
그럭저럭 하다가 늘그막에 이르렀는데 아직 제대로 들은 바가 없어서 늘 스스로 부끄러워해 한탄할 뿐입니다.65)

3) 보리의 뜻을 세웠으나 그 뜻과 바람은 크지만 힘이 미치지 못함을 말씀드림

---

64) 開頃在長沙 得圓悟老師書 稱公晩歲相從 所得甚是奇偉 念之再三 今八年矣 常恨未獲親聞緖餘 惟切景仰。
65) 某自幼年 發心 參禮知識 扣聞此事 弱冠之後 卽爲婚官 所役 用工夫不純 因循至今老矣 未有所聞 常自愧嘆。

그러나 뜻을 세우고 원을 내는 것은 실로 낮고 낮은 생각과 소견 속에 있는 것은 아니니, 깨치지 못한다면 그만이라 하겠지만, 깨친다면 반드시 곧장 옛사람이 몸소 깨친 곳에 이르러야 '크게 쉬어 마치는 곳〔大休歇之地〕'이 될 것입니다.

이 마음은 비록 일찍이 한 생각도 뒤로 물러나지 않았지만 공부가 끝내 아직 순일하지 못함을 스스로 느끼오니 '뜻과 바람은 크지만 힘은 작다'고 말할 수 있겠습니다.66)

4) 원오선사께 공안(公案)을 받아 공부하나 아직 공부가 순일하지 못함을 말씀드림

지난 번 원오노사에게 매우 간절하게 요청했더니 노사께서는 '법의 말씀 여섯 단락〔法語六段〕'으로 보이시었습니다. 그 가운데 처음은 '이 일을 곧바로 보이심〔直示此事〕'이고, 뒤에 운문(雲門)의 '허물이 수미산(須彌山)'이라는 공안67)과 조주(趙州)의 '내려놓으라〔放下着〕'는 공안68) 이 두 인연을 드시어, 무딘 공부를 내리도록 해 늘 스스로 들어 살펴, 오래고 오래면 반드시 '들어가는 곳〔入處〕'이 있다 하셨습니다.

'걱정해주시는 마음〔老婆心〕'의 간절함이 이와 같으시나 무디고 막힘이 아주 심하니 어찌하겠습니까.69)

---

66) 然而立志發願 實不在淺淺知見之間 以爲不悟則已 悟則須直到古人親證處 方爲大休歇之地 此心雖未嘗一念退屈 自覺工夫終未純一 可謂志願大而力量小也.
67) 운문의 수미산 공안 : 어떤 승려가 운문선사에게 '한 생각도 일으키지 않을 때 허물이 있습니까' 물으니, 선사가 '수미산이다'라고 말한 공안을 말한다.
68) 조주의 방하착 공안 : 엄양이 조주선사에게 '한 물건도 가져오지 않을 때 어떠합니까'라고 물으니 조주선사가 '내려놓으라〔放下着〕'고 말하였다. 이에 엄양이 '한 물건도 가져오지 않았는데 무엇을 내려놓습니까'라고 하니, 조주가 '그러면 지고 가거라'고 한 공안을 말한다.
69) 向者 痛懇圓悟老師 老師示以法語六段 其初 直示此事 後擧雲門趙州放下着須彌山兩則因緣 令下鈍工 常自擧覺 久久 必有入處 老婆心切 如此 其奈鈍滯太甚.

5) 이제 다시 발심하고 곧장 본지풍광에 계합할 수 있는가를 물음

　지금 다행히도 저의 집안 티끌인연이 모두 다해 한가로이 지내 다른 일이 없으니, 마침 바로 아프게 스스로 채찍질해 처음 뜻을 이루려고 합니다.
　다만 아직 몸소 짚어 가르쳐 깨우쳐주심 받지 못함을 한탄할 뿐입니다.
　한 생 동안의 허물과 실수〔一生敗闕〕를 낱낱이 보여드렸음에 반드시 이 마음을 꿰뚫어 비추실 것이오니 자세히 경책해주시길 바랍니다.
　'날로 쓰는 곳에서 마땅히 어떻게 공부를 지어가야 다른 길〔他途〕을 밟아 거치지 않고 곧장 본디 땅〔本地〕에 서로 맞을 수 있습니까.'
　이와 같이 말하는 것도 허물이 또한 적지 않습니다. 다만 정성을 다 드리고자 한 것이라 스스로 숨어 피해갈 수 없습니다.
　참으로 딱하게 여기실 일이므로 지극히 묻나이다.70)

---

70) 今幸私家 塵緣 都畢 閑居無他事 政在痛自鞭策 以償初志 第恨未得親炙敎誨耳 一生敗闕 已一
　呈似 必能洞照此心 望委曲提警 日用 當何做工夫 庶幾不涉他途 徑與本地 相契也 如此說話 敗闕
　亦不少 但方投誠 自難隱逃 良可愍也 至扣.

번뇌와 수행방편이 모두 허깨비인 줄 알아야
- 대혜종고선사(大慧宗杲禪師)

1) 증개의 간절한 마음을 격려함

편지가 온 것을 받아보니 '어린 나이부터 벼슬하는데 이르도록 여러 큰 종장(宗匠)들을 찾아뵙다가 그 가운데 과거(科擧)와 혼인에 내몰리고, 나쁜 생각과 버릇에 져서 아직 순일하게 공부하지 못해 이것을 큰 죄로 여긴다'고 하셨소.

또 덧없는 세간의 갖가지 허깨비 같은 일은 하나라도 즐길 만함이 없음을 아프게 생각하시어 마음을 오로지 해 '이 한덩이 큰일의 인연〔此一段大事因緣〕'을 참구코자 한다 하시니, 이 병든 노승의 뜻에 매우 맞아 흐뭇합니다.71)

2) 지난 업이 허깨비인 줄 알아 다시 집착하지 말고 반야지혜의 물로 깨끗이 씻도록 당부함

그러나 이미 선비가 되어 나라의 녹(祿)을 의지해 살림하고, 과거에 나아가고 혼인하는 것은 세간에서 피할 수 없는 일이니 또한 공의 죄는 아닙니다.

작은 죄로써 큰 두려움을 내고 계시니, 비롯 없는 넓고 큰 겁으로 내려오면서 참 선지식을 받들어 모시고 반야의 지혜 익혀옴이 깊지 않다면 어찌 이럴 수 있겠습니까.

그러니 공께서 큰 죄라고 말한 것은 성현도 또한 벗어날 수 없는 것입니다. 다만 비어 허깨비라 구경의 법이 아닌 줄 알면 마음을 이 문 가운데 돌릴 수 있을 것입니다.

---

71) 承敍及 自幼年 至仕宦 參禮諸大宗匠 中間 爲科擧婚宦 所役 又爲惡覺惡習 所勝 未能純一做工夫 以此爲大罪 又能痛念無常世間 種種虛幻 無一可樂 專心欲究此一段大事因緣 甚愜病僧意。

반야지혜의 물로 때 묻은 더러움을 씻어 없애고, 깨끗하게 스스로 머물러 발밑으로부터 한 칼로 두 동강 내서 다시 서로 잇는 마음〔相續心〕을 일으키지 않으면 된 것입니다.
반드시 앞도 생각지 말고 뒤도 생각하지 마십시오.72)

3) 끊을 번뇌와 번뇌 끊는 수행방편이 모두 허깨비인 줄 알면 바로 옛때 사람이니 다만 공안을 보아 공부하도록 권함

'이미 비어 허깨비'라 말했다면 지을 때도 또한 허깨비며 받을 때도 또한 허깨비며 알아 느낄 때도 또한 허깨비며 헤매어 넘어질 때도 또한 허깨비이며, 과거 현재 미래도 모두 다 이 허깨비일 것이오.

오늘 그런 줄 안다면 곧 허깨비의 약으로 다시 허깨비의 병을 다스리는 것이니, 병이 나아 약이 없어지면 앞 그대로 다만 이 '옛때 사람〔舊時人〕'입니다.

만약 따로 사람이 있고 법이 있다면 곧 바로 삿된 마〔邪魔〕와 바깥 길 걷는 자〔外道〕들의 견해입니다. 공께서는 깊이 생각하십시오.

다만 이와 같이 잡아가되 때때로 고요함이 빼어난 가운데 부디 '수미산(須彌山)'과 '내려놓으라〔放下着〕'는 두 가지 말〔兩則語〕을 잊지 마십시오.

다만 발부리 밑으로부터 착실하게 지어가서 이미 지난 것을 두려워 말고 또한 반드시 헤아려 생각하지도 마십시오. 헤아려 생각하고 두려워하면 곧 바른 도를 가로막을 것입니다.73)

---

72) 然旣爲士人 仰祿爲生 科擧婚宦 世間 所不能免者 亦非公之罪也 以小罪而生大恢懼 非無始曠大劫來 承事眞善知識 熏習般若種智之深 焉能如此 而公所謂大罪者 聖賢 亦不能免 但知虛幻 非究竟法 能回心此箇門中 以般若智水 滌除垢染之穢 淸淨自居 從脚下去 一刀兩段 更不起相續心 足矣 不必思前念後也.

73) 旣曰虛幻則作時 亦幻 受時 亦幻 知覺時 亦幻 迷倒時 亦幻 過去現在未來 皆悉是幻 今日知非則以幻藥 復治幻病 病瘥藥除 依前只是舊時人 若別有人有法則是 邪魔外道 見解也 公深思之 但如此 崖將去 時時於靜勝中 切不得亡了須彌山放下着兩則語 但從脚下 着實做將去 已過者 不須恢畏 亦不必思量 思量恢畏 卽障道矣.

4) 부처님 앞에 큰 서원 세워 공부하도록 당부함

다만 모든 부처님 앞에서 다음처럼 크나큰 서원을 일으키십시오.

'바라오니 이 마음이 굳세어 길이 물러나 잃지 않으며
모든 부처님들께서 더해 입혀주는 힘을 의지해
선지식을 만나 한 마디 말 아래 나고 죽음을 단박 잊고
위없고 바른 보디를 깨쳐 얻어 부처님의 지혜목숨 이으며
모든 부처님의 더할 나위 없이 큰 은혜 갚아지이다.'

만약 이와 같이 해서 오래 오래 해가면 깨치지 못할 까닭이 없을 것이오.74)

5) 『화엄경』 선재동자의 구도여정을 들어 중생의 번뇌와 닦아가는 삼매와 구경의 깨달음에 모두 실로 얻을 것이 없음을 보임

보지 못했습니까. 선재 어린이가 문수를 따라 보리의 마음을 내 차츰 남쪽으로 가 110성을 지나 53선지식을 찾았는데, 맨 뒤 미륵이 한 손가락 튕기는 무렵, 앞의 모든 선지식에게서 얻은 법문을 단박 다 잊었습니다.
다시 미륵보살의 가르침에 의해 문수보살을 받들어 뵙고자 생각했는데,75) 이때 문수는 오른손을 멀리 펴 110유순을 지나 선재의 머리를 만지며 말씀했소.

---

74) 但於諸佛前 發大誓願 願此心堅固 永不退失 仗諸佛加被 遇善知識 一言之下 頓亡生死 悟證無上正等菩提 續佛慧命 以報諸佛莫大之恩. 若如此則久久 無有不悟之理.
75) 미륵의 가르침에 의해 다시 문수를 만남 : 선재동자의 구도의 첫걸음은 문수를 만나 믿음의 마음을 일으킴인데, 맨 뒤 미륵이 한 손가락 튕겨줌을 통해 얻은 바 지혜의 경계까지 모두 잊고 나서, 다시 문수에게 돌아가는 뜻은 무엇인가. 이는 믿음이 깨달음의 첫걸음이지만 깨달음은 곧 믿음의 완성임을 나타내고, 구경의 깨달음이 중생의 번뇌 속에 있으며 발심하는 보살의 첫 믿음자리에 있음을 나타낸다.

'참으로 옳고 옳다. 진리의 길 잘 가는 이여. 만약 믿음의 뿌리를 떠나면 마음이 물러빠져 근심하고 뉘우쳐 공덕의 행이 갖춰지지 못하고, 부지런히 힘씀을 물리어 잃게 되며, 한 작은 선근에도 마음이 머물러 집착하게 되, 작은 공덕으로 만족함을 삼아서 좋은 방편[善功]으로 행원을 일으킬 수 없고, 선지식이 거두어 보살펴줌을 받지 못하게 된다.

나아가서 이와 같은 법의 성품[如是法性], 이와 같은 진리의 길[如是理趣], 이와 같은 법문[如是法門], 이와 같은 행함[如是所行], 이와 같은 경계[如是境界]를 사무쳐 알지 못하게 된다.

두루 앎이나 갖가지를 앎, 밑바탕을 다함과 사무쳐 앎, 따라 들어감, 풀이해 말함, 나누어 가림, 깨달아 앎, 모두어 얻음과 같은 것들도 모두 다 할 수 없다.'

문수보살이 이와 같이 선재에게 펴 보이자 선재는 말씀아래 아승지의 법문을 이루고 한량없는 큰 지혜의 밝은 빛을 갖추어 보현의 문[普賢門]에 들어갔소. 그리하여 한 생각 가운데 삼천대천세계 가는 티끌 수 여러 선지식들을 다 뵙고 모두 다 가까이 모시며 우러러 받들어 모시고 그 가르침을 받아 행해, '잊지 않는 생각의 지혜[不忘念智]'와 '장엄된 진리곳간 그대로의 해탈[莊嚴藏解脫]'을 얻어, 보현 털구멍 속 세계에 들어가게 되었소.

그리하여 한 털구멍에서 한 걸음을 가면 '이루 말할 수 없고 말할 수 없는 부처님 나라 가는 티끌수 세계'를 지나게 되어 보현과 같아지고 모든 부처님과 같아지며 세계와 같아지고 진리의 행과 같아지며 해달자재(解脫自在)와 모두 다 같아져서 둘이 없고 나뉨이 없게 되었소.

이러한 때가 되어서야 비로소 세 가지 독[三毒]을 돌이켜 세 무더기 깨끗한 계[三聚淨戒]를 삼고 여섯 앎을 돌이켜 여섯 신통을 삼으며 번뇌를 돌이켜 보리를 삼고[76] 무명을 돌이켜 큰 지혜를 삼을 것이오.[77]

---

76) 번뇌를 돌이켜 보리를 삼음 : 끊을 중생의 번뇌가 본디 공해 곧 여래장이므로 중생이 법계임을 깨치면 번뇌를 끊지 않고 육근을 청정히 할 수 있으니, 『관보현행법경』은 이런 뜻을 다음 물음으로 보인다.
"그 때 세 분의 큰 스승들[三大士]이 함께 입을 모아 부처님께 여쭈었다. '세존이시여, 여래께서 열반하신 뒤 어떻게 중생은 보살의 마음을 일으켜 대승의 방등경전(方等經典)을 닦아

6) 모든 법문이 보리심을 낸 수행자의 한 생각 진실한 마음 떠나지 않음을 보이고, 온갖 법이 실로 있지 않은 실상을 바로 열어 보임

위와 같은 이 한 타래 말들은 바로 그 사람의 '맨 끝 한 생각의 참됨[末後一念眞實]'에 있을 따름이오.

선재는 미륵보살이 한 손가락 튕기는 사이에 오히려 여러 선지식에게서 증득한 삼매마저 잊었는데, 하물며 비롯 없는 헛되고 거짓됨과 나쁜 업의 익힌 기운이겠습니까.

만약 앞에 지은 바 죄를 실로 있음으로 삼으면 지금 바로 눈앞의 경계도 모두 실로 있음이 되고, 나아가 벼슬자리 부귀함과 은혜와 애정도 모두 다 실로 있음이 됩니다.

이미 실로 있다면 곧 지옥과 천당도 또한 실로 있으며, 번뇌와 무명도 또한 실로 있으며, 업을 짓는 자도 또한 실로 있고, 갚음을 받는 자도 또한 실로 있으며, 깨친 바 법문도 또한 실로 있을 것입니다.

만약 이런 따위 견해를 지으면 미래세가 다하도록 다시 어떤 사람도 불승(佛乘)에 나아가지 못하게 되어, 삼세 모든 부처님과 여러 대의 조사들 그 갖가지 방편도 거짓말로 바뀔 것입니다.78)

행하며, 바른 생각으로 하나의 참된 경계[一實境界]를 생각하고 어떻게 위없는 보리의 마음 [菩提之心]을 잃지 않겠습니까. 어떻게 거듭 번뇌를 끊지 않고 오욕을 떠나지 않고도 모든 육근(六根)을 깨끗이 해 모든 죄를 없앨 수 있으며, 부모가 낳아 준 깨끗하고 항상한 눈[父母所生 淸淨常眼]으로 오욕을 끊지 않고도 여러 막힘 밖의 일을 볼 수 있겠습니까."

77) 不見 善財童子 從文殊發心 漸次南行 過一百一十城 參五十三善知識 末後於彌勒一彈指頃 頓亡前來諸善知識 所得法門 復依彌勒敎 思欲奉覲文殊 於是 文殊遙伸右手 過一百一十由旬 按善財頂曰 善哉善哉 善男子 若離信根 心劣憂悔 功行 不具 退失精勤 於一善根 心生住着 於少功德 便以爲足 不能善巧 發起行願 不爲善知識之所攝護 乃至不能了知如是法性 如是理趣 如是法門 如是所行 如是境界 若周徧知 若種種知 若盡源底 若解了 若趣入 若解脫 若分別 若證知 若獲得 皆悉不能.
 文殊如是宣施善財 善財於言下 成就阿僧祇法門 具足無量大智光明 入普賢門 於一念中 悉見三千大千世界微塵數諸善知識 悉皆親近 恭敬承事 受行其敎 得不忘念智莊嚴藏解脫 以至入普賢毛孔刹 於一毛孔 行一步 過不可說不可說不刹微塵數世界 與普賢等 諸佛等 刹等行等 及解脫自在悉皆同等 無二無別 當恁麽時 始能回三毒 爲三聚淨戒 回六識 爲六神通 回煩惱 爲菩提 回無明 爲大智.
78) 如上遮一絡索 只在當人 末後一念眞實而已 善財於彌勒彈指之間 尙能頓亡諸善知識 所證三昧 況無始虛僞惡業習氣耶 若以前所作底罪 爲實則現今目前境界 皆爲實有 乃至官職富貴恩愛 悉皆是實

7) 법을 묻는 이의 진실한 마음처럼 법을 설하는 이의 뜻이 진실하여 속이지 않음을 보임

공께서 글을 보낸 때 여러 성인께 향을 살라 올리고, 멀리 제가 있는 암자를 향해 절한 뒤에 보냈다고 받아보았습니다.
공의 성실한 마음 지극히 간절함이 이와 같으니, 서로 가기가 비록 매우 멀지는 않지만 서로 만나 말할 수 없었으므로, 뜻 가는 대로 손닿는 대로 저도 모르게 이렇게 어지러이 썼습니다.
비록 번거로이 얽힌 것 같으나 또한 성실하고 지극한 마음을 내보인 것이니 한 마디 한 글자도 서로 속이지 않는다고 할 수 있습니다.
만약 제가 공을 속인다면 이는 스스로를 속일 뿐입니다.79)

8) 바른 믿음이 선 곳에서 선재가 끝내 해탈을 얻듯, 진실한 뜻 그대로 바르게 공부를 지어가면 끝내 깨닫게 됨을 언약함

또 이렇게 기억합니다.
선재어린이가 '가장 고요한 부라마나〔最寂靜婆羅門〕'를 보고서 '진실한 말의 해탈'을 얻어 과거 현재 미래 모든 부처님들의 위없는 보리에서 이미 물러남이 없었고 현재 물러남이 없고 앞으로 물러남이 없게 되어, 구하는 바가 채워지지 않음이 없었던 것은 모두 성실함과 지극함을 말미암아 그렇게 된 것입니다.
공께서는 이미 대나무선상〔竹椅〕과 부들깔개〔蒲團〕로 벗을 삼으셨으니, 선재가 '가장 고요한 부라마나'를 뵌 것과 다르지 않습니다.
또 이 운문(雲門)에게 편지를 보내면서 여러 성인을 마주해 향 사르고 멀

旣是實則地獄天堂 亦實 煩惱無明 亦實 作業者 亦實 受報者 亦實 所證底法門 亦實 若作遮般見解 則盡未來際 更無有人 趣佛乘矣 三世諸佛 諸代祖師 種種方便 飜爲妄語矣.
79) 承公發書時 焚香對諸聖 及遙禮菴中而後遣 公誠心至切 如此 相去雖不甚遠 未得面言 信意信手 不覺 忉怛如許 雖若繁絮 亦出誠至之心 不敢以一言一字 相欺 苟欺公則是 自欺耳.

리서 절하고 난 뒤 보내셨으니, 이는 운문이 믿어 허락하도록 바람이라 성실하고 지극함의 아주 높은 모습입니다.

다만 서로 들어보시고 이와 같이 공부를 지어가기만 하면 앞으로 위없는 보리를 이루는 데 의심할 것이 없을 것이오.80)

---

80) 又記得 善財見最寂靜婆羅門 得誠語解脫 過去現在未來諸菩薩 於阿耨菩提 無已退 無現退 無當退 凡有所求 莫不成滿 皆由誠至所及也。 公 旣與竹倚蒲團 爲侶 不異善財見最寂靜婆羅門 又發雲門書 對諸聖 遙禮而後遣 只要雲門信許 此誠至之劇也。 但相聽 只如此 做工夫將來 於阿耨菩提成滿 無疑矣。

9. 자운준식법사가 천태성사(天台聖師)께 바친 발원
- 자운준식(慈雲遵式)

  자운준식법사(慈雲遵式法師)는 사명지례법사(四明知禮法師)와 함께 고려 보운의통존자의 제자로서 송대 천태교관을 중흥시킨 중심인물이다.
  자운존자는 18세에 출가하여 20세에 선림사(禪林寺)에서 구족계를 받고 율전을 배운 뒤, 보운사(寶雲寺)의 의통존자를 따라 천태교관을 배워 그 깊은 뜻을 다하였다.
  뒤에 옛 천축사(天竺寺)를 복원하여 그곳에 살면서 예참과 강설을 쉬지 않으므로 천축참주(天竺懺主) 또는 자운존자(慈雲尊者)라 불리었다.
  법사에게는 예참을 통한 삼매수행의 저작이 매우 많고『왕생정토참원의(往生淨土懺願儀)』등 정토관계 저술이 있으며, 그밖에 남악혜사선사의『대승지관』의 해석서인『대승지관석요(大乘止觀釋要)』,『조론소과(肇論疏科)』가 있고 문집으로『금원집(金園集)』이 있다.
  나라에서 법보대사(法寶大師) 참주선혜법사(懺主禪慧法師)의 호를 내렸다.
  본 발원문은 자운준식존자가 지은「천태지자대사재기예찬문(天台智者大師齋忌禮讚文)」가운데 천태대사에게 바치는 발원의 글이다.

이내 목숨 다하도록 천태선사 가르침 따라 배우리

1) 목숨 다하도록 천태교를 의지해 배울 것을 발원함

　　바라건대 이내 목숨 다할 때까지
　　다른 생각 전혀 없이 천태선사의
　　묘한 가르침만 서로 따라 배우리.

　　원아진생무별념　천태묘교독상수
　　願我盡生無別念　天台妙敎獨相隨

2) 중생의 뜻이 어지럽고 어두움을 비유로 보임

　　소리 냄새 아득하여 뜻을 흔들고
　　명예 이익 깊고 넓어 마음 빼앗아
　　펴고 말며 경계 따라 찾아 나섬은
　　겹쳐 쌓인 구름 집 속 밤과도 같고
　　어두운 마음 숨은 법 찾아 구함은
　　눈 쌓인 방 속 갇힌 때와 같아라.

　　성향호호파요정　명리왕왕휴탈지
　　聲香浩浩罷搖情　名利汪汪休奪志
　　전권연기운옥야　명심색은설방시
　　展卷硏幾雲屋夜　冥心索隱雪房時

3) 깊은 본서원[本願]으로 도와 깨닫게 해주길 바람

여러 조사 우리에게 전해 넓히신
큰 서원의 바다는 깊고 깊으니
바라건대 그윽하게 도와주시어
깨달음을 열도록 하여주소서.

제조전홍서해심　원상명조령개오
諸祖傳弘誓海深　願常冥助令開悟

10. 백운경한선사가 석옥청공선사(石屋淸空禪師)로부터 사세송(辭世頌)을 받고 스승을 추모함

- 백운경한(白雲景閑)

　백운경한선사(1299~1375)는 고려말 태고보우(太古普愚) 나옹혜근(懶翁慧勤) 선사들과 같이 중국 임제선맥의 법통을 받아와 조사선풍을 떨친 대표적인 선사이다.
　백운경한선사는 전라도 부안에서 태어났으며 원(元) 지정 5월(至正 五月: 1351년) 호주 하무산으로 석옥청공선사를 찾아가 법을 묻고 무념의 종지를 깨달았으며 고려에 돌아와 계사년(1353년) 정월 무념삼매를 증득하였다.
　1360년 해주 신광사(海州神光寺)에서 종풍을 드날렸으며 나이 77세에 천녕(川寧) 추암사(鷲岩寺)에서 입적하였다. 선사에게는 어록 2권이 남아 있다.
　태고, 나옹, 백운 세 선사 가운데 나옹선사가 평산처림(平山處林)의 법을 이어받음에 비해, 태고 백운 두 선사는 석옥청공선사의 법을 이었으니, 태고보우와 백운경한은 한 스승 밑의 동학(同學)이다. 그러나 석옥청공선사가 입적할 때 「사세송」을 백운경한에 보낸 것을 보면 석옥청공이 자신의 선풍을 부촉한 제자는 백운경한이라 할 수 있다. 또 태고 나옹 두 선사가 공민왕대에 국사와 왕사가 되어 정치일선에 나섰음에 비해, 백운경한은 명리를 초탈하여 산숲에 숨어 좌선하고 후학을 가르치는 데 힘쓴 선사였다.
　백운경한선사가 평생 스승으로 모신 선사는 임제종 석옥청공선사와 서천지공선사이다. 태고보우선사와는 석옥청공선사를 같이 전법사(傳法師)로 모셨고, 나옹선사와는 서천지공(西天指空)을 같이 사옹(師翁)으로 섬겼다.
　본 장에서는 백운선사가 처음 참학할 때 석옥선사께 바친 글과 석옥을 참방하고 고려에 들어와 크게 깨친 뒤 석옥청공선사와의 인연을 적은 글, 그리고 석옥청공선사가 입적한 뒤 보낸 「사세송」에 대해 대중에게 보설(普說)한 내용을 수록하였다.

나는 이제 스승에게서 무념(無念)의 종지 깨달았으니

1) 백운경한선사가 지정 신묘 5월 17일 호주 하무산 천호암에 가서 석옥화상에게 법을 물으며 올린 말

이 학인은 석옥화상께 이렇게 물었소.
어떤 승려가 제게 물었습니다.
"육조 스님이 '바람이 움직인 것도 아니요 깃발이 움직인 것도 아니며, 그대의 마음이 움직인 것이다'라고 말하였으니 그 뜻이 무엇입니까."
이렇게 물어 왔을 때 제자는 곧 참마음이 온갖 곳에 두루 함을 알고 '모든 모습이 온전히 자기 마음이다'라고 대답하였사온데 참됩니까, 참되지 않습니까. 바라건대 스승께서는 자비로 이 의심을 풀어 주십시오.
스승은 보시고 '참마음은 움직이지 않는다'고 하셨소.
또 이렇게 물었소.
"경전에 '있는 바 모든 모습은 다 허망하니 만일 모든 모습이 모습 아닌 줄 보면 곧 여래를 본다'고 하였고, 또 영가는 '모든 행은 덧없어서 온갖 것이 공했으니 그것이 곧 여래의 크고 두렷한 깨달음이다'라고 하였습니다.
또 『열반경』은 '모든 행은 덧없으니 이것은 나고 사라지는 법이다. 나고 사라짐마저 사라지면 고요하여 즐거우리'라고 하였고, 또 '모든 법은 본래로부터 늘 고요한 모습이라 이 세간법이 진리법에 머물러 세간 모습 늘 머문다'고 하였습니다.
또 『화엄경』은 이렇게 말씀했습니다.

> 몸과 입과 뜻의 업 늘 깨끗하고
> 모든 행과 세계 또한 그와 같도다.
> 이와 같은 지혜 보현이라고 하니
> 바라건대 나도 그와 같아지이다.

제Ⅳ장 선지식을 늘 따라 배워가오리 [常隨師長願文] | 255

身口意業恒淸淨 諸行刹土亦復然
如是智慧號普賢 願我與彼皆同等

　이런 게송들에 의거한다면 마음을 비추어 살필 때에는 모든 법은 오직 참마음이 나타낸 바라 다 허깨비나 꿈이나 그림자와 같음을 사무쳐 볼 수 있을 것이니, 이 뜻이 참됩니까, 참되지 않습니까. 스승께서는 멀리서 온 제자를 가엾이 여기시어 이 마음의 의심을 가려 끊어 주소서."
　스승은 보시고는 '형상에 집착하지 말라'고 하셨소.
　또 이렇게 물었소.
　"어떤 승려가 조주에게 '개에게도 불성이 있습니까'하고 물었을 때 조주는 '없다' 하였는데, 온갖 법은 각기 자성이 없고 오직 한 성품이기 때문에 조주가 없다 한 것입니까. 그렇다면 이 일은 물 속의 짠 맛과 빛깔 속의 아교 기운 같아서 결정코 있지만 그 형상을 볼 수 없으므로 '없다'고 한 것입니까. 만일 그렇다면 조주의 '없다'는 말은 '있다 없다의 없음[有無之無]'도 아니며 '허무의 없음[虛無之無]'도 아니라 그것은 바로 하나의 '살아있는 없음[活無]'이 아닙니까. 원컨대 스승께서는 이 의심을 풀어주십시오."
　이에 스승께서 잠자코 의심 끊어 주시니 게송을 올렸소.

　　　팔천 리 머나먼 길을 찾아와
　　　높으신 얼굴을 뵈옵는 것은
　　　스승의 근본 삼매 빌리어서
　　　마음 끝내 편안히 하려함이네.

　　　하늘 가운데 달이 홀로 환히 빛나
　　　그 빛이 만상을 삼켜 밝았네.
　　　옛과 지금에 오직 한 빛이나니
　　　맑고 묘해 이름하기 어렵도다.[81]

---

81) 至正辛卯五月十七日 師詣湖州 霞霧山天湖庵 呈似石屋和尙語句. 學人諮和尙　有僧問我 六祖

　　　　八千餘許里　來爲謁尊顔
　　　　願借本三昧　令心究竟安
　　　　獨輝天心月　光呑萬相明
　　　　古今唯一色　靑白妙難名

2) 하무산에서 깨친 인연을 두세 명의 도반에게 보임

　헤어진 뒤로 길이 팔천 리나 막히고 해는 바뀌어 또 한 해 봄이 되었소. 지난 해 임진년(1352) 정월 상순에 나는 다시 천호암에 계시는 스승 곁으로 가서 부지런하고 정성스런 뜻으로 아침저녁으로 여쭈어 의심을 풀었소.
　상원(上元) 날이 되기 사흘 전에 마음이 무심(無心) 무념(無念)의 참종지에 그윽이 계합하고 선상에서 내려와 세 번 절한 뒤에 제자리에 서 있었더니 스승께서 이렇게 물었소.
"그대 마음이 어찌 기쁘지 않겠는가."
제가 곧 답했습니다.
"매우 기쁩니다."
곧 스님께서 따져 물으셨다.
"어떤 도리를 얻었기에 그대 마음이 기쁜가."

云 不是風動 不是幡動 仁者心動 義旨如何.　恁麽問來時弟子 卽知眞心徧一切處 答直諸相全是自心 便恁麽道 此義眞耶非眞耶 願師慈悲决疑 師見云 眞心不動. 又問經云凡所有相 皆是虛妄 若見諸相非相 卽見如來 又云諸行無常一切空 卽是如來大圓覺 又云諸行無常 是生滅法 生滅滅已 寂滅爲樂 又云諸法從本來 常自寂滅相 是法住法位 世間相常住 又云.
　　身口意業恒淸淨 諸行刹土亦復然
　　如是智慧號普賢 願我與彼皆同等
　據此等頌 照心觀時 了見諸法 唯是眞心所現 皆如幻夢影像 此義眞耶非眞耶 乞師愍念遠來 決擇心疑　師見云 莫着相好.　又僧問趙州 狗子還有佛性也 無 州云無者 一切諸法 各無自性 唯是一性故 州云無邪 若是此事 如水中鹽味 色裏膠精 決定是有 不見其形 故云無邪 若然則趙州無字 不是有無之無 不是虛無之無 正是一介活無字也 願師決疑 師默决 呈偈曰.
　　　　八千餘許里　來爲謁尊顔
　　　　願借本三昧　令心究竟安
　　　　獨耀天心月　光呑萬相明
　　　　古今唯一色　靑白妙難名

저는 대답했습니다.

"그것이 어떤 줄 아니 마음이 저절로 기쁩니다."

스님은 당부하여 말씀했소.

"내가 그대의 기쁨을 도와주리라. 네 마음이 기쁘니 나도 기쁘고 내가 기뻐하니 시방의 모든 부처님과 보살님네도 기뻐하고 기뻐하고 기뻐하실 것이다."

이렇게 세 번 말씀하시고 세 번 찬탄하셨소. 곧 내 마음에 맺혔던 의심은 모두 단박 얼음처럼 풀리고 무심과 무념의 위없는 참 종지를 깊이 믿게 되었소.

다시 이틀 밤을 지내면서 정성껏 마음을 의논하고 상원날 저녁에 울면서 존안을 하직하고 산을 내려와 배에 올랐소. 마침 순풍을 만나 사흘 만에 일찍 휴휴선암(休休禪菴)에 이르렀소.82)

이 때 홍건적들이 곳곳에서 난동을 부리고 물은 가물고 길이 막혀 가기도 머물기도 어려워 떠돌다가 정월은 휴휴선암에서 나그네로 묵고, 이월이 다 지나서야 대창에서 배를 띄워 삼월 중순에 바다를 건너 삼월 이십일에 뭍에 올라 우리나라에 들어왔소.

사월 팔일에 또 성문을 나서니, 성문 밖 삼십 리쯤에 한 정사(精舍)가 있어 성각(性覺)이라 하였소. 나는 스승 찾아 물으러 다님〔參問〕에 지쳤기 때문에 그 절에 머물러 주장자를 꺾어 버리고 겉옷을 내려놓은 뒤에, 죽 먹고 밥 먹으며 좌선하고 경 외움〔粥飯禪誦〕에 매끄럽고 거침을 대중에 따랐소.

대중 속에 가만히 숨어 마음의 자취를 드러내지 않으므로 행동은 티끌을 움직이지 않았고 말은 사람들을 놀라게 하지 않았소. 하루 열두 때와 네 가지 몸가짐 안에서 마음 없음〔無心〕과 함이 없음〔無爲〕으로 끊임이 없이 세

---

82) 師於癸巳正月十七日 記霞霧山行 示同庵二三兄弟 (在佛覺禪寺述). 自從別來 路隔八千 星霜已換 又一年春. 去年壬辰正月上旬 再造天湖師傳身邊 勤意旦夕諮決心疑. 上元前三十有三日 密契無心無念眞宗 下床三拜 依位而立. 師卽問曰 汝心如何莫有喜否. 我卽答曰 心大歡喜 師卽微問 得何道理 汝心歡喜. 我又答曰 知他如何心自歡喜. 師卽囑曰 吾助汝喜 汝心歡喜 吾亦歡喜 吾亦歡喜 十方諸佛菩薩 歡喜歡喜歡喜. 如是三說三復嗟歎 卽我心疑 頓然永釋 深信無心無上眞宗. 更留二宿 款款論心 上元燈夕 泣別尊顔 下山上船. 來得順風 三日早到休休禪菴.

밀하게 공부를 하였소.83)

계사년(1353) 정월 십칠일 낮에 단정히 앉아 있다 저절로 영가대사의 『증도가(證道歌)』가운데 '망상을 없애지 않고 참됨을 구하지 않으니, 무명의 실다운 성품이 곧 불성이요, 허깨비 빈 몸이 곧 법신이다'라고 함을 생각하게 되었소.

생각이 이 속에 이르러 그 말을 깊이 음미하였을 때, 갑자기 바로 마음 없음[無心]이 되어 한 생각도 내지 않고 과거와 미래가 아주 끊어져 끝내 의지할 곳이 없이 그윽한 곳에 이르게 되어, 갑자기 삼천 세계가 온통 하나, 자기 자신임을 보았소.

몸과 마음이 하나가 되어 몸 밖에 다른 것이 없어서 산과 내 큰 땅과, 밝음과 어둠, 모습 있음[色]과 공함[空], 범부와 성인, 몸과 마음이 저절로 다해 평등하고 평등해져, 두렷 밝아 하나로 섞여 마음 없음의 작용 전체가 드러나 이루어져, 정수리를 뚫고 밑바닥을 꿰뚫어 옛을 넘고 지금을 벗어났소.

본래 움직인 바 없으니 이제 비로소 고요해짐도 없으며, 평등하고 평등하여 비롯함도 달라짐도 없었소. 그리하여 이 일은 말이나 글귀에도 있지 않고, 육근(六根) 육진(六塵)을 훤칠히 벗어나 안과 밖에 있지 않고 중간에도 있지 않으나, 그 바탕이 참되고 항상함을 드러내 맑게 엉기고 고요하여, 그 묘한 작용 강가강 모래수 같음을 깊이 믿게 되었소.84)

또 스승의 은혜는 어버이보다 더하여 무겁기는 산과 같고 깊기는 바다와 같음을 믿게 되었소. 만일 그 때에 '생각 없음의 참된 종지[無念眞宗]'를 내게

---

83) 時有紅頭隨處橫 水旱路塞 去住難便徘徊 一月 客食休休 二月月盡 發船大倉 三月月半 渡海而來 三月念二 上岸入國. 四月八日 又出城門 城南門外 三十許里 有一精舍 名曰性覺 倦於叅問 寓居此寺 拗折拄杖 放下複子 粥飯禪誦 精麤隨衆 潛藏衆底 不露心跡 行不動塵 語不驚人 二六時中 四威儀內 無心無爲 綿綿密密 養去養來.

84) 至於癸巳正月十七日午 端坐自然思念永嘉大師證道歌中 不除妄想不求眞 無明實性卽佛性 幻化空身卽法身 念到這裏 深味其言 忽正無心 不生一念 前後際斷 了無依倚 到冥然地 驀爾明見三千世界 都盧是箇一箇自己 身心一如 身外無餘 山河大地 明暗色空 凡聖身心 泯然自盡 平等平等 圓明混成 無心力用 全體現成 透頂透底 超今邁古 本無所動 今無始寂 平等平等 無始本異. 深信此事 不在言句 逈脫塵根 不在內外 不在中間 體露眞常 湛然凝寂 妙用恒沙.

가르쳐 보이시지 않았더라면 어떻게 오늘의 이런 큰 해탈의 일이 있었겠소.
 무심(無心)이란 한 글귀는 백억 세계를 뛰어넘으니 스승과 제자의 연이 만남을 결코 함부로 여겨서는 안 되오. 무엇으로 그 더할 나위 없이 큰 은혜를 갚겠소. 뼈를 가루내고 몸을 부순다 해도 다 갚을 수 없는 것이오.
 나는 이미 이와 같이 무심을 통달하고 또 이렇게 깨치지 못한 이에게 권하여 깨치지 못한 이들이 나와 같이 깨치기를 바라오.
 여러 형제여, 내가 지금 이렇게 도에 들어간 인연을 말했으니 잘 알겠소?

  이 깊은 마음으로 티끌 세계를 받들면
  이것을 부처님의 은혜 갚음이라고 하네.85)
  將此深心奉塵刹 是卽名爲報佛恩

3) 스승의 사세송을 받고 안국사에서 재를 열고 설함

 지정 갑오년(1354) 6월 초4일에 법안선인(法眼禪人)이 중국 강남 호주 하무산에서 천호암 석옥화상의 「사세송」을 가지고 오니, 14일 스님은 해주(海州) 안국사(安國寺)에서 재를 베풀고 이렇게 말씀하셨다.

 스승의 '세상을 하직하는 노래〔辭世頌〕'는 이렇소.

  흰 구름을 모두 사고 맑은 바람 팔았더니
  집안 살림 다 흩어져 뼛골까지 가난하네.
  한 칸의 초가집만 겨우 남겨 두었으나
  길 떠나면서 그 집마저 불에 던져 태우노라.

---

85) 又信師恩過於父母 重如山岳深如大海. 當時若不誨示於我無念眞宗 何有今日大解脫事 無心一句 逈超百億 師資緣會決不等閒 何以仰報莫大之恩. 粉骨碎身 未足爲酬. 我旣如是 達此無心 亦能如是 轉勸未悟 願令未悟 亦如我證. 諸兄弟 適來恁麽 說入道因緣 還委悉麽.
  將此深心奉塵刹 是卽名爲報佛恩

　　　　白雲買了賣淸風　散盡家私澈骨窮
　　　　留得一間茅草屋　臨行付與丙丁童

스님께서 향을 들고 말씀하셨다.
"오늘 나의 스승의 재를 베풀었소. 대중이여, 나의 스승이 돌아오셨소? 자! 말해 보시오. 오셨는가 오시지 않았는가 무엇으로 증명하겠소?"
그리고는 말씀하셨다.

　　　　사 버린 흰 구름은 비를 끌고 몰려오고
　　　　팔아 버린 맑은 바람 얼굴 떨쳐 불어오네.
　　　　買了白雲拖雨至　賣了淸風拂面來

"대중은 이것으로 증명하시오."
그러고는 결연히 말씀하셨다.
"길을 여시오, 길을 여시오. 내 스승께서 오십니다."
이렇게 향을 사르면서 빌자 곧 비가 동이로 붓듯 쏟아져 이튿날 오후가 되어서야 비가 그쳤다. 그 해는 봄부터 여름 중반까지 크게 가물었는데 이 비로 인해 벼와 여러 곡식이 크게 자랐다.86)

스님께선 '세상을 하직하는 노래'를 집어 말씀하셨다.
"이 뜻 높고 자애로운 스승은 평소 굳세고 곧으셨으며, 눈은 높아 네 바다를 굽어보고 기개는 네 방위를 눌렀소. 사십여 년 간 자취를 산 숲에 숨기

---

86) 至正甲午六月初四日　禪人法眼自江南湖州霞霧山天湖庵石屋和尙辭世陪來　十四日　師於海州安國寺設齋　小說　辭世頌曰。
　　　白雲買了賣淸風　散盡家私澈骨窮
　　　留得一間茅草屋　臨行付與丙丁童
　　師拈香云　今日設我師齋　大衆　我師還來否　且道來不來　以何爲驗　便云。
　　　買了白雲拖雨至　賣了淸風拂面來
　　大衆　以此爲驗　決云　開却路開却路　我師來也　如是祝香　卽時雨似盆傾　至翌日午後雨止　其年自春至夏半　大旱　因此雨　禾穀大登。

고, 그림자조차 산을 나서지 않고 그윽하게 밟아 가셨소. 일찍이 한 말 반 마디도 남에게 지껄여대신 적이 없었는데, 무엇 때문에 돌아가실 무렵에 한 바탕 눈을 부라리셨을까요.

비록 이와 같으나 이 소식은 선사께서 맨 마지막에 법의 나루〔要津〕를 잡아 끊고 산 말귀〔活句〕를 온전히 들어 보이신 것이니, 대중들은 어서 빨리 눈을 대 보시오. 자! 말해보시오. 무엇이 맨 끝의 한 마디〔末後一句〕요?"

그리고는 결연히 말씀하셨다.

> 바람이 불어도 들지 못하고
> 물을 뿌려도 붙지 않는다.
> 하늘을 빛내고 땅을 살피며
> 옛을 빛내고 지금을 움직여
> 헐벗은 듯 꾸밈없고
> 물 뿌린 듯 깨끗하여
> 붙잡아 줄 수가 없소.
>
> 風吹不入 水洒不着
> 輝天鑑地 耀古騰今
> 赤裸裸淨洒洒 沒可把

법을 지어 보인 뒤 축원하고 회향하여 말씀하셨다.

> 맨 끝의 한 마디여
> 소리 앞에 헐벗은 듯 드러나
> 하늘을 덮고 땅을 덮으며
> 빛깔을 덮고, 소리를 타는구나.
>
> 末後一句子 聲前露裸裸
> 盖天盖地 盖色騎聲

황면노자도 이 한 가지〔這一着子〕를 얻고서 이렇게 말씀했소.

  도솔천을 여의지 않고
  이미 왕궁 내려왔으며
  어머니의 태 나오기 전에
  사람 건짐을 이미 마쳤네.
  未離兜率 已降王宮
  未出母胎 度人已畢

또한 예로부터의 여러 성인들도 이 한 가지를 얻어서 차례차례 나타내 보이셨으니, 왕궁에 내려와 어머니 태에 머물다 태에서 나와 출가해 도를 이루고, 마군(魔軍)을 항복받고 법륜을 굴리시고는 열반에 드시었소.
"대중이여, 예로부터의 여러 성인들도 이와 같은 법〔如是法〕을 얻어 이와 같음〔如是〕을 드러내 보이셨으며, 나 또한 지금 이와 같은 법을 설하는 것이니, 다만 이와 같은 법을 가지고 먼저 가신 스승 석옥 노화상을 받듦으로써 그 깨달음의 길〔覺路〕을 장엄하겠소."

  엎드려 바라오니 스승께서는
  자기 성품을 지키지 마시옵고
  시방의 티끌과 티끌 나라마다에
  널리 몸을 나투는 삼매로써
  예로부터의 모든 성인들과 함께
  부사의해탈경계에 들어가소서.[87]

---

87) 師拈辭世頌云. 者介尊慈 平昔强項 眼高四海 氣壓諸方 四十餘年 晦跡山林 影不出山 穩密履踐 未嘗有一言半句 與人湊泊 爲什麼臨滅之際 一場瞞旰. 然雖如是 這箇消息 先師末後 把斷要津 全提活句 大衆 急須著眼. 且道 作麼生是末後一句 決云.
 風吹不入 水洒不着
 輝天鑑地 耀古騰今
 赤裸裸淨洒洒 沒可把
 作法後呪言迴向云.

"갑오년 유월 사일 선인 법안이 하무산에서 배를 타고 와 한 통의 글을 내게 주었소. 나 백운이 꿇어 앉아 받아서 펼쳐 보니, 바로 나의 스승 하무산 천호암 석옥 노화상께서 열반에 드시면서 '세상을 하직하시는 노래〔辭世頌〕'였소. 노래는 이와 같소."

흰 구름을 모두 사고 맑은 바람 팔았더니
집안 살림 다 흩어져 뼛골까지 가난하네.
한 칸의 초가집만 겨우 남겨 두었으나
길 떠나면서 그 집마저 불에 던져 태우노라.

이 제자가 두 번 세 번 펼쳐 보면서 그 뜻을 자세히 살펴보니, 그것은 바로 스승께서 세상인연을 마치시고 교화를 거두어 열반에 드시면서 평생 쌓아온 맑은 바람을 나에게 전해 부쳐주시는 '법의 노래〔法偈〕'였소.

아! 하늘이 나를 돕지 않아 법의 깃발이 꺾이고, 법의 대들보가 무너지며, 법의 바다가 마르고, 법의 등불이 꺼짐이오.

비록 이와 같으나 대중이여, 이 게송은 선사께서 맨 끝에 비밀하게 부쳐주신 소식이오. 여러분들, 정신을 바짝 차려 살피고 살피시오. 대중들도 꾀하지 않았고 나도 본래 마음에 바라 구하는 바가 없었지만, 가섭으로부터 끊임없이 이어져 내려온 석가세존의 정법안장인 위없는 진리의 보배〔無上法寶〕가 오늘 저절로 내게 이르렀소.[88]

末後一句子 聲前露裸裸 盖天盖地盖色騎聲
黃面老子 得這一着子道.
未離兜率 已降王宮 未出母胎 度人已畢
抑亦從上諸聖 得這一着子 次第示現 降王宮 住胎出胎 出家成道 降魔軍 轉法輪 入涅槃 大衆 從上諸聖 得如是法 示現如是 我今亦說如是法 只將如是法 奉爲先師石屋老和尙 用莊嚴覺路.
伏願先師 不守自性 於十方塵刹刹 普現色身三昧
與他從上諸聖 入不思議解脫境界 (爲如上緣念)

88) 甲午六月初四日 禪人法眼 自霞霧山航海而來 授以一通書予 小師白雲跪而受 披而覽。 乃吾師霞霧山天湖庵石屋老和尙 臨入涅槃辭世頌也。 頌曰。
白雲買了賣淸風 散盡家私澈骨窮
留得一間茅草屋 臨行付與丙丁童
予小師再三披閱 審詳其義 乃先師世緣旣畢 收化歸寂之際 平生所蘊之淸風 傳付於我之法偈也 噫

그러나 이 제자는 감당키가 어렵소. 왜일까요? 달마로부터 대를 바꿔 서로 이어 분양(汾陽) 선사에 전해 이르렀는데, 분양선사는 '세 가지 스승과 제자에 관한 말〔三種師子句〕을 다음과 같이 보이셨소.
"첫째는 종(宗)을 뛰어넘고 눈〔目〕을 바꿔버린 스승의 제자요, 둘째는 어깨를 나란히 하고 발자국을 함께 한 스승의 제자요, 셋째는 그 그림자와 메아리가 참되지 못한 스승의 제자다.
만약 종을 뛰어넘고 눈을 바꿔버린 자라면 지혜가 스승을 지나므로 전해줌을 감당하여 바로 씨앗을 내리는 것이 되지만, 만약 어깨를 나란히 하고 발자국을 같이 하는 자라면 지혜가 스승과 같아 스승의 덕을 반이 되게 하므로 전해줌을 감당할 수 없다."
분양선사는 본래 스스로 순결하고 바르시어 큰 역량이 있는 분이오. 그런 옛 분〔古人〕도 이렇게 말했거늘 하물며 말법시대 오탁악세(五濁惡世)에 사는 근기 낮고 지혜 얕은 자이겠소. 저 그림자와 메아리가 참되지 못한 여우, 도깨비 같은 무리들이나 나같이 지혜 없는 자가 어찌 전해주심을 감당할 수 있으며, 어찌 위없는 법왕의 위없는 법의 보배 전해주심을 감당할 수 있겠소.
나의 덕행을 살펴보건대 볼만한 덕도 볼만한 행도 없소.
행은 행 없는 행〔無行行〕이고, 마음은 마음 없는 마음〔無心心〕이며, 생각은 생각 없는 생각〔無念念〕이고, 말은 말 없는 말〔無言言〕이며 닦음은 닦음 없는 닦음〔無修修〕인데, 어찌 위없는 법의 보배 전해주심을 감당할 수 있겠소.
내가 전해 받음을 함부로 넘쳐 탐한다면 오히려 참된 자식의 직분을 그르치는 것이오. 하지만 옛사람께서 이렇게 말씀하셨소.
"그가 이미 장부라면 나도 또한 그렇다. 어찌 스스로 업신여겨 뒤로 물러서겠는가."

天不祐我 法幢摧法樑折 法海枯法燈滅 然雖如是 大衆 此是先師末後密付底消息 諸仁者 決着精彩 決着精彩. 大衆不圖 我本無心 有所希求 自迦葉 轉轉相承底 黃面老子 正法眼藏 無上法寶 今日自然而至於我.

또 부처님께서도 이렇게 말씀하셨소.

"나의 이 법은 생각해도 생각 없이 생각함이요, 행해도 행함 없이 행함이며, 말해도 말 없이 말함이요, 닦아도 닦음 없이 닦음이니, 이와 같은 사람이 붇다의 씨앗〔佛種〕을 감당하리라."

이것은 곧 스스로 가벼이 하거나 스스로 업신여기지 않을 수 있어야 비로소 법을 받을 수 있다는 것이오.

그러나 법은 본래 모습이 없고 마음은 본래 자취가 없으니, 전한다는 것은 무엇이고 얻는다는 것은 무엇이며, 사는 것은 무엇이고 파는 것은 무엇이오.

하하하! 헐벗은 듯 꾸밈없고 물 뿌린 듯 깨끗하여 잡을 수가 없소.

비록 이와 같으나, 법을 설할 것이 없고 마음을 전할 것이 없다고 말하지 마시오.

법을 설할 것 없는 그것을 법을 설함이라고 하고, 전함 없고 얻음 없는 것이 몸소 전함이고 몸소 얻음이요, 전함 없고 설함 없음마저 보지 않는 것이 만물이 피어나는 봄의 얼굴이요 물에 비친 달이니, 오늘에 이르도록 이 땅과 천축에서는 찬란하게 한 꽃송이에서 다섯 잎이 벌어진 것이오.89)

4) 게송으로 스승의 은혜를 기리고 원을 발함

스승을 기리는 게송은 이렇소.

---

89) 余小師良難當克 何也 自達磨 遞代相承 傳至汾陽 汾陽示有三種師子句云 一超宗異目底師子 二齊肩並蹋底師子 三影響不眞底師子 若超宗異目者 智過於師 方堪傳授 正爲種草也 若齊肩並蹋者 智與師齊 減師半德 不堪傳授．汾陽和尙 本自純正 有大力量 古人尙曰如是 況末法五濁惡世劣機淺智 如影響 不眞底狐魑勢類 如我無智者 豈堪傳授 豈堪傳授無上法王無上法寶也． 忖我德行 無德可覽 無行可觀 行是無行行 心是無心心 念是無念念 言是無言言 修是無修修 豈堪傳授無上法寶也 叨沐猶吾之納 謬當眞子之職． 然古人云 彼旣丈夫我亦爾 何得自謾而退屈 又佛云 我此法者 念無念念 行無行行 言無言言 修無修修 如是之人 堪爲佛種 則不可以自輕自謾 乃可受法也 然法本無形 心本無跡 且傳箇什麽 得箇甚麽 買箇什麽賣箇什麽． 阿呵呵 赤裸裸淨洒洒 沒可把 然雖如是 且莫道無法可說 無心可傳 無法可說 是名說法 無傳無得 親傳親得． 不見無傳無說 春容水月 至今此土與西天 粲然一花開五葉．

세존께서 꽃을 들어 높은 근기 보이시니
금빛 두타 가섭께서 빙그레 웃으셨고
달마대사 면벽한 채 날랜 근기 맞으니
팔을 끊은 신광이 눈 가운데 서 있도다.
세존과 달마대사 설함 없이 설하시고
가섭과 신광대사 들음 없이 들으시사
어느덧 한 물건이 크게 밝아지게 되어
이처럼 하늘과 같고 땅과 같아졌나니
하늘 땅에 같아짐이 어떤 모습이런가.
어떤 모습됨이여! 그렇지 않음 없지만
옴도 없고 감도 없고 막혀 걸림 없으며
이름 없고 모습 없어 온갖 것이 끊겼으니
위음왕불 그 앞으로 외로이 뛰쳐나서
시간 공간 그 다음에 오직 홀로 걷는도다.
이것을 불러서 정법안장이라 말하고
열반의 묘한 마음이라고 이름하며
또한 이를 본디 땅 바람과 빛이라 하고
또한 이를 본래의 얼굴이라 이름하니
이것이 곧 부처님의 위없는 보리요
불조께서 이어 전한 마음의 등불이네.
그러므로 이 땅과 서쪽 땅 인도에서
지금껏 한 꽃에서 다섯 잎이 벌어졌네.

세존염화시상기　금색두타파안소
世尊拈花示上機　金色頭陁破顔笑
달마벽면접이근　단비신광설중립
達磨壁面接利根　斷臂神光雪中立

세존달마불설설   가섭신광불문문
世尊達磨不說說   迦葉神光不聞聞
어언일물대분명   여시동천역동지
於焉一物大分明   如是同天亦同地

동천동지작마형   작마형혜무불시
同天同地作麽形   作麽形兮無不是
무거무래무장애   무명무상절일체
無去無來無障碍   無名無相絶一切

고초위음지전   독보겁공지후
孤超威音之前   獨步劫空之後

시칭정법안장열반묘심
是稱正法眼藏涅槃妙心

역위지본지풍광본래면목
亦謂之本地風光本來面目

시제불아뇩보리   시제불조전전심등
是諸佛阿耨菩提   是諸佛祖轉轉心燈
시고차토여서천   지금일화개오엽
是故此土與西天   至今一花開五葉

우리 스승 석옥선사 급암조사 처음 뵙고
이 삼매에 계합하사 전한 등불 받으시고
은밀히 밟아나가 헤아림을 벗었으나
마흔 해를 산 숲에 자취를 감추시사
일찍이 한마디도 사람 알게 않았으니
이 때문에 아무도 가려낸 이 없었도다.

아사수알급암조   계차삼매수전등
我師首謁及庵祖   契此三昧受傳燈
온밀리천초과량   회적산림사십년
穩密履踐超過量   晦跡山林四十年

미증일언급인지　시고무인명판출
未曾一言及人知　是故無人明辨出

나는 지난 임진년 정월달 새 봄 될 때
몸소 스승 장실에 가 가르쳐 주심 받고
정월 보름 되기 전 한달 사흘이 되는 날에
마음 없음의 위없는 종 은밀히 계합했네.
부처 삶고 조사 삶는 큰 용광로 풀무와
범부 성인 단련하는 아주 모진 집게로
나의 억겁 뒤바뀐 헛된 생각 태워서
아승지겁 안 지내고 법신을 얻었도다.
내가 지금 또한 다시 법 전하신 게 받으니
못 깨친 이께 법을 전해 나처럼 얻게 하여
이 깊은 마음으로 티끌세계 받들면
이를 일러 부처님 은혜 갚는다 말하리라.

아어임진정월춘　궁조실중수훈련
我於壬辰正月春　躬造室中受熏煉
상원전삼십삼일　밀계무심무상종
上元前三十三日　密契無心無上宗
팽불팽조대로비　하범하성악겸추
烹佛烹祖大爐鞴　煆凡煆聖惡鉗鎚
소아억겁전도상　불력승지획법신
燒我億劫顚倒想　不歷僧祇獲法身
아금역수전법게　전교미오여아증
我今亦受傳法偈　轉敎未悟如我證
장차심심봉진찰　시즉명위보불은
將此深心奉塵刹　是則名爲報佛恩

바라오니 불조께선 크나큰 자비로써
미세한 저의 미혹 다시 깊이 없애시어
위없는 깨달음에 빨리 올라가게 하사
끝없는 시방세계 도량에 바로 앉아
허공신이 만약 녹아 없어진다 하더라도
선정 지혜 언제나 두렷하게 밝아서
이 지혜 끝내 잃지 않게 하여지이다.

유원불조대자비　희갱심제미세혹
惟願佛祖大慈悲　希更甚除微細惑
영아조등무상각　어시방계좌도량
令我早登無上覺　於十方界坐道場
순야다신가소망　정혜원명종불실
舜若多神可消亡　定慧圓明終不失

11. 백운경한선사가 서천지공선사(西天指空禪師)께 올린 글
- 백운경한(白雲景閑)

　지공(指空)은 인도이름 디아나바드라(Dhyānabhadra)를 옮긴 말이다. 지공선사는 인도 마갈타국 만왕(滿王)의 제3왕자로 태어나 8세에 나란타사로 출가하고 남인도 능가국 길상산 보명(普明) 화상을 만나 크게 깨쳤다 한다.
　선사는 인도 전역을 돌아 중국 운남성(雲南省)에 이르른 뒤 걸어서 원의 대도(大都)에 이르고 다시 우리나라 고려에 이르러 금강산을 참배하고 멀리 가야산 영축산을 돌아 조계산을 거쳐 개경으로 돌아왔다. 그뒤 다시 원의 대도에 돌아가 법원사를 짓고 머물다 지정 2년 귀화방장(貴化方丈)에서 입적하였다.
　백운경한선사는 석옥청공의 법을 받았지만 지공선사를 당대 최고의 선지식으로 모셨으며 나옹선사 또한 지공선사를 스승으로 받들었다.
　지공선사가 고려에 머문 기간은 원에 머문 기간보다 짧은 2년 7개월이지만, 우리 불교의 불사의식을 집행할 때 늘 '지공(指空) 나옹(懶翁) 무학(無學)' 세 화상을 증명법사로 청함에서 알 수 있듯, 고려 민중들의 존경과 우러름을 받은 선사로서 후대 한국불교에 깊이 영향을 끼친 분이시다.
　특히 지공선사는 인도에서 경전의 삼과법문(三科法門 : 五蘊·十二處·十八界 三科)을 통해 지혜를 통달하고 사념처관(四念處觀)을 통해 크나큰 삼매를 얻은 선사로서 중국 임제종 여러 종장들의 귀의를 받았으니, 중국불교의 법통을 교조화하는 말폐의 선류들은 깊이 눈을 대고 보아야 할 것이다.

이제 제가 늘 수건과 물병 잡아 스승을 곁에서 모시오리라

1) 말법의 때 지공선사의 출현을 찬탄함

드물고도 드물도다 부처님이 세상 나심
우담발화 삼천년에 한번 피어남과 같네.
지금은 곧 바른 법이 시드는 말법 때라
다섯 가지 몹시 흐려 성현은 몸 숨기고
삿된 법이 불이 타듯 더욱 더 번성하네.
드물고도 드물며 매우 드문 일이로다.
서천 스승 디아나바드라 지공화상
중천축의 사카족 왕궁에서 태어나사
그 나이 여덟 되어 세속의 집을 나와
번뇌의 얽힌 타래 모두 벗어버리고
발을 내어 나아감에 온갖 방위 벗어나서
근본의 넓고 크신 역량을 떨쳐냈네.

희유희유 불출어세 여우담화 시일현이
希有希有 佛出於世 如優曇花 是 現爾
금당말운 오탁오시 현성은복 사법증치
今當末運 五濁惡時 賢聖隱伏 邪法增熾
희유희유 심위희유 서천사부 자나복다
希有希有 甚爲希有 西天師傅 者那福多
지공화상 출자중천 석종왕궁 팔세출가
指空和尙 出自中天 釋種王宮 八歲出家
탈번뇌색 발족초방 탈발근본 광대력량
脫煩惱索 發足超方 奪發根本 廣大力量

2) 지공선사의 지혜와 자비가 지금을 넘고 옛 벗어남을 찬탄함

출가하여 용맹하게 바른 법을 수행하다
남방으로 곧장 가서 길상산 가운데서
맨 처음 보명스님 만나 뵙고 한 말 아래
그윽한 뜻 단박 깨쳐 불과덕에 계합함에
한 털끝 만큼치도 어긋나지 않았도다.

좌갈라파제 삼과법문 모두 깨쳐 얻으시니
이 법 속에 삼현십지 등각 묘각 두 깨침과
여러 지위 모든 법문 낱낱이 갖추었네.
한번 크게 깨치심에 영원히 깨치시어
다시 거듭 새롭게 깨칠 것이 아주 없이
고요하게 항상 아는 본디지혜 맡겨둠에
원래에 스스로 번뇌의 마음 없어서
다시 대치할 망녕된 인연의 힘 없으니
단박 깨쳐 단박 닦고 행과 앎이 서로 맞아
정수리와 밑바닥을 모두 뚫어 사무치고
지금을 뛰어넘고 옛을 벗어 지나쳤네.

넓은 눈을 활짝 여니 큰 자비의 넓은 눈은
중생 본래 깨끗함을 널리 보아 사무치고
큰 지혜의 넓은 눈은 여러 가지 온갖 법이
본래에 청정함을 널리 보아 사무쳤네.
조사 인장 높이 들고 큰 화로에 풀무 열어
부처를 삶아내고 조사를 삶아내며
모진 집게 망치 들어 범부 성인 단련하네.

용맹조수 직왕남방 길상산중 수알보명
勇猛操修 直往南方 吉祥山中 首謁普明

일언지하 돈오현지 계불과덕 분호불류
一言之下 頓悟玄旨 契佛果德 分毫不謬

득좌갈라파제 삼과법문
得左羯羅波帝 三科法門

어차법중 삼현십지 등묘이각
於此法中 三賢十地 等妙二覺

제위법문 일일구족 일오영오 갱불부오
諸位法門 一一具足 一悟永悟 更不復悟

임운적지 원자무심 갱무대치 망연지력
任運寂知 元自無心 更無對治 妄緣之力

돈오돈수 행해상응 투정투저 초금매고
頓悟頓修 行解相應 透頂透底 超今邁古

활개보안 대비보안 보견중생 본래청정
豁開普眼 大悲普眼 普見衆生 本來淸淨

대지보안 보견제법 본래청정 고제조인
大智普眼 普見諸法 本來淸淨 高提祖印

계대로비 팽불팽조 제악겸추 하범하성
啓大爐鞴 烹佛烹祖 諸惡鉗鎚 煆凡煆聖

3) 시난 세상 원력으로 중국과 우리 고려에 와 두다행과 선정 삼매 보이심을 찬탄함

지난 세상 원력따라 큰 자비심 일으켜서
중생이 외아들과 같다는 생각내고
따짐 없는 자비 내어 중국땅을 살피시고
인연 있는 여러 중생 대승 근기 있음 알아
십만팔천여 리 먼길 발걸음을 내디디사

제Ⅳ장 선지식을 늘 따라 배워가오리 [常隨師長願文]

위험함과 죽을 고비 돌아보지 아니하고
특별히 서쪽에서 이곳으로 오시었네.
구름 뚫고 재 건너며 산 헤치고 물을 건너
바람맞고 밥 먹으며 한데에서 잠자고
겹겹이 막힌 산들 꺼리지 아니하고
쓰라린 갖은 고통 온몸 겪어 내시었네.

처음 운남 이르셨다 다음 대원 이르셨고
맨 끝에 우리나라 고려에 이르시사
이름난 산 두루 거쳐 중생근기 살피시고
그에 맞는 가르침 펴 법을 설해 이익 줬네.
다시 대원 돌아가서 묘총통과 더불어
십년 동안 싸우며 힘들게 고생하다
십년 남짓 문을 닫고 말 끊으며 좌선하사
중생근기 살펴보고 법을 살펴보았으나
한 사람의 온쪽이나 반쪽을 못 얻었네.
오래도록 침묵하사 차갑게 앉아 계시다
불조의 바른 영을 온전히 드셨으니
선사의 콧구멍은 하늘을 꿰뚫었네.

승숙원력 흥대비심 생일자상 기무연자
乘宿願力 興大悲心 生一子想 起無緣慈
관차진단 유연중생 대승근성 발족십만팔천여리
觀此震旦 有緣衆生 大乘根性 發足十萬八千餘里
불고위망 특특서래 천운도령 발산섭수
不顧危亡 特特西來 穿雲渡嶺 撥山涉水
풍손로숙 불탄관산 끽진간신 초도운남
風飡露宿 不憚關山 喫盡艱辛 初到雲南

차도대원 종도고려 편력명산 관근두교
次到大元 終到高麗 遍歷名山 觀根逗教
설법이생 환귀대원 여묘총통 근일십년
說法利生 還歸大元 與妙總統 僅一十年
투쟁노고 우십여년 엄관두사 관기심법
鬪爭勞苦 又十餘年 掩關杜詞 觀機審法
미덕기인 일개반개 구묵냉좌 전제정령
未德其人 一箇半箇 久默冷坐 全提正令
비공요천
鼻孔遼天

4) 지공선사의 법은에 감사하며 늘 곁에서 모시기를 발원함

그 얼마나 다행인가. 나는 본디 무심하나
간절히 바라는 바 법왕의 법보였네.

서천의 큰 스승은 법왕의 위없는 법
간곡히 설하시어 나에게 주셨건만
이 제자가 근기 낮고 지혜가 매우 적어
맡겨주신 크나큰 법 짊어질 수 없으니
참으로 부끄럽고 참으로 부끄럽네.

법을 만난 소중한 마음 이길 수 없어
향 사르고 백번 절해 간절히 바라오니
스승께 올려드릴 수건과 병을 잡아
이 제자가 곁에서 모시게 하오소서.
바라건대 자비하고 밝으신 하늘눈으로
이 제자의 깊은 정성 굽어 살펴 응하시사

제IV장 선지식을 늘 따라 배워가오리 [常隨師長願文] | 277

이 제자의 소원을 가득 채워주소서.

하행소치 아본무심 유소희구 법왕법보
何幸所致 我本無心 有所希求 法王法寶
무상법이 곡설수아 이아제자 근기미열
無上法伊 曲說授我 而我弟子 根機微劣
지혜선소 불능하담 성심참괴 성심참괴
智慧鮮少 不能荷擔 誠心慙愧 誠心慙愧
불승진감 분향백배 원위제자 집시건병
不勝珎感 焚香百拜 願爲弟子 執侍巾甁
유원자비 천안요관 하응건성 만아원심
惟願慈悲 天眼遙觀 下應虔誠 滿我願心
만아원심
滿我願心

12. 우익지욱선사가 유계전등존자(幽溪傳燈尊者)께 바친 글
- 우익지욱(藕益智旭)

　우익지욱선사(藕益智旭禪師)는 감산덕청·운서주굉·자백진가와 함께 명대 사대 고승(四大高僧)으로 추앙되는 선사로서 송명대(宋明代) 이래 중국불교 최대 저작가이다.
　처음 선사는 유식(唯識)과 능엄(楞嚴)의 종지를 하나로 회통하지 못하고 제방의 선지식을 참방하며 좌선하던 중 유계존자(幽溪尊者)를 뵙고 법을 물었다.
　이때 유계존자가 의도(義途)로써 답해줌을 의심하고 믿지 않았다가 나중 스스로 깨닫고 나서 유계존자에게 참회하려 했으나 유계존자가 이미 입적하였다는 말을 듣고 향을 태워 참회하고 이 글을 지어 제자의 예를 바친다.
　유계전등존자는 송대 자운준식·사명지례 존자 이후 침체된 천태선문을 중흥시킨 명대의 중심조사이다.
　스승 백정법사(百庭法師)에게 '어떤 것이 수능엄삼매인가'를 묻자, 스승이 눈을 들어 사방을 바라보자 홀연히 깨닫고 수능엄삼매를 얻었다.
　대표적인 저작에 『영가선종집주해(永嘉禪宗集注解)』, 『수능엄경원통소(首楞嚴經圓通疏)』, 『수능엄경현의(首楞嚴經玄義)』, 『정토생무생론(淨土生無生論)』 등이 있다. 우익지욱선사가 만년에 『정토종팔요(淨土宗八要)』를 엮을 때 유계존자의 『정토생무생론』을 포함시켰다.
　우익지욱선사의 제자들이 지욱선사의 법계를 유계존자에 붙였으며, 중국 근대 고승 제한고허법사(諦閑古虛法師)가 유계전등(幽溪傳燈)·영봉지욱(靈峯智旭)으로 이어지는 천태교관을 이어받았다.

처음 스승을 뵙고 반은 믿고 반은 의심했으니 이제 향을 태워 참회합니다

1) 암증선에 빠져 가르침 받지 않음을 참회함

어리석은 이 제자가 처음 천태의 고갯마루에 노닐면서 곧 스승의 자애롭고 빛나는 모습을 보았으나 다만 따뜻하고 공손한 덕만을 우러를 뿐, 법 바다의 아득한 끝〔法海之涯〕을 엿보지 못했습니다.

게다가 바야흐로 암증의 선정을 달게 여기고 바른 뜻 길〔義途〕을 깔보았고 종파의 문정(門庭)으로 인하여 사백의 깊은 도〔堂奧〕에 어두웠습니다만, 죄를 지으려는 뜻은 이 제자의 바라는 것이 아닙니다.90)

2) 선림(禪林)에 들고 나오며 시대의 병폐를 보고 존자의 가르침 받게 됨을 말함

나중 선림(禪林)에 들고 나오며 이 시대 선가의 병폐〔時弊〕를 눈으로 보고, 비로소 천태의 종지가 아니면〔非台宗〕 그 잘못 바로잡을 수 없음을 알게 되었습니다.

스승께서 '천태교가 있으면 불법이 있고 천태교가 없어지면 불법이 없어진다〔台教存佛法存 台教亡佛法亡〕'고 하셨으니 참으로 나를 속이지 않으심이로소이다.91)

3) 의심했던 죄를 참회코저 하나 이미 스승이 가셨음을 한탄함

---

90) 不肯初遊台岭 卽睹慈輝 但欽溫恭之德 罔窺法海之涯 方且甘暗證而蔑義途 因門庭而昧堂奧 造罪意地者 匪希矣。
91) 後出入禪林 目擊時弊 始知非台宗不能糾其紕。'台教存佛法存 台教亡佛法亡' 誠不我欺也。

그런데도 노백(老伯)을 돌아보고서는 오히려 반은 믿고 반은 의심했습니다. 스스로 법의 형으로 모실 것을 마음에 굳게 다져서 이제 막 몸을 기울여 향하는데 노백(老伯)께서는 이미 정토세계[珍池]에 가서 나셨습니다.

슬피 우러름만을 부질없이 더하고 교화의 의식[化儀]만을 훔쳐들으니 참회하고 뜻을 뉘우친들 무엇으로 도와드릴 수 있겠습니까.92)

4) 선 없는 교의 병폐와 교 없는 선의 병폐를 다시 말함

참으로 슬픕니다. 사자 같은 줄[絃]이 울림을 끊으니 들여우가 다투어 우나이다.

교(敎)를 연설하는 자는 단술을 버리고 술 찌꺼기만을 취하고, 종(宗)을 찾아 구하는 자는 발을 먼저 낸 뒤에 나루[津]를 묻곤 합니다. 그러니 뉘라서 가르침에 의지해 관(觀)을 일으켜, 밥을 입으로 말하고 남의 집 보배 세는 허물을 한 번에 씻을 수 있겠습니까. 또 나루를 알고 발을 내, 어둡게 닦고 눈멀게 단련하는 어지러움을 벗어날 수 있겠습니까.93)

5) 존자의 지혜와 밝은 절개를 다시 우러르며 참회의 향을 바쳐 제자의 예를 올리고 거두어주길 청함

노백(老伯)께서는 그 절개가 실로 '흐름 가운데 우뚝한 돌[中流砥柱]' 같으시고 지혜는 '하늘 복판의 환한 해[中天杲日]'이시니 이 어린 저를 불쌍히 여기소서.

살아계실 때는 법의 젖에 젖지 못하고 돌아가신 뒤에는 작은 공양도 닦지 못했으니, 공경히 팔을 태우는 세 심지 향으로써 깊이 참회를 이루고 세 심

---

92) 顧于老伯 猶半信半疑 自締盟籌兄 乃甫傾向 而老伯已往生珍池矣 徒增悲仰 竊聆化儀 慚懷悔志 擬將何神.
93) 嗚乎 獅弦絶響 野干競鳴 演敎者 舍醇醲而取糟粕 參宗者 先發足而後問津 孰能依敎起觀 一洗說食數寶之陋 知津發足 解脫盲修瞎煉之紛.

지 향으로 팔을 태워 멀리 두 손 모아 결인한 손〔印手〕을 뻗습니다.

오직 노백께서는 고요한 빛의 땅〔寂光土〕에서 일어나지 않고서 깨달음을 삼계에 나타내주시며, 법의 문〔法門〕 가운데 갓난아이의 뛰어남을 살펴주시고, 첫 마음 일으킨 이의 지관(止觀)을 도와 이끌어주소서.

참으로 이 제자의 간절한 부름〔機感〕이 그릇되지 않다면 반드시 웃음 머금어 거두어주시리이다.94)

---

94) 老伯實中流砥柱 杲日中天也 憫予小子 不沾法乳于生前 不修微供于歿後 敬以三炷臂香 深達懺摩 三炷臂香 遙伸印手 惟老伯不起寂光 現覺三有 鑑法門嬰杵之優 錫初心止觀之佑 苟機感之不訛 必含笑而攝受.

제 V 장

함께 모여 삼매관행 같이 닦아가리니
[修行結社願文]

1. 화엄결사를 여는 발원문 [華嚴社會願文]
   - 고운 최치원 (孤雲 崔致遠)
2. 전교(傳敎)의 도량을 수호하려는 크나큰 서원
   - 사명법지존자 (四明法智尊者)
3. 연경원에서 염불삼매의 결사를 열며 발원함 [延慶院念佛結社發願]
   - 사명법지존자 (四明法智尊者)
4. 새로 세운 도량에 들어 대중에게 보임 [入菴示衆]
   - 대혜종고선사 (大慧宗杲禪師)
5. 선정과 지혜를 닦도록 권하여 결사하는 글 [勸修定慧結社文]
   - 보조지눌선사 (普照知訥禪師)
6. 좌선과 법화경 독송을 함께하는 법의 자리를 알리는 글 [蓮經法席疏]
   - 진정천책선사 (眞淨天頙禪師)
7. 보현도량 처음 일으킴을 알리는 글 [普賢道場起始疏]
   - 진정천책선사 (眞淨天頙禪師)
8. 대비십다라니를 행하는 도량을 세우며 원을 발함 [大悲行法道場願文]
   - 우익지욱선사 (藕益智旭禪師)
9. 만일 동안 활구참선의 결사를 하며 원을 발함 [活句參禪萬日結社發願]
   - 용성진종선사 (龍城震鍾禪師)
10. 각운동 결사 발원문 [覺運動結社發願文]
    - 학담 (鶴潭)

　깨달음의 씨앗, 붇다의 씨앗[佛種]은 스스로 주어지는 것이 아니라 인연으로 일어나 인연으로 성취된다.
　그러므로 미망과 번뇌에 싸인 중생, 온갖 악한 업의 악한 기운을 끊임없이 반복하는 중생은 스스로 보리의 도에 나아갈 마음가짐과 악업을 끊고 정업을 닦아가는 몸가짐을 새로이 다져야 하며, 스승의 깨우침과 배움을 같이 하는[同學] 좋은 벗[善友]의 도움, 도량의 인연[道場緣]을 갖추어야 한다.
　고요하고 맑은 아란야, 깨끗하고 알맞은 먹을거리 등 객관 여건이 갖추어지지 않고서는 어지럽게 흩어진 중생의 마음을 삼매의 마음으로 돌이키기 어렵다. 그러므로 과거 여러 조사들과 큰 선지식들은 더불어 수행하는 공동체를 꾸려 무리를 모아 함께 깨끗한 업을 닦고, 여래의 가르침을 같이 배우고 연설하며, 여래의 이름을 부르고[念佛] 다라니를 외우며[誦呪] 좌선[坐禪] 수행하였다.
　동아시아 불교사에서 수행결사는 다시 기성교단이 대중의 새로운 요구를 담아내지 못하거나 출가교단이 타락상을 보일 때 앞서가는 선지식들에 의해 제안되고 주도되었다. 그리고 결사를 제창하고 주맹(主盟)한 선지식의 수행가풍과 특정경교의 가르침, 특정수행방법을 중심으로 수행공동체가 꾸려졌었다.
　여산혜원법사(廬山慧遠法師)를 중심으로 한 중국 남조 지식인들의 동림사(東林社), 구마라집의 역경도량, 남악혜사선사를 중심으로 꾸려진 법화삼매행법(法華三昧行法)의 도량, 도신(道信)의 동산법문(東山法門)이 모두 수행결사의 과거 선형에 속한다.
　우리 불교에서는 신라말 국가불교중심의 화엄사회(華嚴社會), 지방호족과 선진 입당 유학승려들에 의해 주도된 초기 선종결사(禪宗結社)가 그 맨 처음 토대가 되었으며, 고려시대 보조지눌선사의 수선사(修禪社), 원묘요세선사의 백련사(白蓮社)는 우리 불교사의 대표적인 수행결사라 할 수 있다.
　수행결사의 사상적인 내용을 살펴보면 순수좌선중심의 결사가 출가수행자집단의 결사라면, 사명지례존자의 연경원(延慶院) 결사처럼 염불방편을 제시한 결사는 광범위한 대중을 교화하기 위해 개방된 수행공동체의 성격을 띠었다.

제Ⅴ장 함께 모여 삼매관행 같이 닦아가리니 [修行結社願文]

그에 비해 고려시대 원묘요세의 백련사처럼 반행반좌(半行半坐), 선송일여(禪誦一如)의 가풍으로 수행한 공동체는 출가자의 삼매수행과 대중교화를 겸한 수행결사였다.

조선조 불교에서는 집단적 경전 강설과 대중적 수행공동체의 결성은 사실상 금지되었다. 조선조 성리학 중심의 사대부 지배질서가 무너져가던 시기 해남 대둔사, 강진 백련사를 중심으로 한 집단적 경전강설, 화엄주석불교의 새로운 대두는 결사운동의 부활로 볼 수 있다. 조선조 말엽 경허선사(鏡虛禪師)에 의해 주도된 선원제도 복원은 승가내부 수행공동체의 이름에 값할 수 있으나, 아직 대승적 보살원력을 수반한 근대적 수행공동체로 발전하지는 못했다.

용성진종선사(龍城震鍾禪師)가 62세 때(1925년) 도봉산 망월사(道峯山 望月寺)에서 활구참선의 이름으로 결사한 수행공동체는 근대적 도심불교운동과 함께 전개한 선(禪)의 대중화 작업이었다.

학담(鶴潭)의 각운동결사발원은 특정 지역 특정 공동체를 지향하는 결사를 말하는 것이 아니다. 각운동결사는 고난의 역사를 사는 대중에게 선(禪)이 자기해탈을 위한 삶의 휴식이자 활력이 되어야 함을 말하고 있으며, 지식정보사회에서 선의 무념(無念)이 지식생산의 창조적 원천이 되어야 함을 말하고 있다.

그러므로 각운동결사발원은, 선의 모습 없음[無相]과 머묾 없음[無住]을 내면의 관념적 자유를 추구하는 실천의 지표로 보려는 기존의 선관에 비판적 입장을 취한다. 모습에 모습 없되 모습 없음도 없으므로 모습 없음[無相]은 역사를 풍요의 공동체가 되게 하는 실천의 터전이 되는 것이다. 또한 머묾 없음은 모든 행위[爲]와 온갖 지음[作]을 창조적 해탈의 활동으로 전환시키는 활동의 바탕이 되는 것이니, 머묾 없기 때문에 모습과 관계에 막히지 않는 '보현의 광대한 행해[普賢廣大行海]'가 일어남 없이 일어나는 것이다.

그러므로 각운동결사의 동행선지식(同行善知識)들은 어디에도 정해진 모임은 없지만 그 사상적 연대는 어디에도 있을 수 있는 것이니, 늘 지금 주어진 삶에 반성적 물음을 던지는 자, 억압된 문명·닫혀진 역사에 대해 현성공안(現成公案)을 던지는 자가 각운동결사의 동행선지식인 것이다.

제가 이제 복은 엷고 능력 없으며
뜻한 원은 크지만 역량 작아서
분심을 내 용맹하게 서원 세우니
서원 세워 중생을 건져 주는 것
지장보살 큰 성인과 같아지이다.

이제 작은 정성으로 선회 만듦에
한 바가지 물로 산불 구함 같나니
나의 지혜 넓고 커 끝이 없는 것
문수보살 큰 성인과 같아지이다.

  我今薄福無能力 志願大而力量小
  發憤勇猛立誓願 誓度衆生如地藏
  現今微誠設禪會 如救火山一瓢水
  我智廣大如文殊

- 용성선사 「활구참선만일결사발원문」에서 -

제Ⅴ장 함께 모여 삼매관행 같이 닦아가리니 [修行結社願文] | 287

1. 화엄결사를 여는 발원문〔華嚴社會願文〕
- 고운 최치원(孤雲 崔致遠)

『화엄경』은 비로자나의 참된 법계[毘盧眞法界]와 보현광대행원(普賢廣大行願)이 둘 아님으로 경의 근본종지를 삼는다. 비로자나는 저 부라흐만(Brahman)과 같은 초월적 신성의 이름이 아니라, 문수의 지혜[文殊智]와 보현의 진리〔普賢理〕가 그윽이 하나된 곳을 비로자나 법계라 한다. 그런데 살피는 바 보현의 진리가 곧 지혜인 진리이고, 그 지혜가 보되 봄이 없고 비추되 고요하고 고요하되 비추므로, 지혜와 진리의 하나됨인 비로자나 법계는 곧 행(行)인 진리처이다.

이렇게 보면 보현행은 비로자나 법계에 깨쳐드는[能入法界] 비로자나의 원인이자 결과이니, 이것을 경은 '보현행원으로 보리를 깨달아 이룬다[以普賢行悟菩提]'고 말한다.

이와 같이 불교경전 가운데 최고의 실천성을 표방하는 화엄이 왜 동아시아 불교사에서는 왕실의 흥복(興福)을 비는 지배자의 사상으로 바뀌게 되었는가. 이는 국가불교에 편입된 화엄사상가들이 화엄의 일심(一心)과 법계(法界)를 만유를 일으키는 절대적 기반처럼 해석하여 이를 지배자의 권능과 동일시해줌으로써 그렇게 된 것이다.

우리 역사에서 나말여초(羅末麗初)에 성행했던 화엄사회(華嚴社會)도 왕실 주변의 지배세력들이 나라의 흥복을 비는 결사로 이어져왔다.

최치원의 이 결사원문은 비록 나라의 흥복을 비는 뜻을 밑바탕에 깔고 있지만, 중국 여산(廬山)의 결사정신을 잇고 현수법장법사가 의상조사에게 날적마다 같이 진리의 인연 맺기 바라는 뜻을 받아, 화엄의 비로자나 법계에 온갖 중생이 함께 들어가길 서원하고 있다.
　최치원(崔致遠: 857~?)은 자를 고운(孤雲)이라 하였고, 869년 13세에 당나라에 유학하여 과거에 급제하고 당에서 크게 문명을 떨쳤다. 885년 귀국, 신라조정에서 한림학사 등의 관직을 맡았으나 진성여왕에게 시무책(時務策)을 상소한 뒤 외직을 떠돌다 홀연히 산에 들어 가야산 해인사에서 여생을 마쳤다.
　불교, 유교, 도교의 삼가에서 모두 현인(賢人)으로 받들며, 저술에 불교관계저작이 다수 있다. 의천의 『원종문류(圓宗文類)』에 본 발원문 외에 2편의 화엄결사문이 수록되어 있고, 대숭복사비(大崇福寺碑)·진감국사비(眞鑑國師碑)·지증대사적조탑비(智證大師寂照塔碑)·무염국사비(無染國師碑) 등의 사산비(四山碑)가 있다.
　그 밖에 화엄종 현수법장법사의 전기[法藏和尙傳]가 있다. 본 화엄결사발원에서 고운은 화엄보현행원의 뜻을 받아 미망의 중생을 모두 이끌어 늘 사라지지 않는 영축의 회상에 같이 하고, 저 서방정토에 함께 깃들어, 항상함과 즐거움[常樂] 같이 누리며 온 세상이 단이슬의 은혜에 젖기를 발원한다.

화엄결사를 열어 묘한 법을 펼치어서 중생과 함께 항상함과 즐거움 누리리니

1) 성인이 가르침 베푼 뜻을 보임

대저 성인이 가르침을 베푸는 것은 그것에 거짓 없음을 보여 저 인연 있는 무리를 교화함이다.

몸을 살피는 것은 새벽 서리가 바람을 맞이함이요, 성품을 단련하는 것은 찬 못이 달을 물에 가라앉힘이다.95)

망상이 망상을 내니 같이 낮은 세계〔下界〕에 걸리고, 공함이 지극히 공해지니 큰 기약〔大期〕을 벗어나 달아나지 않는다.

그러므로 기린이 들에서 아픈 마음을 품어 손을 놓고 두 기둥의 꿈96)을 꾸듯, 흰 고니처럼 숲은 빛깔을 변화하니 여래는 몸을 나누어 두 그루 사라나무〔婆羅雙樹〕의 슬픔97)을 맺는다.

이는 곧 가는 것을 증험하는 것98)이 오는 것과 같이 함이니, 형상이 그림자와 같이 함과 같다. 이미 모습을 쉬어 그림자를 그친 것이니, 이것이 허깨비를 버리고 참됨에 돌아감이다.99)

---

95) 몸을 살핌〔觀身〕과 성품을 단련함〔鍊性〕 : 몸을 살펴 몸의 공한 실상을 깨닫는 것은 새벽 이슬이 맑은 바람을 맞이하듯 사물과 서로 응하되 막혀 걸림이 없음이다. 성품을 단련하여 번뇌가 본디 공한 줄 알면 못이 맑아 하늘의 달이 못에 환히 비침과 같다.

96) 기린의 꿈 : 『예기(禮記)』「단궁(檀弓)」편에, 공자가 '내가 지난 밤 꿈에 두 기둥 사이에 앉아서 음식을 받아먹으니 내가 죽을 것 같다'고 한 고사가 실려 있다. 그러므로 기린이 두 기둥의 꿈을 꾸는 것은 성인의 죽음을 예고한 것으로 볼 수 있다.

97) 사라나무의 슬픔을 맺음 : 세존께서 열반하시자 사라나무도 슬퍼하여 흰 고니처럼 그 빛깔을 변화하고, 여러 제자들이 슬피 눈물 흘리니 여래는 관 밖으로 두 발을 보이시고 시방에 몸을 나누어 죽음이 죽음 아님을 보여 그 슬픔을 맺게 함.

98) 가는 것을 증험하는 것이 : 열반에 들어가되 실로 감이 없으니, 실로 감이 없음을 옳게 증험하는 것은 오되 옴이 없고 나되 남이 없음〔無生〕을 깨칠 때 이루어진다. 이는 마치 몸의 그림자가 실로 오고감이 있는 것이 아니라 몸의 모습 때문에 그림자가 있는 것과 같으니, 몸에 몸이 없으면 그림자 또한 없는 것이다.

99) 夫聖人之設敎也 示其無證 化彼有緣 觀身則曉露迎風 鍊性則寒潭浸月 妄生妄而同拘下界 空至空

2) 여산결사의 뜻과 현수법장이 의상조사에게 보낸 뜻이 오늘의 결사정신과 같음을 보임

또 옛날 여산의 봉우리〔廬峯〕에서 혜원공(慧遠公)은 대중과 같이 서원을 세워 마음으로 서방정토를 기약했다. 그 분이 남긴 아름다움을 찾을 수 있는데 하물며 저 당나라의 법장화상이 우리 조사 의상대덕에게 부친 글을 봄이겠는가.

그 글에 이렇게 말한다.

"오랜 옛날 진리의 원인을 같이하여
지금 생에 좋은 업을 같이했으니
바라건대 앞으로 오는 세상
몸을 버려 몸을 받을 때마다
노사나부처님의 회상에 같이해
다함 없는 묘한 법 들어지이다."

이런 인연으로 곧 유가집안〔儒室〕 같으면 안회(顏回)가 일찍 죽으니 하늘에 대고100) 글을 지음이며, 우리 부처님 집안〔釋門〕 같으면 지의선사(智顗禪師)가 스승 혜사선사(慧思禪師)와 서로 만남에 산 가운데서 옛 인연을 말하고 완연히 부합함101)과 같음을 알게 된다.

而莫道大期 是以麟野傷懷 負手應兩楹之夢 鵠林變色 分身結雙樹之悲 則驗去之與來 有若形之與影 旣乃息形止影 是爲捨幻歸眞.
100) 안회가 일찍 죽으니 : 제자 안연이 죽음에 공자가 하늘을 우러러 '슬프다, 하늘이 나를 망치는구나 하늘이 나를 망치는구나〔顏淵死 子曰 噫 天喪予 天喪予〕'라고 탄식했던 고사를 말한다.
101) 지의선사와 혜사선사의 만남 : 지의선사가 23세 때 법을 구해 대소산으로 혜사선사를 찾아가자, 혜사선사는 '영산회상에서 같이 법화를 들었는데 옛 인연이 밀어서 오늘 왔구나〔靈山會上同聽法華 宿緣所追今日來矣〕'라고 말했다. 그리고는 법화의 네 가지 안락행을 주니, 지의선사가 안락행을 닦다 홀연히 정에 들어 선다라니를 일으키자 혜사선사가 '네가 아니면 증득하지 못하고 내가 아니면 알지 못한다'고 말해 서로 부합함을 보인 것이다.

모두 인연으로 말미암으니 하물며 참된 가르침을 바야흐로 넓힘이겠는가. 세간 큰 영웅[世雄]의 지극한 살핌은 큰 허공을 싸서 활짝 보시고, 높은 세계로부터 멀리 펴시니 참으로 이 종지에 어울릴 수 있으면 반드시 지난 날 모임의 그 발자취를 좇게 될 것이다.

그렇게 하면 소리를 같이해 서로 응하는 것이니 참으로 나의 원에 꼭 맞음이로다.102)

3) 이 법자리는 일승의 묘한 뜻 탐구하는 모임이며, 모든 착함 행하는 자가 다 결사대중임을 보임

모든 착함 받들어 행하면 뉘라서 나의 무리가 아니겠는가. 이미 일승의 묘한 뜻을 탐구해 삼세의 오랜 인[宿因]을 다 밝혔으므로 나의 업 가운데 먼저 통달한 용상(龍象)들이 같이 향기로운 모임을 맺어 특별히 법자리를 세웠다.

만약 먼저 돌아감을 보이는 자가 있다면 대중이 황복사에 모여 하루 경을 강설하여 명복을 빌어 추모할 것이다.103)

4) 때가 상법과 말법이니 뜻을 정토에 두고 뭇 대중이 결사에 같이 해 함께 항상함과 즐거움 누리길 서원함

슬프다. 때가 상법과 말법이라 세속은 오히려 들떠 가볍고, 뭇 병은 없애기 어려우니 다만 정명거사(淨名居士)만을 우러를 뿐이다.

흘러가는 세월 점차 빨라지니 누가 막을 것인가. 늙은 나이도 점차 드물어

---

102) 且昔廬峯遠公 與衆立誓志期西境 遺美可尋 況覽巨唐法藏和尙 寓我祖師大德書云。 夙世同因 今生同業 願當來世 捨身受身 同於盧舍那會 聽受無盡妙法。 則知儒室則顔回早逝 天上修文 釋門則 智顗相逢山中敍舊 宛如符契。 皆自因緣 矧乃方廣眞筌 世雄至鑒 包大空而闊視 從上界以遐宣 苟能 叶於志斯宗 必也追蹤於曩會 然則同聲相應 固當適我願兮。
103) 諸善奉行 孰曰非吾徒也 旣究一乘之妙義 盡明三世之宿因 故我業中先達龍象 共締香社 特營法 筵 如有先示滅者 衆集皇福寺 講經一日 追冥福也。

질 것이다.
 '돌아가는 사람〔歸人〕'을 본 뒤에야 '가는 사람〔行人〕'을 아는 것이고, 크게 깨침에 이르른 뒤에야 큰 꿈을 알 수 있는 것이다.
 마음을 나의 깨끗한 눈에 두어 저 정토를 생각하지 않음이 없으니, 오로지 묘한 법음〔妙音〕 떨치어 넓은 원을 같이 펴고자 한다.
 바라는 바는 조사 밑으로 뒤에 나아가는 무리들이 먼 바다 모서리를 길이 벗어나 높이 영축산의 모임에 같이하고, 몸을 정토에 깃들여 지혜의 거울 높이 걸고 뭇 어리석은 삶들 밝혀서 중향성(衆香城)104)에 손을 잡아 이끄는 것이다.
 또한 자비의 수레에 걸터앉아 항상함과 즐거움을 누리며, 비록 하늘의 돌〔天石〕을 녹여서라도 단이슬을 이어 적셔주고 꽃을 비처럼 내리는 것이다.105)

---

104) 중향성(衆香城) : 반야회상(般若會上)에서 반야경 설법의 주인인 법기(法起 : Dharmodgata) 보살이 머물고 있는 성으로, 반야지혜의 주체가 머물러 살며 반야의 문자반야를 일으키는 곳이니 곧 실상반야의 처소〔實相理地〕이자 법계의 처소〔法界處〕이다.
105) 噫 時當像末 俗尙澆浮 衆病難除 但仰淨名居師 流年漸促 誰封老壽將罕。 見歸人然後 識行人 至大覺然後 知大夢 莫不心存我淨目想他方 聊振妙音 同申弘願。 所願者 祖師已降 後進之徒 永離遼海之隅 高涉靈山之會 棲身淨域 懸智鏡而炤群迷 携手香城 駕慈軒而恣常樂 縱銷天石繼灑雨華。

2. 전교(傳敎)의 도량을 수호하려는 크나큰 서원
– 사명법지존자(四明法智尊者)

　　법은 사람에 의해 넓혀지고 사람은 반드시 그 머물 곳을 의지하여 법을 넓힌다. 그러므로 수행자가 삼매를 닦는 아란야(Aranya)와 전교(傳敎)의 도량은 엄정하게 꾸며지고 아름답게 가꾸어져야 하며, 그 도량을 깨뜨리거나 어지럽히는 자들로부터 도량을 지켜내야 한다. 그 머물 곳이 지켜질 때 사람이 지켜지고, 사람이 지켜질 때 미래 만대에까지 교관(敎觀)은 전승되고, 부처님의 지혜목숨[佛命]은 영겁에까지 이어져갈 수 있다.

　　그러므로 사명지례존자는 전교의 도량을 세우며 삼보와 호법성중, 위력 있는 신들에까지 고하여 도량을 보살펴주길 서원하고, 만약 전교도량 깨뜨리는 자가 있다면 그에게 큰 재앙이 닥칠 것을 경고하고 있다.

　　자비보살은 스스로의 몸을 무너뜨리고 눈을 빼서 깨뜨린다 해도 남을 저주하거나 원망하지 않는다.

　　그러나 악인이 진리의 가르침을 전하는 도량을 무너뜨리면 그것은 뭇 중생의 보리의 선근을 없애는 일이므로 참된 자비보살은 그 악한 무리를 막아내 여래의 진리생명을 보살펴야 하는 것이다.

　　도량을 깨뜨리는 악인이 비록 죄를 짓지만 그 죄를 돌이켜 그 죄가 법계인줄 깨달으면 죄업이 끝내 다하는 것이고, 도량을 보살피는 자가 비록 착한 행과 복을 짓지만 그 복도 함이 없어 저 허공과 같은 것이다.

　　그러므로 지례존자는 죄를 짓는 자와 복을 짓는 자가 모두 여래의 진리생명 안에서 끝내 보리와 열반의 도 얻기를 서원한다.

법 전하는 이 도량〔傳敎道場〕 보살펴 환히 드러내주옵소서

1) 삼보님과 모든 성중께 도움과 증명을 청함

    사문 지례 등은 들음 비록 달리하나
    마음을 하나로 하고 뜻을 하나로 하며
    말하는 입 달리하나 소리를 같이 하여
    시방법계에 늘 머무시는 삼보님과
    석가세존과 앞으로 올 미륵부처님과
    용수보살 남악선사 천태지자선사와
    각기 참됨 증득하신 산문의 여러 조사
    걸림 없는 도인들과 범왕과 도리천
    사천왕과 용과 신 여덟 부류 여러 성중
    선행을 주관하고 악한 행을 벌하며
    탑과 절을 지켜주고 보살피는 여러 신들
    다섯 산과 네 물길 지켜주는 귀신들께
    지극한 마음으로 우러러 아뢰오니
    바라건대 불법을 지키려는 본원대로
    몸을 낮춰 내려오사 증명하여 주옵소서.106)

2) 바르게 전법하지 못하고 세월만 보냈음을 참회함

    지례 등은 그윽한 자비 일찍 이어받아
    다행히도 천태지자 설한 법문 만나서

---

106) 沙門(知禮異聞)一心一意 異口同音。仰白十方常住三寶釋迦世尊 當來彌勒正遍知者 龍樹菩薩 南嶽禪師 天台智者 山門諸祖 各得眞證 無礙道人 梵王忉利 四鎭天王 龍神八部 主善罰惡 守護塔寺 及五嶽四瀆正直鬼神。惟願各以護法本誓 屈降證明。

지난 날 법의 인연 갚으려고 생각해
어리석음 다하여서 강설하고 가르쳐서
해와 달을 쉬임 없이 거치어 지냈지만
함부로 광음만을 없애버려 보냈나니
전해준 법 받들어 그리워하였지만
보리 씨앗 끊어버림 이루게 되었도다.

오늘 모인 대중 각기 천명 아는 나이 지나
죽을 때가 다 돼서야 하는 일과 원 어긋남
헛되이 가슴 쓸며 길이 탄식 하나니
살을 깎고 뼈 도려서 마음 깊이 뉘우친들
앞에 지은 잘못 어찌 때울 수가 있을건가.107)

3) 이 전교의 도량과 가르치는 경전을 모아 뒤의 보살에게 헌공하고
여래의 법이 길이 이어지길 서원함

지금 내가 출가시킨 제자들과 더불어
승적에 묶여 있는 출가권속에 이르도록
머무는 강원과 모은 가르침의 글을 지녀
앞으로 올 시방의 교를 전할 보살에게
우러러 이 모든 것 받들어 드리오니
바라는 바 뒷세상에 번갈아 서로 전해
다함 없는 미래까지 이르러 감이옵고
이와 같이 성실한 뜻 간략히 펴보임은
여래께서 남긴 당부 저버리지 않음이네.108)

---

107) (知禮)等 夙承慈熏 幸值天台智者說證法門 念報曩緣 竭愚講訓 綿歷歲月 唐喪光陰 載謄所傳
俄成斷種。 今各年逾知命 運近死王 旣事與願違 空撫膺長恨 刻肌剡骨 寧補前非。

4) 도량과 아란야로 인해 법이 다시 전해짐을 말함

　　가만히 생각하니 석가모니여래께서
　　세상에 모습 보여 오래 영축 계셨는데
　　수달타 장자가 마음을 돌이킴에
　　맨 먼저 제타숲 급고독원 지내시니
　　범천왕 궁전 받들어 설하시길 청하고
　　정명은 방에 누워 불이법문 일으켰네.
　　바른 법 머물러 지녀가도록 함에는
　　탑과 묘를 보살피라 모두에게 당부했고
　　네 가지 의지처109)를 법칙 삼아 잇게 함에
　　중생이 머물 곳은 모두 다 드러냈네.
　　이미 법이 사람을 의지하여 펴지므로
　　사람들은 반드시 머물 곳을 의지하네.

　　이곳은 비록 마을에 의지하고 있지만
　　자못 깊은 산속의 숲처럼 고요하며
　　서쪽에는 호수의 맑은 빛이 비치고
　　동쪽에는 들빛이 아득히 이어지며
　　집들은 남북으로 길게 늘어서 있어
　　거칠게나마 깃들어 살 수 있는 도량이네.

　　여래께서 열반하여 이 세간 떠난 뒤엔

---

108) 今與手度弟子(立誠 又玄 本慈 本常 尙閑 德才 曇慧 曇覺 本淳)等. 下至繫籍出家一聚眷屬 持所住講院及所集敎文 仰給將來十方傳敎菩薩 所祈後後遞相傳付 以至無窮 略展誠懷 不辜遺囑.
109) 네 가지 의지〔四依〕: 법에 의지해야 할 네 가지란, ①법에 의지하고 사람에 의지하지 않음 ②요의경에 의지하고 불요의경에 의지하지 않음 ③뜻〔義〕에 의지하고 말〔語〕에 의지하지 않음 ④지혜에 의지하고 식(識)에 의지하지 않음이다.

집을 지어 악세에 법을 드날려야 하니
일장경은 여래께서 노닐어 쉼이라 말하고
『법화경』은 부처님의 받아쓴이라고 함에
지금 이 도량 속의 누추한 방들 또한
경의 뜻에 통한다고 길이 길이 말하리라.110)

5) 전교의 이 도량을 보살피사 도가 넓혀지고 이어지길 바람

우러러 바라오니 여러 모든 부처님들은
크나큰 자비로써 저희에게 오시어
네 가지 의지할 곳 슬피 여겨 받아주사
어리석은 범부들이 스스로 장엄케 해
길이길이 고요한 빛 함께하게 하옵시고
미래의 먼 겁까지 사는 곳을 편안히 해
도는 미륵 내원까지 융성토록 해주시고
교화는 향엄성까지 멀리 넓혀지이다.

좋은 스승 늘 만나고 어진 제자 오래 모아
법의 횃불 저 하늘의 별처럼 널리 나눠
한량없는 시방세계 널리 두루 비추고
종승을 온 세상에 두루두루 펼치며
과거 현재 미래세에 끊임없이 뻗쳐서
항상한 지혜 목숨 끊어지지 않게 하여
묘한 보리의 씨앗 잘 자라게 하여지이다.111)

---

110) 竊以 如來垂像 久託鷲山 須達歸心 先經祇樹 梵王奉宮 而請說 淨名臥室 以興談. 至於正法住持 皆囑塔廟 四依繼軌 咸顯所居 旣法藉人宣 故人必依處 此處雖寄聚落. 頗若山林 西映湖光 東連野色 棟宇延袤 粗可棲依. 滅後造堂 惡世揚法 日藏稱如來游止 法華謂是佛受用 今玆陋室永言通經.

6) 악한 무리가 도량을 침범해 법을 깨뜨리려 하면, 끝내 그 뜻 이루어지지 못하도록 할 것을 서원함

때로 악한 무리들 아주 몹쓸 떼거리가
이 도량에 몰려와서 억지로 차지하여
권세 믿고 세력 묶어 함부로 뺏고 속이어
반야 지혜 전해감을 없애려고 하거나
부처님의 도를 행함 가로막으려 하면
내가 바로 이곳을 삼보님께 받들어 올려
우러러 이 법 전해가도록 하오리라.

이 사람이 억지로 수행처를 차지하여
부처님이 받아쓰시는 곳 속이고 뺏으며
법 바퀴 굴리는 곳 없애 무너뜨리고
또한 대중 화합해 배우는 곳 이간하면
이 사람은 마땅히 삼보를 깨 없애고
반야 지혜 배워감을 끊어 없애버리는
지극히 무겁고 악한 죄 얻게 되리니
하물며 바른 법이 사라지는 말세의
법을 지켜 보살피기 어려운 때이겠는가.
『법화경』에서 가장 무거운 죄라 말한
부처님 욕한 죄가 도리어 가벼운 죄고
불법 전하고 보살핌을 깨뜨린 이 일
그 보다 더 무거운 죄가 아니겠는가.112)

---

111) 仰惟諸佛慈臨 四依哀納 庶令凡鄙自然莊嚴永遠休光未來安處 道隆內院化廣香城。 常得善師 遐聚賢學 星分法炬 遍照於十方 流布宗乘 綿亘於三世 常壽不斷 妙種益滋。
112) 其或惡黨兇徒 將來固占 恃權結勢 橫見欺奪 廢傳般若 障塞行道 我已將此處 奉上三寶 仰給傳持。 是人便爲固占 欺奪佛受用處 亦是廢壞轉法輪處 亦是離間和合學處 此人當得破滅三寶斷學般若

바라건대 나의 무리 나아가 다른 사람
내가 법을 전하는 곳 점거하려 한다면
마음만 움직여도 곧 바로 미쳐버리고
입을 열어 움직이면 소리 잃어 말 못하며
몸과 손을 움직이면 바람 맞아 오그라지며
불에 타고 독한 뱀 살모사가 침해하고
몹쓸 종기 돋아서 피고름이 터지며
눈 멀고 귀 먹으며 벙어리가 되어버리고
네 활개 몸뚱이가 빠지고 무너지며
감옥에 갇히어서 칼과 족쇄 차거나
원적이 칼로 찌르고 몽둥이로 때리며
악한 귀신 괴롭히고 벽력이 내리치며
독약을 마시거나 재앙을 만나는 등
온갖 모든 어려운 일 갖추어 받게 하고
따르는 권속들은 병이 들고 서로 싸워
모두 또한 헤어지고 흩어지게 하오리라.

내가 있는 이 도량에 머물고자 한다면
마음이 늘 활활 타서 화탕지옥 있음 같고
보는 빛깔 독이 되고 보는 소리 독이 되며
냄새와 맛 감촉 모두 독한 해를 이루고
닿아서 향하는 것 다 안온하지 않게 되고
목숨 마쳐 다할 때엔 아비지옥 떨어지리.
이뤄지고 무너짐에 더욱 더 꼭 붙어서
지옥세계 길이 나올 기약이 없게 되고

極重罪惡 況復末世 護法爲難 法華罵佛尙輕 不亦傳護事重.

오는 세상 남은 재앙 앞의 겁 배나 되리.113)

차라리 나의 몸을 무너뜨려 버리고
차라리 나의 목숨 끊어 없애버리며
차라리 나의 눈을 무너뜨리고 깨뜨려
내 모습과 목숨과 눈 무너뜨린다고 해도
이 사람이 이와 같은 괴로움을 받도록
끝내 내가 이 사람을 저주하지 않지만
만약 내가 법 전하는 이곳 무너뜨린다면
이는 바로 나와 온갖 중생의 보리선근
반야의 진리 씨앗 끊어 없애버림이고
또한 다시 천태지자선사의 교관 생명
여래께서 남긴 교화 그 힘 없애버림이리.

요점 말해 본다면 이런 짓은 곧 바로
시방삼세 삼보님의 정법의 눈 없앰이고
진리 생명 진리의 눈 깨뜨려 버림이라
온갖 중생 삼악도 문 열어내는 일이며
온갖 사람 하늘들의 열반의 길 막음이니
이 사람이 죄를 지어 받게 되는 그 갚음은
이루 생각할 수 없고 말할 수 없으리라.114)

---

113) 當願若我徒黨乃至餘人 將欲占據我傳法處 動心則應時狂迷 動口則失音不語 動身手者 或被風攣 或遭火爛毒蛇蝮蝎一切侵害惡瘡膿血盲聾瘖啞 肢體闕壞 牢獄怨賊 枷杻刀杖 惡鬼霹靂 毒藥橫災 一切諸難 令其備受 所有眷屬 病惱鬪諍 悉亦離散 住我此處 心常踉熱 如處火鑊 所視毒其眼 所聞毒其耳 嗅嘗及觸皆成毒害 凡有觸向 悉不安隱 命終當墮阿鼻地獄 成壞轉寄 永無出期 未來餘殃 復倍前劫.
114) 寧壞我身 寧斷我命 寧破我眼 若壞我形命眼目 終不呪令是人招斯等苦 若壞我此處 卽是斷我及一切衆生菩提善根般若種性 亦斷智者敎觀壽命 亦滅如來遺化勢力. 以要言之 卽是壞滅十方三世 三寶壽命 正法眼目 開一切衆生三惡趣門 閉一切人天涅槃道路 此人罪報不可思議.

7) 불보살께 다시 원해 악한 무리 물리쳐서 이 도량이 환히 빛나도록 발원함

    우러러 바라오니 여러 모든 불보살과
    모든 하늘 용과 신들 이런 사람 막아주사
    한 생각일지라도 이와 같은 악한 마음
    일으키지 않도록 보살펴 주옵소서.
    하물며 헐어 무너뜨림 말할 나위 없사오니
    우러러 바라건대 나라주인 황제와
    여러 왕과 재상 관리 지방수령 세력인들
    함께 같이 보살피사 법 전하는 이곳이
    길이 길이 법을 전해 끊임없게 해주소서.

    만약 나의 무리나 다른 나쁜 비구들이
    흉기 들고 법 전하는 이곳을 허문다면
    바라건대 『열반경』의 열여섯 큰 왕들이[115]
    큰 서원을 세워서 불법을 보살피려
    꺾어 항복하는 법 엄하게 사용하여
    모두 쫓아 집에 가게 함을 따라지이다.

    또한 다시 바라오니 저 『열반경』 말씀처럼[116]

---

115) 『열반경』의 열여섯 큰 왕들 : 대통지승불(大通智勝佛)이 세속에서 낳은 열여섯 왕자가 모두 출가하여 바른 법을 보살피고 위없는 보리의 도를 성취하여 시방국토에 설법하고 있다. 여기서는 출가하기 전 열여섯 왕들이 불법을 보살피려고 계 파하는 이들을 모두 쫓아 집에 가게한 본사를 들어 도량 깨뜨리는 이들에 대한 호법의 의지를 밝히고 있다.
116) 『열반경』 말씀처럼 : 『열반경』 가운데 보살의 악을 깨뜨리는 적극적인 큰 인욕을 보이기 위해 가섭부처님과 석가부처님의 본사를 사례로 보인 법문을 말한다. 유덕국왕이 각덕법사와 바른 법을 보호하기 위해 바른 법 파괴하는 이들을 모두 죽인 뒤, 동방 아촉불국에 태어나 아촉부처님의 상수제자가 되고 왕의 권속들은 두 번째 세 번째 제자가 되어 끝내 바른 법 깨뜨린 이마저 제도한 본사이니, 큰 인욕행을 보인 유덕국왕은 석가모니부처님이시오 각덕법

과거에 왕이 있어 몸과 목숨 다 바쳐서
불법을 보살피려 부동불국 태어나
그 부처님의 윗머리인 보살 제자 되어서
불법을 보살피는 일이 매우 중요해
빼어난 업의 과보 다해 마침 없듯이
아래로 나의 권속 선지식에 이르도록
보고 듣고 따라서 기뻐하는 모든 이들
다만 모두 함께 같이 도울 수 있도록 해
법 전하는 이곳 환히 드러내주옵소서.117)

8) 하늘무리에게 다시 불법 지켜줄 것을 발원하고 악한 무리마저 보리의 도 깨치기를 서원함

바라건대 이 여러 하늘의 대중들은
있는 곳 어디서나 여러 모든 부처님과
보살들과 여러 하늘 무리들과 성중들이
언제나 보살펴주시는 바가 되나니
저희 대중 사랑하는 생각을 늘 일으켜
낮밤으로 보살펴 불법 지켜주옵소서.

저 악한 사람들이 죄의 과보 얻듯이
나는 늘 복락 얻어 죄의 과보 넘어서나

사는 가섭부처님이시다.
117) 仰願 諸佛菩薩諸天龍神 遮護此人 勿令一念起此惡心 況至毀壞 又願 國主皇帝諸王輔相 職權主任 州牧縣官大勢力人 同垂衛護 令得此處 永永傳法繩繩靡絶 若我徒黨及餘諸惡比丘 或有干執乃至毁撤 此傳法處者 願準涅槃十六大國王 大誓護法 嚴用折伏 乃至驅令還家. 亦願如彼經文 過去有王身命護法 生不動佛國 爲彼佛上首菩薩弟子 護法事重 勝報無窮 下至我眷屬知識 見聞隨喜者 但能贊助 光顯此傳法處.

악인의 죄 셈이 있되 깨달으면 다함 있고
나의 복은 함이 없어 저 허공과 똑 같으니
나의 원력 법계 온갖 중생을 장엄하여
보리와 열반의 도 함께 깨쳐지이다.118)

---

118) 願此天衆 在在處處 常爲諸佛菩薩 諸天聖衆 所見愛念 晝夜護持。 如彼惡人所得罪報 我得福樂 復過於彼 彼罪有漏 會有盡時 我福無爲 同虛空性 莊嚴法界一切有情 同會菩提及涅槃道。

3. 연경원에서 염불삼매의 결사를 열며 발원함〔延慶院念佛結社發願〕

- 사명법지존자(四明法智尊者)

송대 대혜종고선사(大慧宗杲禪師)나 천동정각선사(天童正覺禪師)의 회상이 주로 사대부·귀족들과 교류하면서 조사선법(祖師禪法)으로 지식인 중심의 교화활동을 폈다면, 사명지례의 연경원(延慶院)은 안으로 대승경전을 강설하고 깊이 네 가지 삼매〔四種三昧〕를 닦으면서, 널리 광범한 대중을 결사에 묶어 염불삼매를 가르치며 정토업(淨土業)에 이끌었다.

연경원 염불결사는 일만 명의 대중을 결사에 묶어 대중이 스스로 염불하며 삼보께 공양하고 나라의 복리를 기원하며 결사대중 서로의 왕생극락을 발원하였다. 『사명존자교행록(四明尊者敎行錄)』에는 염불 대중을 모아 수행하며 일만 명의 수행공동체를 이끌어갔던 결사의 모습을 다음 같이 보이고 있다.

"본 결사는 승가와 세속사람 남과 여, 일만 사람을 널리 묶어 세상을 마치도록 아미타불을 부르고 보리의 마음을 내 정토에 나기를 구한다.

해마다 2월 보름 중춘(仲春)에 연경원에 도량을 열어 세워서 삼보에 공양하고 승가의 복밭에 재를 베풀며, 그 공덕으로 황제의 목숨이 늘기를 축원하고, 백성과 군인을 복되게 하고 이익 되게 하였다. 그 법의 모임 세우는 법은 다음과 같다.

권해 청하는 모임의 머리 되는 사람 210명이 각기 48인을 모집해, 사람 따라 염불하도록 하고 참회 발원을 일지에 한 마디씩 쓰게 한다.

날마다 부처님의 이름 일천 소리를 외워, 도 장애하는 무거운 죄를 참회하고 보리의 원을 일으키며 중생을 제도하기 위해 정토에 가서 나려 한다.

부처님 그리기를 권청해 일지 위에 자주 그리도록 하고, 모임을 세우는 날에 이르르면 회주자가 일지를 미리 지니고, 또한 맑은 재물과 마흔여덟 글을 갖추어 연경원에 이르러, 기록을 모아 글[疏]을 올리며, 날이 되면 임금의 선지를 부인다.

때로 결사에 든 제자가 갑자기 죽게 되면, 청해 권한 머리되는 사람이 바로 이어 성명과 그 사람의 일지를 가지고 연경원에 이르러 서로 보고하고 곧바로 알려 보인다.

그렇게 하면 결사에 있는 9999사람이 각기 부처님의 이름 천소리를 불러 그를 위해 죄를 참회하고 그 사람의 원(願)과 행(行)을 도와 정토에 나게 한다.

또 모임을 세우는 날에 결사 대중으로 하여금 염불케 하여 그를 이끌어 왕생케 한다. 그리고는 권해 청하는 모임의 머리 되는 사람이 빨리 사람을 모집하여 빈자리를 메운다. 그러므로 바라는 바는 늘 같이 깨끗한 업을 닦는 만 사람을 묶는 것이다."

부처님의 이름 부르고 그 부처님 자비행 닦아가면 반드시 그 국토에 나게 되리라

1) 비록 중생이 윤회 속에 있으나 중생의 실상이 무장애법계임을 말함

　　원래 중생 한 생각은 본디 밝아 융통하고
　　여러 가지 모든 법은 막혀 걸림 없으나
　　업의 끼침 만나서 이미 서로 달라지니
　　불러 받는 그 갚음이 차별을 이루었네.

　　원부일념본융　제법무애
　　原夫一念本融　諸法無礙

　　우훈기이　감보성차
　　遇熏旣異　感報成差

2) 서방정토에 왕생하는 법문이 쉬운 해탈의 길임을 보임

　　그러므로 참된 성품 따라서 닦아가면
　　여러 모든 부처님의 정토를 나타내고
　　헛된 뜻을 따라서 온갖 업을 지으면
　　다섯 길 괴로움의 바퀴를 따르도다.

　　이 까닭에 참음의 땅 이 사바에 사는 이들
　　이 땅 벗어나려 하나 벗어나기 더 어려웁고
　　번뇌의 땅 떨어지는 무리 매우 많도다.

그러므로 경에서는 '사람의 몸 얻는 이는
손톱위의 흙과 같고 사람 몸을 잃는 이는
큰 땅의 흙과 같다' 말씀하여 주시네.

삼승의 행이 모두 갖춰짐을 기다려서
바야흐로 네 갈래 악한 길을 벗어나서
좋은 곳에 태어남을 비로소 받게 되나
대개 바깥 악한 경계 거칠고 매우 강해
번뇌의 타는 불길 더욱더 활활 타니
스스로의 힘만으로 해탈을 구하려면
그와 같은 사람은 실로 매우 어려우리.
만약 저 서방의 안양세계 태어나면
국토가 장엄되고 몸과 마음 깨끗하여
곧장 바로 위없는 부처님의 도를 이뤄
세 갈래 악한 길에 떨어지지 않으리라.

경에 말씀하시길 서방의 정토에는
악도의 이름조차 없다고 하였는데
어찌 하물며 악도가 참으로 있겠는가.
또한 경에 중생으로 그 국토에 나는 자는
모두다 아비발치보살[119]이라 말했으니
서방의 그 국토에 나려고 하려는 자
다만 그 부처님의 거룩한 이름 부르고
그 국토 부처님의 자비를 닦아 가면
반드시 그 부처님 본원이 거둬주어

---

119) 아비발치(阿毘跋致) : 범어 아비니바르타니야(avinivartanīya)의 소리 옮김으로, 물러서지 않음〔不退〕물러나 뒤바뀌지 않음〔不退轉〕이라는 뜻으로 옮기니, 아비발치보살은 보살의 지위에서 다시는 뒤로 물러나지 않고 반드시 깨달음에 오를 보살을 말한다.

여기 받은 이몸 버려 그 국토에 나게 되리.
자세한 것 경 가운데 말씀한 그대로라
실로 내가 꾸며내 지어낸 말 아니로다.

시이순성이수 즉현제불정토
是以順性而修 則顯諸佛淨土

수정이작 즉순오취고륜
隨情而作 則循五趣苦輪

소이처사바자 승출우난 타락자중
所以處娑婆者 升出尤難 墮落者衆

고경운 득인신자 여조상토 실인신자 여대지토
故經云 得人身者 如爪上土 失人身者 如大地土

직대삼승행비 방면사취수생
直待三乘行備 方免四趣受生

개경계추강 번뇌치성 자력구탈 실난기인
蓋境界麤强 煩惱熾盛 自力求脫 實難其人

약부생안양자 국토장엄 신심청정 직지성불 불타삼도
若夫生安養者 國土莊嚴 身心淸淨 直至成佛 不墮三塗

경운 상무악도지명 하황유실
經云 尙無惡道之名 何況有實

우운 중생생자 개시아비발치 약욕생피 단당칭피불호
又云 衆生生者 皆是阿鞞跋致 若欲生彼 但當稱彼佛號

수피불자 필위피불본원섭취 사차보신 정생피국
修彼佛慈 必爲彼佛本願攝取 捨此報身 定生彼國

구여경설 실비억담
具如經說 實匪臆談

3) 결사대중이 정토에 나도록 만 사람을 묶어 수행함을 말함

　　지금 만 사람 묶어 한 모임을 삼아서
　　마음 마음 아미타부처님께 생각 매어
　　함께 공양 닦고서 함께 법을 들으며
　　날마다 저 세계 가서 나길 기약하며
　　해마다 중춘이면 한 곳에 같이 모여
　　그 만 사람 마음을 한뜻으로 모아서
　　고요한 선정의 업 이루도록 도우며
　　불국토에 가서 남을 모두 서원 하나니
　　하물며 염불하는 좋은 업의 갚음으로
　　한량없는 목숨과 끝없는 빛 얻음이랴.

　　금결만인 이위일사 심심계념 일일요기
　　今結萬人 以爲一社 心心繫念 日日要期
　　매세중춘 동집일처 동수공양 동청법음
　　每歲仲春 同集一處 同修供養 同聽法音
　　회피만심 이위일지 비성정업 서취왕생 황보득명광
　　會彼萬心 以爲一志 俾成定業 誓取往生 況報得命光

4) 다시 중생의 업을 경계하며 부지런히 염불수행할 것을 당부함

　　그러나 서원의 뜻 바람 앞의 등불 같아
　　한번 그쳐 쉬어서 이르지 아니하면
　　세 가지 악한 길이 눈앞에 드러나니
　　제 스스로 넉넉하다 마음을 놓아지내
　　오게 될 나쁜 과보 어찌 생각 않는가.

제Ⅴ장 함께 모여 삼매관행 같이 닦아가리니 [修行結社願文] 311

마땅히 부처님의 말씀에 의지하고
사람들의 헛된 뜻을 따르지 말 것이며
경계 따라 생각함을 단박 쉬어 그치고서
부지런히 부처님의 이름 불러 수행하라.

기유풍촉 일식부지 삼도현전
其猶風燭 一息不至 三塗現前
하득자관 불사래보
何得自寬 不思來報
당의불어 무순인정
當依佛語 無順人情
돈식반연 유근염불
頓息攀緣 唯勤念佛

4. 새로 세운 도량에 들어 대중에게 보임〔入菴示衆〕
- 대혜종고선사(大慧宗杲禪師)

임사법(林司法)이 도량을 창건하고 도량창건공덕주인 돌아가신 아버지〔先考〕의 명복을 빌기 위해 대혜선사께 설법을 청하므로 대중에게 보인 법어이다.

복성(福城)의 동쪽은 선재동자가 문수보살을 만나 크나큰 보리의 마음을 내고 53선지식 참방의 구도여정을 시작한 곳이다. 선재동자는 처음 태에 들 때 집 앞에 칠보의 누각이 솟구치고, 태어나자 온갖 보배가 나타나 모든 곳간이 가득해지므로, 부모 친척과 여러 이웃들이 그 이름을 선재(善財)라 하였다. 선재는 앞세상 장자의 몸〔長者身〕으로 크나큰 복을 갖추어 한량없는 시방부처님께 공양하고 부처님께 한량없는 선근을 심어 현세의 선재가 되었다. 그러므로 선사는 먼저 도량창건공덕주인 장자의 공덕을 선재가 과거생 장자였던 본사(本事)를 들어 찬탄한다.

그리고 이 도량창건의 모습이 부처님 당시 하늘사람이 풀 한 포기를 꺾어 땅에 꽂아 부처님께 범찰을 지어 바치듯, 부사의법계의 지음 없는 불사〔無作佛事〕임을 보인다. 또한 사바의 예토에 살며 아란야를 지어 바친 장자가 스스로의 몸이 본디 공함을 요달하여 집착해야 할 앞몸을 보지 않으므로, 이미 저 연화정토에 왕생했음을 언약한다.

그리고 장자와 그 자손의 지극한 원력으로 세운 청정가람에서 머무는 대중이 모두 여래의 적멸바다에 머물기를 발원하니, 오늘 사람들〔今時人〕이 머물러야 할 여래의 적멸바다란 온갖 있음이 있음 아닌 곳이라, 삼세 모든 부처님 역대조사와 천하노화상이 찾고 찾아도 더듬어 찾아 잡을 수 없는 곳〔沒摸索處〕인가.

그렇다면 적멸바다에서 무슨 안〔內〕을 말하고 밖〔外〕을 말하며 진리〔理〕를 말하고 사법〔事〕을 말하며 승(僧)을 말하고 속(俗)을 말할 것인가.

그러나 복성의 동녘 바다 섬에서 선재장자는 여전히 향과 꽃을 받들어 시방의 한량없는 부처님께 공양하고, 믿음 깊은 단월은 풀을 꺾어 범찰을 지어 삼보께 헌공하니, 이 암자에 머무는 대중 또한 다함 없는 솔바람 소리와 꽃풀향내를 가져다 현전대중에게 공양하고 시방불에게 공양하여야 하리라.

함께 같이 여래의 적멸바다 머물러지이다

1) 도량창건공덕주의 공덕이 선재동자의 본사와 같음을 찬탄함

  복성의 동쪽에 큰 장자가 있어
  복성의 동쪽 바다 섬에 살면서
  생각할 수 없고 말할 수 없는 겁 동안
  셀 수 없는 여러 모든 부처님들을
  받들어 모시고 공양했도다.

  거룩하다 이 장자의 공양하심은
  이 세간에 드물게 있는 일이라
  우담발라 천년의 때가 되어야
  세상에 한 번 피어남과 같나니
  넓고 크고 진실한 마음을 열어
  부처님이 계시지 않는 처소에
  부처님의 아란야를 세워지었네.

  복성동유대장자 거복성동해서상
  福城東有大長者 居福城東海嶼上
  어부사의진겁중 승사공양무수불
  於不思議塵劫中 承事供養無數佛

  선재장자세희유 여우담화시일현
  善哉長者世希有 如優曇華時一現
  발계광대진실심 창무불처아란야
  發啓廣大眞實心 刱無佛處阿蘭若

2) 오늘의 도량건립이 옛날 하늘사람이 풀을 꺾어 꽂아 범찰지음과 같음을 말함

    그 옛날 지혜로운 이 범찰 지음에120)
    풀을 꺾어 땅에 꽂아 이룸과 같이
    이 마음이 굳세어 수미산 같아
    기리거나 헐뜯어도 움직임 없네.
    마왕 군대 그 숫자가 매우 많아도
    이 사람의 빼어난 뜻 한번 보고는
    스스로 뜻을 꺾어 항복하리라.

    약석지인건범찰 절초삽지즉성취
    若昔智人建梵刹 折草揷地卽成就
    차심견고등수미 혹찬혹훼불요동
    此心堅固等須彌 或讚或毀不搖動
    마왕군중수심다 도자수승자최복
    魔王軍衆數甚多 睹玆殊勝自摧伏

3) 장자(長者)가 몸의 실상을 잘 살펴 이미 정토에 이르렀음을 말함

    장자는 이 몸이 뜬 구름 같아
    잠깐 사이 변해서 곧장 사라져
    오래 가지 않음을 바로 살피어
    부처님의 나라에 날 때 이르자

---

120) 지혜로운 이 범찰 지음에 : 『선문염송집』에 이렇게 말한다.
   "세존께서 대중과 함께 가시다가 땅 한 조각을 가리키며 말씀하셨다. '이 곳에 마땅히 범찰을 지으라.' 제석천이 한 줄기 풀을 가져다 땅에 꽂고 '범찰을 지어 마쳤습니다'라고 하니 세존께서 미소하셨다."

손을 놓고 그 나라에 곧장 가서 나
이 몸 다시 되돌아보지 않도다.

장자시신여부운 변멸수유불장구
長者視身如浮雲 變滅須臾不長久
당생불국시절래 살수변행불회고
當生佛國時節來 撒手便行不回顧

4) 아버지를 추모하는 자식 또한 진리문에 급제했으며 아버지는 일찍이 죽지 않았음을 말함

자식 있어 어버이의 뜻을 따라서
그 집을 올바르게 일으켜내고
지극한 뜻으로 서원 세워서
몸과 마음 모두 공해 급제했도다.121)

어진 이는 그 목숨이 길이 머물며
그 밀은 사람 속이시 않으셨으니
지금 또한 일찍이 죽지 않았음
마땅히 살펴서 알아야 하리.

---

121) 몸과 마음 모두 공해 급제했도다 : 몸과 마음이 급제했다 함은 방거사(龐居士)의 다음 게송의 뜻을 취한 것이다.

시방의 온갖 무리 함께 모여서
낱낱이 다 함이 없음을 배우도다.
이것이 곧 부처 뽑는 과거장이니
마음 공해야 급제해 돌아가도다.

十方同共聚　箇箇學無爲
此是選佛場　心空及第歸

유자준의기기가 지원신심구급제
有子遵義起其家 志願身心俱及第
인자즉수어불무 당지금역미상사
仁者則壽語不誣 當知今亦未嘗死

5) 이 도량에 모인 이들이 같이 여래의 적멸바다에 머물기를 바람

내가 이 아란야에 와서 머물며
장자가 한을 남김 보지 않음에
게를 말해 장자의 뜻 드날려주니
이 도량에 모인 이들 함께 다같이
여래의 적멸바다 머물러지이다.

아래거시아란야 불견장자생유한
我來居是阿蘭若 不見長者生遺恨
고설차게요발양 동주여래적멸해
故說此偈聊發揚 同住如來寂滅海

5. 선정과 지혜를 닦도록 권하여 결사하는 글〔勸修定慧結社文〕
- 보조지눌선사(普照知訥禪師)

　　보조지눌선사(普照知訥禪師)가 주도한 수선사(修禪社) 결사와 원묘요세선사(圓妙了世禪師)가 주맹한 백련사(白蓮社) 결사는 고려 중말엽 명리와 세간권세에 빠진 고려불교를 일신하기 위해 일어난 양대결사운동이다. 수선사결사는 처음 지눌선사가 임인년 개경 보제사 담선법회(談禪法會)에서 제안하고, 선사가 하가산 보문사에서 안거한 뒤 팔공산 거조사(八公山 居祖寺)에서 이 결사문을 발표하고 그 뒤 조계산 송광사에서 크게 대중을 모아 결사가 진행되었다.

　　원묘선사는 보조선사의 후학으로 지눌의 권유를 받고 지리산 상무주암(上無住庵)에서 3년을 같이 좌선정진한다. 지눌선사는 상무주암에서 조계산으로 돌아가고, 원묘선사는 남원 귀정사(歸正寺)를 거쳐 월생산에 머물며 약사난야(藥師蘭若)에서 오도하고 만덕산 백련사에서 결사한다.

　　지눌선사는 처음 『수심결(修心訣)』을 저작할 무렵 색심이원론적 선관에서 크게 벗어나지 못하다가, 하가산 보문사에서 통현장자(通玄長者)의 『화엄론(華嚴論)』을 읽고서 기존의 선관을 버리게 된다. 선사는 하가산 보문사를 나와 팔공산 거조사에서 본 결사문을 발표하고, 습정균혜(習定均慧) 정혜쌍수(定慧雙修)를 수행의 강령으로 대중을 모아 수행하고, 나중 그 결사를 상무주암으로 옮겼다가 조계산 송광사에서 수선사(修禪社)를 크게 연다.

　　본서에 실은 글은 지눌선사의 결사문 가운데 정혜결사를 하게 된 인연을 보인 부분과 결사수행정신의 근본종지를 보인 부분을 뽑은 것이다.

　　결사문 가운데 통현의 『화엄론』을 들어 '바른 지혜의 눈으로 보면 늘 정법(正法)의 때가 된다고 하면 곧 뜻을 다한 경이요, 상법(像法)과 말법(末法)을 말하면 모두 뜻을 다하지 못한 경이다'라고 한 말은 오늘 수행자들이 다시 깊이 귀 기울여야 할 대목이다.

선정과 지혜를 같이 닦고, 예불하고 경 읽으며 바르게 수행하면 어찌 시원하지 않겠는가

1) 병든 세태를 살피고 결사를 약속하다

○ 삼가 '땅으로 인하여 넘어진 사람은 땅으로 인하여 일어난다'고 들었으니, 땅을 떠나 일어나려 함은 옳지 않은 일이다. 한 마음을 미혹하여 가없는 번뇌를 일으키는 이는 중생이요, 한 마음을 깨달아 가없는 묘한 작용을 일으키는 이는 모든 부처님이시다.

미혹함과 깨달음은 비록 다르지만 요체는 모두 한 마음을 말미암으니, 마음을 떠나 붇다를 구함은 옳지 않은 일이다.

목우자(牧牛子; 知訥)는 젊어서부터 몸을 조사의 땅(祖域)에 던져 두루 선방을 돌아다니면서 부처님과 조사들께서 자비를 드리워 중생을 위하신 법문을 자세히 살펴보니, 요점은 우리들로 하여금 모든 생각(攀緣)을 쉬고 마음을 비워 그윽이 계합하여 밖으로 달려 구하지 않게 한 것이다. 그것은 바로 경전에서 '부처님의 경계를 알려 하는가. 그 뜻을 허공처럼 깨끗이 하라'고 하신 말들과 같은 것이다.

무릇 (부처님과 조사의 말씀을) 보고 듣고 외고 익히는 사람이 마땅히 만나기 어렵다는 마음을 일으켜 스스로 지혜를 씨시 비추이 보아 말씀대로 수행하면, 그것은 스스로 붇다의 마음을 닦고 붇다의 도를 이루어 몸소 붇다의 은혜를 갚는 것이라고 말할 만하다.

그러나 우리들이 아침 저녁으로 행하는 자취를 돌이켜 보면, 불법(佛法)에 의지하여 나와 남을 꾸며대며 이익의 길에 제각기 매달리고 세상 티끌(風塵) 가운데 깊이 빠져 도덕은 닦지 않고 옷과 음식만 허비하니, 비록 다시 출가한들 무슨 덕이 있겠는가?

슬프다! 삼계(三界)를 떠나려 하면서도 번뇌 티끌(塵)을 끊는 수행이 있지 않고 한갓 남자의 몸이 되었지만 장부의 뜻은 없다. 위로 도를 넓힘에 어긋나고 아래로 중생을 이롭게 함을 빠뜨리며, 가운데로 네 가지 은혜〔四恩〕를 저버렸으니 참으로 부끄러움이 된다.122)

○ 지눌(知訥)은 오래도록 이런 일을 길이 탄식해 오다가 마침 해가 임인년(壬寅年: 1182) 정월이 되자, 서울〔上都〕보제사(普濟寺)의 담선법회(談禪法會)에 나아갔다. 하루는 함께 배우는 이〔同學〕여남은 명과 이렇게 약속하였다.

"이 법회를 끝낸 뒤 마땅히 명예와 이익을 버리고 산 숲에 숨어 함께 공부하는 모임〔同社〕을 맺도록 하자.

늘 '선정과 지혜를 같이 고르게 닦음〔習定均慧〕'으로 일삼으며, 예불하고 경 읽으며 나아가서는 노동〔執勞〕과 운력(運力)에 이르기까지 각각 맡은 바를 따라 경영하여, 연(緣)을 따라 성품〔性〕을 길러 한평생을 막힘없이 지내어, 통달한 수행자〔達士〕와 참사람〔眞人〕의 높은 행을 멀리 따르면 어찌 시원〔快〕하지 않겠는가?"123)

2) 때의 좋고 나쁨을 묻지 말고 정혜 닦기를 권함〔不問時分勸修定慧〕

○ 말법시대에도 정혜 닦을 수 있는가를 물음

여러 사람들이 이 말을 듣고 말하였다.

"지금은 말법시대라 바른 도가 가라앉아 숨었는데 어떻게 선정과 지혜로

---

122) 恭聞 人因地而倒者 因地而起 離地求起 無有是處也 迷一心而起 無邊煩惱者 衆生也 悟一心而起無邊妙用者 諸佛也 迷悟雖殊 而要由一心則 離心求佛者 亦無有是處也. 知訥 自妙年 投身祖域 遍參禪肆 詳其佛祖 垂慈爲物之門 要令我輩 休息諸緣 虛心冥契 不外馳求 如經所謂若人欲識佛境界 當淨其意如虛空等之謂也. 凡見聞誦習者 當起難遇之心 自用智慧觀照 如所說而修則可謂自修佛心 自成佛道 而親報佛恩矣 然 返觀我輩 朝暮所行之迹 則憑依佛3法 裝飾我人 區區於利養之途 汨沒於風塵之際 道德未修 衣食斯費 雖復出家 何德之有. 噫 副浴離三界 而未有絶塵之行 徒爲男子之身 而無丈夫之志 上乖弘道 下闕利生 中負四恩. 誠以爲恥.
123) 知訥 以是長歎 其來久矣 歲在壬寅正月 赴上都普濟寺談禪法會 一日 與同學十餘人 約曰. 罷會後 當捨名利 隱遁山林 結爲同社 常以習定均慧 爲務 禮佛轉經 以至於執勞運力 各隨所任而經營之 隨緣養性 放曠平生 遠追達士眞人之高行則豈不快哉.

써 일삼을 수 있겠습니까? 부지런히 아미타불을 부르고 생각하여〔念〕 정토의 업〔淨土之業〕124)을 닦음만 같지 못합니다."125)

○ 정혜 닦을 정법의 때가 따로 없음으로 답함
나는 말하였다.
"때는 비록 옮겨 변하나 마음의 성품〔心性〕은 옮기지 않으니, 법과 도의 일어나고 시듦을 보는 이는 바로 삼승(三乘)을 위한 방편의 가르침에 따르는 견해이니, 지혜 있는 사람은 마땅히 이와 같아선 안 된다.
그대들과 내가 이 최상승(最上乘)의 법문을 만나 보고 듣고 익히었으니, 어찌 지난 세상의 깊은 인연이 아니겠는가. 그런데도 그것을 스스로 기쁘게 여기지 않고 도리어 자기 분수에 맞지 않는다는 생각을 내어 방편의 가르침〔權學〕배우는 이가 됨을 달게 여기면, 그것은 옛 조사의 뜻을 저버리고 '최후에 붇다의 종자를 끊는 사람〔最後斷佛種人〕'이 된다고 할 수 있을 것이다.
염불과 경 읽기와 온갖 좋은 행을 베풀어 짓는 것126)은 사문이 머물러 지녀야 할 일상의 법이니, 어찌 거리낌이 있겠는가. 그러나 근본을 깊이 궁구하지 않고 모습을 집착하여 밖으로 구하면 지혜 있는 사람의 비웃음을 살까 걱정된다."127)

『화엄론(華嚴論)』에서는 이렇게 말한다.
"이 일승(─乘)인 가르침의 문은 근본지(根本智)로 이루어진 바이므로 '온

---

124) 정토의 업 : 선정과 지혜가 일체화된 참된 수행의 종지는 좌선(坐禪)·간경(看經)·염불(念佛)·지주(持呪)의 수행형식 그대로가 아니지만 그 수행형식을 떠난 것도 아니다. 그러므로 아미타불을 부르는 염불수행을 선(禪)과 이원화시키는 위의 견해는 중국 선종이 종파화되고 그 수행형식이 교조화된 중국 불교의 특성을 반영한 말이다.
125) 諸公 聞語曰 時當末法 正道沈隱 何能以定慧 爲務 不如勤念彌陀 修淨土之業也.
126) 염불과 간경과 바라밀행이 근본수행인 선(禪)과 같은가 다른가. 같다고 해도 옳지 않고 다르다고 해도 옳지 않다. 정법안장의 산 눈이 닿는 곳엔 범부의 한 말 한 구절도 모두 격밖〔格外〕의 산 말귀를 이루고 한 빛깔 한 냄새도 중도 실상 아님이 없다.
127) 余曰時雖遷變 心性 不移 見法道之興衰者 是乃三乘權學之見 有智之人 不應如是 君我 逢此最上乘法門 見聞薰習 豈非宿緣 而不自慶 返生絶分 甘爲權學人則可謂辜負先祖 作最後佛種人也 念佛轉經 萬行施爲 是沙門 住持常法 豈有妨碍 然 不窮根本 執相外求 恐被智人之所嗤矣.

갖 법을 통달하는 지혜의 수레〔一切智乘〕'라 이름한다. 시방세계는 그 크기가 허공과 같아서 부처님의 경계가 되기 때문에, 온갖 모든 부처님과 중생에게 있는 마음과 경계〔所有心境〕가 서로 스며들어가는 것이 마치 그림자가 서로 겹치고 겹침과 같아서, 부처님 있는 세계나 없는 세계를 말하지 않고 상법(像法)과 말법(末法)이 있다고 말하지도 않는다.

이와 같은 실상의 때〔如是時分〕는 '늘 부처님이 일어나며 늘 바른 법〔正法〕이다'라고 하면 이는 바로 뜻을 다한 경〔了義經〕이요, 다만 이곳의 더러운 세계〔穢土〕와 다른 곳의 깨끗한 세계〔淨土〕, 부처님이 있는 곳과 없는 곳, 그리고 상법과 말법을 말하면 모두 뜻을 다하지 못한 경〔不了義經〕이다."

또 말한다.

"여래께서는 온갖 삿된 견해로 뒤바뀐 모든 중생들을 위해 세상에 출현함을 보이시어 작은 복덕 받는 경계를 간략히 말씀하셨지만, 실로 여래는 남도 없고 사라짐도 없다.

오직 도(道)와 서로 응한 자라야 '지혜와 경계가 스스로 합해져〔智境自會〕', 여래가 나고 사라진다는 생각을 짓지 않고 다만 스스로 선정〔定〕과 지혜〔觀〕의 두 가지 문128)으로써 마음의 때를 다스린다. 그러므로 생각〔情〕이 있고 모습〔相〕이 있어서 '나라는 견해〔我見〕'로 도를 구하면 끝내 서로 응하지 못할 것이다. 모름지기 지혜로운 사람을 의지하여 스스로 교만을 꺾고 공경하는 마음이 사무쳐 이르러야 비로소 선정과 지혜의 두 가지 문으로써 가려 결정하게 된다〔決擇〕."129)

---

128) 선정과 지혜의 두 문〔定觀二門〕: 살피는 지혜는 경계인 지혜이고 경계는 지혜인 경계이다. 그런데 살피는 바 경계의 모습에 모습 없으므로 살피는 지혜는 앎〔知〕에 앎이 없다〔無知〕. 앎에 앎 없음이 선정〔定〕이고, 앎 없되 앎 없음도 없음이 지혜이니, 선정과 지혜가 하나 될 때 번뇌가 공한 곳에서 공에 떨어짐이 없이 번뇌를 보리반야로 돌이켜 쓸 수 있는 것이다.

129) 華嚴論云 此一乘敎門 以根本智 爲所成 名一切智乘 十方世界 量同虛空 爲佛境界故 一切諸佛 及以衆生 所有心境 互相參入 如影重重 不說有佛無佛世界 不說有像法末法 如是時分 常是佛興 常是正法 此乃了義經 但說有此方穢土 別方淨土 有佛無佛處所 及像法末法 皆爲不了義經. 又云 如來 爲一切邪見顚倒衆生 示現出興 略說少分福德境界 而實如來 無出無沒 唯與道相應者 智境自會 不作如來出興滅沒之見 但自以定觀二門 以治心垢 情在相存 我見求道 終不相應 須依智人 自推憍慢 敬心徹到 方以定慧二門 決擇.

옛 성인의 가르치신 뜻이 이와 같으니 어찌 감히 나서서 문득 함부로 말할 수 있겠는가? 맹세코 뜻을 다한 경〔了義經〕의 간절한 말씀을 따르고, '이승의 배움을 위해 세워진 방편〔權學方便〕'의 말에 의지하지 말라.

우리들 사문이 비록 말법시대에 태어나 타고난 성품이 어둡고 어리석으나 만일 스스로 굽혀 물러나 모습에 집착하여 도를 구한다면, 앞에서부터 배워 얻은 선정과 지혜의 묘한 문은 다시 어떤 사람이 행하는 일인가? 행하기 어렵다 하여 버려두고 닦지 않으면, 지금 익히지 않기 때문에 비록 여러 겁을 지나더라도 더욱 어려운 채로 있을 것이요, 만일 지금 힘써 닦으면 닦기 어려운 행이 닦아 익히는 힘 때문에 차츰 어렵지 않게 될 것이니, 옛날의 도를 행한 사람이 도리어 범부로부터 좇아오지 않은 이가 있었던가?

모든 경론 가운데 또한 말세 중생이 번뇌 없는 도〔無漏道〕 닦음을 허락하지 않음이 있었던가?

『원각경(圓覺經)』에 말한다.

"말세의 모든 중생이 마음에 허망함을 내지 않으면, 부처님은 이러한 사람이 현세에 곧 보살이라고 말씀하신다."

또『화엄론(華嚴論)』에 말한다.

"만일 이 법은 범부의 경계가 아니요 보살의 행할 바라고 한다면, 이 사람은 붇다의 지견을 없애 버리고 바른 법 깨뜨리는 것임을 마땅히 알아야 한다."

모든 지혜 있는 사람은 마땅히 이와 같이 하여 부지런히 수행 아니 해서는 안 된다. 만약 행하여 얻지 못하더라도 선근의 씨앗을 잃지 않아 오히려 오는 생〔來生〕에 빼어난 인연 쌓아 익힐 수 있게 된다.

그러므로『유심결(唯心訣)』에 말한다.

"듣고서 믿지 않더라도 오히려 부처 씨앗〔佛種〕의 원인〔因〕을 맺고, 배워서 이루지 못하더라도 오히려 사람과 하늘의 복을 덮는다."[130]

---

130) 先聖 教旨 如斯 豈敢造次 輒有浪陳 誓遵了義懇苦之言 不依權學方便之說。 我輩沙門 雖生末法 稟性 頑癡 若自退屈 着相求道則從前學得 定慧妙門 更是何人 所行之事。 行之難故 捨而不修則 今不習故 雖經多刦 彌在其難 若今 强修 難修之行 因修習力故 漸得不難。 古之爲道者 還有不從凡夫來者耶 諸經論中 還有不許末世衆生 修無漏道乎。 圓覺經云 末世諸衆生 心不生虛妄 佛說如是人

이로써 살펴보면, 말법과 정법의 때가 다름을 논하지 말고 자기 마음의 어둡고 밝음을 걱정하지 말며, 다만 우러러 믿는 마음을 내어 분수를 따라 닦아 진리의 바른 원인〔正因〕을 맺어 겁내거나 약한 마음을 멀리 떠나야 한다.

마땅히 알라. 세상의 즐거움은 오래지 않고 바른 법은 듣기 어려우니 어찌 어물거리면서 인생을 헛되이 보내겠는가.

이렇게 미루어 생각하면 과거 아득히 먼 옛날로부터 헛되이 모든 몸과 마음의 큰 괴로움을 받아 아무 이익이 없었고, 현재에는 곧 한량없는 내몰림이 있으며 미래에 괴로워해야 할 바도 또한 한정이 없어서, 버리기 어렵고 여의기도 어렵지만 그것을 깨달아 알지 못한다.

그런데 하물며 이 몸과 목숨의 나고 죽음이 덧없어 찰나 동안도 지키기 어려움을 어찌 깨달아 알겠는가? 그것은 부싯돌의 불이나 바람 앞의 등불, 흐르는 물결이나 지는 해로도 비유할 수 없는 것이다.

세월은 바람같이 흘러 가만히 늙는 모습을 재촉하니 마음바탕 닦지 못하고서 죽음의 문에 차츰 가까워진다. 옛날에 함께 놀던 사람들을 생각하면 어진 이와 어리석은 이가 뒤섞였더니, 오늘 아침 손꼽아 봄에 아홉은 죽고 한 사람 겨우 살아 있구나.

살아 있는 이도 저들과 같이 차츰 시들어 가니 앞으로 남은 세월이 얼마나 되기에 오히려 다시 뜻을 함부로 하여 탐욕과 성냄과 질투와 아만과 방일로 이름을 구하고 이익을 구하면서 타고난 날을 헛되이 없애고, 뜻 없는 말짓거리로 천하를 논하는가. 그리고 때로 계 지킨 덕도 없으면서 공연히 신도의 보시를 받고 남의 공양을 받으면서 부끄러움이 없는가.

이와 같은 허물이 한량없고 가이없으니 어찌 덮어 두고 슬퍼하지 않겠는가? 만일 지혜 있는 사람이라면 마땅히 모름지기 조심하고 삼가하여 몸과 마음을 채찍질하고 스스로 자기 허물을 알아서 고쳐 뉘우치고, 고루어 부드럽게 하며 밤낮으로 부지런히 닦아 빨리 온갖 괴로움을 떠나야 한다.131)

現世卽菩薩. 華嚴論云 若言此法 非是凡夫境界 是菩薩所行 當知是人 滅佛知見 破滅正法 諸有智者 不應如是 不勤修行 設行不得 不失善種 猶成來世積習勝緣. 故 唯心訣云 聞而不信 尙結佛種之因 學而未成 猶盖人天之福.

131) 由是觀之 不論末法與正法時殊 不憂自心昧之與明 但生仰信之心 隨分修行 以結正因 遠離劫弱

그러기 위해서는 다만 부처님과 조사들의 성실한 말씀을 의지하여 밝은 거울로 삼아 자기 마음이 본래부터 신령하게 밝으며 맑고 깨끗하여 번뇌의 성품이 공함을 비추어 보아야 한다.

게다가 다시 부지런히 삿됨과 바름 가려냄을 더하여 자기 견해를 고집하지 않고 마음에 어지러운 생각이 없되 어둡게 막힘〔昏滯〕을 두지 않으며, 끊어져 없어진다는 생각〔斷見〕을 내지 않고, 공(空)과 있음〔有〕을 집착하지 않아, 깨달은 지혜〔覺慧〕가 늘 밝아 깨끗한 행〔梵行〕을 오로지 닦고, 넓고 큰 서원을 일으켜 중생을 널리 건져야 할 것이니, 자기 한 몸만을 위해 홀로 해탈을 구함이 아니기 때문이다.132)

만약 세간의 일에 갖가지로 얽매이거나 병으로 괴로워하거나 삿된 마군이나 나쁜 귀신이 두렵게 하는 등, 이런 일로 몸이나 마음에 불안함이 있거든, 시방세계의 부처님 앞에 지극한 마음으로 씻어 참회하여 무거운 장애〔重障〕를 없애되 절하고 부르는 행을 나란히 하여〔禮念等行〕, 장애를 녹이고 생각 쉼〔消息〕에 때를 알아야 한다.

그리고 움직이고 고요하며, 베풀어 행하고 말하거나 침묵하는 모든 때에, 나와 남의 몸과 마음은 연을 따라 허깨비처럼 일어나므로 공하여 그 바탕이 없음이 마치 뜬 거품과 같고 구름이나 그림자와 같고, 모든 헐뜯음과 기림, 옳음과 그름을 따지는 음성이 목구멍에서 망령되이 나옴이 빈 골짜기의 메아리와 같고 또 바람 소리와 같은 줄 사무쳐 알지 않음이 없어야 한다.

그리하여 이와 같이 허방한 나와 남의 경계에서 그 뿌리를 살펴 따라 쏠려

當知世樂 非久 正法難聞 豈可因循 虛送人生. 如是追念 過去久遠已來 虛受一切身心大苦 無有利益 現在 卽有無量逼迫 未來所苦 亦無分齊 難捨難離 而不覺知. 況此身命 生滅無常 刹那難保 石火風燈 逝波殘照 不足爲諭. 歲月飄忽 暗推老相 心地未修 漸近死門 念昔同遊 賢愚雜遝 今朝屈指 九死一生 生者如彼 次第衰殘 前去幾何 尙復恣意 貪嗔嫉妬 我慢放逸 求名求利 虛喪天日 無趣談話 論說天下. 或無戒德 空納信施 受人供養 無慚無愧 如是等僧 無量無邊 其可覆藏 不爲哀痛乎. 如有智者 當須兢愼 策發身心 自知已過 改悔調柔 晝夜勤修 速離衆苦.

132) 但依佛祖誠實之言 爲明鏡 照見自心 從本而來 靈明淸淨 煩惱性空 而復勤加決擇邪正 不執已見 心無亂想 不有昏滯 不生斷見 不着空有 覺慧常明 精修梵行 發弘誓願 廣度群品 不爲一身 獨求解脫.

움직이지 않고, 몸을 온전히 하고 그 바탕을 안정하여 마음의 성〔心城〕을 보살펴 지키고 살펴 비춤〔觀照〕을 더욱 늘리면, 고요히 돌아감이 있게 되고 고요하여 사이가 없을 것이다.133)

이러한 때를 맞으면 사랑과 미움이 저절로 엷어지고 자비와 지혜가 저절로 더욱 밝아지며, 죄업이 스스로 끊어져 없어지고 공행이 스스로 더욱 나아갈 것이다.

그리하여 번뇌가 다할 때에 나고 죽음이 바로 끊어지고, 나고 사라짐이 사라지면 고요하게 비춤〔寂照〕이 앞에 나타나, 응하여 씀이 다함 없어서 인연 있는 중생을 제도할 것이니, 이것이 할 일을 다 마친 사람의 생활에서〔了事人分上〕 점차가 없는 가운데 점차이며, 공용(功用) 없는 가운데 공용이다.134)

...... 중략 ......

3) 정혜결사의 공덕을 널리 모두 회향함

○ 지눌이 지난번에 대승경전을 읽어보고 뜻을 다한 가르침〔了義乘〕의 경론에서 말씀하신 바를 두루 살펴보았더니, 한 법도 삼학(三學)의 문에 돌아가지 않음이 없었고, 한 부처님도 삼학을 빌지 않고 도를 이룬 분이 없었다.

『능엄경』에 말한다.

"과거의 모든 부처님도 이 문을 이미 성취하셨고, 현재의 여러 보살들도

---

133) 如或世間事務 種種牽纏 或病苦所惱 或邪魔惡鬼 所能恐怖 有如是等身心不安 則於十方佛前 至心洗懺 以除重障 禮念等行消息 知時。 動靜施爲 或語或默 一切時中 無不了知自他身心 從緣幻起 空無體性 猶如浮泡 亦如雲影 一切毁譽是非音聲 喉中妄出 如空谷響 亦如風聲。 如是虛妄自他境界 察其根由 不隨傾動 全身定質 守護心城 增長觀照 寂爾有歸 恬然無間。

134) 當是時也 愛惡自然淡薄 悲智自然增明 罪業自然斷除 功行自然增進。 煩惱盡時 生死卽絶 生滅滅已 寂照現前 應用無窮 度有緣衆生 是爲了事人分上 無漸次中漸次 無功用中功用也 - 중략 -

지금 각기 두렷이 밝은 깨달음에 들어가며, 미래의 닦아 배우는 이들도 마땅히 이 법에 의지할 것이다."

그러므로 우리들이 이제 '아름다운 기약[佳期]'을 맺어 미리 '비밀스런 다짐[密誓]'을 펴서 마땅히 깨끗한 행을 닦으려 한다면 마땅히 참된 가풍을 우러러 사모하여 '스스로 굽히는 마음[自屈]' 내지 않아야 한다.

계율과 선정과 지혜로써 몸과 마음을 도와 배어들게 하여, 번뇌를 덜고 또 덜어서 물가 숲 밑에서 성인의 태(胎)를 길러야 한다. 달빛을 보고 노닐며 시냇물 소리를 듣고 자재하며, 가로 세로 놓아지내 곳을 따르고 때를 보냄이 마치 물결 흐름에 맡겨 놓은 빈 배와 같고 허공을 날아가는 빠른 새와 같아야 할 것이다.

모습과 얼굴을 이 세계에 드러내되 그윽한 마음을 법계에 잠겨, 기틀에 응해 느껴 움직임이 있되 늘 편안하게 정해진 틀이 없으니, 내가 사모하는 뜻이 바로 여기에 있다.

만일 도를 닦는 사람으로서 이름을 버리고 산에 들어갔더라도 이러한 행을 닦지 않고 거짓으로 그럴듯한 몸가짐을 나타내어 신심이 있는 시주(施主)들을 속이면, 그것은 차라리 이름과 이익 부귀를 구하고 술과 이성을 탐착하여 몸과 마음이 거칠고 어지럽게 한 생을 헛되이 보내는 것만도 못할 것이다.135)

○ 여러 사람들이 내 말을 듣고 '모두 그렇다' 하며 이렇게 말하였다.
"다음 날 이 언약을 이루어 숲 속에 숨어 살아 함께 하는 모임[同社]을 맺게 되면, 선정과 지혜[定慧]로 이름합시다."

그로 인하여 다짐하는 글을 지어 뜻을 맺었다. 그 뒤에 우연히 선불장(選

---

135) 知訥囊閱大乘 歷觀了義乘經論所說 無有一法 不歸三學之門 無有一佛 不藉三學而成道也. 楞嚴經云 過去諸如來 斯門已成就 現在諸菩薩 今各入圓明 未來修學人 當依如是法. 是故 我輩今結佳期 預伸密誓 當修梵行則仰慕眞風 不生自屈. 以戒定慧 資薰身心 損之又損 水邊林下 長養聖胎 看月色而逍遙 聽川溪而自在 縱橫放曠 逐處消時 猶縱浪之虛舟 若凌空之逸翮. 現形容於實宇 潛幽靈於法界 應機有感 適然無準矣 予之所慕 意在斯焉. 若修道人 捨名入山 不修此行 詐現威儀 証惑信心檀越則不如求名利富貴 貪着酒色 身心荒迷 虛過一生也.

佛場: 道場)의 '얻음이 있고 잃음이 있는 일들[得失之事]'로 인해 모두 사방으로 나뉘어 흩어져서, 아름다운 기약을 이루지 못한 지 이제 거의 10년이 되어 간다.136)

○ 지난 무신년(戊申年: 1188) 이른 봄, 모임 가운데[契內] 득재선백[材公禪伯]이 공산(公山)의 거조사(居祖寺)에 머무르게 되자, 앞의 서원을 잊지 않고 장차 정혜사(定慧社)를 맺으려 하여 내게 편지를 보내 하가산(下柯山)의 보문난야(普門蘭若)로부터 나오기를 여러 차례 간절히 청하였다.

내 비록 오랫동안 숲 속에 살면서 스스로 어리석고 무딤을 지켜 어떤 일에도 마음을 쓰지 않았지만, 옛날의 약속을 돌이켜 생각하고 또 그 간절한 정성에 감동되어, 올해 봄날을 잡아 함께 수행하는 강선자(舡禪子)와 함께 이 절에 옮겨와 살면서 옛날에 서원을 같이한 이들을 불러 모았다.

그들 가운데 어떤 이는 죽기도 하고 병들기도 하였으며, 어떤 이는 이름과 이익을 구하느라 모이지 못하였다. 그런데도 남은 승려 서너 명과 함께 비로소 법석을 열어 지난번에 세운 원(願)을 갚아 이룰 따름이다.137)

○ 엎드려 바라노니, 선종이나 교종, 유교나 도교 가운데 세상의 티끌을 싫어하는 뜻이 높은 이, 티끌 세상을 벗어나 세상 밖[物外]에 높이 노닐면서 안으로 수행하는 도에 오로지 정진하고자 하여 이 뜻에 맞는 이라면, 비록 지난날 모임을 맺은 인연이 없다 해도 결사문 뒤에 이름 쓰는 것을 허락한다.

비록 한자리에 모여 쌓아 익혀가지는 못하더라도 늘 '생각을 거두어 살펴 비춤[攝念觀照]'으로 일삼아 함께 '바른 진리의 인[正因]'을 닦으면, 경에서 말하고 있는 바 '미친 마음이 쉬는 곳이 바로 깨달음이니 성품의 깨끗하고

---

136) 諸公 聞語咸以爲然曰. 他日能成此約 隱居林下 結爲同社則宜以定慧名之 因成盟文而結意焉 其後 偶因選佛場得失之事 流離四方 未遂佳期者 至今幾盈十載矣.

137) 去戊申年早春 契內材公禪伯 得主公山居祖寺 不忘前願 將結定慧社 馳書請予於下柯山普門蘭若 再三懇至 予雖久居林壑 自守愚魯而無所用心也 然追憶前約 亦感其懇誠 取是年春陽之節 與同行舡禪者 移棲是寺 招集昔時同願者 或亡或病或求名利未會 且與殘僧三四輩 始啓法席 用酬曩願耳.

묘한 밝음은 다른 사람에게서 얻는 것이 아니다'라고 한 뜻과 같다.
문수게(文殊偈)에서도 말한다.

> 한 생각 깨끗한 마음이 도량이니
> 강가강 모래수의 일곱 보배탑
> 만드는 공덕보다 빼어나도다.
> 보배탑은 끝내 부서져 티끌 되지만
> 한 생각 깨끗하고 맑은 마음은
> 위없는 깨달음을 이루리로다.
> 一念淨心是道場 勝造河沙七寶塔
> 寶塔畢竟碎爲塵 一念淨心成正覺

그러므로 잠깐이라도 생각을 거두어들인, 샘이 없는 해탈의 씨앗[無漏之因]은 비록 물 불 바람의 세 가지 재앙[三災]이 넘치더라도 이 깨끗한 업은 움직임 없이 고요한 줄 알아야 한다.138)

○ 다만 마음을 닦는 수행자만 그 이익을 이룸이 아니라 이러한 공덕으로 위로 임금의 수명[聖壽]은 만세를 누리시고 태자의 수명[令壽]은 천추가 되시길 빈다.

나아가 천하가 태평하고 법의 바퀴는 늘 굴러 삼세의 스승과 부모와 시방의 시주와 법계의 산 자나 죽은 이 모두 법의 비에 젖어 삼도의 고뇌를 길이 벗어나 대광명장에 들어가고 삼매의 성품 바다에 노닐면서 미래세가 다하도록 어리석은 이를 깨우치되, 등불과 등불이 서로 이어져 밝음이 다하지 않게 되기를 빈다.

이렇게 되면 그 공덕 됨이 또한 법성(法性)으로 더불어 서로 같이 비롯하

---

138) 伏望禪敎儒道 厭世高人 脫略塵實 高遊物外 而專精內行之道 符於此意則 雖無往日結契之因 許題名字於社文之後. 雖未一會而蘊習 常以攝念觀照爲務 而同修正因則如經所謂狂心歇處 卽是菩提 性淨妙明 匪從人得 文殊偈云 一念淨心是道場 勝造河沙七寶塔 寶塔畢竟碎爲塵 一念淨心成正覺. 故知少時攝念無漏之因 雖三災彌綸而奚業 湛然者也.

고 마침이 되지 않겠는가.

얼마라도 선근을 즐기려 하는 수행자라면 정신을 머물러 생각하고 살피기 바란다.

명창(明昌) 원년 경술년(1190) 늦봄에
공산에 숨어사는 목우자(牧牛子) 지눌은 삼가 쓴다.139)

○ 승안(承安) 5년 경신년(1200)에 이르러, 결사를 공산에서 강남(江南) 조계산(曹溪山)에 옮겼다. 가까운 곳에 정혜사(定慧寺)가 있어 이름이 혼동되기 때문에, 나라의 조칙을 받아 정혜사를 수선사(修禪社)로 고쳤다.

그러나 닦음을 권하는 글이 이미 세상에 퍼졌기 때문에 그 옛 이름대로 판(板)에 새겨 인쇄하여 널리 배포한다.140)

---

139) 非特修心之士 成其益也 以此功德 上祝聖壽萬歲 令壽千秋 天下泰平 法輪常轉 三世師尊父母 十方施主 普及法界生亡 同丞法雨之所霑 永脫三道之苦惱 超入大光明藏 遊戲三昧性海 窮未來際 開發夢昧 燈燈相續 明明不盡。 則其爲功德 不亦與法性相終始乎 庶幾樂善君子 留神思察焉。
　　時明昌元年 庚戌季春 公山隱居牧牛子知訥 謹誌。
140) 至承安五年庚申 自公山 移社於江南曹溪山 以隣有定慧寺 名稱混同故 受朝旨 改定慧寺 爲修禪社 然勸修文 旣流布故 仍其舊名 彫板印施耳。

6. 좌선과 법화경 독송 함께하는 법의 자리를 알리는 글〔蓮經法席疏〕
- 진정천책선사(眞淨天頙禪師)

고려 중·말엽 양대 결사운동인 정혜사와 백련사에서 정혜사(定慧社)가 화엄교(華嚴敎)와 선(禪)이 결합된 수행관의 결사였다면, 백련사(白蓮社)는 천태교(天台敎)와 선(禪)이 결합된 수행관의 결사였다.

백련사는 네 가지 삼매 가운데 반행반좌삼매법(半行半坐三昧法)을 중심으로 수행했던 결사로서, 좌선수행과 『법화경』 독송을 겸수했다〔禪誦一如〕. 원묘요세선사(圓妙了世禪師)가 제창했던 이 결사의 이론적 기초를 제공하던 원묘선사 문하의 두 종장(宗匠)이 정명천인선사(靜明天因禪師)와 진정천책선사(眞淨天頙禪師)이다. 진정선사는 정명천인선사를 이어 백련사 결사를 주맹하였으나 정명선사와는 원묘 문하의 동학(同學)이다.

진정천책선사의 저술로는 문집인 『호산록(湖山錄)』과 『선문보장록(禪門寶藏錄)』이 알려져 왔으나, 교외별전(敎外別傳)을 주장하는 『선문보장록』의 선교교판(禪敎敎判)이 천태선문인 진정선사의 선송일여(禪誦一如)의 수행가풍과는 판이하므로 『선문보장록』은 천책의 저술로 보아서는 안 될 것이다.

본 「연경법석소」는 백련사의 수행가풍이 반행반좌의 법화삼매법을 근간으로 하고 있으며, 탐진치에 물든 중생의 한 생각 허망한 마음〔妄心〕이 바로 삼매관행의 살피는 바 경계〔所觀境〕가 됨을 말하고 있다.

또 본 「연경법석소」는 『법화경』 「보현보살권발품」과 「법사공덕품」의 가르침대로 경 외움을 바로 삼매의 방편으로 채택하여, 선정과 경 외움이 두 법이 아님을 바로 드러내 보이고 있다.

진정선사에 의하면 저 법화문자를 외움 없이 외우는 때가 법화문자가 법계로 현전하는 때이며, 삼매관행의 비추는 지혜〔能觀智〕가 비추되 고요할 때〔照而寂〕가 경계가 살피는 지혜를 비추고 살피는 마음은 경계를 비추어, 비추는 지혜가 부사의관행(不思議觀行)이 되는 때이다. 이와 같이 지혜와 경계가 그윽이 하나 되고〔境智冥合〕, 외움과 선정이 둘이 없는 삼매의 관행이 바로 한 마음의 세 가지 살핌〔一心三觀〕이요 선송일여(禪誦一如)의 수행가풍인 것이다.

선정일 때 경 외움이고 경 외울 때 선정이라 서로 걸림 없으니

1) 묘법(妙法)을 살피는 부사의관과 법화일승을 보임

묘법은 한 생각 허망한 마음의 성내는 법문141)을 말하니, 이것이 바로 죽임의 법문이며 이것이 크나큰 도(道)이다.

공·가·중 삼관의 자취마저 버리고〔泯三觀〕 실상의 이치를 밝혀내니〔明體理〕, 도량으로 일을 삼고 도량으로 법문을 삼게 된다.

이미 오직 죽임이며 성냄인 허망한 마음이 바로 도량이라면, 사법〔事〕 그대로가 법계의 진리〔理〕라 말할 수 있지 않겠는가.

그러므로 비록 나뭇잎에 쓴 경을 번역한 가르침이 아득하여 만천에 이르지만, 오직 연화(蓮華)의 고요하고 실다운 종지가 사교(四敎)와 일승(一乘)을 모아 열어주니, 이것이 바로 모든 부처님이 세상에 오신 진리 자체〔體〕이며 중생이 도를 얻는 근원이다.142)

2) 만덕산 회상에서 천태의 반행반좌삼매행이 열림을 말함

여래께서 사십 년 만에 비로소 참되고 묘한 진리의 극치를 보여주심에, 천태선사는 『법화경』에 의지하여 21일 동안 반행반좌삼매를 닦는 예참법을 세워 오늘에 이르렀다.

다행히 만덕산에서 삼매예참의 행을 열어 온 삼한 땅에 믿음이 생겨나니, 저 곰과 같이 용맹만을 숭앙하는 자들도 가끔 가끔 받아지니는데, 하물며

---

141) 허망한 마음의 법문 : 바른 관행에서 살피는 바 경계는 중생의 망념이 곧 살피는 바 경계이니, 중생의 망념이 곧 부사의실상(不思議實相)인 줄 깨달아 살피는 지혜가 묘법인 지혜가 됨이 부사의관행(不思議觀行)이다.
142) 妙法 謂一念 妄心嗔法門 是殺法門 是大道 泯三觀明體理 道場爲事 道場爲法門。 旣仍於唯殺唯嗔道場 可云乎卽事卽理 然則雖椹葉載翻之敎浩至萬千 唯蓮花寂實之宗 摠開四一 是諸佛降靈之體 亦衆生得道之源。

봉황이나 백로처럼 뜻이 높아 충성스러움을 떨치는 어진 이들이 부지런히 이 법을 널리 펼침이겠는가.
  매우 드물도다. 까마귀의 날아감과 배 떨어짐이 서로 만남이여! 참으로 상쾌하다. 눈 먼 거북이 나무 조각 만나듯 이 법을 만난 인연이여!143)

3) 선정과 독송이 하나되고 살핌과 살펴짐이 걸림 없으면 지혜가 온갖 곳에 두루해짐을 말함

  말과 생각이 못나고 어리석지만 지극히 기쁜 마음을 내서 순타(純陀)의 공양거리를 특별히 갖추고, 삼가 보현(普賢; 遍吉)의 참회하는 자리144) 베풀어 밤낮으로 정진하여 입이 한결같고 마음이 한결같으니, 경계는 살피는 마음을 비추고 살피는 마음은 경계를 비추어 이루 말할 수 없고 생각할 수가 없다.145)
  선정일 때 경 외움이고 경 외울 때 선정이라 참으로 서로 걸림이 없으니, 참된 공이 이미 이루어지고 지혜의 살핌이 모든 곳에 두루해진다.146)

4) 이 삼매행으로 불일이 더욱 빛나고 덕화가 넘쳐 온갖 중생이 해탈언덕에 이르기를 원함

  엎드려 바라건대 부처님의 지혜의 해〔佛日〕가 순(舜)임금의 바른 다스림

---

143) 四十年始顯眞妙極 於此三七日立修懺 流至于今. 幸萬德之啓行 擧三韓而生信 彼能羆尙勇之士 往往受持 況鷺鷥奮忠之賢 勤勤流布 甚矣 烏梨之遭遇 快哉 龜木之因緣.
144) 보현의 참회하는 자리 : 『법화경』「보현보살권발품」과 『관보현행법경』에 의거해 삼매예참을 닦는 보현도량(普賢道場)을 말한다.
145) 경계와 지혜가 부사의함 : 지혜는 경계인 지혜이고 경계는 지혜인 경계이니, 살피는 바 오온·십이처·십팔계의 실상이 생각에 생각 없고 모습에 모습 없되 생각 없음도 없고 모습 없음도 없는 줄 깨치면 살피는 지혜가 부사의지혜가 됨을 보임.
146) 言念庸愚 極生歡喜 特辦純陀之供倶 恭張遍吉之懺筵 晝三夜三 口一心一 境照觀觀照境 不可思議. 禪時誦 誦時禪 固無妨閡 眞功已就 慧鑑悉周.

의 해〔舜日〕와 함께 밝고, 조사의 가풍〔祖風〕이 요(堯)임금의 덕화의 바람〔堯風〕과 함께 널리 떨쳐지이다.

끝없는 원력의 바다〔無邊願海〕에서 이 진리의 문을 어찌 따로 가릴 것인가. 무릇 애욕의 바다에 허덕이는 이들이 함께 깨달음의 저 언덕에 올라지이다.147)

---

147) 伏願佛日將舜日以共明 祖風與堯風而廣扇 無邊願海 何揀擇於此門 凡在愛河 共躋登於彼岸.

7. 보현도량 처음 일으킴을 알리는 글〔普賢道場起始疏〕
– 진정천책선사(眞淨天頙禪師)

『법화경』의 모습 있는 안락행〔有相安樂行〕의 수행법에 의하면 삼칠일 동안 오로지 법화문자를 지극히 외우면 보현보살이 여섯 이의 코끼리를 타고 나타나, 수행자의 눈을 금강공이로 저어주게 된다. 그렇게 하면 수행자가 삼매를 얻어 세 가지 다라니를 일으키게 된다. 그러므로 법화삼매의 수행도량을 보현도량이라 한다.

백련사 결사의 보현도량은 독경과 예참의 '모습 있는 안락행〔有相安樂行〕'만 행하는 도량이 아니라 선송일여(禪誦一如)의 가풍으로 좌선과 독경을 같이하는 '반행반좌삼매법(半行半坐三昧法)'의 수행도량이었다.

고려초에 원공지종선사(圓空智宗禪師) 등이 법안종(法眼宗)과 천태선(天台禪)을 받아오고, 제관(諦觀)이 『사교의(四敎義)』를 집필하여 중국 천태교학을 다시 진흥하였으며, 의천(義天)이 국청사를 창건하고 고려 천태를 개창했지만, 반행반좌삼매의 보현도량(普賢道場)을 열어 삼매수행으로 많은 대중을 이끌어 가르친 것은 백련사 결사가 처음이다.

진정천책선사는 이 글을 통해 스승 원묘요세선사(圓妙了世禪師)가 용수보살과 천태선사의 뜻을 이어 고려에 보현도량을 열게 된 뜻을 안팎에 크게 천명하고 있으며, 보현도량의 수행청규가 송대 사명법지존자의 사명산 연경원(四明山 延慶院) 도량의 청규를 이어받았다고 말하고 있다.

또 진정선사는 백련사 결사가 선송일여의 수행방법을 쓰면서, 선(禪)과 정토(淨土)를 융회하는 선관을 표방한 결사도량이었음을 말하고 있다. 진정선사의 말대로 경 읽음과 선정이 그윽이 하나 되면 반드시 보현보살이 여섯 이의 코끼리를 타고 수행자에게 이르러 수행자가 다라니를 발하게 될 것이니, 이때가 바로 '경의 한 구절 한 마디를 들어도 보디(bodhi)를 이룰 것'이라는 경의 언약이 이루어지는 때이다.

만덕산의 존숙께서 사명의 청규를 이어 보현의 도량을 열어내시니

1) 『법화경』이 천경만론의 뜻을 거두어 일승의 진리바다에 돌이키는 제호의 가르침임을 말함

셀 수 없는 대천(大千)의 경 가운데 어느 것이 뜻을 다한 경〔了義經〕인가. 오직 삼승을 모아 일승에 돌아가는〔會三歸一〕 가르침 밖에는 묘함의 이름〔妙名〕을 거의 얻을 수 없다.

그 공덕은 생각할 수 없고 말할 수 없으니, 옛날 여래께서는 세상에 나오시어 눈썹 사이 흰 털에서 빛을 만팔천 토에 비추었다.

금구(金口)로 법을 설하시기는 49년이었으나 날카로운 근기와 무딘 근기가 같지 않아 어찌 그리 논란이 많은가.

그러므로 여래가 설한 '온 글자의 가르침〔滿字敎〕'과 '반글자의 가르침〔半字敎〕'이 각기 달라 어지러움을 면하지 못하니, 뉘라서 제호(醍醐)에 손가락을 넣어 소락(酥酪)에 달게 빠진 마음을 그칠 수 있겠는가.

영산에서 설하신 지극한 말씀〔極唱〕에 미치면 나머지 이승은 참됨이 아니나 강가강 모래수의 중생으로 하여금 모두 하나라도 성불하지 않음이 없게 하니, 방편의 문이 열림에 참되고 바른 길이 평탄하다.148)

2) 티끌 티끌이 불성 갖추지 않음이 없어서 온갖 법이 곧 상주하는 실상임을 보임

그러므로 티끌 티끌이 스스로 그렇게 드러나니, 담장과 벽·기와·자갈들의 더러운 것들이 불성을 모두 갖추지 않음이 없고, 말똥구리·살모사·매

---

148) 於無數大千經中 孰爲了義 唯會三歸一敎外 妙得妙名 不思議其功德 昔如來之出現也 玉毫放光 於萬八千土 金口說法者四十九年 以利根鈍根之不同 何多駁. 故滿字半字之各異 未色紛紜 誰能染 指於醍醐 皆止甘心於酥酪. 比及靈山之極唱 餘二卽非眞 咸使恒沙之衆生 無一不成佛 方便門開也 眞正路坦然.

미같이 눈멀고 귀먹은 것들이 '법의 자리에 항상 머묾〔法位常住〕'149)을 떠나지 않는다.
문자가 진리 밖이 아니고 빛깔과 냄새가 모두 중도150)니, 기이하고 기이함이여! 이와 같고 이와 같도다.151)

3) 만덕산 원묘선사(圓妙禪師)께서 사명의 청규를 이어 보현도량을 열어 법화삼매법을 다시 일으켜 세우심을 말함

이 한 조각 소식은 서천에서는 용수보살이 열어 주시사 네 가지 의지〔四依〕152)로 말미암아 유통하니, 남쪽으로 계림에까지 들리게 되었다. 그러나 부처님이 세상에 출현하사 교화하셔도 오히려 많이들 원수 맺고 서로 미워하는데, 하물며 마군이 강하고 법이 약함이여! 누가 받아 지닐 수 있겠는가.
슬프다! 크게 행함 얻지 못하고 완고하여 작은 견해 버리지 못하니, 다만 반딧불을 가지고 해와 달의 밝은 빛을 다투려 하고, 있지도 않은 나귀해를 잘못 알아 춘추의 남은 윤달을 헛되이 점친다.
다행이 지금 만덕산의 존숙(尊宿)께서 사명(四明)의 청규를 사모하여, 물러나 공부하도록 이끄시니 이는 정진의 깃발이요, 서원을 채워주시니 자비

---

149) 법의 자리에 항상 머묾 : 법의 자리〔法位〕란 연기한 세간의 온갖 법〔是法〕이 있되 공한 실상의 자리니, 온갖 법은 스스로 법의 자리에 머물러 세간법이 그대로 나지 않고 사라지지 않음을 말한다. 『법화경』「방편품」은 이 뜻을 '이 세간법의 온갖 법이 법자리에 머물러 세간 모습이 늘 머문다〔是法法位 世間相常住〕'라고 말한다.
150) 빛깔과 냄새가 모두 중도 : 어찌 언어문자 밖에 정법안장이 따로 있을 것인가. 언어문자가 곧 부사의법계이며, '한 빛깔 한 냄새도 중도실상 아님이 없다〔一色一香無非中道〕'고 했으니, 어찌 빛깔과 냄새를 여의고 실상을 따로 구할 것인가.
151) 所以塵塵 自然露露 然則牆壁瓦礫之穢惡 無非佛性俱存 蛣蜣螟蛉之盲聾 不離法位常住. 文字非外 色香皆中 奇哉奇哉 如是如是.
152) 네 가지 의지 : 네 가지 의지할 곳에 행(行)과 법(法)과 사람〔人〕의 네 의지처가 있는데 여기서는 사람의 뜻을 취한다. 곧 수행자가 의탁할 수 있는 사람에 네 가지 있으니, ①출세범부(出世凡夫) ②수다원·사다함 ③아나함 ④아라한이다. 대승의장(大乘義章)의 뜻을 잡아 보면, ①십지이전의 보살 ②초지에서 칠지의 보살 ③8지 9지 보살 ④10지 보살이 네 가지 의지할 사람이다.

의 뗏목을 지으심이다.
 이미 넘어진 미친 물결을 돌이키시고 교관(敎觀)을 이로써 일으키시며, 끝없는 데까지 단이슬을 적셔주시어 깨끗하고 맑은 가풍 단박 생겨나니, 도리어 듣지 못하고 알지 못하고 깨닫지 못한 낮은 식견들로 하여금 모두 받아지녀 읽고 외우는 깊은 진리의 씨앗이 있도록 하였다.
 큰 법의 뜻을 연설하고, 큰 법의 북을 치시며, 큰 법의 비를 내리시고, 큰 법의 소라를 부시니, 한 음성이 두루하지 않은 곳이 없다.
 여래의 방[如來室]에 들어가 여래의 옷[如來衣]을 입고, 여래의 자리[如來坐]에 앉아 여래의 일[如來事]을 행하시니, 다섯 가지 흐림[五濁]인들 나에게 어찌하겠는가.
 하물며 공·가·중 세 가지 살핌을 통달함이여! 보현도량을 세우시고 온갖 중생을 이끌어 말하기를 '미타의 정토를 기약함은 다만 오늘날만이 아니고 또한 여러 생이다'라고 하시네.
 중생의 고달픔을 바꿀 수 있는 성인의 도움을 말해주시나니, 다만 만나기 어렵다는 생각을 다하면 모든 짐이 없음이여! 울지 않는 뱀과 같은 중생의 지극한 어리석음을 슬퍼하도다.
 인연 있는 이에게 공양하며, 묘장엄왕(妙莊嚴王)의 본사(本事)153)를 간절히 본받으려 하면, 참으로 한 달에 참된 공[眞功]을 이룰 수 있으니, 깨끗한 행을 여섯 때에 부지런히 하도록 한다.154)

---

153) 묘장엄왕의 본사 : 과거세에 묘장엄왕 부처님이 국왕의 자리를 버려 동생에게 맡기고 권속들을 거느리고 운뇌음왕 부처님의 법 가운데 출가하여 『법화경』을 외우고 용맹정진하여 온갖 신통을 갖추고 성불하신 본사를 말한다.
154) 此一段消息 西焉龍樹啓之 由四依流通 南矣鷄林聞也 然佛出化行 而猶多冤嫉 況魔强法弱兮 其能受持 嗟未得於大行 頑不悛其小見 以其但將螢火 欲爭日月之光明 誤認驢年 虛卜春秋之餘閏.
 幸今有萬德尊宿 慕四明淸規 引退儷則是精進之幢 塡誓願則作慈悲之筏 回狂瀾於旣倒 敎觀以之勃興 酒甘露於無垠 淸涼穆然頓在 反令不聞不知不覺之淺識 皆有若讀若誦之深因 演大法義 擊大法鼓 雨大法雨 吹大法螺 一音無處不遍 入如來室 著如來衣 坐如來坐 行如來事 五濁於我何如.
 況洞三觀兮 立普賢道場 導一切 曰期彌陀淨刹 非但今日 蓋亦多生 眷言易憊之資 但竭難遭之想 荷擔無兮 嗟不啻蛇奴之至愚 供養有緣 切欲效嚴王之本事 寔辦眞功於一月 俾勤淨行於六時.

4) 선송일여 수행가풍으로 부지런히 정진하면 반드시 법화삼매 얻게 됨을 말함

 경 외우는 맑은 소리여! 울리는 말소리마다 스스로의 바람이요, 선정의 향 향기로움이여! 널리 퍼진 향이 두루 비 내리니, 짐승과 귀신들도 눈물 뿌려 기꺼이 모여들고, 용과 신들도 귀 기울여 기꺼이 듣도다.
 여덟 부류 성중들이 오히려 밝은 빛을 내고, 옛처럼 자리에 모여 흩어지지 않도다.
 육근이 반드시 깨끗해지니, 미덥도다! 구경의 과 가까워져 멀지 않았네.
 어찌 이 마음 가벼이 하리! 결코 작은 일이 아니니, 부처님의 말씀 한 구절이라도 듣는 사람 오히려 보디 이룰 언약을 받으리니, 하물며 삼매를 닦으면 찰나에 단박 이룸〔頓成〕을 어찌 알건가.
 나무 만난 눈먼 거북과 같이, 묘한 법을 만나 다행히 오백 년 뒤에 연꽃으로 받친 여섯 이의 코끼리 타신 큰 성인이 21일 가운데 오시면, 이미 나에게 이르러 온 것이니 구태여 번거롭게 말할 것 없다.155)

5) 이 삼매수행의 인연으로 나라가 번창하고 백성이 안락하여 모두 법화일승의 진리바다에 돌아가길 서원함

 이미 느끼어 통함〔感通〕이 이렇게 가까웠으니 어찌 스스로 축원하지 아니할 건가.
 국왕의 위엄이 멀리까지 창성하여 네 바다는 하나가 되고 이름난 산은 상서를 나타내지이다.
 만세 부름을 세 번 하니 문무 대신은 부지런히 도와 충성하고 백성들은 풍

---

155) 誦淸聲兮 命命聲之自風 定香鬱兮 羅羅香之遍雨 獸鬼選淚而欣集 龍神側耳而樂聞 八部猶光輝 依然會席之未散 六根必淸淨 信哉近果之非遙. 何輕此心 不是小事 凡聞一句者 尙受菩提之預記 況修三昧 則焉知刹那之頓成. 如遇木一盲龜 妙法幸五百年後 駕承蓮六牙象大聖來 三七日中 早已臨頭不煩饒舌.

년의 즐거움을 누려지이다.
 천하를 천하에 두니 노인들은 전쟁을 보지 않고, 세간에서 세간을 벗어나니 범천들과 함께 늘 주인과 손님이 되어지이다.156)
 다음으로 바라오니 돌아가신 왕과 왕비가 지혜의 도움을 받아 단박 애욕의 얽힘을 벗어나 자기 집안의 자유를 얻고, 겸하여 다른 곳의 쓰린 괴로움 건져지이다.
 다시 이 제자가 무명의 칠통을 깨뜨리길 원하옴에, 지금이 바로 꼭 맞는 그 때로다. 옷 속 구슬 받아쓰고, 바야흐로 옛날의 밝지 못함을 깨우치고, 그런 뒤에 취하거나 버리거나 따르거나 거스름에 다 법화의 인연을 맺었나니, 끝내 『법화경』의 잡아 이끌어줌 입어지이다.157)

---

156) 천하를 천하에 두고 세간에서 세간 빗이남 : 『법화경』「방편품」은 '세간의 온갖 법이 법 자리에 머물러 세간의 모습이 늘 머문다〔是法住法住 世間相常住〕'고 말한다. 이 말은 세간의 온갖 법이 본래 공적하여 세간 모습 그대로 실로 남도 아니고 실로 사라짐도 아닌 중도실상임을 보이고 있다. 이 법에 의하면 세간법은 실로 남이 없으므로 취할 것이 없고 실로 사라짐이 아니므로 버릴 것이 없다.
 진정선사는 법화의 가르침을 받아 천하가 그대로 중도의 진리임을 다시 보이고 있으니, 천하를 천하에 둠은 천하 밖에 따로 구할 진리가 없으므로 천하를 버리지 않음이고, 세간에서 세간 벗어남은 세간이 곧 세간 아니라 공한 세간이므로 세간을 취하지 않음이다.
157) 旣感通之伊邇 盍祝願之自陳。 寶祚遐昌 以四海爲一 名山表瑞 呼萬歲者三 文虎勤弼亮之忠 黎庶致豊穰之慶 天下安天下 載白不見干戈 世間出世間 同梵恒爲主伴 次願先王考妣優承慧援 頓脫愛纏 旋得自家之逍遙 兼濟他鄕之辛苦。 更願弟子打破漆桶 適當今也其時 受用衣珠 方悟昔之未曉 然后若取若捨或順或違 皆結法華之因緣 終被法華之撈擸。

8. 대비심다라니를 행하는 도량을 세우며 원을 발함〔大悲行法道場願文〕

　　　　　　　　　　　— 우익지욱선사(藕益智旭禪師)

　　한국불교에서는 흔히 4대수행법이라 하여 참선(參禪)·염불(念佛)·지주(持呪)·간경(看經)을 말하며, 참선법이 따로 있고 방편법인 다라니법 염불법이 있는 것처럼 말한다.
　　그러나 이는 옳은 수행법의 분류가 아니다. 불교에서 수행의 핵심내용은 선정(禪定)과 지혜(智慧)이고, 그 선정과 지혜를 성취하기 위한 구체적인 수행방법으로 염불·지주·좌선·간경이 있는 것이니, 선과 염불, 선과 간경은 서로 배타적이지 않다.
　　오히려 삼매와 지혜를 이루기 위한 방법론으로 염불삼매법·좌선삼매법·진언법·간경법이 있다고 보아야 하니, 이와 같은 입장은 천태선사의 네 가지 삼매법〔四種三昧法〕에 그 내용이 자세하다.
　　곧 일행삼매(一行三昧)는 좌선삼매법으로 늘 앉아서〔常坐〕 선정을 얻는 법이라면, 일상삼매(一相三昧)는 염불삼매법으로 걸어가면서〔常行〕 선정을 닦는 방법이며, 법화삼매는 경전독송과 좌선을 같이 해서〔兼行禪誦〕 삼매를 닦는 방법이다.
　　다라니지송 또한 삼매수행의 한 방편인 다라니수행인 것이니, 천태선사의 방등삼매법(方等三昧法)은 다라니지송과 좌선을 겸한 수행법이다.
　　지욱선사는 대비심다라니를 외우는 이 도량이 곧 삼매수행의 도량이며 진리〔理〕와 사법〔事〕 같이 행하는 도량임을 선언하여, 이 도량에서 같이 수행하는 동행선지식(同行善知識), 밖에서 보살피는 외호선지식(外護善知識), 사방의 승가들이 함께 삼매를 얻고, 복과 지혜 두 가지 장엄〔福慧二嚴〕 갖추어 정토에 왕생하기를 발원한다.

다라니 외우는 삼매법으로 온갖 중생이 두렷하고 항상한 도 깨쳐지이다

1) 대비심다라니와 깨친 성인께 귀의하고 큰 위신력으로 건져주길 서원함

> 진실하온 대비심 큰 다라니와
> 구경·분증 두 깨달음158) 얻으신 이께
> 머리 숙여 공경히 절하옵니다.
> 이 제자는 비롯 없는 옛날로부터
> 무명의 허망함에 떨어져 살아
> 나고 죽는 윤회 그쳐 쉬지 못하고
> 본디 성품 그 즐거움 잃어버려서
> 그릇되이 괴로움을 받았나이다.
>
> 이제 다시 자비의 마음 일으켜
> 기쁨 주고 괴로움 빼주려 하나
> 제 스스로 아무런 힘이 없나니
> 바라긴대 큰 위신력 가진 이께선
> 중생과 몸 같이하는 큰 자비로써
> 한량없는 근본서원 버리지 말고
> 슬피 여겨 저희들을 건져주소서.

---

158) 구경·분증의 두 깨달음 : 천태선사의 육즉위(六卽位) 가운데 맨 끝 과위로서의 두 깨달음. 육즉위 가운데 이즉위(理卽位)가 중생의 못 깨친 모습이라면, 문자즉위(文字卽位)·관행즉위(觀行卽位)는 닦아감의 모습이고, 상사즉위(相似卽位)·분증즉위(分證卽位)·구경즉위(究竟卽位)는 과위의 모습이 되나, 상사즉위는 그 깨달음이 진실하지 못하므로 지욱선사는 분증각과 구경각의 두 성인에게 귀의한다. 천태선사가 분증각 다음에 구경각의 이름을 세운 것은 깨달음의 청정상에도 다시 머물 것이 없음을 나타내기 위함이니, 구경각은 다시 중생의 번뇌와 수행자의 닦아감을 떠나지 않는 것이다.

정례진실대비심 구경분증이각자
頂禮眞實大悲心 究竟分證二覺者
아무시래타허망 순환생사미잠정
我無始來墮虛妄 循環生死靡暫停
실본성락왕수고 금욕여발자무력
失本性樂枉受苦 今欲與拔自無力
원대위신동체연 불사본서수애제
願大威神同體緣 不捨本誓垂哀濟

2) 스스로를 돌이켜 온갖 죄업 참회하고 대비심 다라니의 도량에서 번뇌의 때 씻어내길 서원함

제자 지욱이 스스로 생각하오니
아득히 넓고 큰 겁 지내오면서
말은 행을 따르지 않고 입은 마음에 어긋나
지금 비록 다행히 출가대중 속에 끼어있으나
옛날의 살던 자취 잊지 못하나이다.

한 생을 간략히 살펴보면 여섯 큰 죄가 있고
작은 허물은 이루 다 셀 수 없나이다.
위로 향하는 한 길을 밝게 알았지만
부처님과 조사들이 참으로 받아쓰는 곳
몸소 깨달아 이르지 못했고
원돈의 교관을 밝게 알았지만
오품으로 관행하는 지위에 올라
육근을 깨끗이 하지 못했으며
대소승의 비니[159]를 밝게 알았지만

---

159) 대소승의 비니 : 대승의 비니란 대승율인 『범망경』을 말하며, 소승의 비니란 『사분율(四分律)』을 말한다.

성품을 깨끗이 하지 못하고
모든 나쁜 업 막지 못했나이다.
죽임의 업이 곧 전쟁하여 서로 죽이는
역사의 원인인 줄 밝게 알았지만160)
그 죽임의 큰 틀을 아직 길이 잊지 못하고
남의 것 훔침이 곧 배고파 죽는
역사의 원인인 줄 밝게 알았지만
그 훔침의 마음 아직 온전히 끊지 못하며
음욕이 곧 몸이 병들어 아픈
역사의 원인인 줄 밝게 알았지만
그 음욕의 기틀은 아직 스스로 불타나이다.
그러므로 따로 짓는 업이 함께 짓는 업을 돕고
지금 움직이는 업이 같이하는 종자를 불러
세 가지 재앙이 밀어 닥쳐옴을 보게 되고
네 가지 삶들 의지할 바 없음을 슬퍼하여
부질없이 널리 건질 마음을 품자만
도리어 함께 고통바다 빠지는 해를 받음에
가슴에 손을 대고 스스로 안타까워 하니
피눈물을 흘린들 어찌 도울 수 있겠습니까.

다행히 세생신원의 대비심주의 법 행하는 도량을 만나
보리 마음을 내 대중을 따라 수행하게 되었으니
바라건대 나와 너의 티끌번뇌의 때 씻어지이다.

마침 생일이 되어서 공경히 으뜸가는 향 여섯 줄기를 태워

---

160) 업과 삼재의 역사 : 불교의 역사관에서 고난과 죽음이 넘치는 파국의 역사는 도병겁(刀兵劫), 기근겁(饑饉劫), 역병겁(疫病劫)의 세 가지 재앙의 때[三災劫]로 표현된다. 삼재의 역사는 역사를 사는 중생의 죽임과 훔침, 타락한 생활 등 업(業)이 그 요인이 되니, 중생의 업이 살림과 나눔 범행의 업으로 바뀌면 삼재의 역사는 안락과 풍요의 역사로 바뀔 수 있다.

시방법계 불법승 삼보와 극락교주 아미타부처님과
대비심다라니 총지의 비밀한 법문과
천손천눈 갖추신 관음보살 큰 성인께 바치고
다음 여섯 가지 크나큰 원을 발합니다.161)

3) 시방삼보와 관음보살께 여섯 가지 원을 발함

첫째, 전쟁이 길이 그치어 쉬어지이다.
둘째, 오곡이 풍성하게 익어지이다.
셋째, 온갖 백성들이 삼보를 바로 믿어지이다.
넷째, 영봉의 옛절을 다시 세워지이다.
다섯째, 여섯째, 지욱이 지어온 오랜 생의 악한 버릇 없어지고
번뇌의 기름때 사라져서 공덕이 원만해지며,
뜻밖에 일어나는 거스르고 따르는 두 가지 경계 길이 없으며,
장경을 열람하고 저술하는 두 가지 원 빨리 이루어지이다.162)

4) 시방부처님께 향으로 팔을 태워 공양하고 열 가지 원을 발함

또 열 줄기 향으로 팔을 태워 시방 부처님께 공양하고 다음 열 가지 원을 발합니다.

---

161) 弟子智旭 自惟曠大劫來 言不顧行 口與心違. 今雖幸厠緇流 仍不能忘故轍 簡點一生 有六大罪 而小過蓋無數焉. 明知向上一路 而不能親到佛祖眞受用處 明知圓頓敎觀 而不能登五品以淨六根 明知大小毗尼 而不能淸淨 性遮諸業. 明知殺業是刀兵劫因 而殺機尙未永忘. 明知偸盜是饑饉劫因 而偸心尙未全斷 明知淫欲是疫病劫因 而淫機尙自熾然. 是以別業資乎同分 現行感于共種 睹三災之將臻 悲四生之無賴 徒懷曠濟之心 反受俱溺之害 捫心自憾 血淚何神. 今幸遇濟生禪院大悲心呪行法道場 發心隨衆熏修 願滌自他塵垢. 適値母難之辰 敬燃頂香六炷 供十方法界佛法僧寶 極樂敎主阿彌陀佛 大悲心呪 摠持秘要 千手千眼觀音大士 發六種願.

162) 一. 干戈永息 二. 五穀豊稔 三. 兆民正信三寶 四. 靈峰古刹復興 五六. 智旭多生惡習 速得克除 煩惱脂消 功德圓滿 及永無意外逆順二緣 早完閱藏著述二願.

첫째, 수행을 기약한 주체들이 장애를 깨끗이 하여지이다.

둘째, 같이 수행하는 선지식들이 법의 그릇 이루어지이다.

셋째, 향과 등을 올리는 시자들이 사법과 진리 같이 닦아지이다.

넷째, 단 밖의 같이 수행하는 이들이 계(戒)와 법의 수레〔乘〕 함께 단속하여 놓아 지내지 않아지이다.

다섯째, 도량의 상주물을 관리하는 온갖 소임자들과 노동하여 도량의 일을 도와 복되게 하는 이들이 샘이 있는 복에 떨어지지 않아지이다.

여섯째, 법을 보호하는 모든 관리들과 재물을 보시한 단월들이 깊이 해탈법 깨쳐지이다.

일곱째, 보고 듣고 따라 기뻐하는 모든 이들이 출가거나 재가거나 그림자를 만나고 티끌을 뒤집어써도, 그 공을 헛되이 버림이 없이 길이 도의 씨앗이 되어 빨리 두렷하고 항상한 도 깨쳐지이다.

여덟째, 영봉의 산에 머무는 사문들과 저희 무리 빨리 '깨끗한 다라니 바퀴의 모습〔淸淨輪相〕'을 얻어서 복과 지혜 두 가지 장엄 두렷이 이루어, 괴로움과 공함을 깊이 생각하여 해탈의 요점을 오로지 구해지이다.

아홉째, 세 가지 악한 길의 괴로움이 쉬어지고 여덟 가지 어려움을 벗어나, 꿈틀대고 날아다니는 온갖 중생마저 똑같이 빼어난 이익에 젖어지이다.

열째, 이 앞의 모든 공덕 서방정토에 회향하오니 널리 뭇 중생과 더불어 정토에 같이 태어나지이다.163)

---

163) 又燃臂香十炷 供十方三寶 發十種願. 一. 期主淨障 二. 同行成器 三. 香燈侍者事理齊修 四. 外壇同行戒乘俱急 五. 常住一切職事執勞運力助緣營福者 不落有漏 六. 一切護法宰官舍財檀越 深悟解脫 七. 一切見聞隨喜 若緇若素遇影蒙塵 功無虛棄 永爲道種 速證圓常 八. 靈峰住山沙門 及某等早得淸淨輪相 圓成福慧二嚴 深念苦空 專求出要 九. 三途息苦 八難超升 蠕動蜎飛 均沾勝益 十. 以前功德 回向西方 普與含靈 同生淨土.

9. 만일 동안 활구참선의 결사를 하며 원을 발함〔活句參禪萬日結社發願〕

- 용성진종선사(龍城震鍾禪師)

　용성진종선사(龍城震鍾禪師: 1864~1940)는 근대한국불교의 대표적 선사이며, 조선조 500년 억불의 시기 이후 대중과 유리되었던 불교를 대중화하기 위해 근대적 도심포교운동, 역경운동을 펼친 선사였으며, 민족의 자주독립을 위해 헌신했던 민족운동가였다.
　선사는 전라북도 남원군 번암면에서 출생하여 16세 때(1879년) 법보종찰(法寶宗刹) 해인사(海印寺) 극락암으로 출가하고, 의성 고운사 수월영민선사(水月永旻禪師)를 참방하여 대비심주다라니법을 받은 뒤 육자주(六字呪)와 대비심주(大悲心呪)를 외우다 양주 보광사 도솔암에서 처음 심지를 돈오하였다〔頓悟心地〕.
　뒤에 승보종찰(僧寶宗刹) 송광사(松廣寺) 삼일암에서 『전등록』을 읽다 대오하였으며, 불보종찰(佛寶宗刹) 통도사(通度寺)에서 선곡율사(禪谷律師)로부터 대은율맥(大隱律脈)을 전수받았다.
　선사는 종로 봉익동에 대각사(大覺寺)를 창건하여 대중교화활동을 폈으며, 일생 『범망경』 및 『화엄경』 강설, 대중적 보살계전계운동을 펼쳤고, 선(禪)의 대중화에 몸 바쳤다.
　본 발원문은 선사가 1925년 도봉산 망월사(望月寺)에서 활구참선만일결사회를 발기하며 세운 원문이다.

비로자나 큰 원력의 바다 가운데 보현 관음 언제나 벗을 삼으리

1) 중생 슬피 여겨 보리의 마음 내게 됨을 보임

　　다섯 가지 몹시 흐린 나쁜 때 맞아
　　중생의 업을 지음 한량없으며
　　아득하게 출렁이는 괴로움 바다
　　벗어나올 기약이 아예 없으니
　　슬피 여겨 보리의 마음 냅니다.

　　멀고 먼 겁 부모와 친척의 무리
　　삼도 고해 언제나 들고 나오며
　　여섯 갈래 윤회의 길 오르고 내려
　　괴로움이 만 갈래로 그지없으니
　　슬피 여겨 보리의 마음 냅니다.

　　네 가지 생 여섯 길의 여러 중생들
　　강한 자가 약한 것을 잡아먹어서
　　원한 쌓임 더욱 더 깊어지므로
　　슬피 여겨 보리의 마음 냅니다.

　　　　시당오탁악세중　중생작업무유량
　　　　時當五濁惡世中　衆生作業無有量
　　　　망망고해무출기　이차위민발보리
　　　　茫茫苦海無出期　以此爲愍發菩提
　　　　광겁부모육친등　삼계고해항출몰
　　　　曠劫父母六親等　三界苦海恒出沒

육도승침고만단　이차위민발보리
六途昇沉苦萬端　以此爲愍發菩提
사생육취제군생　약육강식원적심
四生六趣諸群生　弱肉强食怨積深
이차위민발보리
以此爲愍發菩提

2) 선결사를 발원하고서 지장 문수처럼 되기를 원함

제가 이제 복은 엷고 능력 없으며
뜻한 원은 크지만 역량 작아서
분심을 내 용맹하게 서원 세우니
서원 세워 중생을 건져 주는 것
지장보살 큰 성인과 같아지이다.

이제 작은 정성으로 선회 만듦에
한 바가지 물로 산불 구함 같나니
나의 지혜 넓고 커 끝이 없는 것
문수보살 큰 성인과 같아지이다.

아금박복무능력　지원대이역량소
我今薄福無能力　志願大而力量小
발분용맹입서원　서도중생여지장
發憤勇猛立誓願　誓度衆生如地藏
현금미성설선회　여구화산일표수
現今微誠設禪會　如救火山一瓢水
아지광대여문수
我智廣大如文殊

3) 비로자나 법계바다에서 보현과 관음의 자비원력 실천해갈 것을 발원함

   비로자나 큰 원력의 바다 가운데
   보현 관음 언제나 벗을 삼아서
   티끌세계 나라마다 부처몸 나퉈
   언제나 저 중생을 제도하여서
   지치거나 싫증냄이 없어지이다.

   열네 가지 두려움이 없는 힘으로
   관음보살 서른둘의 응신과 같이
   천 모습 만 자태로 내 몸 나투어
   다함 없는 방편을 항상 굴리어
   저 중생을 모두 제도하여지이다.

   비로자나대원해　보현관음항이우
   毘盧遮那大願海　普賢觀音恒以友
   진진찰찰현불신　항도중생무피염
   塵塵刹刹現佛身　恒度衆生無疲厭
   십사무외삽이응　천형만태현아신
   十四無畏卅二應　千形萬態現我身
   무진방편도중생
   無盡方便度衆生

4) 단월들의 도움으로 네 가지 공양물이 갖춰지길 서원함

   삼보님과 관음의 힘 받드옵나니
   이와 같은 큰 서원 이뤄지도록

단월들은 기뻐하는 마음을 내서
각기 힘을 보태어 도와주시사
네 가지 공양물들 모두 갖추어
걸리거나 막힘이 없어지이다.

앙승삼보관음력 여시대원능성취
仰承三寶觀音力 如是大願能成就
단월환심각조력 사사구족무구애
檀越歡心各助力 四事具足無拘碍

5) 나의 발원 시방부처님이 증명하사 중생 모두 큰 보리 이루기를 발원함

허공계가 다하고 중생 다해야
내 원 다해 바른 깨침 이루오리니
바라건대 제불께선 증명하소서.
이 내 원이 모두 다 이뤄지도록
언제나 보살펴 생각해주시사
날 적마다 보살의 도 언제나 행해
끝내 큰 보리와 마하반야바라밀
두렷하게 모두 다 이뤄지이다.

허공계진중생진 아원내필성정각
虛空界盡衆生盡 我願乃畢成正覺
유원제불작증명 상상호념원성취
惟願諸佛作證明 常常護念願成就
세세상행보살도 구경원성대보리
世世常行菩薩道 究竟圓成大菩提

마하반야바라밀
摩訶般若波羅密

10. 각운동결사발원문〔覺運動結社發願文〕

- 학담(鶴潭)

    학담(鶴潭)은 18세인 1970년에 경주 분황사(芬皇寺)에서 도문화상(道文和尙)을 의지하여 출가하니 용성진종선사(龍城震鍾禪師)의 법계이다. 출가 후 백봉 김기추 거사(白峯 金基秋 居士)를 찾아가 유마(維摩)와 금강(金剛)을 배우고, 용성진종선사의 수법제자인 동헌선사(東軒禪師)로부터 활구참선(活句參禪)을 지도받았다.
    1971년 화두참선 9개월 만에 홀연히 공적영지(空寂靈知)를 발명(發明)하였고, 1980년『법화경』「안락행품」의 한 구절에서 중도의 바른 지견을 세웠다. 그 뒤 1984년 겨울 무등산 규봉암에서『남악대승지관(南嶽大乘止觀)』을 열람하고 장좌불와의 용맹정진 중 만법유식(萬法唯識)과 만법유색(萬法唯色)의 뜻을 크게 회통하였다.
    1996년 서울 종로구 계동에 용성조사의 선풍진작과 유업계승을 위해 전교도량 대승사(傳敎道場 大乘寺)를 창건하면서 본「각운동결사발원문」을 발표하였다.
    발원문에서는 선(禪)과 행(行), 선(禪)과 교(敎), 마음〔心〕과 모습〔色〕을 둘로 보는 기존의 병폐에 떨어진 선관을 부정하고, 보현행으로 보리를 이루고 모습 장엄으로 국토를 완성하며 언어적 실천으로 중생을 교화하는 선행일치(禪行一致)의 역동적 선관(禪觀)을 제창하고 있다.

결사하여 각운동에 정진하나니 삼보님은 가피하여 주시옵소서

1) 삼보께 귀의하고 각운동결사를 발원함

> 시방의 삼보님께 귀명하옵고
> 오랜 겁의 끝없는 죄 참회하오니
> 바라건대 부처님들 증명하시사
> 저희 참회 슬피 여겨 거둬주소서.
> 오탁의 때 맞이하여 세상 혼란해
> 교단은 서로 나눠 싸움 심하고
> 삿된 견해 불타듯이 매우 성하며
> 마군 무리 외도들만 더욱 성하고
> 대중은 복만 빌고 지혜 안 찾네.
> 그러므로 큰 믿음과 원행 발하고
> 지심으로 본사의 원 이어받아서
> 각운동에 결사하여 정진하리니
> 바라건대 거룩하신 삼보님께선
> 저희들을 가피하여 주시옵소서.

> 귀명시방성삼보　참회광겁무량죄
> 歸命十方聖三寶　懺悔曠劫無量罪
> 유원제불작증명　아등참회애섭수
> 唯願諸佛作證明　我等懺悔哀攝受
> 시당오탁극혼란　교단분규투쟁심
> 時當五濁極混亂　教團分糾鬪爭甚
> 사견치성마외번　대중기복불구지
> 邪見熾盛魔外繁　大衆祈福不求智

시고발대신원행　지심품수본사원
是故發大信願行　至心稟受本師願
아등결사각운동　유원삼보가피아
我等結社覺運動　唯願三寶加被我

2) 정혜쌍수 지관구행의 부촉을 생각함

본사이신 세존과 용수보살과
천태 혜능 여러 크신 조사스님들
간곡히 말법중생 당부하시되
어리석은 선정과 미친 지혜를
언제나 멀리하여 아주 떠나서
선정 지혜 평등하게 같이 지니고
그침 살핌 함께 같이 행하여 가면
마음바탕 육도만행 모두 갖추어
국토장엄 할 수 있다 가르치셨네.

본사세존여용수　천태혜능제대조
本師世尊與龍樹　天台慧能諸大祖
간곡분부말법중　치선광혜상원리
懇曲分付末法衆　痴禪狂慧常遠離
정혜등지지관구　체구만행엄정토
定慧等持止觀俱　體具萬行嚴淨土

3) 암증선과 문자법에 떨어진 현실을 반성함

저희 제자 못나고 아주 우치해
암증선과 문자법과 애견심으로

본디 깨침 등지고 몹시 헤매어
업 무거운 이들은 서로 다투고
업이 조금 가벼운 이 게으르므로
결사하여 본디 깨침 돌아가나니
삼보께선 저희 살펴 생각하소서.

불초아등심우치　암증선여문자법
不肖我等甚愚痴　暗證禪與文字法
치구애견배본각　업중투쟁업경해
馳驅愛見背本覺　業重鬪爭業輕懈
아등결사귀본각　유원삼보호념아
我等結社歸本覺　唯願三寶護念我

4) 진언행으로 중생성취할 것을 발원함

바른 선은 문자가 비록 아니되
문자가 아님도 또한 아니고
언어의 모습 비록 고요하지만
고요함도 또한 다시 고요하나니
문자를 집착하여 세우지 않되
또한 문자 깨뜨리지 아니한다면
이것이 곧 여래의 진언행이네.
언어 문자 모습이 비록 그러나
말세의 어리석은 여러 무리들
어떤 때는 문자를 집착하다가
어떤 때는 앉음만을 집착하나니
우리들은 말이 없되 언교를 세워
진언행으로 중생 널리 성취하오리.

선비문자비비자　언사적멸적우적
禪非文字非非字　言辭寂滅寂又寂
시고불립역불파　즉시여래진언행
是故不立亦不破　卽是如來眞言行
수연말세우치중　혹집문자혹집좌
雖然末世愚痴衆　或執文字或執坐
오등무언입언교　이진언행성취중
吾等無言立言敎　以眞言行成就衆

5) 보현행원으로 보리 이룰 것을 발원함

바른 선은 여러 행이 비록 아니나
여러 행이 아님도 또한 아니며
여러 행은 공하나 공도 공하니
짓는 바 행을 끊어 없애지 않고
또한 행을 취하지 아니한다면
보현보살 머묾 없는 행이 되도다.
여러 행의 모습이 비록 그러나
말세의 산란한 여러 중생들
어떤 때는 밖으로 행을 나투고
어떤 때는 공함을 집착하지만
우리들은 보살업을 버리지 않고
보현보살 행원으로 보리 이루리.

선비제행비비행　제행즉공공역공
禪非諸行非非行　諸行卽空空亦空
시고부단역불취　즉시보현무주행
是故不斷亦不取　卽是普賢無住行

수연말세산란중　혹현외행혹집공
雖然末世散亂衆　或現外行或執空
오등불사보살업　이보현행오보리
吾等不捨菩薩業　以普賢行悟菩提

6) 모습 아닌 모습으로 국토 장엄할 것을 발원함

바른 선은 여러 모습 비록 아니나
여러 모습 아님도 또한 아니고
여러 가지 모습에는 모습 없지만
모습 없음 또한 다시 공해 없도다.
그러므로 모습 있음과 모습 없음
두 가지에 모두 머물지 않으면
실로 있음 실로 없음 모두 벗어나
여래의 진실한 모습이 되리.
모습의 진실상이 비록 그러나
모습에 집착하는 말세 중생들
때로 모습 집착하여 밖에 찾거나
때로 다시 그 모습을 깨뜨리나니
우리들은 여러 형상 깨뜨리지 않고
모습 아닌 진실한 모습으로써
국토를 아름답게 장엄하오리.

선비제상비비상　제상무상무무상
禪非諸相非非相　諸相無相無無相
시고부주유무상　즉시여래진실상
是故不住有無相　卽是如來眞實相

수연말세착상중　혹집외상혹파상
　　　雖然末世着相衆　或執外相或破相
　　　오등불파제형상　이진실상엄국토
　　　吾等不破諸形相　以眞實相嚴國土

7) 모든 공덕 법계와 중생에 회향할 것을 발원함

　　이와 같은 행과 업 여러 형상이
　　구경에 진실하여 보리 이루나
　　보리에도 모습 없고 머묾 없음에
　　우리들은 닦은 바 공덕의 바다
　　널리 모든 중생에게 회향하나니
　　나누어진 국토 어서 하나되어서
　　민중고뇌 모두 사라져 없어지며
　　부처님의 바른 법은 융성해지고
　　지혜의 해는 더욱 환히 빛나서
　　법의 바퀴 무궁토록 굴러지이다.

　　　여시행업제형상　구경진실성보리
　　　如是行業諸形相　究竟眞實成菩提
　　　보리무상무소주　소수공덕보회향
　　　菩提無相無所住　所修功德普廻向
　　　분단국토속통일　민중고뇌실소제
　　　分斷國土速統一　民衆苦惱悉消除
　　　불법흥륭불일휘　법륜상전어무궁
　　　佛法興隆佛日輝　法輪常轉於無窮

8) 여러 성현의 가피와 단월의 도움을 바라고 이 원이 법계성품처럼
다함 없음을 말함

　　바라건대 하늘 용 등 팔부성현들
　　우리들의 원을 항상 보살피시사
　　이런 뜻이 두루 흘러 통하게 하고
　　믿음 어린 신도들은 힘을 합해서
　　네 가지 공양물이 갖추어지고
　　이 같은 원 이뤄지게 하여지이다.
　　저 허공이 끝내 다해 없어져서야
　　나의 원이 다할 수 있을 것이니
　　날 적마다 보살도를 언제나 행해
　　살바야164)와 마하반야 바라밀다를
　　끝내 모두 원만히 이루오리다.

　　　　유원천룡팔부중　상상호념변유통
　　　　唯願天龍八部衆　常常護念遍流通
　　　　신심단월각협력　사사구족원성취
　　　　信心檀越各協力　四事具足願成就
　　　　허공내진아원진　세세상행보살도
　　　　虛空乃盡我願盡　世世常行菩薩道
　　　　구경원성살바야　마하반야바라밀
　　　　究竟圓成薩婆若　摩訶般若波羅蜜

---

164) 살바야(薩婆若) : 범어 sarvajña의 소리 옮김으로 일체지(一切智)로 뜻이 번역된다. 일
　　체법의 공성을 증득한 지혜로 흔히 이 지혜를 바다에 비유하여 살바야해(薩婆若海)라 한다.

제Ⅵ장

영겁을 보현보살 행원으로
[修普賢行願文]

1. 용수보살 광대발원송〔龍樹菩薩 廣大發願頌〕
   - 용수보살(龍樹菩薩)
2. 천태지자대사 보현보살발원문〔天台智者大師 普賢菩薩發願文〕
   - 천태지자선사(天台智者禪師)
3. 의상대사 일승발원문〔義湘大師 一乘發願文〕
   - 의상대사(義湘大師)
4. 이산혜연선사 발원문〔怡山惠然禪師 發願文〕
   - 이산혜연선사(怡山惠然禪師)
5. 나옹선사 발원문〔懶翁禪師 發願文〕
   - 나옹혜근선사(懶翁慧勤禪師)
6. 자운준식법사 원문〔慈雲遵式法師 願文〕
   - 자운준식법사(慈雲遵式法師)
7. 우익지욱선사 원문 사십팔〔藕益智旭禪師 願文 四十八〕
   - 우익지욱선사(藕益智旭禪師)

불교에서 진리는 비춰지는 대상이 아니라 삶의 열려진 실상이 진리이다. 그러므로 생각을 일으켜 진리를 비추면 비추는 생각을 따라 비춰지는 진리는 티끌을 이루게 되고, 오히려 능히 아는 생각에 생각 없고 알려지는 바 모습에 모습 없음을 깨달으면, 나의 삶이 능히 알고 알려지는 바의 소외를 벗어나 해탈의 삶이 된다.

그래서 옛조사는 '비춤을 따르면 종을 잃고 뿌리에 돌아가면 뜻을 얻는다〔隨照失宗 歸根得旨〕'고 말했던가.

초기불교에서 능히 아는 주체의 활동은 수상행식(受想行識)의 '이름하는 활동〔名: nāma〕'으로 표시되고, 알려지는 세계는 '모습이 있는 물질 법〔色法: rūpa〕'으로 표시된다. 그러나 이름하는 활동은 이름 지어지는 것을 떠나 그 활동이 없고, 이름 지어지는 저 세계는 세계 아닌 세계라 이름하는 활동 자체로서의 세계이다.

그러므로 능히 이름 짓는 활동에 이름하되 실로 이름함이 없고 알되 실로 앎 없는 줄 깨달으면, 주체의 이름하는 활동이 문수의 지혜〔文殊智〕가 되고, 저 세계가 세계 아닌 세계인 줄 알면 세계는 저 홀로 닫혀진 세계가 아니라 보현의 진리〔普賢理〕인 세계가 된다.

오온설로 보면 색법은 늘 앎 활동인 색법이고 앎 활동〔識〕은 색법인 앎 활동이니, 능히 앎과 알려지는 바가 둘이 아닌 오온의 참모습〔五蘊實相〕이 화엄의 비로자나법계(毘盧遮那法界)이다.

곧 저 보여지는 세계는 세계인 세계가 아니라 앎 활동인 세계이고, 앎 활동은 알되 앎이 없고 앎이 없되 앎 없음도 없는 머묾 없는 활동이다.
이를 다시 화엄교(華嚴敎)로 보면 저 오온의 중도실상인 비로자나법계는 곧 문수의 지혜인 법계이고 보현의 진리인 법계이다. 그런데 보현의 진리는 앎 활동인 진리이고, 앎 활동은 앎과 앎 없음·함과 함 없음을 넘어선 머묾 없는 활동이므로, 비로자나의 법계는 하되 함이 없고[爲而無爲] 함이 없되 함이 없음도 없는[無爲而無不爲] 보현의 영원한 활동으로 주어진다.
이처럼 연기설에서 진리는 관조의 대상이 아니라 과정이되 완성이며 완성이되 과정인 다함 없는 행위로 주어진다. 그러므로 참된 구도자는 깨달아 어떤 거룩한 존재가 되려고 하지 않고, 나에 나 없음[於我無我]을 통달하여 역사의 영원한 과정 속에서 뭇 삶들과 더불어 해탈의 길을 함께 가려 한다.
지혜의 눈을 뜬 자에게 나는 법계인 나이고 법계는 나인 법계이다. 그러므로 보살은 법계인 진리의 땅에서 법계인 행을 일으킴 없이 일으켜 중생인 법계를 법계인 중생으로 돌이키며, 스스로 짓는 온갖 공덕을 보리(菩提)와 중생(衆生)과 법계(法界)에 회향(廻向)한다.
그러므로 지금 용수보살을 위시한 여러 성사(聖師) 여러 선사(禪師)들이 보인 광대한 발원의 노래 속 다함 없는 원행(願行)의 길은, 바로 저 화엄 보현행원(普賢行願)의 역사적 실현인 것이다. 그리고 미망 속에 헤매던 저 중생이 자아와 법계가 끝내 둘이 없는 광대한 원력의 삶에로 결단해가는 것은 경전 속 광대행원 자체인 보현보살의 역사적 출현인 것이다.

이제 다시 열 가지 원 굳게 세우니
바라건대 태어나는 온갖 곳마다
시방의 한량없는 부처님들께
온갖 모든 법 가운데 공양 올려서
미래제가 다하도록 쉬임 없으리.

바라건대 여래의 깊은 법바다
받아지녀 스스로 밝게 깨치되
다른 이를 의지 않고 바로 깨달아
미래제가 다하도록 쉬임 없으리.

모든 부처님 앉아 계신 도량 가운데
바라건대 법 구하는 윗머리 되어
법의 바퀴 굴리시길 항상 청하며
고통받는 중생을 해탈시키되
미래제가 다하도록 쉬임 없으리.

- 천태대사 「보현보살발원문」 중에서 -

1. 용수보살 광대발원송(龍樹菩薩 廣大發願頌)

- 용수보살(龍樹菩薩)

용수(龍樹)는 인도말 나가르쥬나(Nāgārjuna)를 한자어로 옮긴 이름이다. 용수는 부처님 열반 뒤 6~7백년 경 남인도에서 태어나 대승불교운동을 일으킨 대보살로서, 부파불교의 왜곡된 교리이해와 부처님의 뜻과 다른 잘못된 실천을 파사현정(破邪顯正)의 기치를 들어 깨뜨리고, 여덟 가지 치우친 견해를 부정하여 중도정행(中道正行)을 드러내 보였다〔八不中道〕.

저작에 『대지도론(大智度論)』『십주비바사론(十住毘婆沙論)』『중론(中論)』『십이문론(十二門論)』이 있다. 용수보살로 인해 대승불교가 발흥했으므로 제2의 석가라 하며, 용수보살이 중국불교 여러 종파의 원천이 되므로 8종의 조사〔八宗祖師〕라 한다.

그러므로 달마선종(達摩禪宗)의 삽삼조사설에서도 용수보살을 부처님의 심인을 전한〔傳佛心印〕 14대 조사라 하고, 천태선문(天台禪門)에서는 일심삼관(一心三觀)의 교리적 연원이 용수의 『대지도론(大智度論)』에 있고 중국초조 혜문선사(慧文禪師)의 오도(悟道)가 『중론(中論)』에 뿌리를 두고 있으므로 용수보살을 천태고조(天台高祖)라 한다.

본 발원문은 화엄이 보인 바 법계진리에 발을 대고 영겁에 보현행원의 길을 가려는 보살의 연기적 실천관을 가장 잘 보이고 있는 발원문으로, 뒷대 천태선사 나옹선사 등 선문제종(禪門諸宗) 여러 선사들 발원문의 전형을 이루고 있다.

나의 찬탄과 발원 위없고 광대하여 끝이 없으니

1) 한량없는 불국토 생각할 수 없는 부처님께 절하고 한량없는 삼보께 귀의함

>살아있는 온갖 중생의 무리
>과거 현재 미래세에 다함이 없고
>부처나라 넓고 넓어 가없으며
>가없는 부처님의 나라마다에
>가는 티끌 셀 수 없이 가득하나니
>그 낱낱의 티끌들로 나라 삼아도
>넓고 큰 부처나라 티끌 수 같네.
>티끌 수 같이 많은 나라마다에
>거룩한 부처님이 모두 계시니
>한량없는 티끌 수의 부처님들께
>빠짐없이 두루두루 절하오리라.
>
>저 모든 티끌보다 더욱 더 많은
>한량없는 티끌 수의 부처나라에
>나라마다 항상 계신 부처님들의
>높은 공덕 언제나 찬탄하리라.
>
>저는 항상 한 마음의 공양 올리며
>티끌 수 광대겁의 세월 가도록
>여러 모든 부처님과 부처님 법과
>승가에 지심으로 예배하오며
>삼보전에 목숨 바쳐 귀의하리라.

소유일체중생류   과미현재세무진
所有一切衆生類   過未現在世無盡
이제불찰광무변   피무변찰진충만
而諸佛刹廣無邊   彼無邊刹塵充滿
우일일진위일찰   광대불찰여진등
又一一塵爲一刹   廣大佛刹如塵等
일일찰중정각존   여진무량아보례
一一刹中正覺尊   如塵無量我普禮

피진배취제불찰   찰중불불아칭찬
彼塵倍聚諸佛刹   刹中佛佛我稱讚

아당공양이일심   경여진수광대겁
我當供養以一心   經如塵數廣大劫
정례제불급법중   아어삼보상귀명
頂禮諸佛及法衆   我於三寶常歸命

2) 한량없는 중생에게 공양하고 참회하며, 좋은 일 따라 기뻐하며 지은 공덕 회향하길 서원함

여러 가지 묘한 꽃과 보배를 지녀
항상 널리 모든 이께 베풀어 주리.
온갖 죄를 내가 벌써 지었을 때는
참회하여 그 모든 죄 길이 없애고
온갖 죄를 내가 아직 안 지었을 땐
언제나 그 모든 죄 멀리 여의리.

다른 이의 복되고 좋은 일들은
따라서 기뻐하고 함께 행하며

좋은 복은 중생과 부처님들과
위없는 깨달음에 회향하오리.

부처님 바른 법의 말씀과 같이
원력을 굳건하고 진실히 하여
부처님들께 언제나 공양 올리며
바라건대 중생 모두 성불한 다음
맨 끝에 내가 성불하여지이다.

아실지이제묘화　급중보취상보시
我悉持以諸妙華　及衆寶聚常普施
약아이기일체죄　아금보진이참회
若我已起一切罪　我今普盡而懺悔
약아미생일체죄　아일체시상원리
若我未生一切罪　我一切時常遠離

소유일체승복사　아어일체상수희
所有一切勝福事　我於一切常隨喜
차복회향어유정　급불무상보리과
此福廻向於有情　及佛無上菩提果

여불정법중소설　원력견고부진실
如佛正法中所說　願力堅固復眞實
아당공양제세존　원아최후득성불
我當供養諸世尊　願我最後得成佛

3) 크나큰 지혜와 자비 넓고 큰 원행이 이미 과덕 이룬 보살들과 같아지길 서원함

바라건대 태어나는 어느 생이나
깊은 지혜 두렷이 갖추는 것은
마땅히 묘길상과 같아지이다.
슬픈 마음 일으켜서 고통 없애고
이 세간의 중생을 건지는 것은
바라건대 관자재와 같아지이다.
큰 사랑의 눈길로 중생 살핌은
바라건대 보현보살 같아지이다.
자비로운 마음으로 모든 중생을
언제나 잘 살피어 보살펴줌은
바라건대 미륵보살 같아지이다.165)

원아생생구심지　당여묘길상보살
願我生生具深智　當如妙吉祥菩薩
비심식고구세간　원여관자재보살
悲心息苦救世間　願如觀自在菩薩
현선애안시중생　원여보현존무이
賢善愛眼視衆生　願與普賢尊無異
자의선관제정품　원아당여자씨존
慈意善觀諸情品　願我當如慈氏尊

널리 모든 중생에게 베풀어줌은
바라건대 허공고와 같아지이다.
깨끗하고 맑은 계를 지니는 것은
바라건대 신통혜와 같아지이다.
인욕과 정진 이 두 가지 바라밀행은

---
165) 묘길상 등과 같아짐 : 지혜와 자비가 묘길상(妙吉祥)·관자재(觀自在)·보현(普賢)·미륵(彌勒) 보살과 같아지길 서원하나니, 묘길상은 곧 문수보살이다. 미래불인 미륵보살은 자비의 마음이 넘치는 보살이므로 자씨(慈氏)라 번역한다.

바라건대 상정진과 같아지이다.
선정으로 어지러움 거두는 것은
바라건대 금강수와 같아지이다.166)

보시원여허공고　지계원여신통혜
布施願如虛空庫　持戒願如神通慧
인욕정진이도문　원아실여상정진
忍辱精進二度門　願我悉如常精進
정력능섭제산란　원아득여금강수
定力能攝諸散亂　願我得如金剛手

십지의 모든 법문 연설하는 것
바라건대 금강장과 같아지이다.
중생들의 의심을 풀기 위해서
부처님께 좋은 물음 여쭈는 것은
바라건대 제개장과 같아지이다.
깊은 마음 밝은 지혜 굳세게 함은
바라건대 견고혜와 같아지이다.
신통 변화 걸림 없는 방편 갖춤은
바라건대 무구칭과 같아지이다.
중생들의 여러 가지 좋은 선근을
언제나 보살펴서 거두어주고
씩씩하고 부지런히 수행하는 것
바라건대 상용맹과 같아지이다.
바라밀 등 좋은 법문 연설하는 것

---

166) 허공고 등과 같아짐 : 보시 지계 인욕 정진 선정 지혜의 여섯 가지 바라밀행이 과위(果位)의 큰 보살과 같아지길 서원한다. 곧 허공고(虛空庫)보살은 보시바라밀, 신통혜(神通慧)보살은 지계바라밀, 상정진(常精進)보살은 인욕정진바라밀, 금강수(金剛手)보살은 선정과 지혜바라밀의 완성자이니, 나의 바라밀행도 저 보살과 같기를 원하는 것이다.

제Ⅵ장 영겁을 보현보살 행원으로 [修普賢行願文] | 373

바라건대 무진의와 같아지이다.
한량없는 묘한 음성 갖추는 것은
묘음존과 다름이 없어지이다.167)

선설십지제법문   설지원여금강장
善說十地諸法門   說智願如金剛藏
어불세존선청문   원아득여제개장
於佛世尊善請問   願我得如除蓋障
심심지혜구견고   원아당여견고혜
深心智慧具堅固   願我當如堅固慧
신통무애선방편   원아득여무구칭
神通無碍善方便   願我得如無垢稱
선호중생제선근   근용원여상용맹
善護衆生諸善根   勤勇願如常勇猛
선설바라밀등법   원아득여무진의
善說波羅蜜等法   願我得如無盡意
구족무량묘음성   원여묘음존무이
具足無量妙音聲   願與妙音尊無異

선지식을 부지런히 항상 모심은
날 적마다 선재동자 같아지이다.
저 허공이 아무런 말이 없지만
여러 가지 법을 낼 수 있는 것처럼
한량없는 모든 공덕 두루 갖춤은

---

167) 금강장 등과 같아짐 : 육바라밀행을 갖춘 뒤 방편바라밀과 갖가지 신통 갖추기를 서원함 이다. 금강장(金剛藏)은 화엄회상 십지의 법문 설하는 보살이요, 제개장(除蓋障)은 번뇌의 덮 개와 장애를 없애는 보살이요, 견고혜(堅固慧)는 그 지혜가 굳센 보살이며, 무구칭(無垢稱)은 때 없는 이름의 보살로서 신통변화가 자재하며, 상용맹(常勇猛)은 늘 용맹정진하는 보살이며, 무진의(無盡意)는 법화회상에서 관세음보살을 찬탄한 보살로서 늘 법을 잘 설하는 보살이 며, 묘음존(妙音尊)은 법화회상의 묘한 음성 갖춘 보살이니, 온갖 신통과 방편바라밀이 여러 큰 보살과 같아지길 서원한다.

바라건대 허공장과 같아지이다.
이 세간을 땅이 키워줄 수 있듯이
중생에게 널리 이익 베풀어줌은
바라건대 지장보살 같아지이다.
가난 속에 허덕이는 중생의 고통
남김없이 없애어 이익 베풂은
바라건대 보장신168)과 같아지이다.169)

근선지식심무해　원아생생여선재
近善知識心無懈　願我生生如善財
허공무유법능선　원아득여허공장
虛空無喩法能宣　願我得如虛空藏
지능장양제세간　보리원여지장존
地能長養諸世間　普利願如地藏尊
식제빈고이중생　원여보장신무이
息除貧苦利衆生　願與寶藏神無異

입을 엶에 다함 없는 묘한 진리를
걸림 없이 훌륭하게 연설하는 것
바라건대 담무갈과 같아지이다.
밝고 굳은 지혜로 힘써 나감은
상제존과 다름 없게 되어지이다.170)

---

168) 보장신 : 보장신(寶藏神)은 한량없는 보배를 맡은 대야차왕(大夜叉王). 중생이 이 신을 잘 받들면 온갖 재보를 얻어 안락하게 지낼 수 있다고 한다.
169) 선재 등과 같아짐 : 선지식을 구함은 화엄회상 53선지식을 찾아 법계진리를 깨쳐 들어간 선재동자 같아지고, 온갖 공덕 두루 갖춤은 저 허공 같은 공덕의 곳간인 허공장보살과 같아지며, 큰 원력과 보배공덕을 갖추어 중생에게 이익과 안락을 주는 것은 지장보살과 보장신보살 같아지길 서원한다.
170) 담무갈과 상제와 같아짐 : 법을 구하고 중생을 위해 법을 설하는 것은 반야회상 중생에게 법을 잘 설하는 담무갈보살과 같아지고, 늘 슬피 울며 법을 구하는 상제(常啼)보살과 같아지길 서원한다.

어출무진묘법보 원아득여담무갈
語出無盡妙法寶 願我得如曇無竭
지혜견리부상근 원여상제존무이
智慧堅利復常勤 願與常啼尊無異

4) 나의 이름이 저 모든 보살들과 같아지고, 중생과 함께 진리 공덕 얻길 서원함

이와 같은 위없는 보살님들은
그 공덕이 뛰어나고 가없으며
좋은 이름 온 세상에 두루 들리고
그 이름 알고 있는 모든 사람이
언제라도 그 이름 잊지 않으니
내 이름도 보살들과 같아지이다.

내가 이제 부처님을 찬탄한 공덕
위없고 광대하여 끝이 없으니
바라건대 이 세간의 모든 중생도
이와 같은 빼어난 공덕 바다에
머물러 그 공덕을 얻어지이다.

차등최상제불자 최승공덕취무변
此等最上諸佛子 最勝功德聚無邊
명칭광대부무진 원아명칭역여시
名稱廣大復無盡 願我名稱亦如是

아차찬불공덕취 최상승선극광대
我此讚佛功德聚 最上勝善極廣大

보원세간제유정   주피최승공덕취
普願世間諸有情   住彼最勝功德聚

2. 천태지자대사 보현보살발원문(天台智者大師 普賢菩薩發願文)
- 천태지자선사(天台智者禪師)

　천태지자선사의 법명은 지의(智顗)로서, 지자(智者)는 진왕 광(廣)이 선사께 드린 호이다. 나이 23세 시 광주 대소산(光州大蘇山)으로 혜사선사(慧思禪師)를 찾아가 법화삼매를 증득하고, 스승의 명으로 30세에 금릉에서 전법하고 32세 때 와관사에서『법화경』을 설하였다.
　천태산 수선사, 형주 옥천사를 창건하였으며『법화현의(法華玄義)』『법화문구(法華文句)』『마하지관(摩訶止觀)』의 삼대부와 육소부를 저술하였다. 남북조시기 남삼북칠(南三北七)의 교판을 오시팔교(五時八敎)로 회통하고 불타의 일대교설을 지관(止觀)의 종지에 귀일시켰다.
　선사는 늘 교 없는 암증선사(暗證禪師)와 선 없는 문자법사(文字法師)를 비판하였으니, 선사의 종풍은 교관일치(敎觀一致) 지관구행(止觀俱行), 선과 바라밀행의 하나됨으로 요약될 수 있다.
　천태선사는 법계진리가 마음인 진리이고 행인 진리라는 불교의 실천관 그대로 여섯 가지 바라밀행을 삼매의 한 생각에 늘 갖추어, 열 가지 원[十願]을 닦고 날 적마다 보현행원을 실천하여 영겁에 다함 없길 서원한다.
　법계의 진리는 인간의 행인 진리이다. 그러므로 보살의 원(願)과 행(行)은 법계 밖에 따로 없으니, 천태선사는 온갖 선근을 깨달음과 법계에 회향하며 법계인 중생에게 회향하길 서원한다.
　후주 세종이 선사에게 법공보각존자(法空寶覺尊者)라 시호하고, 송 영종(寧宗)이 영혜대사(靈慧大師)라 시호하였다.

나의 원력과 행 미래제가 다하도록 쉬임 없으리

1) 부처님께 귀의하고 온갖 바라밀행 갖출 것을 서원함

시방 삼세 온갖 모든 부처님에게
머리 숙여 지심으로 절하옵나니
바라건대 이 제자를 증명하소서.

부처님께 바라밀행 모두 있듯이
이 제자도 이제 또한 그와 한가지
부처님 따라 바라밀행 닦아 가리니
바라건대 한량없는 부처님께선
자비로써 나의 원 살펴주소서.

계수시방삼세일체제불　원당증지
稽首十方三世一切諸佛　願當證知
모갑제불소유일체바라밀행
某甲諸佛所有一切波羅蜜行
아금연당여피수학　유원제불여래　자비애념아원
我今然當如彼修學　唯願諸佛如來　慈悲哀念我願

2) 보리심과 믿는 마음, 대비의 마음 갖추고 여러 가지 바라밀행 얻길 서원함

이 제자는 간절히 발원하나니
보리심에 굳센 힘 얻어지이다.
부사의한 부처님의 법 가운데서

깊고 깊은 믿음의 힘 얻어지이다.
부처님법 많이 듣는 그 가운데서
잊어먹지 않는 힘 얻어지이다.
나고 죽음 가운데 가고 오면서
싫증내지 않는 힘 얻어지이다.
셀 수 없는 여러 부류 삶들 가운데
깊고 굳센 대비의 힘 얻어지이다.

삶들에게 베풀어 주는 가운데
아주 잘 버리는 힘 얻어지이다.
계행을 잘 지키는 생활 가운데
무너뜨리지 않는 힘 얻어지이다.
욕됨을 참아내는 생활 가운데
굳세게 받는 힘 얻어지이다.
마가 결코 깨뜨려 낼 수가 없는
지혜의 힘 원만히 얻어지이다.
깊고 깊은 부처님의 법 가운데서
그 법 믿어 즐기는 힘 얻어지이다.

어보리심득대고력　어부가사의제불법중득심신력
於菩提心得大固力　於不可思議諸佛法中得深信力
어다문중득불망력　어왕래생사중득무피권력
於多聞中得不忘力　於往來生死中得無疲倦力
어제중생중득견대비력　어보시중득견사력
於諸衆生中得堅大悲力　於布施中得堅捨力
어지계중득불괴력　어인욕중득견수력
於持戒中得不壞力　於忍辱中得堅受力
마불능괴득지혜력　어심법중득신락력
魔不能壞得智慧力　於深法中得信樂力

3) 열 가지 큰 원 세워 미래제가 다하도록 쉬임 없이 행할 것을 서원함

　　이제 다시 열 가지 원 굳게 세우니
　　바라건대 태어나는 온갖 곳마다
　　시방의 한량없는 부처님들께
　　온갖 모든 법 가운데 공양 올려서
　　미래제가 다하도록 쉬임 없으리.

　　바라건대 여래의 깊은 법바다
　　받아지녀 스스로 밝게 깨치되
　　다른 이를 의지 않고 바로 깨달아
　　미래제가 다하도록 쉬임 없으리.

　　모든 부처님 앉아 계신 도량 가운데
　　바라건대 법 구하는 윗머리 되어
　　법의 바퀴 굴리시길 항상 청하며
　　고통받는 중생을 해탈시키되
　　미래제가 다하도록 쉬임 없으리.

　　바라건대 넓고 큰 보살의 원을
　　내가 이제 쉬임 없이 따라 행하여
　　미래제가 다하도록 쉬임 없으리.

　　바라건대 모든 삶들 교화하여서
　　태로나 알 습기나 변화로 나는
　　네 부류의 한량없는 여러 삶들을

남음 없는 큰 열반에 들게 하는 일
미래제가 다하도록 쉬임 없으리.

바라건대 부처님의 세계 태어나
눈앞에 부처님을 마주 뵙듯이
부처님께 공양하며 법을 펴는 일
미래제가 다하도록 쉬임 없으리.

바라건대 내가 이제 제불 여래의
깊고 깊은 세계를 맑게 꾸며서
미래제가 다하도록 쉬임 없으리.

바라건대 나는 이제 모든 보살과
진리 함께 행하여 선근을 모음
미래제가 다하도록 쉬임 없으리.

바라건대 나의 몸과 말 뜻의 업을
보고 듣는 모든 삶들 이익얻는 것
저 약수왕보살이 그 어떤 이거나
헛되이 지나치지 않듯 하여서
미래제가 다하도록 쉬임 없으리.

바라건대 티끌 같은 세계 가운데
위없는 바른 깨침 원만히 이뤄
크나큰 법의 바퀴 항상 굴리며
고통받는 삶들 모두 해탈시켜서
미래제가 다하도록 쉬임 없으리.

일자 원아어일체생처 일체법중
一者 願我於一切生處 一切法中

상득공양시방일체제불 진미래제무유휴식
常得供養十方一切諸佛 盡未來際無有休息

이자 원아수지 여래심심법해즉자명해
二者 願我受持 如來甚深法海卽自明解

불유타오 진미래제무유휴식
不由他悟 盡未來際無有休息

삼자 제불좌도량처 원아어중작섭법상수
三者 諸佛坐道場處 願我於中作攝法上首

청전법륜도탈중생 진미래제무유휴식
請轉法輪度脫衆生 盡未來際無有休息

사자 원아수행 일체제보살무변광대원 진미래제무유휴식
四者 願我修行 一切諸菩薩無邊廣大願 盡未來際無有休息

오자 원아교화 일체중생 난생태생습생화생
五者 願我敎化 一切衆生 卵生胎生濕生化生

실개령입무여열반 진미래제무유휴식
悉皆令入無餘涅槃 盡未來際無有休息

육자 원아생 제불찰 여대목전 진미래제무유휴식
六者 願我生 諸佛刹 如對目前 盡未來際無有休息

칠자 원아엄정 제불여래심심찰해 진미래제무유휴식
七者 願我嚴淨 諸佛如來甚深刹海 盡未來際無有休息

팔자 원아여일체제보살동행 집제선근 진미래제무유휴식
八者 願我與一切諸菩薩同行 集諸善根 盡未來際無有休息

구자 원아소유신구의업 중생견문개획이익
九者 願我所有身口意業 衆生見聞皆獲利益

여약수왕무공과자 진미래제무유휴식
如藥樹王無空過者 盡未來際無有休息

십자 원아어일체미진도중성등정각
十者 願我於一切微塵道中成等正覺

전대법륜도탈중생 진미래제무유휴식
轉大法輪度脫衆生 盡未來際無有休息

4) 열 가지 원을 중생에게 회향하고 중생이 보현행원 갖추길 서원함

이와 같은 열 가지 크나큰 원을
불자가 따라 함께 낼 수 있으면
한량없는 아승지 원 모두 넘이리.

넓고 큰 열 가지 원 모든 선근을
고통 받는 삶들에게 회향하오니
바라건대 고통 받는 모든 삶들은
삼악도의 큰 괴로움 길이 여의고
보현보살 광대행원 갖춰지이다.

불자약능발차십대원자 백만아승지원문
佛子若能發此十大願者 百萬阿僧祇願門
개실견발원
皆悉見發願

이차광대서원 종종선근 회향일체중생
以此廣大誓願 種種善根 廻向一切衆生

원개영리삼악도고 구족보현보살행원
願皆永離三惡道苦 具足普賢菩薩行願

5) 모든 선근과 공덕을 깨달음과 진여법계에 회향할 것을 서원함

나는 또 이와 같은 모든 선근을
위없는 깨달음에 회향하오니
세간의 기쁨이나 이승의 과보
집착하여 구하려 함 전혀 아니네.

나는 또 이와 같은 모든 선근을
참되고 한결 같은 법계 바다에
남음 없이 그 모든 것 회향하오니
참되고 한결같은 법계 바다는
사라지지 아니하고 흐름 없어서
깨뜨려 무너뜨릴 수가 없도다.

바라건대 내가 선근 회향하옴도
또한 이와 전혀 다름 없게 되어서
과거 현재 미래의 모든 부처님
지은 공덕 남음 없이 회향하듯이
나도 또한 모든 공덕 회향하오리.
모든 공덕 진리에 회향하고서
이 제자는 거듭 다시 목숨 돌이켜
삼보님께 지심으로 절하옵니다.

아우이차선근회향 무상보리 불구세간이승과보
我又以此善根廻向 無上菩提 不求世間二乘果報

아우이차선근회향 진여법게해
我又以此善根廻向 眞如法界海

진여무멸무루무위불가파괴
眞如無滅無漏無爲不可破壞

원아선근역부여시　여삼세제불회향
願我善根亦復如是　如三世諸佛廻向
아역여시회향　회향이귀명례삼보
我亦如是廻向　廻向已歸命禮三寶

3. 의상대사 일승발원문(義湘大師 一乘發願文)
- 의상대사(義湘大師)

　　의상대사(義湘大師: 625~702)는 우리나라 화엄종의 비조로서 중국 화엄 2조 종남산 지상사 지엄(智儼)대사에게 수학하고 돌아와 화엄십찰(華嚴十刹)을 창건하고 화엄대경을 널리 전했다. 오진(悟眞)·지통(智通)·표훈(表訓) 등 십대제자가 있다.

　　의상대사와 원효대사의 화엄관을 살펴보면, 의상대사가 중국 정통 화엄교학을 전수받아 신라에 전승한 분이라면, 원효는 스스로 화엄법계를 깨달아 기성의 교학적 권위에 기대지 않고 독창적 화엄법계관을 신라사회에 펼쳤다.

　　또 의상대사는 이사무애법계관(理事無碍法界觀)의 입장에서 온갖 사법이 진여법계에서 연기함을 강조하고 미망의 중생을 진여법계에 복귀시키는 데 치중했던 성사였다. 그에 비해 원효는 『화엄경』을 주석하다 스스로 「십회향품(十廻向品)」에서 붓을 꺾었다는 기록에서 알 수 있듯, 비로자나법계를 온통 보현행원인 법계로 밝혀내, 행으로써 진리를 구현하는 실천적 화엄행자였다.

　　의상대사는 이사무애관에 치중한 그의 진리관 그대로 본 발원문에서도 보현행원을 갖추어 화장세계 연화장에 태어나 나와 중생이 모두 비로자나부처님 뵙기를 서원한다.

넓고 크신 보현보살행을 갖추어 비로자나부처님 만나뵈오리

1) 세 가지 세간으로 업을 삼고 공양거리 지어 삼보와 중생에게 공양할 것을 서원함

> 바라건대 몸을 받아 나는 곳마다
> 세 가지 세간171) 몸과 말과 뜻을 삼아서
> 한량없는 온갖 공양거리 만들어
> 온누리 온갖 세계 가득 채워서
> 삼보전에 공양하고 예배하오며
> 육도 모든 중생에게 널리 베풀리.

> 유원세세생생처 삼종세간위삼업
> 唯願世世生生處 三種世間爲三業
> 화작무량공양구 충만시방제세계
> 化作無量供養具 充滿十方諸世界
> 정례공양제삼보 급시육도일체류
> 頂禮供養諸三寶 及施六道一切類

2) 나의 생각 생각 불사를 짓고 온갖 선 갖추기를 서원함

> 한 생각 한 티끌로도 불사를 짓고
> 온갖 생각 온갖 티끌 또한 한 가지

---

171) 삼종세간(三種世間) : 기세간(器世間)・중생세간(衆生世間)・지정각세간(知正覺世間)・천태가에서는 중생세간・국토세간・오음세간으로 분류한다. 기세간과 국토세간이 중생이 의지해 사는 의보(依報)를 말한다면, 중생세간은 정보(正報)이다. 오음세간이 의보와 정보의 총체를 의타기상(依他起相)에서 기술한 범주라면, 지정각세간은 오음세간을 원성실상(圓成實相)에서 기술한 말이다.

다함 없는 불사를 항상 지으리.
모든 악은 하나 끊어 모두를 끊고
모든 선은 하나 이뤄 모두 이루리.

여일념진작불사　일체념진역여시
如一念塵作佛事　一切念塵亦如是

제악일단일체단　제선일성일체성
諸惡一斷一切斷　諸善一成一切成

3) 늘 선지식 만나 선지식과 함께 큰 구제행 닦길 서원함

티끌 수 가없는 선지식 만나
법문을 받아 들되 싫증 없으며
저 선지식 크나큰 마음 내듯이
나도 또한 한량없는 중생과 함께
깨달음의 크나큰 마음을 내며
저 선지식 크나큰 행을 닦듯이
나도 또한 한량없는 중생과 함께
중생 건질 크나큰 행 항상 닦으리.

치우진수선지식　청수법문무염족
値遇塵數善知識　聽受法門無厭足

여선지식발대심　아급중생무불발
如善知識發大心　我及衆生無不發

여선지식수대행　아급중생무불수
如善知識修大行　我及衆生無不修

4) 보현행원으로 비로자나 법계에 돌아갈 것을 서원함

　　넓고 크신 보현보살 행을 갖춰서
　　화장세계 연화장에 가서 태어나
　　비로자나 부처님을 만나 뵈옵고
　　너와 나 한날 한때 불도 이루리.

　　　　구족광대보현행　　왕생화장연화계
　　　　具足廣大普賢行　　往生華藏蓮華界
　　　　친견비로자나불　　자타일시성불도
　　　　親見毘盧遮那佛　　自他一時成佛道

4. 이산혜연선사 발원문(怡山惠然禪師 發願文)
- 이산혜연선사(怡山惠然禪師)

　　이산혜연선사의 발원문은 한국불교 승가에서 나옹혜근선사(懶翁慧勤禪師)의 발원문 다음으로 널리 읽혀지고 외워지는 발원문이나, 발원문의 저자인 이산선사(怡山禪師)가 어떤 분인지 기록에서 찾기 어렵다.
　　본 발원문은 출가 수행자가 깨끗한 어린이[童眞]로 출가하여 영겁에 보리 마음을 여의지 않고, 육바라밀행으로 삼보를 역사와 사회 속에 잇고 넓히며[紹隆三寶], 고통 받는 중생을 건져 함께 정토세계에 왕생하여 일체종지(一切種智)를 이루려는 크나큰 서원을 보여준다.
　　깨달음의 저 언덕에 이르른[到菩提之彼岸] 수행자는 깨달음의 세계에 다시 머물러야 할 깨달음의 모습도 보지 않는다. 그러므로 이산선사는 지장(地藏)의 크나큰 서원처럼 지옥과 아귀세계에 뛰어들어 지옥 아귀 나쁜 세계를 전단숲으로 바꾸어내며, 중생의 갖가지 요구에 따라 다함 없는 방편을 시현하여 온갖 유정을 이익되게 하길 서원한다.
　　보살의 서원은 다함 없는 여래장(如來藏)의 발현이다. 그러므로 그 서원 또한 여래장이 다함 없듯 영겁에 다함 없을 것이니, 그러한 뜻을 혜연선사는 '가없는 허공이 다함 있다 하더라도 내가 세운 이 발원은 결코 다함 없으리라'고 말한다.

병이 드는 세상에는 약풀이 되어

1) 삼보께 목숨 다해 귀의하고 큰 자비의 섭수를 바람

시방의 한량없는 부처님들과
부처님이 드날려 연설하옵신
깨끗하고 미묘한 바른 진리와
삼승사과172) 해탈하신 모든 성인께
목숨 바쳐 돌아가 의지하오니
큰 자비로 슬피 여겨 거둬주소서.

귀명시방조어사　연양청정미묘법
歸命十方調御師　演揚淸淨微妙法
삼승사과해탈승　원사자비애섭수
三乘四果解脫僧　願賜慈悲哀攝受

2) 법계의 참된 성품 등지고 지은 죄업 참회함

삼보 전에 지심으로 귀명한 제자 ○○는
참된 성품 등지옵고 무명 속에 빠져들어
나고 죽는 물결 따라 아득하게 흘러가며
빛깔 소리 티끌 경계 탐착하여 물이 들고
온갖 번뇌173) 일으켜서 윤회 씨앗 쌓았으며

---

172) 삼승사과(三乘四果) : 삼승은 성문승·연각승·보살승 이 세 실천의 수레를 말하고, 네 가지 과덕〔四果〕은 성문·연각이 얻는 해탈의 과덕으로 수다원, 사다함, 아나함, 아라한의 네 과위를 말한다.
173) 온갖 번뇌〔十纏十使〕: 탐진치의 근본번뇌를 따라 일어나는 열 가지 번뇌(부끄러움이 없음, 질투함, 아첨, 놀림, 들뜸 등)가 중생을 얽매어 나고 죽음의 감옥에 가두므로 열 가지 얽

주관 객관 평등하여 하나인 줄 모르고서
그지없는 온갖 죄를 망녕되이 지어가며
고통바다 헤매면서 잘못된 길 깊이 빠져
나와 너를 분별하고 굽은 짓만 행했으니
여러 생에 쌓은 업장 가지가지 허물들을
삼보 자비 우러르며 일심 참회하옵니다.

단모갑 자위진성 왕입미류
但某甲 自違眞性 枉入迷流

수생사이표침 축색성이탐염
隨生死以飄沉 逐色聲而貪染

십전십사 적성유루지인
十纏十使 積成有漏之因

육근육진 망작무변지죄
六根六塵 妄作無邊之罪

미륜고해 심익사도 착아탐인
迷淪苦海 深溺邪途 著我耽人

거왕조직 누생업장 일체건우
擧枉措直 累生業障 一切愆尤

앙삼보이자비 역일심이참회
仰三寶以慈悲 瀝一心而懺悔

3) 깨끗한 몸과 마음으로 출가하여 범행 닦아 보리지혜 물러섬이 없
    길 서원함

부처님은 빼내주고 착한 벗은 끌어주어

맴[十纏]이라 하고, 다섯 견해의 번뇌[五見 : 身見使·邊見使·邪見使·見取使·戒取使]가 그 성질이 날카롭게 중생의 삶을 규정하므로 다섯 가지 날카로운 번뇌[五利使]라 하고, 탐냄·성냄·무명·아만·의심의 다섯 번뇌는 그 성질이 무디므로 다섯 무딘 번뇌[五鈍使]라 한다.

번뇌 애욕 깊은 구렁 어서 빨리 벗어나서
생사 없는 저 언덕에 올라가게 하사이다.
이 세상의 복과 수명 길이길이 늘어나고
오는 세상 불법지혜 더욱 더욱 자라나서
날 적마다 좋은 국토 밝은 스승 만나오며
굳은 신심 바른 출가 동진으로 도에 들어
육근 항상 환히 밝고 몸과 말과 뜻 부드러워
세상일에 물듦 없이 항상 범행 닦아가며
금한 계를 굳게 지녀 티끌 업 들지 않게
몸가짐을 반듯하고 단엄하게 보살펴서
꿈틀대는 미물들도 내 몸 같이 사랑하며
여덟 재난 만나지 않고 불법인연 갖추어서
본래 밝은 반야지혜 항상 앞에 드러나
보리 마음 굳세어서 물러서지 않으오리.

소원능인증발 선우제휴
所願能仁拯拔 善友提攜

출번뇌지심연 도보리지피안
出煩惱之深淵 到菩提之彼岸

차세복기명위 각원창융
此世福基命位 各願昌隆

내생지종영묘 동희증수
來生智種靈苗 同希增秀

생봉중국 장우명사 정신출가 동진입도
生逢中國 長遇明師 正信出家 童眞入道

육근통리 삼업순화 불염세연 상수범행
六根通利 三業純和 不染世緣 常修梵行

집지금계 진업불침 엄호위의
執持禁戒 塵業不侵 嚴護威儀

연비무손 불봉팔난 불결사연
蜎飛無損 不逢八難 不缺四緣
반야지이현전 보리심이불퇴
般若智以現前 菩提心而不退

4) 대승 깨닫고 육바라밀 널리 닦아 중생 위해 보현행원 다함 없이 닦기를 서원함

바른 법을 닦고 익혀 대승진리 깨달은 뒤
육바라밀 행문 열어 삼아승지 뛰어넘고
부처님의 진리 깃발 곳곳마다 높이 세워
겹쳐 쌓인 의심 그물 남김없이 부수리라.
모든 마군 항복받고 불법승을 잇고 넓혀
시방제불 섬기되 싫증 없고 쉬임 없이
온갖 법문 닦고 배워 모두 통달하옵고서
복과 지혜 널리 닦아 모든 중생 이익 주며
방편으로 여섯 가지 신통변화 얻고서
한생 중에 부처 과덕 두렷이 이룬 뒤에
법계성품 여의지 않고 티끌세계 들어가서
관세음보살 같은 큰 자비의 마음으로
보현보살 원력바다 그지없이 행하오리.

수습정법 요오대승
修習正法 了悟大乘
개육도지행문 월삼지지겁해
開六度之行門 越三祇之劫海
건법당어처처 파의망어중중
建法幢於處處 破疑網於重重

항복중마 소륭삼보
降伏衆魔 紹隆三寶

승사시방제불 무유피로
承事十方諸佛 無有疲勞

수학일체법문 실개통달
修學一切法門 悉皆通達

광작복혜 보리진사
廣作福慧 普利塵沙

득육종지신통 원일생지불과
得六種之神通 圓一生之佛果

연후불사법계 변입진로
然後不捨法界 徧入塵勞

등관음지자심 행보현지원해
等觀音之慈心 行普賢之願海

5) 중생의 병과 갖가지 부름 따라 한량없는 방편의 몸을 나투어 중생세간 이롭게 하길 서원함

이 세계와 저 국토에 여러 중생 무리 따라
여러 갈래 몸을 나퉈 묘한 법을 연설하되
지옥 아귀 어두운 곳 큰 빛 놓고 신통 보여
내 모습을 보는 이나 내 이름을 듣는 이는
보리 마음 모두 내어 윤회 고통 길이 벗고
화탕 빙하 여러 지옥 전단숲이 되어져서
쇠를 먹고 구리 마셔 고통 받는 온갖 중생
생사 없는 부처님의 정토세계 태어나며
나는 새와 기는 짐승 원수 맺고 빚진 이들
쓰라린 괴로움을 모두 다 벗어나서
좋은 복과 즐거움을 함께 누려지이다.

질병 드는 세상에는 약풀 되어 치료하고
기근 드는 세상에는 곡식 되어 구제하되
중생들께 이익 된 일 빠짐없이 하여주리.

타방차계 축류수형 응현색신 연양묘법
他方此界 逐類隨形 應現色身 演揚妙法
이리고취 아귀도중 혹방대광명 혹현제신변
泥犁苦聚 餓鬼道中 或放大光明 或現諸神變
기유견아상 내지문아명 개발보리심 영출윤회고
其有見我相 乃至聞我名 皆發菩提心 永出輪廻苦
화확빙하지지 변작향림 음동식철지도 화생정토
火鑊氷河之地 變作香林 飮銅食鐵之徒 化生淨土
피모대각 부채함원 진파신산 함첨이락
披毛戴角 負債含怨 盡罷辛酸 咸霑利樂
질역세이현위약초 구료침아 기근시이화작도량 제제빈뇌
疾疫世而現爲藥草 救療沈痾 饑饉時而化作稻粮 濟諸貧餒
단유이익 무불흥숭
但有利益 無不興崇

6) 원수와 친한 이 모두 일체종지 원만히 하길 서원하고 허공같은 나의 원이 다함 없음을 말함

오랜 세월 내려오며 원수거나 친한 이들
지금 이 몸 받아 나온 현생의 권속들도
고통바다 들고 나는 윤회를 벗어나서
만겁 애착 모두 끊고 함께 성불하사이다.
가없는 저 허공이 다함 있다 할지라도
내가 세운 이 발원은 결코 다함 없으리니
유정 무정 함께 같이 일체종지 이뤄지이다.

차기누세원친 현존권속 출사생지골몰 사만겁지애전
次期累世冤親 現存眷屬 出四生之汩沒 捨萬劫之愛纏

등여함생 제성불도
等與含生 齊成佛道

허공유진 아원무궁 정여무정 동원종지
虛空有盡 我願無窮 情與無情 同圓種智

5. 나옹선사 발원문(懶翁禪師 發願文)
- 나옹혜근선사(懶翁慧勤禪師)

나옹선사의 법명은 혜근(慧勤: 1320~1376)으로 고려말 태고보우(太古普愚) 백운경한선사(白雲景閑禪師)와 함께 중국 임제종의 법통을 받아온 대선사이다.

1344년 양주 회암사에서 좌선하다 깨친 바가 있었으며 원나라 연경에서 인도 지공선사(指空禪師)를 뵙고 대오하였다. 나중 임제종 평산처림(平山處林)선사에게 법의(法衣)와 불자(拂子)를 받았으며, 시호는 선각대사(禪覺大師)이다.

임제종의 법계를 이었으나 서천지공선사를 사옹으로 모셨으며, 오늘까지 한국불교 승가에서는 모든 불사에 '지공(指空)·나옹(懶翁)·무학(無學)' 이 세 화상을 증명법사로 모신다.

본 발원문은 한국불교 사찰에서 아침저녁으로 외우는 『행선축원문(行禪祝願文)』으로 선(禪)의 반야지혜가 끝내 보현행원으로 발현되어야 함을 극명하게 보여주고 있다.

날 적마다 반야지혜에서 언제나 물러서지 않으리

1) 반야지혜에서 언제나 물러섬이 없기를 발원함

   (아침 저녁 향과 등불 부처님께 올리옵고
   삼보전에 귀의하여 지심으로 절하오니
   우리 나라 평화롭게 전쟁 아주 사라지고
   온 세계 다툼 없이 부처님 법 펴지이다.)174)

   (조석향등헌불전 귀의삼보예금선
   朝夕香燈獻佛前 歸依三寶禮金仙
   국계안녕병혁소 천하태평법륜전
   國界安寧兵革消 天下太平法輪轉)

   바라오니 이내 몸이 태어나는 곳곳마다
   반야에서 언제나 물러서지 아니하리.

   원아세세생생처   상어반야불퇴진
   願我世世生生處   常於般若不退轉

2) 인행과 과덕은 부처님과 같아지고 대비의 구제활동은 여러 보살들과 같아지길 발원함

   우리 본사 세존처럼 용맹한 뜻 세워서
   노사나 부처님의 위없는 깨침 얻고

---

174) 위에 보인 게송 구절은 우리나라 사찰에서 나옹선사 발원문의 본문에 덧붙여 조석예불시 함께 외우는 기원문이다.

문수사리 보살 같은 크고 밝은 지혜로
보현보살 넓고 크신 원과 행을 실천하리.
지장보살 큰 성인의 가없는 몸 길이 나퉈
관음보살 삼십이응 대자비 화신으로
시방세계 온갖 곳에 빠짐없이 다니면서
모든 중생 이끌어 함이 없음 들게 하리.

여피본사용맹지　여피사나대각과
如彼本師勇猛志　如彼舍那大覺果
여피문수대지혜　여피보현광대행
如彼文殊大智慧　如彼普賢廣大行
여피지장무변신　여피관음삽이응
如彼地藏無邊身　如彼觀音卅二應
시방세계무불현　보령중생입무위
十方世界無不現　普令衆生入無爲

3) 나의 교화로 끝내 부처중생 차별 없기를 발원함

내 이름 듣는 이는 나쁜 길 벗어나고
내 모습 보는 이는 큰 해탈 얻게 하여
이와 같이 교화하여 티끌 겁 지나가면
마침내는 부처 중생 차별 없게 되오리라.

문아명자면삼도　견아형자득해탈
聞我名者免三途　見我形者得解脫
여시교화항사겁　필경무불급중생
如是敎化恒沙劫　畢竟無佛及衆生

4) 여러 호법성중이 보살펴 원이 이루어지길 발원함

　　바라오니 용과 하늘 여덟 부류 선신들은
　　이내 몸을 옹호하여 떠나지 마옵시고
　　어려운 일 당할 때에 어려움이 없게 하여
　　이와 같은 큰 서원 이뤄지게 하여지이다.

　　원제천룡팔부중　위아옹호불리신
　　願諸天龍八部衆　爲我擁護不離身
　　어제난처무제난　여시대원능성취
　　於諸難處無諸難　如是大願能成就

6. 자운준식법사 원문(慈雲遵式法師 願文)
- 자운준식법사(慈雲遵式法師)

  자운준식법사는 사명지례존자와 함께 고려 보운의통존자(寶雲義通尊者)의 양대 제자로서 송대 천태산가(天台山家)를 크게 부흥시킨 존자대법사(尊者大法師)이다.
  자운존자는 절강 임해(臨海) 사람으로 속성은 섭(葉)이고, 18세에 천태의 전법사(天台義全法師)에게 출가하여 처음 율학(律學)을 배우고, 옹희 원년 보운의통에게 천태교관(天台教觀)을 배워 그 깊은 뜻을 다했다.
  특히 준식법사는 참회의례를 통해 삼매를 닦는 반행반좌의 행법을 중시하여 늘 참법(懺法)을 닦았으므로 그를 자운참주(慈雲懺主)라 한다. 또 그는 수대 진관법사(眞觀法師)가 머물렀던 천축의 옛 도량을 복원하여 그곳에 머물러 삼매를 닦고 대중을 가르쳐서 따라 배우는 이들이 늘 천명을 넘겼으므로 그를 천축참주(天竺懺主)라고도 한다. 송 고종 때 참주선혜법사(懺主禪慧法師)의 호를 추증하였다.
  본 발원문은 자운준식법사가 지은 「천태지자대사께 재 모시며 예찬하는 글〔天台智者大師齋忌禮讚文〕」 가운데 맨 뒤 발원의 글을 뽑은 것이다.
  발원의 글에서 준식법사는 무량겁토록 진리인연 등진 죄업을 참회하고 천태교관을 의지해 보현행원 닦아가길 서원한다.

천태선사 남긴 가르침 따라 보현행원 실천하리

1) 도 가리는 모든 죄업 드러내 깊이 참회하고 죄가 허공처럼 청정
해지길 바람〔懺悔〕

　　지극한 마음으로 참회합니다.
　　나와 시방 법계의 온갖 중생은
　　비롯 없는 옛날부터 무명 때문에
　　앎이 있고 흐름이 있음을 따라
　　번뇌 묶여 몸과 입과 뜻 움직이고
　　탐냄과 성냄 어리석음을 따라
　　일곱 가지 밝은 도 가리는 죄업과175)
　　다섯 가지 거스르는 큰 허물 짓고176)
　　열 가지 무거운 죄, 네 바라이계177)
　　이와 같은 갖은 죄를 범하였으며
　　삼승의 바른 가르침 비방하고
　　다섯 법사178) 평소에 깔보았으며

---

175) 일곱 기림〔七遮〕: 거룩한 도를 막아 가리는 일곱 죄업으로, ①부처님 몸에 피를 냄 ② 아버지를 죽임 ③어머니를 죽임 ④화상을 죽임 ⑤아사리를 죽임 ⑥갈마(羯魔)하여 법바퀴를 굴리는 승가를 깨뜨림 ⑦성인을 죽임 등이다.
176) 다섯 거스름〔五逆〕: 다섯 가지 무간업(無間業)으로 소대승의 구분이 있다. 소승의 오역죄는 ①아버지를 죽임 ②어머니를 죽임 ③아라한을 죽임 ④부처님 몸에 피를 냄 ⑤화합승을 깨뜨림이다. 대승의 오역죄는 ①주지삼보를 깨뜨림 ②삼승법을 비방함 ③승가대중을 욕하고 부림 ④소승의 오역죄를 범함 ⑤인과를 믿지 않음이다.
177) 네 가지 바라이계〔四婆羅夷之戒〕: 승려로서 지켜야 할 가장 무거운 계로 이 계를 깨뜨리면 승려의 자격을 잃는다. ①대음계(大淫戒) ②대도계(大盜戒) ③대살계(大殺戒) ④대망어계(大妄語戒)이다.
178) 다섯 법사〔五種法師〕: 『법화경』「법사품(法師品)」에서 부처님의 법을 잘 행하는 법사행을 부처님 말씀을 받아지니고〔受持〕읽고〔讀〕외우며〔誦〕베껴 쓰고〔書〕해설함〔解說〕으로 말하고 있으니, 이 다섯 법사행을 잘 행하는 법사를 오종법사라 한다.

제Ⅵ장 영겁을 보현보살 행원으로 [修普賢行願文]

네 가지 삿됨, 다섯 삿됨 행하고
부끄러움 없는 곳에 눌러앉아서
삼악도를 좋은 동산이라 말하고
여덟 괴로움 갖춰 장엄 삼으며
날 때마다 삿된 견해 집안 향하고
날 적마다 부처님 없는 세상 났도다.

지심참회 아급시방법계일체중생
至心懺悔 我及十方法界一切衆生
자무명무시시래 순유식유류결사
自無明無始時來 順有識有流結使
동신구의 수탐진치 조칠차오역지건
動身口意 隨貪瞋癡 造七遮五逆之愆
범십중사이지계 훼방삼승정교
犯十重四夷之戒 毁謗三乘正教
평능오종법사 행사사오사좌무참무괴
平陵五種法師 行四邪五邪坐無慚無愧
지삼도여원관 구팔고위장엄
指三塗如園觀 具八苦爲莊嚴
생생향사견가생 세세출공무불세
生生向邪見家生 世世出空無佛世

어쩌면 인연인지 오늘날에는
다행히 사람의 몸 얻게 되어서
설산의 행 본받아 출가하였고
천태선사 남긴 가르침 만났으나
어두운 번뇌 구름 오래 덮어서
사견 그물에 얽혔음 한탄하도다.

백 법계가 열 가지 이와 같음 갖춘
천 가지 진여법계179) 방편과 실상
그 법문을 함부로 일컬어 말하며
열 가지 법을 물들게 가리켜서180)
십승의 묘한 관을 이뤘다 하나
아직 경의 뜻에 하나되지 못했으니
헛되이 못가에서 물고기 보며
그 물고기 부러워함과 같도다.

진리의 집 돌아갈 줄 알지 못하고
번뇌의 그물 더욱 얽혀 묶어서
어리석음의 원숭이 없애지 못해
다섯 티끌181) 숲속에서 길이 날뛰니
목마른 사슴이 물인 줄 알고
아지랑이 앞에 서있는 것 같네.

여섯 가지 탐욕의 못물 가운데
함부로 마구 날뛰어 살아가므로

---

179) 천 가지 진여법계 : 지옥 아귀 축생 수라 인간 천상 성문 연각 보살 부처님의 열 가지 법계〔十法界〕가 열 가지 법계를 서로 갖춤이 100법계이고, 백법계가 열 가지 이와 같음〔十如是〕을 갖춤이 천 가지 이와 같음〔千如〕이다. 열 가지 이와 같음〔十如是〕은 여시상(如是相) 여시성(如是性) 여시체(如是體) 여시력(如是力) 여시작(如是作) 여시인(如是因) 여시연(如是緣) 여시과(如是果) 여시보(如是報) 여시본말구경(如是本末究竟)이다.
180) 열 가지 법을 물들게 가리켜서 : 원돈지관(圓頓止觀)에서 능히 살피는 지혜〔能觀智〕를 십승관법(十乘觀法)으로 말하고 살피는 바 경계〔所觀境〕를 열 가지로 보인 것이니, 오음·십이입·십팔계〔陰入界〕의 경계를 근본으로 하여 음입계의 경계를 측면을 달리하여 열 가지로 보인다. 살피는 바 열 가지 법은 음경(陰境)·번뇌경(煩惱境)·병환경(病患境)·업경(業境)·마사경(魔事境)·선정경(禪定境)·제견경(諸見境)·만경(慢境)·이승경(二乘境)·보살경(菩薩境)이다. 이 열 가지 법이 곧 부사의경계인 줄 바로 살피지 못하므로 열 가지 법 물들게 가리킨다고 말한다.
181) 다섯 티끌 : 빛깔, 소리, 냄새, 맛, 촉감 이 다섯 가지 경계의 티끌을 말한다.

몸은 비록 법의 자리 싸도록 하되
마음은 티끌 경계 휘감게 하니
여덟 소리182) 꾸미는 이 우레 떨치고
네 가지 말재간 피워 속이는 이들
우유의 빛깔만을 말하여주며
게다가 부처님의 거룩한 경전
우스운 말거리로 말해버리고
가르침의 거룩한 글 업신여기니
법신불의 온몸 어찌 생각할 거며
설산의 반쪽 게183) 어찌 생각할 건가.

하연금일우득인신   효설령출가
何緣今日偶得人身   效雪嶺出家
치천태유교   단한혼운구부   견망교전
值天台遺敎   但恨昏雲久覆   見網交纏

천여권실법문남칭   염지십법성승묘관
千如權實法門濫稱   染指十法成乘妙觀
미시경심   공유임지선어
未始經心   空有臨池羨魚

불해귀가결망   치원미쇄
不解歸家結網   癡猿未鎖

---

182) 여덟 소리〔八音〕: 부처님 음성의 뛰어남을 여덟 가지로 보인 것이니, 여덟 소리란 ①지극히 좋은 소리〔極好音〕②부드러운 소리〔柔軟音〕③화평한 소리〔和適音〕④높은 지혜의 소리〔尊慧音〕⑤장부의 소리〔不女音〕⑥잘못 없는 소리〔不誤音〕⑦깊고 먼 소리〔沈遠音〕⑧그치지 않는 소리〔不竭音〕이다.
183) 설산의 반쪽 게: 석가모니부처님이 과거세 인행시에 구도자로 있을 때 나찰로부터 반쪽 게송〔모든 행은 덧없으니 나고 사라지는 법이네〕을 듣고서 나머지 반쪽 게송〔나고 사라지고 사라져 다하면 고요하여 늘 즐거우리라〕을 듣기 위해 나찰에 가 몸을 던진 본사를 말한다.

오진지림리장비   갈녹당양
五塵之林裏長飛   渴鹿當陽

육욕지택중영무   고사신위법좌   심요진연
六欲之澤中永鷲   故使身圍法座   心繞塵緣

팔음지도진뇌정   사변지만진유색
八音之徒震雷霆   四辯之謾陳乳色

가이학담성전   모만교문
加以謔談聖典   侮慢敎文

영사법불전신   기념설산반게
寧思法佛全身   豈念雪山半偈

현세에는 어리석음 불러들이고
오는 세상 삿된 어리석음 받아
사람과 법 비방하고 함부로 한 죄
만겁토록 천산의 막힘 이루어
이 같은 죄 한량없고 끝이 없도다.

이제 삼보 마주하여 들춰 말하고
네 가지 의지해야 할 곳 향하여
이 모든 것 드러내 밝혀 보이며
서로 잇는 생각을 아주 끊고서
덮어 감출 마음 모두 버리옵나니
바라건대 저희 참회 널리 받아서
밝은 빛으로 뭇 죄를 비추어
허공처럼 청정하게 하여주소서.

현초우암   래보사치
現招愚暗   來報邪癡

방인만법지건 만겁천산지장
謗人慢法之愆 萬劫千山之障

여사죄악무량무변
如斯罪惡無量無邊

대삼보피진 향사의발로
對三寶披陳 向四依發露

단상속념 사부장심
斷相續念 捨覆藏心

원보승참회 광명중죄등허공청정
願普承懺悔 光明衆罪等虛空淸淨

2) 온갖 성인 법바퀴 굴려주길 권해 청함〔勸請〕

지은 바 온갖 죄 참회한 다음
일심으로 삼보전에 귀의하옵고
널리 온갖 성현들께 두루 절하며
지극한 마음으로 권청합니다.

한 생각에 한 때 모두 권해 청하니
시방의 한량없는 세계의 바다
그와 같이 끝이 없는 오랜 겁 동안
여래께선 널리 모든 중생 위하여
법의 바퀴 언제나 굴려주시사
고요한 니르바나 들지 마소서.

삼승의 여러 현성 선지식들도
모두들 큰 자비로 세간 머무사

여러 중생 이롭게 하여주시고
즐겁게 하는 인연 지어주소서.
나는 이제 모두 다 권해 청하고
몸과 마음 다 바쳐서 절하옵니다.

참회이일심귀명보례　지심권청
懺悔已一心歸命普禮　至心勸請

일념일시함권청　시방찰해겁여래
一念一時咸勸請　十方刹海劫如來
보위중생전법륜　막변열반귀적멸
普爲衆生轉法輪　莫便涅槃歸寂滅

삼승현성제지식　일체자비주세간
三乘賢聖諸知識　一切慈悲住世間
단작중생이락연　아개권청신심례
但作衆生利樂緣　我皆勸請身心禮

3) 진리인연 늘 따라 기뻐하길 서원함〔隨喜〕

성현들께 권해 청함 모두 마치고
일심으로 목숨 나해 귀의하옵고
널리 두루 부처님께 다시 청하며
지극한 마음으로 따라 기뻐합니다.

허공 법계 아주 가는 티끌 같은 수
부처님들 처음 보리 마음 냄부터
아득한 겁의 바다 닦아 행하여

제Ⅵ장 영겁을 보현보살 행원으로 [修普賢行願文] | 409

위없는 보리의 도 얻으시고서
열반 들어 사리 나눈 모든 공덕과
삼승 현성 남이 없는 해탈의 업과
범부들의 샘이 있는 착한 씨앗들
머리 숙여 절한 작은 선근까지도
나는 모두 머리 위에 높이 받들고
모두 따라 기쁜 마음 항상 내리라.

권청이일심귀명보청　지심수희
勸請已一心歸命普請　至心隨喜

허공법계미진수　제불종초발도심
虛空法界微塵數　諸佛從初發道心
수행겁해득보리　내지열반분사리
修行劫海得菩提　乃至涅槃分舍利
삼승현성무생업　십선범부유루인
三乘賢聖無生業　十善凡夫有漏因
내지저두소선근　아개정대생환희
乃至低頭小善根　我皆頂戴生歡喜

4) 지은 공덕 법계와 중생에 널리 두루 회향하길 서원함〔廻向〕

모든 선근 따라 기뻐하여 마친 뒤
일심으로 목숨 다해 귀의하옵고
널리 온갖 성인들께 두루 절하며
지극한 마음으로 회향합니다.

처음 마음 냄에서 따라 기뻐함까지

세 업으로 닦고 행한 모든 선근을
허공 실제 가운데 돌이켜 들이며
여러 모든 중생 세계들을 다같이
이익 주고 즐겁도록 하여주리니
내가 닦은 복과 지혜 모두 합해서
이루어진 몸과 땅 널리 장엄해
맨 나중 티끌 수의 중생의 도량
그 가운데 살고 있는 중생 다 같이
위없는 바른 깨침 이뤄지이다.

수희이일심귀명보례 지심회향
隨喜已一心歸命普禮 至心迴向

종초내지어수희 삼업수행중선근
從初乃至於隨喜 三業修行衆善根
회입허공실제중 등동이락군생계
迴入虛空實際中 等同利樂群生界
소수복지개화합 소성신토실장엄
所修福智皆和合 所成身土悉莊嚴
최후미진중도량 보공중생성정각
最後微塵衆道場 普共衆生成正覺

5) 모든 부처님을 따라 배우며 보현행원 길이 행할 것을 서원함〔發願〕

지은 공덕 모두 회향하여 마친 뒤
일심으로 목숨 다해 귀의하옵고
널리 온갖 부처님께 두루 절하며
지극한 마음으로 발원합니다.

바라건대 한량없는 모든 부처님
나는 늘 따라서 배워가리니
세계바다 아주 가는 티끌 수 같이
한량없는 겁 동안 닦아 행하여
뼈를 깎아 쓴 경 높이 수미산 같고
몸을 잊어 법을 위함 법계 두루해
부처님의 원만하여 항상한 교설
언제나 드날려 연설하옵고
중생에게 해탈의 문 열어 보이리.
비록 이와 같은 법을 널리 행하여
부처님의 보리도를 끝내 이뤄도
보현의 크나큰 행 버리지 않으리.

회향이일심귀명보례　지심발원
迴向已一心歸命普禮　至心發願

원아상수제불학　미진찰해겁수행
願我常隨諸佛學　微塵剎海劫修行
석골서경등묘고　망구위법주사계
析骨書經等妙高　亡軀爲法周沙界
선양제불원상교　개시중생해탈문
宣揚諸佛圓常敎　開示衆生解脫門
수연구경불보리　불사보현보살행
雖然究竟佛菩提　不捨普賢菩薩行

7. 우익지욱선사 원문 사십팔(藕益智旭禪師 願文 四十八)
— 우익지욱선사(藕益智旭禪師)

　본 48원은 지욱선사가 천계(天啓) 원년(元年) 신유 7월 3일에 지었으니, 선사가 출가하기 전 대랑우바새(大朗優婆塞)라고 이름할 때이다.
　선사는 처음 불교를 비판하다가 운서주굉선사의 『죽창수필(竹窓隨筆)』을 읽고 잘못을 깨달아 자신이 지은 『벽불론(闢佛論)』을 불질렀으며, 23세 때 『지장본원경』을 읽고 크게 발심하였다.
　출가 이후 종파주의에 떨어진 선가(禪家)의 병폐를 고심하다 천태교(天台敎)로써 그 폐단을 구하려 했으며, 선교율(禪敎律)의 회통과 선과 정토의 합일적 선풍을 추구하였다.
　선교율에 관한 저술뿐 아니라 『주역(周易)』, 사서(四書) 등 유가서적, 기독교에 관한 저술 등 방대한 저술을 하였으니, 명대 최대의 저작가라 할 수 있다.
　이러한 지욱선사의 선풍은 후대 사람들에 의해 연수(延壽) 범기(梵琦) 진가(眞可)의 문자선(文字禪)을 이어 천태교관(天台敎觀)에 회통시킨 선풍이라 평가되어 왔다.
　본 발원문은 아미타의 전신인 법장비구(法藏比丘)의 48대원을 본받아 마흔여덟 넓고 큰 서원을 세운 것이니, 비록 원은 마흔여덟로 차별되었으나 그 원들은 다 능히 원을 발하는 나(能發願)와 발한 바 원행(所發願)과 원력을 통해 들어가는 보리의 세계(所入菩提)가 모두 법계인 본원(本願)의 모습인 것이다.

법장비구처럼 마흔여덟 크고 넓은 원을 세우리〔四十八願〕

1) 세 가지 몸 갖춘 부처님과 진여법계와 온갖 성현에 귀의하고, 시방삼세에 두루한 크나큰 원 닦을 것을 말함

> 세 가지 몸 원만하신 부처님과
> 온갖 법 참되고 한결같은 실상인
> 깨달음의 항상 밝은 성품 바다와
> 저 법계와 하나되어 허공 같으사
> 갖가지로 큰 원력바다 장엄하옵고
> 얻을 과덕 닦는 인행 서로 사무쳐
> 이루 생각할 수 없고 말할 수 없는
> 보살의 온갖 닦아가는 행의 바다에
> 머리 숙여 지심으로 절하옵고
> 또한 서방 정토의 아미타여래와
> 관음 세지 지장에게 절하옵니다.

> 계수삼신원만존   일체진여각성해
> 稽首三身圓滿尊   一切眞如覺性海
> 칭피법계등허공   종종장엄대원해
> 稱彼法界等虛空   種種莊嚴大願海
> 과인교철부사의   보살일체수행해
> 果因交徹不思議   菩薩一切修行海
> 역례아미타여래   관음세지급지장
> 亦禮阿彌陀如來   觀音勢至及地藏

> 나는 이제 낳아주신 어버이의
> 그지없이 깊고 깊은 은혜 위하고

온갖 중생세계 두루 슬피 여기어
실답게 나아가는 마음을 내서
빼어난 염불 방편 닦아 행하네.
온갖 중생 거두어 받아주시는
정토의 넓은 문을 깊이 믿으니
부처님의 넓고 크신 서원의 힘
널리 모든 중생을 다 입혀주시사
묘한 계는 건네주는 배가 되고
지혜는 키 방편은 돛이 되오며
부처님의 거룩한 힘 바람이 되어
미래제가 다하도록 중생을 건져
끝내 아주 작은 한 생각일지라도
오탁세간 버리지 아니하오리.

아위자친망극은　　변민일체중생계
我爲慈親罔極恩　　遍憫一切衆生界
발생여실증상심　　수행염불승방편
發生如實增上心　　修行念佛勝方便
심신정토섭수문　　광대서원보개피
深信淨土攝受門　　廣大誓願普皆被
묘계위주지혜타　　방편위범불력풍
妙戒爲舟智慧舵　　方便爲帆佛力風
진미래제도중생　　종불일념사오탁
盡未來際渡衆生　　終不一念舍五濁

여러 모든 부처님들 원력의 바다
인드라 하늘의 그물 구슬 같나니
지금 세운 나의 원을 거두어주사
거듭 거듭 겹치어 드러내시고

나의 원도 마니의 큰 구슬과 같아
부처님의 원력바다 모두 거두네.

원의 바퀴 가로로 시방 두르고
또한 다시 세로로는 삼세 사무쳐
가장 높은 일체지가 타는 바이므로
이 제자는 마음을 지극히 하여
부지런히 넓고 큰 원 닦아 익히네.

제불원해여제주　섭우아원중중현
諸佛願海如帝珠　攝于我願重重現
아원역여마니왕　제불원해실개섭
我願亦如摩尼王　諸佛願海悉皆攝

원륜횡변우시방　역부수구우삼제
願輪橫遍于十方　亦復豎究于三際
일체지지지소승　고아지심근수습
一切智智之所乘　故我至心勤修習

2) 마흔여덟 크고 넓은 서원을 일으킴

① 한량없는 겁에 인연 맺은 어버이와 중생 건지기를 서원함

　- 첫째 원
　내가 본디 보리의 마음 낸 것은
　아버지가 종을 쳐 바람 일으킨
　은혜를 위로 갚고자 함이니
　바라건대 삼보님 거룩한 힘으로

제Ⅵ장 영겁을 보현보살 행원으로 [修普賢行願文] | 417

비롯 없는 옛날부터 나의 아버지
모두 다 정토세계 태어나시사
어서 빨리 깨달음 얻게 해주시고
나의 이름 듣는 모든 이들도 또한
아버님의 은혜 갚게 하여지이다.

- 둘째 원
내가 본디 보리의 마음 낸 것은
어머님이 황금 연꽃으로 길러주신
은혜를 위로 갚고자 함이니
바라건대 삼보님 거룩한 힘으로
비롯 없는 옛날부터 나의 어머니
모두 다 정토세계 태어나시사
어서 빨리 깨달음 얻게 해주시고
나의 이름 듣는 모든 이들도 또한
어머님의 은혜 갚게 하여지이다.

- 셋째 원
법계의 한량없는 중생을 건져
모두 다 부처님의 도 이룬 뒤에야
바야흐로 니르바나 들어가오리.

제일원 아본발심 상보자부종지풍생은 원삼보력 영아무시자부 함생정토
第一願 我本發心 上報慈父鍾之風生恩 願三寶力 令我無始慈父 咸生淨土
속증보리 영문아명자 역보부은
速證菩提 令聞我名者 亦報父恩
제이원 아본발심 상보비모금대련양육은 원삼보력 영아무시비모 함생정토
第二願 我本發心 上報悲母金大蓮養育恩 願三寶力 令我無始悲母 咸生淨土

속증보리 영문아명자 역보모은
速證菩提 令聞我名者 亦報母恩
제삼원 도법계중생성불경 방취니원
第三願 度法界衆生成佛竟 方取泥洹

② 탐냄과 성냄 어리석음의 죄업 참회하고, 나의 이름 들은 중생이 모두 지혜와 사랑 갖추기를 서원함

   - 넷째 원
   음욕의 바탕인 나의 몸과 마음
   모두 끊되 끊는 성품 또한 없어서
   나의 이름 듣는 모든 이들이 또한
   음욕 뿌리 길이 끊게 하여지이다.

   - 다섯째 원
   산 목숨 죽이고 해친 내 업의 익힘
   사라져 다해 나머지가 없어서
   나의 이름 듣는 모든 이들이 또한
   사랑의 힘 두루 내게 하여지이다.

   - 여섯째 원
   마음이 어리석고 매우 어두워
   삼보를 비방해온 잘못된 업들
   사라져 다해 나머지가 없어서
   나의 이름 듣는 모든 이들이 또한
   삼보를 바로 믿게 하여지이다.

   - 일곱째 원

내가 지은 착하지 못한 업들이
모두 다 청정함을 얻게 되어서
나의 이름 듣는 모든 이들이 또한
범행에 편히 머물게 하여지이다.

제사원 아음기신심구단 단성역무 영문아명자 영단음근
第四願 我淫機身心俱斷 斷性亦無 令聞我名者 永斷淫根
제오원 아살해업습 멸진무여 영문아명자 변생자력
第五願 我殺害業習 滅盡無餘 令聞我名者 遍生慈力
제육원 아치암방삼보업 멸진무여 영문아명자 정신삼보
第六願 我痴暗謗三寶業 滅盡無餘 令聞我名者 正信三寶
제칠원 아제불선업 실득청정 영문아명자 안주범행
第七願 我諸不善業 悉得淸淨 令聞我名者 安住梵行

③ 정토에 가 위없는 보리 얻고 본원을 따라 널리 중생 건지기를 서원함

- 여덟째 원
나는 꼭 극락세계 가서 태어나
위없는 보리 빨리 깨쳐 얻으며
나의 몸을 티끌세계 널리 나누어
오는 세상 미래제가 다할 때까지
중생 건져 싫증냄이 없어지이다.

- 아홉째 원
나는 늘 태어나는 모든 생마다
근본 서원 잊어먹지 아니하고서
다섯 가지 몹시 흐린 세간 가운데
온갖 중생 잘 교화하여지이다.

- 열째 원
나는 머물러 있는 온갖 곳마다
바른 법을 널리 다 통하게 되어
온갖 여러 마의 장애 없어지이다.

- 열한째 원
한량없는 보리의 지혜 얻어서
온갖 불법 모두 통달하여지이다.

제팔원 아결생극락세계 속증무상보리 분신진찰 진미래제 도생무염
第八願 我決生極樂世界 速證無上菩提 分身塵刹 盡未來際 度生無厭
제구원 아생생불망본원 우오탁세 선화중생
第九願 我生生不忘本願 于五濁世 善化衆生
제십원 아처처굉통정법 무제마장
第十願 我處處宏通正法 無諸魔障
십일원 득무량지혜 달일체불법
十一願 得無量智慧 達一切佛法

④ 말재간과 신통 등 여러 방편 갖추어 중생 건지기를 서원함

- 열둘째 원
한량없고 걸림 없는 말재간 얻어
어리석은 중생 열어 깨우쳐주며
바깥 길 가는 자들 항복하여서
온갖 것에 두려울 바 전혀 없음이
사자왕의 외침과 같아지이다.

- 열셋째 원

한량없는 신통을 모두 얻어서
시방의 온갖 국토 두루 다니며
온갖 여러 선지식들 받들어 모셔
바다 같은 온갖 모든 법의 모임에
함께하지 않음이 없어지이다.

십이원 득무량변재 개미강외 일체무외 여사자후
十二願 得無量辯才 開迷降外 一切無畏 如獅子吼
십삼원 득무량신통 변시방국 승사여래 급선지식 일체해회 무불득여
十三願 得無量神通 遍十方國 承事如來 及善知識 一切海會 無不得與

⑤ 삼보를 찬탄하고 공양하며 중생의 선근 따라 기뻐하고, 부처님께 설법 권청하길 서원함

- 열넷째 원
나는 갖가지 미묘한 음성을 내어
오는 세상 미래제가 다할 때까지
삼보님을 언제나 찬탄하여서
중생이 귀의할 바 알게 하오리.

- 열다섯째 원
여러 묘한 공양거리 뜻 따라 내어
거룩한 삼보님께 공양하옵고
중생 위해 큰 복 늘 지으오리라.

- 열여섯째 원
온갖 중생 지은 공덕 따라 기뻐해
위없는 보리 이루게 하여주리라.

- 열일곱째 원
시방 여래 바른 깨침 이루실 때에
내가 먼저 부처님께 말씀 올려서
부처님들 큰 법바퀴 굴려주시사
위없는 깨달음의 길 온갖 중생께
열어 보여주십사 권해 청하리.

- 열여덟째 원
시방 여래 니르바나 들어가실 때
내가 먼저 부처님께 말씀 올려서
부처님들 니르바나 들지 마시고
이 세간에 언제나 머물러 계셔
중생 요익 해주십사 권해 청하리.

십사원 아능출종종묘음 진미래제 찬탄삼보 영중생지소귀의
十四願 我能出種種妙音 盡未來際 贊嘆三寶 令衆生知所歸依
십오원 수의출생종종묘공 공양삼보 위중생작대복전
十五願 隨意出生種種妙供 供養三寶 爲衆生作大福田
십육원 수희일체중생소유공덕 영성무상보리
十六願 隨喜一切衆生所有功德 令成無上菩提
십칠원 시방여래성정각시 아선권청 진대법륜 개시중생 무상각로
十七願 十方如來成正覺時 我先勸請 轉大法輪 開示衆生 無上覺路
십팔원 시방여래반열반시 아실권청 막입열반 상주세간 요익함식
十八願 十方如來般涅槃時 我悉勸請 莫入涅槃 常住世間 饒益含識

⑥ 관음·지장과 같은 나의 서원의 힘과 자비광명이 육도중생과 이승의 수행자까지 널리 비추어 모두 부처님의 진리의 수레〔佛乘〕에 들게 할 것을 서원함

- 열아홉째 원
부처님의 바다 같은 법의 모임에
나를 큰 법왕자로 밀어주시사
부처님이 내 공덕 지혜 찬탄해주고
나의 자비 크나큰 서원의 힘은
관세음과 지장왕 보살과 같아
평등하여 다름이 없어지이다.

- 스무째 원
나의 큰 자비 광명 지옥 비추어
나의 빛에 닿게 되는 지옥 중생은
닿는 그때 괴로운 일들 모두 변하여
미묘한 즐거움을 이뤄지이다.

- 스물한째 원
나의 큰 자비 광명 아귀 비추어
나의 빛에 닿게 되는 아귀중생은
닿는 그때 배고픈 몸 바로 버리고
정토에 태어나게 되어지이다.

- 스물둘째 원
나의 큰 자비 광명 축생 비추어
나의 빛을 받게 되는 축생의 무리
여러 모든 두려움을 아주 떠나서
어리석은 축생의 몸 버린 뒤에는
정토에 태어나게 되어지이다.

- 스물셋째 원
나의 큰 자비 광명 귀신 비추어
나의 빛 받게 되는 귀신의 무리
모두 크게 성내는 마음 버리고
부처님의 도를 열어 깨닫게 되며
더럽고 못난 모습 아주 버리고
깨끗한 몸 모두 다 얻어지이다.

- 스물넷째 원
나의 큰 자비 광명 중생 비추어
고통 받는 여러 중생 내 빛 받는 자
몸의 병 없어지고 육근 갖추어
모든 액난 두려움을 다 해탈하고
병 없이 사는 목숨 더욱 늘리며
보리의 뜻 일으켜 목숨 다할 때
정토세계 바로 가 태어나지이다.

- 스물다섯째 원
나의 큰 자비 광명 널리 비추되
모습 있고 모습 없는 모든 것들과
생각 있고 생각 없는 모든 것들과
여러 마와 외도들 널리 비추어
그들이 몸과 마음에 사견 버리고
불승을 통달토록 하여지이다.

- 스물여섯째 원
나의 큰 자비 광명 널리 비추어

내 빛 닿은 사람과 하늘의 무리
욕망의 즐거움에 헤매지 않고
선정 기쁨 늘 즐거워하도록 하여
부지런히 위없는 보리 구해지이다.

- 스물일곱째 원
나의 큰 자비 광명 성문과 연각
이승의 수행자를 널리 비추어
그들이 함이 없음 모두 버리고
빨리 불승 나아가게 하여지이다.

십구원 일체해회 추아위대법왕자 불찬아공덕지혜 자비원력
十九願 一切海會 推我爲大法王子 佛贊我功德知慧 慈悲願力
여관세음지장왕 등무유이
如觀世音地藏王 等無有異
이십원 이대비광 조제지옥 촉아광자 응시변제고사 실성묘락
二十願 以大悲光 照諸地獄 觸我光者 應時變諸苦事 悉成妙樂
이십일원 이대비광 조제아귀 촉아광자 응시사신 득정토생
二十一願 以大悲光 照諸餓鬼 觸我光者 應時舍身 得淨土生
이십이원 이대비광 조제축생 몽아광자 이제포외 사신지후 득정토생
二十二願 以大悲光 照諸畜生 蒙我光者 離諸怖畏 舍身之後 得淨土生
이십삼원 이대비광 조제귀신 몽아광자 실사진심 개오불도 사제루 득청정신
二十三願 以大悲光 照諸鬼神 蒙我光者 悉舍瞋心 開悟佛道 舍諸陋 得淸淨身
이십사원 이대비광 조제고뇌중생 몽아광자 질병소제 육근구족 액난공포
二十四願 以大悲光 照諸苦惱衆生 蒙我光者 疾病消除 六根具足 厄難恐怖
실개해탈 무병연년 발보리의 약임명종 즉생정토
悉皆解脫 無病延年 發菩提意 若臨命終 卽生淨土
이십오원 이대비광 조유형무형 유상무상 급제마외
二十五願 以大悲光 照有形無形 有想無想 及諸魔外

영기신심 사제사견 통달불승
令其身心 舍諸邪見 通達佛乘
이십육원 이대비광 조촉인천 영불미욕락 급흔염정 근구무상보리
二十六願 以大悲光 照觸人天 令不迷欲樂 及欣厭定 勤求無上菩提
이십칠원 이대비광 조성문연각 영사무위 속취불승
二十七願 以大悲光 照聲聞緣覺 令舍無爲 速趣佛乘

⑦ 자비의 신력과 방편 갖추어 널리 시방국토에 들어가 고통 건져주길 서원함

- 스물여덟째 원
큰 자비로 온갖 중생 소리 들어줘
온갖 중생 환히 밝게 깨닫도록 해
물든 삼계 그리워하지 않으며
나머지 진리 수레 즐기지 않고
위없는 보리 구하게 하여지이다.

- 스물아홉째 원
나의 큰 자비 신력 여러 중생이
갖가지로 구하는 바 널리 따라서
그 중생들 내가 행한 법 가운데서
깊이 믿는 마음 내게 하여지이다.

- 서른째 원
온갖 중생 구해 건네주려 하므로
시방에 부처님 몸 지어 나타내
때로는 정토세계 거두어주고
때로는 예토에서 조복해주어

그 방편이 헤아릴 수 없어지이다.

- 서른한째 원
온갖 중생 구해 건네주려 하므로
무리 따라 갖가지 몸을 나투고
낱낱 여러 중생의 무리 가운데
그 종족이 빼어나고 위덕 자재해
함께 하는 무리들이 나를 공경해
내가 설한 가르침을 받아지니고
곧장 보리 이르도록 하여지이다.

- 서른둘째 원
나의 큰 자비 방편 널리 나투되
불법 없는 온갖 곳과 법 사라진 곳
불법이 행해질 수 없는 모든 곳
그 온갖 곳 널리 두루 나타내어서
큰 교화 숨기거나 때로 드러내
무명의 기나긴 밤 등불 돼주어
고통바다 빠져있는 어두운 무리
모두 건져 고통바다 벗게 하오리.

- 서른셋째 원
중생이 배고프고 목이 마른 때
늘 마실 것 먹을거리 나타내주고
중생이 병들어 몸이 아플 때
병 나아줄 약들을 나타내주며
추울 때는 따뜻한 옷 지어내주고

더울 때는 시원한 바람 지으며
험한 길에 나루와 다리를 지어
바라는 바 온갖 것을 모두 지어내
옷가지나 먹을거리 의자나 신발
받고서는 모두 다 안락 얻어서
위없는 보리 마음 내게 하오리.

이십팔원 이대비청 영일체중생 결정명오 불련삼계 불락여승 유구무상보리
二十八願 以大悲聽 令一切衆生 決定明悟 不戀三界 不樂餘乘 惟求無上菩提
이십구원 이대비신력 수순중생 종종소구 비우아법 생심신심
二十九願 以大悲神力 隨順衆生 種種所求 俾于我法 生深信心
삼십원 이구도중생 고우시방현작불신 혹정토섭취 혹예토조복방편무량
三十願 以救度衆生 故于十方現作佛身 或淨土攝取 或穢土調伏方便無量
삼십일원 이구도중생 고수류현신 일일류중 종족존승 위덕자재 영제동류
三十一願 以救度衆生 故隨類現身 一一類中 種族尊勝 威德自在 令諸同類
경애수교 직지보리
敬愛受教 直至菩提
삼십이원 이대비방편 현우일체 무불법처 법멸처 불법불능행처 은현대화
三十二願 以大悲方便 現于一切 無佛法處 法滅處 佛法不能行處 隱顯大化
위장야등 구발침명 출우고해
爲長夜燈 救拔沈冥 出于苦海
삼십삼원 항우중생기갈지시 현작음식 질역현작약초 한작의복 열작양풍
三十三願 恒于衆生飢渴之時 現作飲食 疾疫現作藥草 寒作衣服 熱作涼風
험조작진양 일체소수 개현작지 약복약식 약의약리 함득안락 발보리심
險阻作津梁 一切所需 皆現作之 若服若食 若倚若履 咸得安樂 發菩提心

⑧ 국토 장엄하는 행이 원만해져 나의 이름만 들어도 국토가 장엄되고
이름 들은 이가 모두 정토에 나길 서원함

- 서른넷째 원

오직 불승 기꺼이 구하는 중생
나의 이름 모두 다 듣고 나서는
이 살덩이 몸 버리지 아니하고서
부처님의 보리를 얻어지이다.

- 서른다섯째 원
부처님의 국토 장엄하려는 보살
나의 이름 모두 다 듣고 나서는
그 국토가 극락보다 빼어나지며
물든 땅을 나타내 보이려 하면
한량없는 방편을 바로 얻어서
좋은 교화 더욱 더욱 강해지이다.

- 서른여섯째 원
부처님의 국토를 보려고 하고
그 부처님 법 들으려 하는 중생은
누구든지 보게 하고 듣게 하오리.

- 서른일곱째 원
셀 수 없는 부처님 세계에 가서
삼보와 중생 공양하려는 중생
가려는 한 생각을 내는 사이에
모두 다 널리 두루 가게 하오리.

- 서른여덟째 원
부처님의 국토 가서 나려는 중생
누구든지 나의 이름 듣기만 해도

원 따라 가서 나게 하여주오리.

삼십사원 락구불승중생 문아명이 불사육신 득불보리
三十四願 樂求佛乘衆生 聞我名已 不舍肉身 得佛菩提
삼십오원 장엄불토보살 문아명이 기국유우극락 욕현예토 즉득무량방편
三十五願 莊嚴佛土菩薩 聞我名已 其國逾于極樂 欲現穢土 則得無量方便
선화강강
善化剛强
삼십육원 영욕견제불토 문법중생 개득견문
三十六願 令欲見諸佛土 聞法衆生 皆得見聞
삼십칠원 영욕왕무수세계 공양삼보중생 일념지간 보득주변
三十七願 令欲往無數世界 供養三寶衆生 一念之間 普得周遍
삼십팔원 영욕생불토중생 문아명호 즉득수원왕생
三十八願 令欲生佛土衆生 聞我名號 卽得隨願往生

⑨ 원력 세운 중생이 모두 지혜를 얻고 모든 마장을 떠나 위없는 보리의 과덕 얻길 서원함

　- 서른아홉째 원
　내 서원과 같이하는 중생이 모두
　한량없는 지혜 방편 빨리 얻어서
　위덕이 자재토록 하여주오리.

　- 마흔째 원
　소승을 즐겨하는 여러 중생들
　거룩한 과덕에 빨리 올라서
　마음 돌려 보살승에 들게 하오리.

　- 마흔한째 원

제Ⅵ장 영겁을 보현보살 행원으로 [修普賢行願文] | 431

시방에 수행하는 여러 보살들
나의 이름 듣고서는 보리 이르러
마의 일이 길이 없게 하여지이다.

- 마흔둘째 원
시방의 마와 바깥 길 걷는 자들
나의 이름 듣고서는 사견 버리어
바른 깨침에 같이 돌아가지이다.

삼십구원 영동아서원중생 속득무량지혜방편 위덕자재
三十九願 令同我誓願衆生 速得無量智慧方便 威德自在
사십원 영락소승중생 속등성과 즉회심입보살승
四十願 令樂小乘衆生 速登聖果 卽回心入菩薩乘
사십일원 시방수행보살 문아명호 직지보리 영무마사
四十一願 十方修行菩薩 聞我名號 直至菩提 永無魔事
사십이원 시방마외 문아명호 즉사사견 동귀정각
四十二願 十方魔外 聞我名號 卽舍邪見 同歸正覺

⑩ 나의 자비의 힘으로 지옥업 지은 중생마저 모두 보리도에 나아가길
서원함

- 마흔셋째 원
나의 큰 자비의 마음 그 힘으로써
오역죄와 열 가지 악 짓는 자들이
짓는 악을 버리고 또 버리도록 해
마땅히 지옥 떨어질 중생마저도
슬피 울며 참회할 줄만 안다면
뛰어나고 묘한 몸 따라 나투어

머리 만져 언약해 안위해주며
죄의 뿌리 길이 빼내 없애주어서
보리 마음 모두 내게 하여주오리.

– 마흔넷째 원
평등하고 크나큰 자비힘으로
나의 법을 비방한 죄 없애버리고
나의 이름 꾸짖어 욕하는 이나
무겁고 악한 장애 떨어진 이들
보리도에 빨리 가게 하여지이다.

– 마흔다섯째 원
자비로운 나의 눈 가장 깨끗해
온 허공계와 아주 괴로운 곳까지
널리 모두 빠짐없이 두루 살펴서
모두 다 편안하고 즐겁게 하고
지극한 악한 죄 짓는 중생들
어질고 착하도록 하여주오리.

사십삼원 이대비심력 사오역십악사기팔기 당타대옥중생 지구애참회 수현
四十三願 以大悲心力 使五逆十惡四棄八棄 當墮大獄衆生 知求哀懺悔 隨現
승묘색신 마정안위 영죄근영발 발보리심
勝妙色身 摩頂安慰 令罪根永拔 發菩提心
사십사원 이평등대자비력 능멸방아법 이아명자 극중악장 속취보리
四十四願 以平等大慈悲力 能滅謗我法 詈我名者 極重惡障 速趣菩提
사십오원 아자안최극청정 보시진허공계 내지극고처 실령안락
四十五願 我慈眼最極清淨 普視盡虛空界 乃至極苦處 悉令安樂
극악중생 실령현선
極惡衆生 悉令賢善

⑪ 나의 몸과 입과 뜻의 업이 삼밀(三密)을 이루어서 중생이 이익과 안락을 얻고 해탈 얻길 서원함

- 마흔여섯째 원
내가 맺은 손의 모습 가장 장엄해
일어나는 생각 생각 그 가운데에
온갖 모든 공양 구름 널리 나타내
진귀한 보배구름 좋은 옷구름
뭇 꾸밀 거리와 먹을거리의 구름
약의 구름 삼매 구름 다라니 구름
말재간의 구름과 빛 비추는 구름
이 온갖 구름들이 허공 두루해
오는 세상 미래제가 다할 때까지
중생을 이익 되게 하여지이다.

- 마흔일곱째 원
나의 이름 온 시방 모든 세계에
널리 두루하지 않는 곳이 없어서
그 어딘들 법 사라지는 곳에서도
나의 이름 결코 사라지지 않게 해
언제나 나의 이름 듣는 중생은
모두 다 해탈 얻게 하여주리라.

사십육원 아인수최극장엄 우념념중 출일체공양운 진보운 의복운 중구운
四十六願 我印手最極莊嚴 于念念中 出一切供養雲 珍寶雲 衣服雲 衆具雲
음식운 의약운 삼매운 총지운 변재운 광조운 변허공계 진미래제 이익중생
飮食雲 醫藥雲 三昧雲 摠持雲 辯才雲 光照雲 遍虛空界 盡未來際 利益衆生
사십칠원 아명호진시방계 미불주변 피법멸처 아명불멸 항령문칭 실득해탈
四十七願 我名號盡十方界 靡不周遍 彼法滅處 我名不滅 恒令聞稱 悉得解脫

⑫ 나의 상호업이 저 부처님과 같아져 온 법계에 불사를 짓고 한량없고
다함 없는 교화의 활동을 펼쳐 모두 성불하길 서원함

    - 마흔여덟째 원
    나의 몸은 지극히 미묘하여서
    이루 말할 수 없고 또 말할 수 없는
    부처님 세계 아주 가는 티끌수의
    큰 사람의 모습 절로 장엄하여서
    낱낱 모든 큰 사람의 모습 가운데
    이루 말할 수 없고 또 말할 수 없는
    부처님 세계 아주 가는 티끌수의
    좋은 상호 두렷이 갖추어 지녀
    낱낱 좋은 여러 모든 상호 가운데
    이루 말할 수 없고 또 말할 수 없는
    부처님 세계 아주 가는 티끌수의
    밝은 빛 두렷이 갖춰지이다.

    그 낱낱의 티끌수 밝은 빛들은
    이루 말할 수 없고 또 말할 수 없는
    부처님 세계 아주 가는 티끌수의
    여러 가지 빛깔을 만들어내시
    한량없는 온갖 세계 장엄해주며
    이루 말할 수 없고 또 말할 수 없는
    부처님 세계 아주 가는 티끌수의
    여러 가지 소리를 널리 펼쳐서
    묘한 법을 펴서 드날려지이다.

제Ⅵ장 영겁을 보현보살 행원으로 [修普賢行願文] | 435

이루 말할 수 없고 말할 수 없는
부처님 세계 아주 가는 티끌수의
향과 꽃 먹을거리 옷과 도구들
한량없는 이 모든 것 펼쳐 나타내
온갖 중생 널리 두루 공양해주며
이루 말할 수 없고 또 말할 수 없는
부처님 세계 아주 가는 티끌수의
한량없는 화신부처 나타내어서
온갖 중생 널리 교화하여지이다.

사십팔원 아색신최극미묘 이불가설불가설불찰극미진수대인상 이자장엄
四十八願 我色身最極微妙 以不可說不可說佛刹極微塵數大人相 而自莊嚴
일일상유불가설불가설불찰극미진수수형호
一一相有不可說不可說佛刹極微塵數隨形好
일일호유불가설불가설불찰극미진수광명
一一好有不可說不可說佛刹極微塵數光明
일일광작불가설불가설불찰극미진수색
一一光作不可說不可說佛刹極微塵數色
엄식국계 연불가설불가설불찰극미진수성 선양묘법
嚴飾國界 演不可說不可說佛刹極微塵數聲 宣揚妙法
출불가설불가설불찰극미진수향화음식 의복중구 보공일체
出不可說不可說佛刹極微塵數香華飮食 衣服衆具 普供一切
현불가설불가설불찰극미진수화불 교화일체
現不可說不可說佛刹極微塵數化佛 敎化一切

낱낱 모든 한량없는 부처님에게
이루 말할 수 없고 또 말할 수 없는
부처님 세계 아주 가는 티끌수의
여러 모든 화신 보살들이 있으며

낱낱 모든 한량없는 보살들에게
이루 말할 수 없고 또 말할 수 없는
부처님 세계 아주 가는 티끌수의
거룩하고 빼어난 장엄 있어서
그 낱낱의 빼어난 보살의 장엄
이루 말할 수 없고 또 말할 수 없는
부처님 세계 아주 가는 티끌수의
여러 가지 넓고 큰 불사 짓도다.
여러 보살 짓는 바 온갖 불사들
이루 말할 수 없고 또 말할 수 없는
부처님 세계 아주 가는 티끌수의
한량없는 온갖 모든 세계 가운데
여러 중생 널리 이익 되게 하여서
중생 만약 한 불사를 보게 된다면
미묘한 내 몸 바로 볼 수 있으며
만약 내 몸 잠깐이나 보게 된 이는
나와 같이 빨리 불도 이뤄지이다.

〔천계(天啓) 원년(元年) 신유(辛酉: 1621) 7月 30日 대랑우바새가 발원함〕

일일불유불가설불가설불찰극미진수제화보살
──佛有不可說不可說佛刹極微塵數諸化菩薩
일일보살유불가설불가설불찰극미진수수승장엄
──菩薩有不可說不可說佛刹極微塵數殊勝莊嚴
일일장엄작불가설불가설불찰급미진수광대불사
──莊嚴作不可說不可說佛刹及微塵數廣大佛事
일일사우불가설불가설불찰극미진수세계이익중생
──事于不可說不可說佛刹極微塵數世界利益衆生

유견일불사 즉득견아미묘색신
有見一佛事 則得見我微妙色身

견아신자 즉능여아평등 즉능속득성불
見我身者 則能與我平等 則能速得成佛

(천계원년세차신유 칠월삼십일 시명대랑우바새)
(天啓元年歲次辛酉 七月三十日 時名大朗優婆塞)

제VII장

감이 없이 정토세계 가서 나리라
[往生淨土願文]

1. 무량수경우파데사 원생게(無量壽經優波提舍 願生偈)
   - 세친보살(世親菩薩)
2. 아미타증성가(阿彌陀證性歌)
   - 원효대사(元曉大師)
3. 진행노파에게 근원 바로 끊는 길을 보임〔示陳行婆頌〕
   - 자변종간법사(慈辯從諫法師)
4. 정토에 왕생함을 바로 믿는 노래〔往生正信偈〕
   - 자운준식법사(慈雲遵式法師)
5. 연화세계에 왕생하려는 빼어난 모임을 엮는 글〔蓮華勝會錄文〕
   - 자각종색선사(慈覺宗賾禪師)
6. 염불회향발원문(念佛廻向發願文)
   - 자각종색선사(慈覺宗賾禪師)
7. 법화경찬문(法華經讚文)에 붙인 정토발원(淨土發願)
   - 정명천인선사(靜明天因禪師)
8. 염불의 핵심 요점을 노래함〔念佛心要頌〕
   - 초암도인법사(草菴道因法師)
9. 왕생극락발원문(往生極樂發願文)
   - 운서주굉선사(雲棲袾宏禪師)

초기불교의 육계설(六界說)이나 밀종(密宗)의 육대연기설(六大緣起說)에 의하면 앎〔識〕이 있는 중생은 지수화풍(地水火風) 사대(四大)와 허공〔空大〕을 의지하여 살아가고, 지수화풍 사대와 허공〔五界・五大 : 地水火風空〕은 스스로 있는 세계가 아니라 연기해 일어난 세계이며 앎 활동을 떠나지 않은 오대(五大)이다.

곧 앎〔識〕은 오대(五大)인 앎 활동이며 오대는 앎 자체로 드러나는 오대이니, 앎이 있는 중생은 저 세계를 향해 가되 감이 없이 가고, 세계는 앎에 오되 옴이 없이 온다.

또 앎과 세계는 서로 의지해 일어나 앎도 공하고 세계도 공하므로 앎 있는 중생은 나되 실로 남이 없지만〔實無生〕, 중생의 앎〔識〕은 실로 나지 않음도 없으므로〔實無不生故〕 세계를 통해 남이 없이 나는 것이다.

대승불교에서 여래장(如來藏)이 초기불교 육계설에서 앎〔識〕의 있되 공한 실상을 나타내는 말이라면, 정토(淨土)와 법계(法界)는 초기불교 육계설에서 사대와 허공〔五大〕의 있되 공한 실상을 국토와 객관적 진리의 뜻으로 다시 표현한 말이다.

이렇게 육계설을 풀이하면 정토행자가 사바의 예토에서 정토에 가서 남〔往生〕을 발원하는 것은, 육계의 있되 공한 실상에 복귀하는 모습이다.

그리고 정토에 가 아미타불의 법문 듣고 남이 없는 법인〔無生法忍〕을 얻은 정토행자가 아미타국토를 떠나지 않고 중생세계에 다시 돌아옴은, 육계가 공

제Ⅶ장 감이 없이 정토세계 가서 나리라 [往生淨土願文]

함을 깨치되 공함에 머묾 없이 육계를 있음 아닌 있음으로 살려내는 실천행에 다름 아니다.

그렇다면 저 정토가 실로 있다[有]고 할 것인가. 실로 있다고 한다면 육계무아(六界無我)를 통달치 못하고 세계의 있는 모습에 떨어진 것이라고 할 것이다.

실로 있지 않다면 저 정토가 실로 없다[無]고 할 것인가. 실로 없다고 한다면 육계가 있되 있음 아닌 줄 모르고 육계를 깨뜨려 공(空)에 돌아가는 것이라 할 것이다.

다시 저 정토에 가서 실로 태어난다[生]고 할 것인가. 태어난다고 하면 이는 '실로 남이 있음'에 떨어진 상견(常見)의 치우친 생각일 것이다.

그러면 저 정토에 가서 나지 않는다[不生]고 할 것인가. 가서 태어나지 않는다 하면 이는 '실로 나지 않음'에 떨어진 단견(斷見)의 치우친 생각일 것이다.

어떤 것이 연기론의 바른 견해인 것인가.

마음에 마음 없고 모습에 모습 없되, 마음은 모습에 나아감 없이 나아가 남이 없이 나고, 모습은 마음에 오되 옴이 없어, 나되 실로 남이 없음인가.

그러므로 마음도 없고 모습도 없는 법신(法身)의 고요한 곳에서, 중생과 성인은 이와 같이 부르고 이와 같이 응답하며[如是感應], 유정(有情)과 무정(無情)은 이와 같이 나되 남이 없고 남이 없되 실로 나지 않음도 없는 것인가.

그렇다면 선(禪)을 말하면 곧 정토(淨土)가 되는 선(禪)이 여래의 정법안장이고, 선만 있고 정토가 없으면 이는 주관관념론에 떨어진 선(禪)인가.

끝내 이 무엇인가[畢竟是甚麼].

극락세계 살고 있는 모든 대중은
시방세계 한량없는 국토에 가서
하늘음악 하늘꽃 하늘옷들과
묘한 향을 부처님께 공양 올리고
부처님의 높은 공덕 찬탄하지만
분별하는 마음이 전혀 없어라.

극락세계 살고 있는 모든 대중은
온누리 그 어떠한 세계라 해도
불법의 공덕 보배 없는 곳이면
서원 세워 그 국토에 가서 태어나
부처님과 다름없이 진리 전하네.

— 세친보살「무량수경우파데사 원생게」에서 —

1. 무량수경우파데사 원생게(無量壽經優波提舍 願生偈)
- 세친보살(世親菩薩)

　세친의 범어는 바수반두(Vasubandhu)이다. 문헌에 세친(世親)이라는 이름으로 불려지는 인도 성사는 세 사람이 등장하니, 한 분은 선종의 삽삼조사설 부법장(付法藏) 21조 조사인 세친이고, 또 한 분은 『구사론(俱舍論)』의 저자인 세친이다.
　본 『원생게(願生偈)』의 저자인 세친은 무착(無着: Asaṅga) 보살의 동생으로서 유식불교의 대논사인 세친보살이다.
　이 세 분의 세친이 혼동되어 한 사람으로 알려져 왔으나 서로 사이에 사상적 동일성을 찾기는 매우 어렵다. 특히 현대에 와서『구사론』의 저자인 설일체유부종의 논사인 세친과 대승 유가행파의 대논사인 세친보살은 이름만 같은 두 사람이라는 학문적 고증이 이루어지고 있다.
　'아상가'의 동생 바수반두존자는 처음 유부종(有部宗)에 출가해 대승을 비판했으나, '아상가'의 깨우침으로 대승을 깨달아 유식의 교의를 크게 천명하였다.
　세친보살의 저술로는 『섭대승론(攝大乘論)』 『십지경론(十地經論)』 『금강반야바라밀경론(金剛般若波羅密經論)』 『삼십유식론송(三十唯識論頌)』 『무량수경우파데사(無量壽經優波提舍)』 등이 있다.

『우파데사』는 십이부경 가운데 '논의(論議)'로서 『무량수경』의 대의를 논한 글이라 할 수 있지만, 세친의 이 저작은 『우파데사』의 형태를 갖춘 글이 아니라 그 대의를 '왕생발원의 노래〔願生偈〕'로 보인 것이다. 이 세친보살의 『원생게(願生偈)』에 중국의 담란(曇鸞: 476~542)이 주〔往生論注〕를 써서 이 『왕생론주』가 중국 정토종(淨土宗) 개창의 뿌리가 되었다.
 게송은 저 서방정토의 장엄한 모습을 관찰하고〔觀察器世間莊嚴成就〕, 정토에 머무시는 아미타여래와 여러 대중의 모습을 관찰해〔觀察衆生世間淸淨〕, 그 장엄한 모습을 보여 중생을 서 서방정토에 태어나도록 바라고 있다〔願生彼國〕.
 여기서 열어 보이는 바 정토의 장엄한 모습은 기세간(器世間) 곧 육계설(六界說)에서 사대(四大) 허공(虛空)의 실상이요, 아미타부처님의 공덕의 모습과 정토 대중의 청정한 모습은 중생세간(衆生世間) 곧 온갖 '뜻 있는 삶들〔有情〕'의 여래장(如來藏)으로서의 실상이다. 그렇다면 세친보살은 이 아미타와 극락을 찬탄하고 그곳에 나기를 바라는 한 게송으로, 육계(六界)의 있되 공한 실상을 열어 보여 육계의 있는 모습에 갇힌 중생을 진여법계(眞如法界)에 이끌고 있다 할 것이다.

모든 중생 안락국토에 함께 가서 태어나지이다

1) 부처님께 귀의하고 찬탄하며 원을 짓는 문〔歸依 讚歎 作願門〕

    세존이여 저는 이제 한 마음으로
    온 누리에 두루하여 다함 없으사
    그 빛이 걸림 없는 부처님에게
    목숨 들어 돌아가 의지하옵고
    안락세계 가서 나기 원하옵니다.

    세존아일심　귀명진시방
    世尊我一心　歸命盡十方
    무애광여래　원생안락국
    無礙光如來　願生安樂國

2) 무량수경의 말씀 의지해 위의 세 문을 이룸〔依經成上三門〕

    부처님과 정토세계 진실한 공덕
    열어 보인 무량수경 의지하여서
    원생게의 총지법문 갖춰 설하니
    부처님의 가르침과 서로 응하네.

    아의수다라　진실공덕상
    我依修多羅　眞實功德相
    설원게총지　여불교상응
    說願偈總持　與佛教相應

3) 정토세계와 아미타부처님과 대중의 진실한 모습을 관찰함〔觀察門〕

① 극락세계 기세간의 장엄한 모습을 관찰함〔觀察器世間莊嚴成就〕

부처님의 저 세계 모습 살피니
중생들의 삼계도를 뛰어 벗어나
구경에 저 허공과 다름없어서
크고 넓어 한량없고 가이없어라.

그 세계는 바른 도와 크나큰 자비
세간 떠난 선근으로 이룬 것이니
맑은 광명 온 세계 가득하여서
거울 같고 해와 달의 모습 같아라.

여러 가지 좋은 보배 성품 갖추어
묘한 장엄 빠짐없이 갖추었으니
깨끗하여 때 없는 광명 불꽃이
세간을 맑고 맑게 환히 비치네.

공덕으로 이루어진 보배의 풀이
부드럽게 좌우로 둘러 있어서
닿는 이는 모두 다 기쁨 얻나니
가전연타 풀보다 뛰어나도다.

천만 가지 아름다운 보배의 꽃이
연못의 흐르는 샘 가득 덮었고
부드러운 바람결 꽃잎 흔들어

제Ⅶ장 감이 없이 정토세계 가서 나리라 [往生淨土願文]

구르는 빛 서로 섞여 어우러졌네.

궁전들과 모든 누각 걸림 없어서
거울처럼 시방세계 환히 비치고
빛깔 다른 여러 나무 가득 우거져
보배 난간 그 주위를 에워쌌도다.

한량없는 보배들이 서로 얽히어
비단 그물 허공에 두루하였고
갖가지 방울들이 울림을 내어
미묘한 진리 소리 토해내도다.

관피세계상　승과삼계도
觀彼世界相　勝過三界道
구경여허공　광대무변제
究竟如虛空　廣大無邊際

정도대자비　출세선근생
正道大慈悲　出世善根生
정광명만족　여경일월륜
淨光明滿足　如鏡日月輪

비제진보성　구족묘장엄
備諸珍寶性　具足妙莊嚴
무구광염치　명정요세간
無垢光焰熾　明淨曜世間

보성공덕초　유연좌우선
寶性功德草　柔軟左右旋

촉자생승락   과가전연타
觸者生勝樂   過迦旃延陀

보화천만종   미부지류천
寶華千萬種   彌覆池流泉
미풍동화엽   교착광란전
微風動華葉   交錯光亂轉

궁전제누각   관시방무애
宮殿諸樓閣   觀十方無礙
잡수이광색   보란변위요
雜樹異光色   寶欄遍圍繞

무량보교락   나망변허공
無量寶交絡   羅網遍虛空
종종영발향   선토묘법음
種種鈴發響   宣吐妙法音

아름다운 꽃과 옷을 비처럼 내려
국토를 널리 두루 장엄하나니
한량없는 향내음 널리 풍기며
부처님의 밝은 지혜 해와 같아서
세간의 어리석음 모두 없애네.

국토 이름 맑고 맑아 중생 깨치며
맑은 소리 멀고 깊고 미묘하여서
시방세계 온갖 곳에 두루 들리고
바른 깨침 이루신 아미타께서
거룩하신 진리의 왕이 되시사

제Ⅶ장 감이 없이 정토세계 가서 나리라 [往生淨土願文] | 449

그 국토에 미묘하게 머무시도다.

부처님의 안락세계 여러 중생은
정각으로 이루어진 연꽃대 속에
원력의 공덕으로 화생하여서
불법의 묘한 맛을 항상 즐기며
고요한 선정으로 음식을 삼네.

길이 몸과 마음 고통 여읜 세계라
기쁨 받음 항상하여 끊어짐 없고
대승의 선근으로 이룬 세계라
비방 받고 미움 받을 이름 없으며
애욕의 몸 육근이 모자라는 이
이승의 종자는 나지 않도다.

우화의장엄　무량향보훈
雨華衣莊嚴　無量香普熏
불혜명정일　제세치암명
佛慧明淨日　除世癡闇冥

범성어심원　미묘문시방
梵聲語深遠　微妙聞十方
정각아미타　법왕선주지
正覺阿彌陀　法王善住持

여래정화중　정각화화생
如來淨華衆　正覺華化生
애락불법미　선삼매위식
愛樂佛法味　禪三昧爲食

영리신심뇌　수락상무간
永離身心惱　受樂常無間
대승선근계　등무기혐명
大乘善根界　等無譏嫌名
여인급근결　이승종불생
女人及根缺　二乘種不生

중생이 바라고 즐겨하는 바
그 온갖 것 빠짐없이 갖추었음에
그러므로 아미타부처님 나라
가서 나기 간절히 바라옵니다.

중생소원락　일체능만족
衆生所願樂　一切能滿足
고아원왕생　아미타불국
故我願往生　阿彌陀佛國

② 중생세간의 청정함을 관찰함〔觀察衆生世間淸淨〕

 ◦ 아미타부처님의 장엄한 공덕을 관찰함〔觀察阿彌陀如來莊嚴功德〕

한량없어 가장 큰 보배의 왕인
미묘하고 깨끗한 연꽃대 위의
거룩하신 아미타부처님께선
상호의 빛 한 길이나 높이 솟았고
묘한 모습 뭇 중생을 뛰어넘었네.

여래의 거룩하고 미묘한 음성
맑은 울림 시방세계 두루 들리고
여래의 평등하신 마음의 공덕

지수화풍 사대와 저 허공이
분별하지 않음과 다름없어라.

진여법에 하나 되어 움직임 없는
하늘 사람 한량없는 여러 대중은
청정한 지혜바다 좇아 났으며
대중 속에 우뚝하신 여래 모습은
수미산처럼 높아 위가 없어서
여래보다 나은 이 아무도 없으니
하늘 사람 뛰어난 여러 장부들
거룩하신 부처님의 주위에 모여
언제나 공경하고 우러러보네.

부처님의 본원의 힘 살피는 이가
헛되이 지나치는 이가 없도록
거룩하신 아미타 부처님께선
바다처럼 광대한 공덕 보배를
모두 빨리 만족하게 하여주도다.

무량대보왕　미묘정화대
無量大寶王　微妙淨花臺
상호광일심　색상초군생
相好光一尋　色像超群生

여래미묘성　범향문시방
如來微妙聲　梵響聞十方
동지수화풍　허공무분별
同地水火風　虛空無分別

천인부동중　청정지해생
天人不動衆　淸淨智海生
여수미산왕　승묘무과자
如須彌山王　勝妙無過者
천인장부중　공경요첨앙
天人丈夫衆　恭敬繞瞻仰

관불본원력　우무공과자
觀佛本願力　遇無空過者
능령속만족　공덕대보해
能令速滿足　功德大寶海

◦ 안락국의 여러 보살들이 네 가지 장엄한 공덕 이룸184)을 관찰함〔觀察安樂國諸大菩薩四種莊嚴功德成就〕

부처님의 안락국은 청정하여서
때 없는 진리수레 항상 굴리네.
화신불과 한량없는 모든 보살들
시방세계 널리 두루 몸을 나투어
실답게 수행하고 불사 지음이
수미산의 해가 두루 비침 같아라.

안락세계 보살들의 장엄한 빛은
시방세계 가없는 부처님세계
한 생각 한 때에 널리 비치어

---

184) 네 가지 장엄한 공덕 이룸〔四種功德成就〕: 아미타부처님의 세계에 태어난 여러 보살대중은 네 가지 공덕을 성취하니, 네 가지 공덕은 ①시방세계에 몸을 나투어 불사 지음이 수미산의 해와 같음 ②깨끗한 빛을 시방에 비추어 중생을 이익 되게 함 ③시방세계에 가서 부처님을 찬탄하고 공양함 ④불법 없는 시방국토에 가서 법을 전함이다. 그러므로 이 네 가지 공덕은 아미타의 세계에 태어난 중생이 미타국토를 떠남이 없이 시방세계에 나아가 중생을 이롭게 하는 환상회향(還相廻向)의 공덕이다.

모든 중생 낱낱이 이익주도다.

극락세계 살고 있는 모든 대중은
시방세계 한량없는 국토에 가서
하늘음악 하늘꽃 하늘옷들과
묘한 향을 부처님께 공양 올리고
부처님의 높은 공덕 찬탄하지만
분별하는 마음이 전혀 없어라.

극락세계 살고 있는 모든 대중은
온누리 그 어떠한 세계라 해도
불법의 공덕 보배 없는 곳이면
서원 세워 그 국토에 가서 태어나
부처님과 다름없이 진리 전하네.

안락국청정	상전무구륜
安樂國淸淨	常轉無垢輪
화불보살일	여수미주지
化佛菩薩日	如須彌住持

무구장엄광	일념급일시
無垢莊嚴光	一念及一時
보조제불회	이익제군생
普照諸佛會	利益諸群生

우천악화의	묘향등공양
雨天樂花衣	妙香等供養
찬불제공덕	무유분별심
讚佛諸功德	無有分別心

하등세계무　불법공덕보
何等世界無　佛法功德寶
아개원왕생　시불법여불
我皆願往生　示佛法如佛

4) 게를 설하는 공덕 회향하여 모든 중생 왕생하길 바람〔廻向門〕

내가 이제 논을 짓고 게를 설함은
아미타불 만나뵙자 하온 것이니
한량없는 모든 중생 널리 다 함께
안락국에 가서 나게 되어지이다.

아작논설게　원견미타불
我作論說偈　願見彌陀佛
보공제중생　왕생안락국
普共諸衆生　往生安樂國

2. 아미타증성가(阿彌陀證性歌)

- 원효대사(元曉大師)

    종파의 법통과 종파 위주의 교판(敎判)을 절대시하는 동아시아불교의 풍토 속에서, 원효대사(元曉大師: 617~686)는 그러한 치우침을 벗어나 천경만론(千經萬論)을 한 맛의 진실한 법[一味眞實法]에 귀일시키고, 교와 관[敎觀], 선정과 지혜[定慧], 선과 정토[禪淨]를 하나로 거두어 회통불교를 건설한 대성사이다.
    원효는 우리 불교 최대의 저작가이고 불교사상사에 우뚝 솟은 대성사이며 대사상가이지만, 신라불교 당시에는 크게 부각되지 못하고 고려 숙종 때에야 대성화쟁국사(大聖和諍國師)로 추증되고 대각국사의천(大覺國師義天)에 의해 크게 현창되었다.
    원효대사의 두 게송은 모두 고려중말엽 양대 결사운동인 백련사(白蓮社)와 수선사(修禪社)의 문헌에 수록된 게송이다.
    앞의 『증성가』는 백련사의 개창조인 원묘요세선사(圓妙了世禪師)가 임종시 7일간 쉬지 않고 외운 게송으로 최자의 비명에 기록되어 있으며, 뒤의 『미타증성가』는 보조지눌선사(普照知訥禪師)의 『절요(節要)』에 인용되고 있다.

앞 게송이 '모든 부처님은 법계의 몸이라 온갖 중생의 마음속에 들어가신다〔諸佛如來是法界身 入一切衆生心想中〕'는 『관무량수경(觀無量壽經)』의 가르침을 받아 우리 중생이 여래의 법계의 몸〔法界身〕에 귀의하면 반드시 저 부처님의 보토극락(報土極樂)에 왕생할 수 있음을 보이고 있다.

그에 비해 뒤의 게송은 극락이라는 정토세계가 고요한 한마음의 법성토(法性土)에서 보살의 원행으로 이루어진 과보의 땅〔報土〕임을 보여 우리 중생 또한 법장보살처럼 크나큰 대승의 서원을 행하면 보리의 도를 성취하고 정토를 장엄할 수 있음을 가르치고 있다.

원효성사의 노래처럼 법징비구의 48대원이라는 인행(因行)이 저 보도극락의 과보를 냈지만, 법장의 인행은 한마음의 여래장과 고요한 법성의 땅에서 일어남이 없이 일어난〔起而無起〕법계인 행이고, 과보로 이루어진 극락의 보토 또한 이루어지되 이루어진 바 없는〔成而無成〕법계의 땅이다.

그러므로 법장의 인행 때문에 아미타의 과덕이 이루어졌을 뿐 아니라, 이미 과덕(果德)을 이룬 아미타와 극락세계의 장엄한 공덕 세계를 떠나 법장의 인행(因行)이 따로 없는 것이다. 이렇게 보면 저 아미타와 극락정토가 이미 중생의 번뇌와 사바의 예토 속에 있는 것이니, 믿어 그 이름 부르고 그 국토에 나기를 바라는 자 뉘라서 가서 나지 못할 것인가.

부처님의 법계의 몸 생각할 수 없고 말할 수 없나니

1) 부처님의 몸과 마음 목숨 다해 따르나니

   모든 부처님의 몸은 법계의 몸이시니185)
   이루 생각할 수 없고 말할 수도 없으며
   고요하여 함이 없되 하지 않음 또한 없네.
   저 부처님 몸과 마음 목숨 다해 따르나니
   부처님의 그 나라에 반드시 태어나리.

   법계신상난사의 적연무위무불위
   法界身相難思議 寂然無爲無不爲
   지이순피불신심 필불획이생피국
   至以順彼佛身心 必不獲已生彼國

2) 마흔여덟 높고 크신 서원 세우고 맑고 좋은 업을 갖춰 닦으사

   지난 세상 아득하게 오랜 옛날에
   뜻이 높은 구도자가 계시었으니
   그 이름은 법장이라 부르시었네.
   위없는 보리심을 처음 일으켜

---

185) 법계몸[法界身]이시니 : 『관무량수경』에 이에 대해 다음 같이 말한다.
"부처님은 아난과 위제희에게 '이 일을 본 뒤 다음은 마땅히 부처님을 생각하라. 왜인가. 여러 부처님 여래는 곧 법계의 몸이라 온갖 중생의 마음 가운데 널리 들어간다. 그러므로 그대들이 마음으로 부처님을 생각할 때 이 마음이 여래의 삼십이상 팔십종호이다. 이 마음이 부처를 짓고 이 마음이 부처이니, 여러 부처님의 바르게 두루 아는 지혜의 바다가 마음의 생각을 좇아 생겨난다'고 말씀하셨다.

佛告阿難及韋提希 見此事已 次當想佛 所以者何 諸佛如來是法界身 遍入一切衆生心想中 是故汝等心想佛時 是心卽是三十二相八十隨形好 是心作佛是心是佛 諸佛正遍知海 從心想生.

이 세간을 벗어나서 도에 들어가
여러 가지 모든 모습 부수시었네.

깨끗한 한마음의 본바탕에는
두 모습이 없는 줄을 아시었건만
중생들이 나고 죽는 고통바다에
헤매임을 크게 슬피 여기시어서
마흔 여덟 높고 크신 서원 세우고
맑고 맑은 좋은 업을 갖춰 닦으사
번뇌 때를 남김없이 여의시었네.

내왕과거구원세　유일고사호법장
乃往過去久遠世　有一高士號法藏
초발무상보리심　출속입도파제상
初發無上菩提心　出俗入道破諸相

수지일심무이상　이민군생몰고해
雖知一心無二相　而愍群生沒苦海
기육팔대초서원　구수정업이제예
起六八大超誓願　具修淨業離諸穢

3. 진행노파에게 근원 바로 끊는 길을 보임〔示陳行婆頌〕
- 자변종간법사(慈辯從諫法師)

자변종간법사는 송대 천태종의 대법사로서 대각국사의천이 중국에 들어가 여러 선지식을 참방할 때 천태교관(天台敎觀)을 배운 스승이다.

종간법사는 염불 간경은 방편이고 '근원을 바로 끊는〔直截根源〕' 선(禪)이 따로 있다는 일반의 통념을 부정하고, 부처님의 이름 부를 때 부름 없이 그 이름 부를 줄 알면 이름 부름 안에서 바로 근원을 끊는 선이 현전함을 보이고 있다.

방편(方便)으로 보면 저 화두(話頭)의 산말귀도 또한 방편이 되는 것이고, 실상으로 보면 한 빛깔 한 냄새도 실상 아님이 없으니〔一色一香無非實相〕어찌 수행방법 안에서 실상과 방편이 정해질 것인가.

종효법사(宗曉法師)의 『낙방문류(樂邦文類)』에는 다음과 같은 진행노파와 자변법사의 문답이 실려 있다.

진행노파가 자변법사를 뵈니 자변법사가 물었다.
"수행한 지 오래 되었는가."
"수행한 지 여러 해가 되었습니다."
법사가 물었다.
"어떤 스승을 일찍이 보았는가."
노파가 말했다.
"선지식들을 많이 뵈었습니다."
법사가 물었다.
"어떻게 가르쳐 보이던가."
노파가 대답했다.
"근원을 바로 끊어서 경도 보지 말고 염불도 하지 말라고 했습니다."
법사가 말했다.
"틀렸다."
이로 인해 그 노파를 위해 법을 설했다.
노파가 이미 믿어 승복하니 다음 두 송을 보이셨다.

소리소리 일으켜 부르는 곳에 근원의 뜻 환히 밝으리

1) 아미타불 밖에서 구하지 말라

　　근원을 바로 끊어186) 닦을 것 없다 함
　　이 말의 참뜻을 잘 살펴본다면
　　그 까닭을 아는 이는 매우 드무네.
　　근본을 반드시 잡을 줄 알아야
　　나고 죽음에서 벗어날 수 있으니
　　생각 생각 부처님의 이름 부르되
　　아미타불 밖에서 구하지 말라.

　　직절근원불용수　산래차어소래유
　　直截根源不用修　算來此語少來由
　　회수파본도생사　염념미타물외구
　　會須把本逃生死　念念彌陀勿外求

2) 염불 간경이 근본 가는 길이니

　　부처님의 이름을 부르는 행과
　　경을 봄이 근본 바로 가는 길이니
　　본래 물이 얼음인 줄 반드시 믿어

---

186) 근원을 바로 끊음〔直截根源〕: 수행자가 망념(妄念)이 본디 공한〔本空〕 실상을 바로 깨닫지 못하고 수행을 통해 점차 망념을 덜어가려 하거나 수행방편에 집착할 때, 나무의 잎과 가지를 따지 말고 뿌리를 바로 끊어버리라고 가르치는 것이니, 영가선사의 『증도가』는 이렇게 노래한다.
　　"잎을 따고 가지를 찾음은 내가 할 바 아니니, 근원을 바로 끊음은 부처님이 인가하는 바이네〔摘葉尋枝我不能 直截根源佛所印〕."

다만 근원 향하여 깊이 찾으면
소리소리 일으켜 부르는 곳에
근원의 뜻 환히 밝아 또렷하리라.

염불간경시본정　수신종래수시빙
念佛看經是本程　須信從來水是冰
단향근원심체구　성성제기심분명
但向根源深體究　聲聲提起甚分明

4. 정토에 왕생함을 바로 믿는 노래〔往生正信偈〕
- 자운준식법사(慈雲遵式法師)

송대 천태중흥의 양대 주역인 사명지례법사와 자운준식법사는 고려 의통존자 문하의 두 준족으로서 모두 삼매수행과 정토왕생을 하나로 회통하여 수행하고 대중을 교화한 대법사들이었다.

그러므로 두 존자들은 아미타불과 서방정토를 살피는 바 경계〔所觀境〕로 삼아 중도정관을 이루고 삼매를 얻게 하는 『관무량수경(觀無量壽經)』을 중시하였다. 그리하여 사명지례존자는 천태지자의 『관무량수경소』를 다시 주석하여 『묘종초(妙宗鈔)』를 지었으며, 자운준식존자는 『십육관경송(十六觀境頌)』을 지었다.

정토왕생을 스스로 바로 믿고 대중에게 믿도록 하는 자운존자의 게송은 스스로의 삼매를 통한 확신〔現量〕과 올바른 논리적 판단〔比量〕을 대승경전의 가르침을 통해서 검증하는〔聖言量〕 노래이다.

천태지자선사의 『마하지관』은 부사의원돈지관(不思議圓頓止觀)의 살피는 경계〔所觀境〕가 그 어떤 초월적 실재나 모습 밖 진여의 세계가 아니라, 오온·십이처·십팔계의 실상〔不思議陰入界境〕임을 밝히고 있다. 초기불교의 오온·십이처·십팔계설은 '주체의 능히 아는 마음〔名〕'과 '알려지는 세계〔色〕'를 온·처·계의 여러 법으로 보이고 있는 것이다.

초기불교 교설로 『관무량수경』의 관행(觀行)을 다시 풀이해보면, 저 『관무량수경』에서 살피는 바 아미타불은 곧 오온의 아는 마음〔識〕 그 마음의 여래장인 실상이고, 정토의 장엄한 모습은 오온의 물질법〔色〕 그 모습의 있되 공한 실상이다.

그러므로 이처럼 비량으로 부사의관행의 살펴야 할 바 음·입·계의 경계〔所觀陰入界境〕가 아미타와 정토임을 사무쳐 안 준식존자가, 다시 바른 믿음의 노래를 지어 스스로의 지견을 대승경전의 가르침으로 밝혀 중생에게 굳은 믿음을 심어주고 있는 것이다.

여러 대승경전 의지하여 서방정토 가서 남을 분명히 믿게 되었나니

1) 부처님께 귀의하고 왕생에 분명한 믿음을 보임

　　서방의 편안하고 즐거운 나라[187]
　　아미타불 큰 자비의 세존님에게
　　머리 숙여 지심으로 절하옵니다.

　　저는 여러 수다라를 의지하여서[188]
　　서방정토 가서 남에 결정된 믿음
　　다음처럼 분명히 이뤘나이다.

　　　　계수서방안락찰　미타세주대자존
　　　　稽首西方安樂刹　彌陀世主大慈尊
　　　　아의종종수다라　성취왕생결정신
　　　　我依種種修多羅　成就往生決定信

2) 여러 대승경을 통해, 믿음과 원과 행[信願行]이 있으면 반드시 왕생함을 보임

---

187) 서방의 편안하고 즐거운 나라[安樂刹] : 법장비구의 48대 본원의 힘으로 성취된 보토로서의 서방정토는 눈에 보이는 형상의 세계이되 형상이 형상 아닌 법성의 땅[法性土]이며, 늘 고요한 광명의 땅[常寂光土]이다. 그 세계는 괴로움과 즐거움의 악순환이 끝난 세계이므로 지극한 즐거움의 땅[極樂], 편안한 곳[安養國], 편안하고 즐거운 나라[安樂刹]라 이름한다.
188) 여러 수다라를 의지해 : 서방정토의 아미타불국의 실재와 그 장엄한 모습 그리고 법장비구의 48대원을 보인 『아미타경』과 『무량수경』, 중생이 아미타와 정토의 실상을 살펴 삼계를 벗어나 왕생하는 법을 보인 『관무량수불경』을 정토삼부경이라 한다. 그러나 이 삼부경 밖에도 『화엄경』, 『대보적경』, 『방등삼매경』 등 많은 대승경전이 아미타불국과 염불왕생을 가르치고 있으니, 자운법사는 정토왕생에의 믿음을 여러 수다라를 통해 세워주고 있다.

① 대보적경(大寶積經)을 들어보임

　　대승에 올바르게 머무른 이가
　　깨끗한 마음으로 이름을 불러
　　무량수 저 부처님을 생각한다면
　　목숨 다해 마칠 때 부처님 꿈꿔
　　반드시 그 나라에 가서 나리라.
　　대보적경 이와 같이 말씀했도다.

　　주대승자청정심　십념념피무량수
　　住大乘者淸淨心　十念念彼無量壽
　　임종몽불정왕생　대보적경여시설
　　臨終夢佛定往生　大寶積經如是說

② 십육관경(十六觀經)을 들어보임

　　다섯 가지 거스르는 죄를 짓고서
　　지옥의 뭇 불이 나타난다고 해도
　　선지식 만나 용맹한 마음을 내어
　　열 번 저 부처님의 이름 부르면
　　부처님의 나라에 가서 나리라.
　　십육관경 이와 같이 말씀했도다.

　　오역지옥중화현　치선지식발맹심
　　五逆地獄衆火現　値善知識發猛心
　　십념칭불즉왕생　십육관경여시설
　　十念稱佛卽往生　十六觀經如是說

③ 무량수경(無量壽經)의 사십팔원을 들어보임

만약 어떤 중생 기뻐하는 마음과
깊이 믿고 즐거워하는 마음으로
열 번이라도 나의 이름 부른다면
그 모두가 내 국토에 가서 나리라.
만약 그렇게 되지 아니한다면
나는 결코 부처 되지 아니하오리.
사십팔원 이와 같이 말씀했도다.

약유환희신락심 하지십념즉왕생
若有歡喜信樂心 下至十念卽往生
약불이자불성불 사십팔원여시설
若不爾者不成佛 四十八願如是說

④ 무량수경(無量壽經)을 들어보임

부처님의 이름 들은 여러 사람들
지극한 마음 내어 한 생각으로
정토에 모든 공덕 회향한다면
부처님의 저 나라에 가서 나지만
다섯 가지 거스르는 죄를 짓고도
바른 법 비방하는 이 그렇지 않다.
무량수경 이와 같이 말씀했도다.

제유문명생지심 일념회향즉왕생
諸有聞名生至心 一念迴向卽往生
유제오역방정법 무량수경여시설
唯除五逆謗正法 無量壽經如是說

⑤ 대법고경(大法鼓經)을 들어보임

받은 목숨 다하여 마칠 무렵에
살피지도 못하고 이름 못 불러도
다만 잠깐 한 생각 뜻을 내어서
부처님이 계신 줄 알기만 해도
이 사람은 몸의 기운 다해 끊기면
부처님의 나라에 가서 나리라.
대법고경 이와 같이 말씀했도다.

임종불능관급념　단작생의지유불
臨終不能觀及念　但作生意知有佛
차인기절즉왕생　대법고경여시설
此人氣絶卽往生　大法鼓經如是說

⑥ 무량수경(無量壽經)을 들어보임

하루 낮밤 비단 덮개 내걸어 놓고
부처님의 나라에 가서 나기를
오로지 생각하고 생각하여서
그 마음이 끊어지지 아니한다면
누워서 부처님의 꿈을 꾸고서
부처님의 나라에 가서 나리라.
무량수경 이와 같이 말씀했도다.

일일일야현증개　전념왕생심부단
一日一夜懸繒蓋　專念往生心不斷
와중몽불즉왕생　무량수경여시설
臥中夢佛卽往生　無量壽經如是說

⑦ 대비경(大悲經)을 들어보임

밤낮으로 하루 동안 마음 간절히
아미타부처님의 이름을 불러
은근하게 정진하여 끊어짐 없고
더욱 넓혀 이 법문을 서로 권하면
함께 같이 저 나라에 가서 나리라.
대비경 속 이와 같이 말씀했도다.

주야일일칭불명　은근정진부단절
晝夜一日稱佛名　慇勤精進不斷絶
전전상권동왕생　대비경중여시설
展轉相勸同往生　大悲經中如是說

⑧ 아미타경(阿彌陀經)을 들어보임

하루거나 이틀 이렛날이 되도록
부처님의 이름을 잡아 지니어
그 마음이 어지럽지 아니한다면
부처님이 그 사람 앞 나타나시어
부처님의 나라에 가서 나리라.
아미타경 이와 같이 말씀했도다.

일일이일약칠일　집지명호심불란
一日二日若七日　執持名號心不亂
불현기전즉왕생　아미타경여시설
佛現其前卽往生　阿彌陀經如是說

⑨ 반주삼매경(般舟三昧經)을 들어보임

　　어떤 사람 저 아미타 이름 듣고서
　　하루거나 이틀 또는 며칠 되도록
　　아미타부처님께 생각을 매어
　　부처님의 모습 앞에 나타난다면
　　부처님의 나라에 가서 나리라.
　　반주경 속 이와 같이 말씀했도다.

　　약인문피아미타　일일이일약과등
　　若人聞彼阿彌陀　一日二日若過等
　　계념현전즉왕생　반주경중여시설
　　繫念現前卽往生　般舟經中如是說

⑩ 고음왕경(鼓音王經)을 들어보임

　　열흘 낮밤 하루의 여섯 때 가운데
　　부처님께 온몸을 던져 절하고
　　부르는 생각 끊기지 아니한다면
　　현세에서 그 부처님 만나뵈옵고
　　부처님의 나라에 가서 나리라.
　　고음왕경 이와 같이 말씀했도다.

　　십일십야육시중　오체예불염부단
　　十日十夜六時中　五體禮佛念不斷
　　현견피불즉왕생　고음왕경여시설
　　現見彼佛卽往生　鼓音王經如是說

⑪ 무량수경(無量壽經)을 들어보임

열흘 낮밤 깨끗한 재계 지니고
비단 깃발 덮개를 높이 내걸어
좋은 향을 사르고 등을 밝혀서
부처님께 생각 매어 끊임 없으면
부처님의 나라 가서 나게 되리라.
무량수경 이와 같이 말씀했도다.

십일십야지재계　현증번개연향등
十日十夜持齋戒　懸繒幡蓋然香燈
계념부단득왕생　무량수경여시설
繫念不斷得往生　無量壽經如是說

⑫ 대집경(大集經)을 들어보임

만약 어떤 사람이 한 곳 부처님
오로지 생각하여 삼매를 닦되
걷거나 앉아 마흔아홉 날 되면
현재의 이 몸으로 부처님 뵙고
부처님의 나라에 가서 나리라.
대집경 속 이와 같이 말씀했도다.

약인전념일방불　혹행혹좌칠칠일
若人專念一方佛　或行或坐七七日
현신견불즉왕생　대집경중여시설
現身見佛卽往生　大集經中如是說

⑬ 불립경(佛立經)을 들어보임

만약 어떤 사람이 굳센 뜻으로
늘 걸어 삼매 닦기 다짐하고서189)
아흔 날에 앉거나 눕지 않으면
삼매 속에 아미타를 뵙게 되리라.
불립경 속 이와 같이 말씀했도다.

약인자서상경행　구십일중부좌와
若人自誓常經行　九十日中不坐臥
삼매중견아미타　불립경중여시설
三昧中見阿彌陀　佛立經中如是說

⑭ 문수반야경(文殊般若經)을 들어보임

만약 어떤 사람이 서방을 향해
단정하게 앉아서 아흔 날 동안
언제나 아미타불 생각한다면
삼매 이뤄 부처님 앞 태어나리라.
문수반야경 이와 같이 말씀했도다.

약인단좌정서향　구십일중상념불
若人端坐正西向　九十日中常念佛

---

189) 『불립경(佛立經)』과 상행삼매(常行三昧) : 앉거나 눕지 않고 늘 걸으면서 염불하여 삼매 닦는 수행법은 곧 천태의 네 가지 삼매법 가운데 상행삼매법(常行三昧法)으로, 이를 늘 걸되 법계의 모습 아닌 한 모습을 떠나지 않는다는 뜻으로 일상삼매(一相三昧)라 한다. 그에 비해 늘 앉아서 닦는 삼매〔常坐三昧〕는 늘 앉아 있되 법계의 묘용을 여의지 않으므로 일행삼매(一行三昧)라 한다. 『법화경』 독경과 좌선을 겸수하는 삼매법은 반행반좌삼매법(半行半坐三昧法) 이고, 수행형식에 막힘이 없어 걸음도 아니고 앉음도 아닌 삼매법〔非行非坐三昧法〕은 뜻따라 바로 삼매를 이루므로 수자의삼매(隨自意三昧)라 한다.

능성삼매생불전　문수반야여시설
能成三昧生佛前　文殊般若如是說

3) 대승경의 진실한 말씀을 듣고 모두 믿음 내도록 서원함

　　내가 여러 경전의 말씀 가운데
　　아주 작은 부분을 노래했지만
　　이와 같은 말씀들 다함 없으니
　　바라건대 이런 말씀 같이 들은 이
　　부처님의 말씀은 진실하면서
　　결코 중생 거짓되게 속이지 않음
　　바로 믿는 마음을 내어지이다.

아어중경송소분　여시설자무궁진
我於衆經頌少分　如是說者無窮盡
원동문자생정신　불어진실무기광
願同聞者生正信　佛語眞實無欺誑

5. 연화세계에 왕생하려는 빼어난 모임을 엮는 글[蓮華勝會錄文]
- 자각종색선사(慈覺宗賾禪師)

    종색선사는 송대의 운문종(雲門宗) 선사지만 선정겸수(禪淨兼修)의 선풍을 떨쳐 정토법문으로 대중을 교화하였다. 자각(慈覺)은 시호이고, 속성이 손씨(孫氏)로서 양양사람[襄陽人]이다.
    29세 때 장노사 원통수선사(圓通受禪師)를 의지해 출가하고 광조응부(廣照應夫)를 찾아 선지를 참구하다 홀연히 깨쳤다.
    여산 백련사(白蓮社)를 본받아 연화승회(蓮華勝會)의 결사를 만들어 승속에게 정토법문을 권했다.
    이 글은 연화승회의 취지를 담은 글로써 정토 없는 선(禪)을 주장하는 이들의 폐단을 다섯 가지로 지적하고 있다. 곧 다섯 가지 폐단은 해탈을 구하면서 정토를 원하지 않고, 선지식을 찾으면서 부처님을 찾지 않는 미혹, 사바의 짧은 목숨에 빠져 정토의 긴 목숨을 구하지 않는 미혹, 스스로 높은 과덕을 얻었다고 주장하여 향상의 길을 찾지 않는 증상만의 병폐, 총림대중을 의지하되 정토의 성중을 의지하지 않는 치우침들이니, 선사는 이런 병폐들을 조목조목 비판하고 있다.
    선사는 말한다. '생각이 생각 아니기 때문에 생각 없음도 없고, 남이 곧 남 없음이므로 나지 않음도 없다. 그러므로 정토에 남을 실로 남으로 삼으면 이는 상견(常見)에 떨어진 자라 할 수 있지만, 선의 무념(無念)을 들어 정토에 가서 남을 부정하는 이들은 선의 무념의 뜻을 모르는 자로서 단견(斷見)의 삿된 견해에 사로잡힌 자들이다'라고.
    그렇다면 저 아미타부처님이 계시는 서방 정토에 가서 남[往生]이여, 실로 가서 남이 없되 남 없음도 없음인가.
    그러므로 정토에 가서 남이 없이 난 자는 아미타부처님 나라를 떠나지 않고 사바의 고통 받는 세계에 돌아옴 없이 돌아오는 것인가.

감이 없고 남이 없이 저 정토세계 가서 나는 것이니

1) 정토왕생이 선(禪)의 생각 없음[無念]과 둘이 아님을 보임

대개 생각[念]으로 생각을 삼고 남[生]으로 남을 삼는 자는 늘 있음의 견해[常見]로 잃게 되는 바요, 생각 없음[無念]으로 생각 없음을 삼고 남이 없음[無生]으로 남이 없음을 삼는 자는 삿된 소견[邪見: 斷見]에 미혹되는 바이다. 생각하되 생각 없고 나되 남이 없는 것이 '으뜸가는 뜻의 진리[第一義諦]'이다.

그러므로 '실제인 진리 땅[實際理地]'에는 한 티끌도 받지 않는 것이니, 위로는 생각할 모든 부처님이 없고 아래로는 태어날 정토가 없는 것이다. 그러나 '부처님의 일을 짓는 문 가운데[佛事門中]'에는 한 법도 버리지 않는 것이니, 모든 근을 모아 거두면 염불삼매가 있게 되는 것이다.

근원에 돌아가는 요점은 왕생의 한 문[往生一門]을 보여 여는 것이다.

그런 까닭에 날이 다하도록 부처님을 부르고 생각해도 생각 없음에 어긋나지 않으며, 불꽃 일듯 가서 나되 남이 없음에 어긋나지 않는다.

그러므로 범부와 성인이 각기 자기 자리에 있지만 '부르고 응함의 길이 어울리고[感應道交]' 동과 서가 서로 가고 오지 않되 신묘하게 아는 마음[神]은 정토에 옮기는 것[神遷淨刹]이니, 이는 이루 말로 따질 수 없는 것이다.

그러므로 경은 말한다.

"만약 사람이 아미타부처님에 대해 말함을 듣고서 그 이름을 잡아 지니고, 나아가서 이 사람이 목숨 마칠 때 마음이 뒤바뀌지 않으면 곧 아미타부처님의 극락국토에 가서 날 것이다."[190]

---

190) 夫以念爲念以生爲生者 常見之所失也 以無念爲無念以無生爲無生者 邪見之所惑也 念而無念生而無生者 第一義諦也. 是以實際理地 不受一塵 則上無諸佛之可念 下無淨土之可生 佛事門中不捨一法 則總攝諸根 蓋有念佛三昧還原要術 示開往生一門.
所以終日念佛 而不乖於無念 熾然往生 而不乖於無生. 故能凡聖各住自位 而感應道交 東西不相往來 而神遷淨刹 此不可得而致詰也. 故經云 若人聞說阿彌陀佛 執持名號 乃至是人終時 心不顚倒 卽得往生阿彌陀佛極樂國土.

2) 정토를 취할 것이 없고 예토를 버릴 것이 없지만 정토의 빼어난
인연 의지해야 함을 말함

대저 여래 세존은 비록 꺾어 누르고〔折伏〕 거두는〔攝收〕 두 문을 나누어 정토와 예토 두 땅에 사심을 보이지만, 본디 성인의 뜻이 어찌 곧장 사바국토의 언덕과 구덩이, 다섯 길 중생이 섞여 사는 흙과 돌, 모든 산, 더럽고 악한 것들이 가득 찬 곳으로 싫어할 것을 삼고, 저 극락세계의 황금으로 땅이 되고 줄지어선 나무들이 허공에 들어서서 칠보 누각은 솟구치고 네 빛 아름다운 꽃들이 펼쳐진 곳으로 즐거워할 것을 삼겠는가.

이는 대개 첫 마음 낸 이들이 도에 들어가는데 참는 힘〔忍力〕이 아직 순탄하지 않으므로 깨끗한 경계를 의탁하여 더욱 위로 올라가도록 한 것이다.

왜인가. 사바국토는 석가부처님은 이미 열반하시고 미륵부처님은 나시지 않았으나, 극락세계는 아미타부처님이 현재에 법을 설하기 때문이다.

또 사바국토는 관음 세지 두 보살에 대해 아름다운 이름만 부질없이 우러르지만, 극락세계는 두 성인이 몸소 빼어난 벗이 되어주기 때문이다.

또 사바국토는 모든 마들〔諸魔〕이 나쁜 짓 짓는 것을 다투어 수행하는 사람을 괴롭히고 어지럽히지만, 극락세계에는 크고 밝은 빛 가운데 결코 마의 일이 없기 때문이다.

또 사바국토는 삿된 소리가 어지럽고 음욕이 넘치지만, 극락세계는 물과 새, 나무와 숲도 미묘한 법을 말하고, 사는 이들은 청정하여 음욕의 경계가 없기 때문이다.

그러므로 수행의 조건이 갖춰짐은 서방정토 만함이 없는데, 낮은 믿음의 사람들이 함부로 의심하고 비방하는 것이다.

이에 대해 가만히 살펴 논해보자.191)

---

191) 夫如來世尊 雖分折攝二門現居淨穢兩土 然本聖之意 豈直以娑婆國土丘陵坎五趣雜居 土石諸山 穢惡充滿 以是爲可厭 極樂世界黃金爲地 行樹參空 樓聳七珍 華敷四色 以是爲可性。 蓋以初心入道 忍力未淳 須託淨緣 以爲增上。
何則娑婆國土 釋迦已滅 彌勒未生 極樂世界 阿彌陀佛 現在說法。 娑婆國土 觀音勢至 徒仰嘉名 極樂世界 彼二上人親爲勝友 娑婆國土 諸魔競作 惱亂行人 極樂世界 大光明中 決無魔事 娑婆國土

3) 정토에 가서 남을 비방하는 자들의 다섯 가지 미혹을 말함

① 출가해 고요함을 찾으면서 정토를 원하지 않는 미혹

이곳의 사람들은 세속 집의 시끄럽고 번뇌로움을 싫어하지 않음이 없고, 아란야의 고요함을 그리워하므로 집을 버리고 출가한다. 그러니 은근히 찬탄하는 것이다.

사바의 뭇 괴로움이 어찌 세속 집의 시끄럽고 번뇌로움에 그칠 것이며, 극락의 빼어나게 노님이 어찌 바로 아란야의 고요함 뿐이겠는가.

그러니 출가의 아름다움을 알면서도 정토에 가서 남을 원하지 않는 것이 그 미혹의 첫째이다.192)

② 선지식 찾기를 원하면서 부처님 뵙지 않으려는 미혹

만 리의 길 쓰라린 고통 겪으며 부지런히 선지식을 멀리 구하는 것은 대개 다 큰 일[大事]을 밝혀내 죽고 삶[死生]을 분명히 가리기 위함이다. 그런데 아미타세존은 몸과 마음의 업이 빼어나고 원의 힘이 크고 깊어 두렷한 음성으로 한번 연설하면 밝게 계합하지 못함이 없다.

선지식 찾아뵙기를 원하면서 부처님 뵈려 하지 않는 것이 그 미혹의 두 번째이다.193)

③ 총림의 대중을 의지하면서도 정토의 바다 같은 대중을 그리워하지 않는 미혹

邪聲雜亂 女色妖婬 極樂世界 水鳥樹林 咸宣妙法 正報清淨 實無女人。 然則修行緣具 無若西方 淺信之人 橫生疑謗 竊嘗論之。
192) 此方之人 無不厭俗舍之喧煩 慕蘭若之寂靜 故有捨家出家 則殷勤讚歎 而娑婆衆苦 何止俗舍之喧煩 極樂優游 豈直蘭若之寂靜 知出家爲美 而不願往生 其惑一也。
193) 萬里辛勤 遠求知識者 蓋以發明大事 決擇死生 而彌陀世尊 色心業勝 願力洪深 一演圓音 無不明契 願參知識 而不欲見佛 其惑二也。

총림(叢林)의 넓은 무리가 다 고요하여 느린 곳에 깃들기를 좋아하고 대중이 적은 도량에는 의지해 살려 하지 않는다. 극락세계는 '한 생이면 위없는 지위에 오를 보살〔一生補處〕'의 그 숫자가 매우 많고 여러 높은 선근의 사람들이 한 곳에 모두 모여 있다.

이미 총림을 가까이 하려 하면서도 청정하여 바다 같은 성현의 무리를 그리워하지 않는 것이 그 미혹의 세 번째이다.194)

④ 사바의 빠른 목숨에 빠져 정토의 긴 목숨에 어두운 미혹

이곳의 사람들은 높은 수명도 백세를 지나지 못하고 어린 나이에서 늙은 이까지 병이 서로 여전하고, 어둡게 가라앉고 잠자는 것이 일상생활의 반은 지나며, 보살도 오히려 어두워 오음(五陰)에 막히며 성문들은 캄캄한 채로 태를 나온다. 그리하여 한 자의 물건〔尺璧〕 마디의 그늘〔寸陰〕도 열에 그 아홉을 쓸데없이 죽여서, 물러섬이 없는 지위에 아직 오르지 못했으니 한심한 노릇이라 할 것이다.

서방의 사람은 그 목숨이 한량없어 한번 연꽃 꽃받침에 의탁하면 다시는 죽는 괴로움이 없고, 서로 이어 사이가 없이 곧장 보리에 이르른다. 그러므로 바로 '아비발치의 지위〔不退轉地〕'를 얻으니 부처님의 지위〔佛階〕도 반드시 기약할 수 있게 된다.

그런데도 사바에 흘러 구르면서 오히려 목숨 빠름을 우러르며 정토의 오래고 긴 목숨에 어두워 헤매니 그 미혹의 네 번째이다.195)

⑤ 스스로 증상만에 떨어져 정토를 등지는 미혹

---

194) 叢林廣衆 皆樂棲遲 少衆道場 不欲依附 而極樂世界 一生補處 其數甚多 諸上善人 俱會一處 旣欲親近叢林 而不慕清淨海衆 其惑三也.
195) 此方之人 上壽不過百歲 而童癡老耄 疾病相仍 昏沈睡眠 常居太半 菩薩猶昏隔陰 聲聞尙昧出胎 則尺璧寸陰 十喪其九 而未登不退 可謂寒心 西方之人 壽命無量 一託蓮苞更無死苦 相續無間 直至菩提 所以便獲阿惟越致 佛階決定可期 流轉娑婆 促景而迷於淨土長年 其惑四也.

만약 지위가 물러섬이 없음에 있으면, 과덕을 증득하여 남이 없고〔果證無生〕, 탐욕 속에 있어도 욕심 없으며 티끌에 살아도 티끌이 아니다. 그리하여 바야흐로 '따짐이 없는 큰 사랑〔無緣慈〕'을 일으키고 '몸을 같이 해 슬피 여기는 마음〔同體悲〕'을196) 움직여 티끌 번뇌의 세계에 돌이켜 들어가 다섯 가지 흐린 세상 속에 빛을 누그러뜨려〔和光〕197) 함께한다.

들음이 낮고 지혜가 적은 이들은 때로 작은 선근과 서로 응하면, 길이 네 가지 번뇌의 흐름〔四流〕을 벗어나 높이 십지(十地)를 벗어났다고 말한다. 그리하여 정토를 헐뜯어 욕하며 사바를 탐착해 그리워하여 눈 가리고 헛되이 돌아가니 이는 뚜렷이 흘러 떠돎이다.

게다가 소나 말의 가죽을 짊어지고 지옥세계에 발을 대, 스스로도 이 무슨 사람인지 알지 못하면서, 큰 방편의 보살〔大權菩薩〕인가 헤아리니 그 미혹이 다섯째이다.198)

4) 여래의 가르침을 믿어 정토에 가게 되면 반드시 해탈의 과덕 이룸을 보임

그러므로 경은 '마땅히 원을 일으켜 저 나라에 가서 나기를 바라야 한다'고

---

196) 큰 사랑과 크게 슬피 여김 : 연기의 실상을 통달한 보살은 나라는 모습〔我相〕과 너라는 모습〔人相〕에 머묾이 없이 그 마음을 내며, 저 중생에 대해서도 중생이라는 생각이 없고 구제하되 구제한다는 생각이 없다. 그러므로 중생에게 기쁨을 주고〔與樂〕 따짐과 구함이 없이 기쁨을 함께하며, 중생의 고통과 다툼을 빼내주되〔拔苦〕 중생을 내 밖에 실로 있는 중생이라는 집착이 없이 그 고통을 없애준다. 이러한 보살의 자비를 따짐이 없는 큰 사랑〔無緣慈〕, 몸을 같이 해 슬피 여심〔同體悲〕이라 말한다.
197) 빛을 누그러뜨려 세상에 함께함〔和光同塵〕 : 보살은 보리와 열반에 머물러야 할 보리열반의 고요한 모습이 없으므로 위없는 열반을 증득해도 그 고요함에 머물지 않고 중생의 세간에 함께한다. 자각선사는 이런 뜻을 노자 『도덕경』의 다음 말을 통해 보인다.
"참으로 아는 이는 헛되이 말하지 않고 헛되이 말하는 이는 알지 못한다. 참으로 아는 이는 그 입을 막고 그 문을 닫으며 그 날카로움을 꺾고 그 어지러움을 풀어버리며 그 빛을 누그러뜨리고 그 티끌에 함께하니, 이를 그윽이 하나됨이라 한다〔知者不言 言者不知 塞其兌 閉其門 挫其銳 解其紛 和其光 同其塵 是謂玄同〕."
198) 若乃位居不退 果證無生 在欲無欲 居塵不塵 方能興無緣慈 運同體悲 迴入塵勞 和光五濁 其有 淺聞單慧 或與少善相應 便謂永出四流高超十地 訛訶淨土 耽戀娑婆 掩目空歸 宛然流浪 並肩牛馬 接武泥犁 不知自是何人 擬比大權菩薩 其惑五也.

말하니, 모든 부처님의 경계하시는 말씀을 믿지 않고 정토에 가서 나기를 바라지 않는다면 어찌 그 미혹됨이 심하지 않겠는가.

만약 부처님의 말씀을 믿고 정토에 나면 세간의 얽매임[界繫]이 걸리게 할 수 없고 시간의 물결[劫流]이 해칠 수 없어서, 사람세상의 '여덟 괴로움[八苦]'을 버리게 되고 하늘 위의 '다섯 가지 시듦[五衰]'도 없어서, 오히려 악도의 이름도 없거니 어찌 하물며 악도가 실로 있겠는가.

그곳에서는 오직 일승의 법을 드러내 결정코 삼승이 없으며, 한 바탕의 삼보[一體三寶]에 귀의하고 시방 여래를 받들어 섬겨서 부처님의 빛이 몸을 비추면 만 가지 미혹이 숨어 사라져, 법의 맛이 정신을 도와 여섯 신통 갖추고 서른일곱 도품[三十七品助道法]이 생각 따라 두렷이 이루어진다.

서른둘의 응신이 교화할 중생의 무리를 따라 티끌수 세계에 두루하고, 다섯 갈래 중생의 길 두루 돌아 모든 근기들에게 널리 교화를 입히되, 한 마음도 움직이지 아니하여 '두루 다니는 삼매[遍行三昧]'로 삼천세계에 선정의 물[定水]을 뿌려주며, 중생을 불난 집에서 이끌어내 스스로를 이익 되게 하고 남을 이롭게 함이 모두 다 원만하다.199)

5) 다시 정토법문이 해탈의 요긴한 문임을 말해 모두 정토법문에 함께하길 원함

그렇다면 '오직 마음인 정토[唯心淨土]'와 '자기 성품의 미타[自性彌陀]'가200) 대개 해탈의 요긴한 문이 되고 닦아 행함의 빠른 지름길이 되는 것

---

199) 故經曰 應當發願願生彼國 則不信諸佛誠言 不願往生淨土 豈不甚迷哉 若夫信佛言而生淨土 則累繫之所不能拘 劫波之所不能害 謝人間之八苦 無天上之五衰 尙無惡道之名 何況有實. 唯顯一乘之法 決定無三 歸依一體三寶 奉事十方如來 佛光照體 萬惑潛消 法味資神 六通具足 三十七品助道法 應念圓成 三十二應隨類身 遍塵利土 周旋五趣 普被諸根 不動一心 遍行三昧 洒定水於三千 引衆生於火宅 自利利他皆悉圓滿.

200) 오직 마음인 정토[唯心淨土]와 자기 성품의 미타[自性彌陀] : 서방정토와 아미타불을 초기불교의 오온설로 보면 정토의 장엄한 모습은 오온설에서 색법(色法)의 중도실상이고, 아미타부처님은 수상행식(受想行識)의 원성실상인 한마음[一心]이다. 그러므로 지금 정토행자가 이름 부르는 아미타불이 불려지는 대상이자 부르는 이의 여래장이고, 가서 나려는 서방정토가 가서 나는 곳이자 나되 남이 없고 모습에 모습 없는 법성의 땅[法性土]인 줄 알면, 아미

이다.
 그러므로 뜻을 다한 대승〔了義大乘〕이 정토에 돌아감을 가리켜 보이지 않음이 없고, 앞의 어진 이와 뒤의 성인들이 자기 스스로와 다른 사람이 모두 가서 나기를 원했으니, 무릇 남을 제도하고자 하는 이는 먼저 반드시 스스로를 제도해야 하기 때문이다.
 슬프다. 사람에게 멀리 보는 생각이 없으면 반드시 가까운 근심이 있게 된다. 한 번 사람의 몸 잃으면 만겁토록 깊이 뉘우치게 되는 것이다.
 그러므로 큰 바다 같은 무리를 거느리고 각기 아미타부처님을 생각하고 불러, 백 소리 천 소리 나아가 만 소리에 이르게 해, 같이 닦는 인연〔同緣〕에게 회향해 저 나라에 가서 나기를 바라는 것이다.201)

6) 연화세계에 나려는 이 빼어난 결사의 모임〔蓮華勝會〕에서 함께 도와 수행하길 원함

 연꽃 나라에 가서 나려 하는 빼어난 모임〔蓮池勝會〕, 황금땅에 돌아가려는 법의 밝음〔金地法明〕으로 아름답게 서로 서로 돕기를 가만히 바라니, 그렇게 하면 반드시 이 원에 하나로 어울리게 될 것이다.
 원력의 배를 저어 물을 따르되 다시 노 젓는 공을 더해주면, 십만억 먼 나라에 힘쓸 것 없이 이르를 것이다.202)

　타와 정토 밖에 선의 정법안장이 따로 없는 것이다. 선의 이름으로 정토를 부정하는 주관주의적 선류들이나 정토에 실로 가서 남을 보는 객관주의적인 정토행자들은 다시 한 번 유심정토와 자성미타의 뜻을 깊이 살펴야 할 것이다.
201) 然則唯心淨土自性彌陀 蓋解脫之要門 乃修行之捷徑 是以了義大乘 無不指歸淨土 前賢後聖 自他皆願往生 凡以欲得度人 先須自度故也. 嗚呼人無遠慮 必有近憂 一失人身 萬劫深悔 故率大海衆 各念彌陀佛 百聲千聲乃至萬聲 迴向同緣 願生彼國.
202) 竊冀蓮池勝會金地法明 綺互相資 必諧斯願 操舟順水 更加櫓棹之功 則十萬之遙 可不勞而至也.

6. 염불회향발원문(念佛廻向發願文)
— 자각종색선사(慈覺宗賾禪師)

연화승회(蓮華勝會)에 기록한 글이 자각선사가 정토결사의 취지를 밝힌 글이라면, 본 「염불회향발원문」은 스스로 정토왕생을 발원하고 삼매를 닦아 아미타불을 친견하며 온갖 중생과 더불어 정토에 돌아가 길이 보현행원(普賢行願) 같이 행할 것을 발원하는 글이다.

또한 앞의 결사에 붙인 글이 선의 무념(無念)을 들어 정토왕생을 비판하는 일부 선류들의 주장에 반론의 성격을 지니고 있는 글이라면, 본 발원문은 스스로 삼매의 실천에서 물러섬이 없이 정토행자의 '다섯 문의 실천〔五門行〕'에 깊이 들어갈 것을 다짐하고 있다.

다시 종색선사는 본 염불회향발원의 마지막을 『화엄경』 보현보살의 광대행원으로 끝내고 있으니, 아미타의 진리국토가 비로자나의 법계이며 법장의 48대원〔法藏四十八願〕이 법계인 보현의 행〔普賢行〕이기 때문이다.

이렇게 보면 정토행자가 정토에 온갖 공덕 회향하고 정토에 왕생하기를 서원하는 것은 보현의 광대행원으로 비로법계에 들어가는 행이다. 비로법계란 관조의 대상으로서 초월적인 진리의 세계가 아니라, 주체의 행으로 주어지는 진리의 세계이다. 그러므로 보현행자가 행원으로 보리를 이루되 허공계가 다하도록 다시 법계인 행을 일으키듯, 정토행자가 정토에 온갖 선근 회향하고 아미타국토에 태어나되 아미타국토를 여의지 않고 영겁토록 크나큰 자비의 행으로 중생과 함께 하며, 중생을 정토의 땅에 이끌어 들이는 것이다.

나아가고 그치는 몸가짐 속에 언제나 부처님 떠나지 않고

1) 삼보에 귀의하고 늘 선근공덕 지으며 염불할 것을 발원함

　　바라건대 출가제자 ○○는
　　널리 네 가지 은혜 끼친 이들과
　　삼계의 모든 법계 중생 위하여
　　지금 이 때를 좇아 이 다음으로는
　　으뜸가는 뜻의 진리에 편히 머물러
　　깨끗한 업 언제나 닦아 행하리.

　　어버이를 효심으로 섬겨 모시고
　　법의 스승 공경히 받들어 모셔
　　사랑하는 마음으로 죽이지 않고
　　열 가지 착한 업을 닦아지어서
　　삼귀의 계를 받아 굳게 지니며
　　금하신 여러 계를 모두 갖추어
　　올바른 몸가짐을 범치 않으리.

　　위없는 보리의 마음을 내서
　　인과법을 의심 않고 깊이 믿으며
　　뜻을 다한 대승경을 읽고 외워서
　　다른 여러 수행자들 권해주리라.

　　불법승 삼보님을 늘 생각하여
　　으뜸가는 진리의 뜻 깨쳐 알고서
　　지극하고 성실한 마음으로써[203]

부처님의 이름을 불러지니라.

원제자(모갑) 보급사은삼유 법계중생
願弟子(某甲) 普及四恩三有 法界衆生
종금이거 안주제일의제 수행정업
從今已去 安住第一義諦 修行淨業

효양부모 봉사사장 자심불살 수십선업
孝養父母 奉事師長 慈心不殺 修十善業
수지삼귀 구족중계 불범위의
受持三歸 具足衆戒 不犯威儀

발보리심 심신인과 독송대승 권진행자
發菩提心 深信因果 讀誦大乘 勸進行者

염불법승 해제일의 이지성심 칭불명호
念佛法僧 解第一義 以至誠心 稱佛名號

2) 극락세계 열여섯 가지 경계 살펴 다섯 가지 정토문 닦기를 서원하고, 부처님 보살피는 힘 더해주기를 발원함

부처님의 몸과 의지하는 세계의

---

203) 보리심(菩提心)과 지성심(至誠心) : 정토행자를 왕생케 하는 주체적 요인에 대해 『무량수경』은 '위없는 보리 얻을 마음[菩提心] 냄'을 말하고, 『관무량수경』은 '예토를 싫어하고 정토 바라는 마음[厭離心欣求心] 냄'을 말한다. 다시 『아미타경』은 오직 부처님을 생각하는 '한마음이 어지럽지 않음[一心不亂]'을 말하고, 『관무량수경』은 '지극하고 성실한 마음[至誠心]', '깊은 마음[深心]', '모든 선근을 정토에 회향하여 가서 나길 원하는 마음[廻向發願心]' 이 세 가지 마음을 말한다. 지성심이란 참으로 간절하게 정토에 나길 바라 올곧게 정진하는 마음을 말하고, 깊은 마음은 결정코 아미타불이 성취한 48대원이 중생 거두어주심을 믿어 의심치 않음이고, 회향발원심은 금생에 너와 내가 지은 온갖 세간과 출세간의 선근을 정토에 회향하여 그 부처님 정토에 나길 바람이다.

열여섯 묘한 경계204) 바로 살피며
부처님이 일으키신 마흔여덟의
근본서원205) 언제나 깊이 생각하고
정토 나는 세 가지 무리206) 헤아려
정토 가는 다섯 문207)에 깊이 들어가
세 가지 보리의 문208) 따라 닦으리.

시방 모든 한량없는 부처님들의
위없는 가르침을 믿고 받아서
흩어진 마음 선정의 마음으로
흩어짐과 선정 속의 선근209) 닦으며

---

204) 열여섯 묘한 경계〔十六妙境〕: 『관무량수경』에서 정토행자가 살펴야 할 삼매관행의 대상으로 보인 열여섯 가지 경계, 곧 아미타부처님과 극락세계의 여러 성현 그리고 극락정토의 국토장엄을 살펴, 살피는 바 정토와 부처님들의 모습이 부사의실상임을 통달하여 정토에 왕생케 하는 관행이다. 이는 오음 · 십이입 · 십팔계의 부사의경계를 살피는〔觀不思議境〕 불교의 근본관행을 아미타와 정토의 세계 살핌으로 다시 보인 가르침이다.
205) 마흔여덟 근본서원〔四十八本願〕: 아미타부처님의 전신인 법장비구가 법계성품에 계합하여 일으킨〔稱性而起〕 마흔여덟 원이다. 정영소(淨影疏)에서는 48원을 법신을 거두는 원〔攝法身願〕, 정토를 거두는 원〔攝淨土願〕, 중생을 거두는 원〔攝衆生願〕 이 세 가지 뜻으로 풀이한다.
206) 정토 나는 세 가지 무리〔三輩〕: 『무량수경』은 정토에 태어나는 무리를 세 부류〔三輩〕로 나누고, 『관무량수경』은 아홉 단계의 왕생〔九品往生〕을 말하고 있다. 이는 정토행자의 행업(行業)의 깊고 얕음에 따라 정토에 나는 데 위와 아래 중간의 차별이 있게 됨을 말한다.
207) 다섯 문〔五門〕: 『왕생론』에서 다섯 생각하는 문〔五念門〕을 닦아 이루어야 안락국토에 태어나 아미타를 뵐 수 있다는 가르침으로, 다섯 문은 ①예배문 ②찬탄문 ③작원문 ④관찰문 ⑤회향문이다.
208) 세 가지 보리의 문〔三種菩提門〕: 정토행자가 이루어야 할 세 가지 깨달음의 문으로, 첫째 지혜문(智慧門)에 의해 집착 떠나 때묻음 없는 청정심을 이룸〔無染淸淨心〕, 둘째 자비문(慈悲門)에 의해 대비의 마음으로 중생을 편안케 하는 청정심을 이룸〔安淸淨心〕, 셋째 방편문(方便門)으로 구제의 방편을 갖추어 중생을 정토에 이끌어 즐겁게 하는 청정심을 이룸〔樂淸淨心〕이다.
209) 흩어짐과 선정 속의 선근〔散定二善〕: 선정의 선근은 생각을 쉬고 마음을 모으는 삼매의 선근이고, 흩어짐의 선근은 삼매를 이루지 못해도 악을 없애고 선을 닦는 선근이니, 정토행자는 이 두 행을 돌이켜 왕생하기 원한다. 선정의 선근은 『관무량수경』에서 부처님이 위제희 부인의 청에 따라 보인 열세 가지 관법〔十三觀法〕이고, 흩어짐의 선근은 부처님이 세속 사람

경전의 가르침대로 행을 일으켜
이내 목숨 다함으로 기한을 삼네.

바라건대 아미타부처님께선
법의 힘을 그윽이 더해주시고
신통으로 큰 이익을 드러내시사
정토왕생 바라옵는 저희 제자들
깨달음의 길에 마음 모으게 하며
가만히 큰 진리의 땅 밟게 하소서.

관불의정십육묘경 염불본기사십팔원
觀佛依正十六妙境 念佛本起四十八願
주량삼배 심입오문 수순삼종보리문
籌量三輩 深入五門 隨順三種菩提門

신수시방제불교 혹이산심정심 이수산선정선
信受十方諸佛教 或以散心定心 而修散善定善
의경기행 필명위기
依經起行 畢命爲期

유원아미타불 법력명가 신통현익
惟願阿彌陀佛 法力冥加 神通顯益
영아등응신각로 암도대방
令我等凝神覺路 暗蹈大方

3) 나의 염불삼매행에 부처님의 위신력이 더해져 장애와 마의 일이 없길 발원함

을 위해 보인 세간 선행의 복[世福], 지계복(持戒福), 보리심으로 행에 나아가는 복[行福] 이 세 가지 복의 아홉 단계[九品] 선근을 말한다.

나아가고 그치는 몸가짐 속에
언제나 부처님을 떠나지 않고
부처님의 모습을 뵈옵는 것이
밝은 거울 손에 들고 거울 속에서
자기 얼굴 보는 것과 같게 해주고
꿈꾸는 속에서도 저 부처님 나라
여러 가지 즐거운 묘한 일 보아
나의 마음 즐겁도록 위로하시어
앞으로 나갈 마음 내게 하소서.

부처님의 거룩한 위신력 받아
마의 일을 언제나 멀리 떠나고
한량없는 겁으로 좇아오면서
지어나온 업과 미혹 티끌번뇌들
모두 다 범행되게 하여주시고
지어 나온 여러 선근 공덕으로는
성품바다 같이 들게 하여주소서.

진지위의불리견불 여집명경자견면상
進止威儀不離見佛 如執明鏡自見面像
급어몽중 득견피국 중묘락사 위열아심 영생증진
及於夢中 得見彼國 衆妙樂事 慰悅我心 令生增進

승불위신 원리마사 소유무량겁래 업혹진로 개위범행
承佛威神 遠離魔事 所有無量劫來 業惑塵勞 皆爲梵行
선근공덕 동입성해
善根功德 同入性海

제Ⅶ장 감이 없이 정토세계 가서 나리라 [往生淨土願文]

4) 온갖 선근인연을 정토에 회향함에, 임종에 장애 없어져서 부처님과 여러 성현이 맞아 이끌어주길 서원함

  여러 좋은 인연들을 쌓고 모아서
  모두 다 정토에다 회향하리니
  이내 목숨 다하여 마칠 때에는
  여러 가지 장애와 어려움 없이
  이레 앞에 가는 때를 미리 알아서
  몸에는 아픔과 괴로움 없고
  마음에는 뒤바뀐 번뇌가 없어
  몸과 마음 편안하고 즐거운 것이
  마치 선정 들어감과 같아지이다.

  선지식이 아미타부처님 이름
  부르도록 가르쳐줌 만나게 되면
  아미타부처님과 성인의 무리
  그 앞에 모두 다 나타나시어
  크고 환히 밝은 빛을 놓아주시고
  손을 잡아 이끌어 맞아주시사
  몸이 바로 금강대 위 있음을 보아
  부처님의 뒤를 따라 가게하소서.

  적집제연 병용회향 임명종시 무제장난
  積集諸緣 併用迴向 臨命終時 無諸障難
  칠일이전 예지시지 신무통고 심불전도 신심안락 여입선정
  七日已前 預知時至 身無痛苦 心不顚倒 身心安樂 如入禪定

우선지식교칭십념 아미타불여제성중 현재기전
遇善知識教稱十念 阿彌陀佛與諸聖衆 現在其前
방대광명 수수영접 자견기신 승금강대 수종불후
放大光明 授手迎接 自見其身 乘金剛臺 隨從佛後

5) 정토에 나서 부처님의 설법 듣고 남이 없는 법인 깨쳐 변화의 몸 자재하길 서원함

 손가락을 튕기는 잠깐 사이에
 저 나라에 바로 가서 태어나고
 부처님의 나라에 태어난 뒤엔
 부처님이 거룩하신 몸의 모습과
 가지가지 좋은 상호 모두 갖추어
 빛나는 보배의 수풀 속에서
 묘한 법 연설하심 뵙게 하소서.

 법문 듣고 남이 없는 법인을 깨쳐
 바른 선정 공덕의 숲에 머물러
 길이 다시 나고 죽음 들지 않으며
 일생보처210) 지위에 끝내 이르러
 중생 위해 변화하는 몸 자재하여
 시방세계 한량없는 국토 가운데
 그 몸이 널리 모두 두루하여서
 바른 깨침 이루도록 하여주소서.

---

210) 일생보처(一生補處) : 한 생만 지나면 위없는 깨달음의 지위에 오르는 자리로서 등각보살(等覺菩薩)을 말한다.

제Ⅶ장 감이 없이 정토세계 가서 나리라 [往生淨土願文] | 489

여탄지경 왕생피국 생피국이 견불색신 중상구족 광명보림 연설묘법
如彈指頃 往生彼國 生彼國已 見佛色身 衆相具足 光明寶林 演說妙法

문이즉오무생법인 주정정취 영불퇴환 구경지어일생보처
聞已卽悟無生法忍 住正定聚 永不退還 究竟至於一生補處
화신자재 주변시방 무량국중 성등정각
化身自在 周遍十方 無量國中 成等正覺

6) 중생세간에 들어가 중생을 이끌어 보리심을 내게 하고 보현행원 닦게 하길 서원함

중생이 아주 무거운 고통 받는 곳
들어가서 갖가지 교화 베풀고
생각 생각 일으키는 그 가운데
말할 수 없고 말할 수 없는 중생들
위없는 보리 마음 내게 해주고
생각 생각 일으키는 그 가운데
말할 수 없고 말할 수 없는 중생들
보현보살 넓고 큰 행 머물게 하며
복과 지혜 진리 식량 원만해져서
함께 같이 위없는 보리 이루고
제각기 정토세계 장엄해가며
제각기 온갖 중생 거둬 교화해
세존이나 나와 모두 평등하여서
서로 다름 없도록 하여주소서.

극중고처 유희설화 염념지중 영불가설불가설중생발보리심
極重苦處 游戲設化 念念之中 令不可說不可說衆生發菩提心

염념지중 영불가설불가설중생주보현행 복혜자량실득원만
念念之中 令不可說不可說衆生住普賢行 福慧資糧悉得圓滿
동성무상정등보리 각각장엄정토 각각섭화중생 여아세존 등무유이
同成無上正等菩提 各各莊嚴淨土 各各攝化衆生 如我世尊 等無有異

7) 법계가 다함 없으므로 나의 서원도 다함 없음을 말함

저 허공과 세계가 마쳐 다하고
중생과 업과 번뇌 다해야 하나²¹¹⁾
이와 같은 가지가지 온갖 것들이
다하여 마칠 때는 결코 없으니
지금 나의 원도 끝내 다함 없으리.

소유허공세계진 중생급업번뇌진
所有虛空世界盡 衆生及業煩惱盡
여시일체무진시 아원구경상무진
如是一切無盡時 我願究竟常無盡

---

211) 이 네 가지 다해야 하나 :『화엄경』「보현행원품」에 말한다.
 "저 허공계가 다한다면 나의 이 예경도 다하겠지만, 허공계가 다할 수 없으므로 나의 이 예경함도 다하지 않는다. 이처럼 중생계가 다하고 중생의 업이 다하며 중생의 번뇌가 다하면 나의 예경이 다하겠지만, 중생계와 나아가서는 중생의 번뇌가 다할 수 없으므로 나의 예경함도 다하지 않는다. 이렇듯 붇다께 예경하는 일은 생각 생각 서로 이어져 사이가 없고 끊어짐이 없으며, 몸과 말과 뜻의 업에 피로하거나 싫증냄이 없다."
 虛空界盡 我禮乃盡 以虛空界 不可盡故 我此禮敬 無有窮盡 如是乃至衆生界盡 衆生業盡 衆生煩惱盡 我禮乃盡 而衆生界 乃至煩惱 無有盡故 我此禮敬 無有窮盡 念念相續 無有間斷 身語意業 無有疲厭.

7. 법화경찬문(法華經讚文)에 붙인 정토발원(淨土發願)
– 정명천인선사(靜明天因禪師)

정명천인선사(1205~1248)는 백련사결사를 이끈 원묘요세선사(圓妙了世禪師)의 제자로서 원묘선사 입적 후 백련사결사를 주맹(主盟)한 분이다. 정명선사는 진정천책선사와 함께 백련사결사의 사상적 뼈대를 제공한 선사로서 『법화경수품찬(法華經隨品讚)』과 원묘선사에 대한 여러 편 추모의 글을 남겼다.

선사는 연산군 사람으로 속성은 박씨이다. 17세 때 진사에 급제하였으나 세상을 버리고 허적(許迪) 신극정(申克定)과 함께 만덕산으로 원묘선사를 찾아 출가하였다. 스승을 모시고 지내다 월남사로 진각혜심선사(眞覺慧諶禪師)를 찾아뵙고 조계선의 요령을 깨쳐 얻었으나, 다시 스승의 부름을 받아 만덕산에 돌아와 스승을 보좌하며 백련사결사를 이끌었다.

몽고란 때 완도 상왕산 법화사(法華寺)에 머물다 고려 고종 35년 용혈암(龍穴庵)에서 입적하였다.

정명선사는 『법화수품찬』에 붙인 본 발원의 글에서 저 서방의 아미타부처님 몸과 정토의 진리세계, 석가여래의 법신이 서로 다름 없는 진리처에 서서, 『법화경』을 외우고 삼매 닦는 공덕을 서방정토에 회향하여 『법화경』을 외우는 모든 선근 중생이 다 아미타불국토에 왕생할 것을 서원한다.

두 편의 게송 가운데 첫째 게송은 『법화경』 28품의 품을 따르는 찬게〔隨品讚〕앞에 붙여진 바 『법화경』 전체를 모아 찬탄하는 노래〔總讚〕다. 이 게송에서 정명선사는 본사 석가모니부처님과 『법화경』 가운데 모든 불보살에게 귀의하며 모든 공덕 서방정토에 회향하여 온갖 중생이 함께 왕생하여 열반의 큰 기쁨 얻기를 발원한다.

둘째 게송은 바로 아미타 부처님에 대한 찬탄의 노래로서 게송에서는 『법화경』 독송과 아미타신앙이 결합되어 있다. 곧 아미타불이 인행시(因行時)에 『법화경』을 외어 아미타불이 되었듯 오늘날에도 『법화경』을 외우면 서방정토에 태어나 부처님과 똑같이 위없는 보리〔無上菩提〕얻게 됨을 말하고 있으며, 『법화경』을 외우고 삼매를 닦아 들어가는 바 '법계성품의 땅〔法性土〕'이 바로 '아미타의 진리의 몸〔彌陀法身〕'임을 말하고 있다.

이처럼 『법화경』 독경과 삼매행, 정토왕생이 결합된 정명선사의 수행관은 천태선사의 『관무량수불경』 묘종(妙宗)에서 깨친 스승 원묘선사의 선정겸수(禪淨兼修), 선송일여(禪誦一如)의 실천관을 그대로 이어받은 수행가풍이라 할 것이다.

제Ⅶ장 감이 없이 정토세계 가서 나리라 [往生淨土願文]

아미타불 계시는 극락세계에 모든 공덕 회향하오리

1) 부처님의 더해주는 힘 몸소 입어 큰 지혜 성취하리

    영산회상 주인이신 우리들 본사
    석가모니 부처님을 위시하여서
    『법화경』에 나타나신 불보살들과
    시방세계 다함 없는 삼보님 앞에
    목숨 바쳐 예배하고 귀의하오며
    간절하고 깊은 서원 발하옵니다.

    부처님을 따르려는 어린 제자는
    그 근기가 어리석고 매우 낮지만
    요행히도 부처님의 바른 진리가
    없어지지 않은 때에 몸을 받아서
    세간을 뛰쳐나와 출가하여서
    바른 법을 언제나 받아 들으니
    참으로 다행하고 기쁘옵니다.
    그렇지만 비롯 없는 옛날로부터
    짓고 쌓은 많은 업장 매우 무거워
    좋은 일은 전혀 닦지 못하였으니
    이 내 마음 쓰라리고 아프옵니다.

    바라건대 삼보님의 위신력으로
    제가 지은 많고 많은 모든 업장이
    지금 제가 참회하는 마음을 따라
    길이 다해 나머지가 없게 하시고

지어 놓은 작은 선근 자라게 하여
아미타불 계시는 극락세계에
지은 공덕 모두 회향하여지이다.

부처님의 더해주는 힘 몸소 입어
항상 밝은 큰 지혜 성취하옵고
나고 죽음 본래 없는 진리 깨달아
여러 가지 좋은 공덕 두렷이 하고
묘한 신통 자재하게 두루 갖추어
널리 모든 중생들을 구제하여서
열반의 큰 기쁨을 함께 누리리.

계수귀명 우영산회주 아본사석가여래위수 법화경중제불보살
稽首歸命 于靈山會主 我本師釋迦如來爲首 法華經中諸佛菩薩
시방해회무진삼보전 발차원언
十方海會無盡三寶前 發此願言

제자모갑 본이하우미열근성 행달불법미타지시
弟子某甲 本以下愚微劣根性 幸達佛法未墮之時
참예승류 문훈정법 사자경행 수연무시이래 업장농후 불선수지 성가통언
叅豫勝流 聞熏正法 私自慶幸 雖然無始已來 業障濃厚 不善修持 誠可痛焉

원승삼보대자대비 위신지력 영아소유업장 종금참회 영진무여
願承三寶大慈大悲 威神之力 令我所有業障 從今懺悔 永盡無餘
소유소선 점령증장 개실회향 극락세계 미타불국
所有小善 漸令增長 皆悉廻向 極樂世界 彌陀佛國

친승불력 성취대지 오무생인 원만공덕 신통자재 광도중생 증열반락
親承佛力 成就大智 悟無生忍 圓滿功德 神通自在 廣度衆生 證涅槃樂

2) 아미타 부처님은 우리들의 몸과 마음 떠남 없으니

듣자오니 아미타불 진리의 몸은
저 허공과 평등하여 걸림이 없네.
법계진리 참성품 의지하여서
존귀하고 뛰어나신 상호 나투니
서방에서 한 걸음도 옮기지 않고
온누리 티끌세계 두루 하시네.

이와 같이 아미타 부처님께선
우리들의 몸과 마음 떠남 없으니
마음 밖에 부처님을 따로 찾으면
뒤바뀌고 잘못된 사람이리라.
있는 바 모든 모습 허망하므로
한 근원이 청정하면 오감 없으리.

아문미타법성신 양등허공무가애
我聞彌陀法性身 量等虛空無罣碍
의어법성현존특 부동서방변사계
依於法性現尊特 不動西方遍沙界

시즉불리아신심 심외별구심전도
是則不離我身心 心外別求甚顚倒
범소유상개허망 일원청정무래왕
凡所有相皆虛妄 一源淸淨無來往

마음 땅이 때가 없이 깨끗해질 때
불국토가 깨끗한 줄 믿어 안다면

힘써 염불함이 곧 정토 나는 것이니
물든 마음 연화계에 나려하는 건
모난 나무 둥근 구멍 맞지 않듯이
청정한 저 나라에 날 수 없으리.

아미타불 인행시에 수행하실 때
『법화경』을 중생들께 강설하시어
위없는 보리 빨리 얻으셨나니
오늘날도 『법화경』에 인연 맺은 이
서방정토 극락세계 왕생하여서
부처님의 좋은 설법 몸소 들으면
묘한 지혜 더욱 더욱 밝아지리라.

신지심정불토정 근념즉시생정토
信知心淨佛土淨 勤念卽是生淨土
심염욕생연화계 여장방목두원공
心染欲生蓮華界 如將方木逗圓孔

미타석위왕자시 복강법화질성불
彌陀昔爲王子時 覆講法華疾成佛
금세결연법화자 생피친문전최묘
今世結緣法華者 生彼親聞轉最妙

8. 염불의 핵심 요점을 노래함〔念佛心要頌〕
- 초암도인법사(草菴道因法師)

　초암도인법사는 송대 천태종의 대법사이다. 처음 출가해 수행하면서 당대 선교(禪敎)의 여러 선지식을 참방하여 다섯 번 강당에 오르고〔五登講堂〕세 번 선실에 들어〔三入禪室〕수행했으나, 깊은 뜻을 깨닫지 못했다.
　나중 사명지례존자의 『십불이문지요초(十不二門指要鈔)』를 읽다 크게 깨치고 사명존자께 향을 살라 법은에 감사드리고 사명존자를 사옹으로 모셨다. 남긴 저술에 『초암유사(草菴遺事)』가 있다.
　종효법사의 『낙방문류(樂邦文類)』에는 이 『심요송』 앞에 다음 같은 도인법사의 자기 술회가 적혀있다.
　"석가여래께서는 아미타부처님 몸이 '법계의 몸〔法身〕'이라고 말씀하셨고, 천태지자선사는 '실상으로 몸을 삼는다〔實相爲身〕'고 하셨다. 이 두 말씀을 의지해 핵심요점을 삼는다. 그렇게 하면 십만억 불찰이 밝은 거울에 있는 것과 같다. 못난 게송을 이루어 그 마음을 스스로 검증한 것이니, 혹시 뜻을 알아보는 이가 있다면 따라 기뻐하지 않겠는가."

나와 미타 두 모습이 아니지만 망상으로 서로 다름 이루었으니

1) 세계바다와 허공이 서로 겹쳐 연화궁이고 연화궁이 아미타의 얼굴임을 말함

    한량없고 끝없는 세계의 바다
    그 바다가 허공을 머금었으니
    바다 허공 온전히 연화궁이고
    연화궁이 온갖 곳에 두루하여서
    허공과 세계바다에 두루하므로
    허공과 세계바다 그 가운데에
    아미타의 얼굴 홀로 드러났도다.

    무변찰해해함공 해공전시연화궁
    無邊刹海海涵空 海空全是蓮華宮
    연궁주변변공해 공해독로미타용
    蓮宮周遍遍空海 空海獨露彌陀容

2) 아미타의 참모습은 모습 아닌 모습이라 얻을 수 없음을 보임

    아미타부처님의 참된 모습은
    나지 않고 사라지지 아니하나니
    물 가운데 비치는 달그림자처럼
    찾을 수 없고 집어낼 수 없어라.

    아미타불불생멸 난멱난염수중월
    阿彌陀佛不生滅 難覓難拈水中月

3) 나와 부처님에 다른 모습이 없으므로 이와 같이 부르고 대답하는 감응이 있음을 말함

    온갖 잘못 끊어지고 네 구절 떠난212)
    아미타불 이와 같은 몸 가운데는
    이와 같이 부르고 통함 있으니213)
    이와 같은 말씀을 하여주시네.

    절비리구여시신   여시감통여시설
    絶非離句如是身   如是感通如是說

4) 나와 아미타는 실로 다름이 없는데 망상으로 막힘이 생기고 걸림이 이루어짐을 말함

    나와 미타 모습 본디 둘이 아니나
    망녕된 생각 느낌 잠깐 생겨나
    갑자기 서로 다름 이루었지만
    나는 지금 공함과 있음의 티끌
    모두 쓸어 남김없이 다해 없애니
    아버지와 아들이 타고난 대로

---

212) 네 구절 떠난 몸 : 48대원으로 성취되어 만덕이 장엄된 아미타부처님의 과보의 몸은 몸에 몸이 없고 모습에 모습 없어 모습이 곧 모습 아닌 법성의 몸이다. 그러므로 그 몸 아닌 몸은 있다[有]고 할 수도 없고, 없다[無]고 할 수도 없으며, 있기도 하고 없기도 하다[亦有亦無]고 할 수도 없고, 있음도 아니고 없음도 아님[非有非無]이라 할 수도 없다.
213) 이와 같이 부르고 통함[如是感通] : 저 정토의 아미타와 사바의 나는 무장애법계 가운데 둘이되 둘이 아니고 하나이되 하나도 아닌 실상의 모습으로 있는 것이니, 중생이 여기서 부르면 저 성인이 통해 응하고, 저 성인이 맞아 이끌면 중생이 저 나라에 가서 남이 없이 날 수 있다. 그러므로 아미타불의 이와 같은 법계의 몸 가운데 이와 같은 부름과 통함이 있다고 말한 것이다.

둘이 서로 만남과 한가지로다.

아여미타본불이　망각잠생홀성이
我與彌陀本不二　妄覺潛生忽成異
종금소진공유진　부자천연양상치
從今掃盡空有塵　父子天然兩相値

5) 여섯 생각 쉬임 없이 닦아 끝내 아미타 뵙기를 서원함

서원 세워 세 가지 복214)을 닦으며
여섯 생각215) 부지런히 닦아나가면
몸과 입과 뜻의 업에 티끌 없음에
나는 지금 이와 같은 맑은 뜻으로
아미타 부처님을 생각하리니
아미타 부처님을 뵙지 못하면
끝끝내 싫증내어 쉬지 않으리.

서수삼복근육념　신구의업무하점
誓修三福勤六念　身口意業無瑕玷
아금이차념미타　불견미타종불염
我今以此念彌陀　不見彌陀終不厭

---

214) 세 가지 복 : 『관무량수경』에서 보인 흩어짐 속의 선근〔散善〕으로 세속의 수행자가 삼매를 얻지 못해도 세 가지 복〔三福〕을 지으면 왕생할 수 있음을 보인다. 세 가지 복은 첫째 세간선행의 복〔世福〕, 둘째 삼귀의계 오계 등을 지니는 복〔戒福〕, 셋째 보리심을 내 깊이 인과를 믿으며 대승경을 독송하고 수행에 나아가는 복〔行福〕이다.
215) 여섯 생각〔六念〕 : 정토행자의 오념문〔五念門〕은 첫째 신업으로 부처님께 예배하는 문〔禮拜門〕, 둘째 구업으로 부처님을 찬탄하는 문〔讚嘆門〕, 셋째 의업으로 실상을 관찰하는 문〔觀察門〕, 넷째 진실한 마음으로 발원하는 문〔作願門〕, 다섯째 온갖 선근을 정토에 회향하는 문〔廻向門〕이다. 일반적으로 여섯 가지 생각〔六念〕은 염불〔念佛〕· 염법〔念法〕· 염승〔念僧〕· 염계〔念戒〕· 염시〔念施〕· 염천〔念天〕을 열반에 이르게 하는 여섯 가지 생각의 문〔六念門〕이라 한다.

9. 왕생극락발원문(往生極樂發願文)
- 운서주굉선사(雲棲袾宏禪師)

　　연지대사(蓮池大師)는 중국 명대의 운서주굉(雲棲袾宏 : 1536~1615)선사이니, 감산덕청, 자백진가, 우익지욱과 함께 명대의 사대 고승으로 추앙된다. 선사는 고봉원묘(高峰原妙) 계열 소암덕보(笑岩德寶)의 법을 받은 대선사며, 화엄종사이지만 늘 선과 정토업을 겸수하고 염불을 권장하였다.
　　연지(蓮池)는 극락세계 보배연꽃이니, 늘 정토업을 닦았던 선사의 가풍을 단적으로 나타낸다.
　　발원의 큰 뜻은 닦아 얻은 바 모든 선근공덕을 깨달음[菩提]과 정토(淨土) 중생(衆生)에 회향함이다. 그러므로 살아서는 무명의 어둠을 깨뜨리고 상적광토(常寂光土)가 늘 현전하길 원하며, 목숨 마쳐 다할 땐엔 서방정토 아미타불 만나 뵙길 원하니 이는 왕상회향(往相廻向)이다. 다시 극락세계에 가서 난 뒤엔 극락세계를 떠나지 않고 시방국토에 방편의 몸을 나투어 끝없는 중생 건지기를 서원하니 이는 환상회향(還相廻向)이다.
　　그렇다면 모습에서 모습을 뛰어넘고 나고 죽음을 뛰어넘어 아미타불의 정토에 태어나는 '모습 떠남의 회향[往相廻向]'과 아미타국토를 떠남 없이 모습에 돌아오고 나고 죽음에 돌아와 나고 죽음을 해탈의 묘용으로 굴려 쓰는 '모습에 돌아옴의 회향[還相廻向]'이 둘이 아닌 곳에, 정토행자의 바른 염불행(念佛行)이 있고 정토행(淨土行)이 있다 할 것이다.

극락세계 가서 나길 발원하오니 큰 자비로 거둬주소서

1) 서방정토 아미타불께 귀의하고 거둬주길 발원함

> 서방정토 안락국에 항상 계시어
> 저희 중생 맞아 끄는 부처님에게
> 머리 숙여 절하고 귀의하오며
> 극락세계 가서 나길 발원하오니
> 큰 자비로 슬피 여겨 거둬 주소서.

> 계수서방안락국 접인중생대도사
> **稽首西方安樂國 接引衆生大導師**
> 아금발원원왕생 유원자비애섭수
> **我今發願願往生 惟願慈悲哀攝受**

2) 법계중생을 위해 극락세계 가서 나려함을 말함

> 저희들은 네 가지 큰 은혜를 끼친 이와216)
> 법계의 한량없는 모든 중생 위하여
> 부처님의 위없는 일승 진리 이루려고
> 만 가지 덕 갖추옵신 아미타불 높은 이름
> 마음속에 항상 지녀 지성으로 생각하며
> 서방정토 극락세계 가서 나기 원합니다.

> 제자(모갑중등) 보위사은삼유 법계중생
> **弟子(某甲衆等) 普爲四恩三有 法界衆生**

---

216) 네 가지 큰 은혜[四恩] : 네 가지 은혜는 부모의 은혜·스승의 은혜·나라의 은혜·시주 (施主)의 은혜 또는 부모의 은혜·중생의 은혜·나라의 은혜·삼보의 은혜를 말한다.

구어제불 일승무상보리도고
求於諸佛 一乘無上菩提道故
전심지념아미타불 만덕홍명 기생정토
專心持念阿彌陀佛 萬德洪名 期生淨土

3) 지은 업장 참회하고 모든 죄업 없어지길 발원함

쌓은 업장 무거웁고 지은 복은 가벼우며
번뇌 장애 매우 깊고 지혜는 얕고 엷어
물든 마음 번뇌불에 쉽사리 타오르고
맑은 덕은 좀처럼 이루기 어렵나니
오늘 이제 부처님께 나의 온 몸 내던져서
한마음을 온통 펼쳐 지심 참회하옵니다.

저희들은 아득한 옛적부터 오늘까지
탐냄 성냄 어리석음 이 세 가지 독 항상 좇아
몸과 입과 뜻의 업을 물들이고 더럽혀서
지은 바 죄와 허물 한량없고 끝없으며
맺어온 원수의 업 한량없고 끝없으니
바라건대 온갖 죄업 모두 없어지이다.

우이업중복경 장심혜천 염심이치 정덕난성
又以業重福輕 障深慧淺 染心易熾 淨德難成
금어불전 교근오체 피력일심 투성참회
今於佛前 翹勤五體 披瀝一心 投誠懺悔

아급중생 광겁지금 미본정심 종탐진치 염예삼업
我及衆生 曠劫至今 迷本淨心 縱貪瞋癡 染穢三業

무량무변 소작죄구 무량무변 소결원업 원실소멸
無量無邊 所作罪垢 無量無邊 所結冤業 願悉消滅

4) 지금 세운 깊은 서원 거두어주고 보살피는 힘 더해주길 발원함

오늘부터 영원토록 깊은 서원 바로 세워
나쁜 업은 멀리하여 다시 짓지 아니하고
거룩한 도 힘써 닦아 결코 아니 물러서며
위없는 바른 깨침 기어이 이루어서
고통 받는 저 중생을 반드시 제도하리.

아미타 부처님은 자비하신 원력으로
마땅히 저희들을 증명하여 주시옵고
마땅히 저희들을 슬피 여겨 거두시며
마땅히 거룩한 힘 더하여 주옵소서.

종어금일 입심서원 원리악법 서불갱조
從於今日 立深誓願 遠離惡法 誓不更造
근수성도 서불퇴타 서성정각 서도중생
勤修聖道 誓不退惰 誓成正覺 誓度衆生

아미타불 이자비원력 당증지아 당애민아 당가피아
阿彌陀佛 以慈悲願力 當證知我 當哀憫我 當加被我

5) 늘 부처님과 함께 하는 삼매 얻어 무명번뇌 깨뜨리고 상적광토 늘 눈앞에 드러나길 발원함

바라오니 선정 속 살필 때나 꿈속이나

아미타불 금빛 모습 항상 만나 뵙게 되고
보배로 장엄하신 부처님의 정토세계
마음대로 자유롭게 다닐 수 있게 되며
거룩하신 아미타부처님이 정수리에
단이슬로 뿌려주고 큰 빛으로 비추시며
나의 머리 만지시사 보리 언약 주옵시며
구름 같은 옷으로써 내 몸 덮어 주시어서
쌓은 업장 없어지고 선근은 자라나며
번뇌 빨리 공해지고 무명 어둠 단박 깨져
두렷 밝은 묘한 마음 막힘없이 깨달아서
고요하고 항상 밝은 진리 경계217) 언제나
환히 밝게 드러나도록 하여지이다.

원선관지중 몽매지제 득견아미타불금색지신
願禪觀之中 夢寐之際 得見阿彌陀佛金色之身
득력아미타불보엄지토 득몽아미타불감로관정
得歷阿彌陀佛寶嚴之土 得蒙阿彌陀佛甘露灌頂
광명조신 수마아두 의부아체
光明照身 手摩我頭 衣覆我體
사아숙장자제 선근증장 질공번뇌 돈파무명
使我宿障自除 善根增長 疾空煩惱 頓破無明
원각묘심 확연개오 적광진경 상득현전
圓覺妙心 廓然開悟 寂光眞境 常得現前

6) 임종 때에 모든 장애 없어져 정토세계 부처님이 맞아 이끌어주시
길 발원함

---

217) 고요하고 항상 밝은 진리 경계[寂光眞境] : 상적광토(常寂光土)를 말한다. '항상 고요함
[常寂]'이란 부처님의 법신과 세계의 실상이 본래 고요함을 말하고, '광명의 국토[光土]'란 법
신의 고요함 가운데 지혜가 늘 밝음을 말하며 세계의 실상이 고요하되 묘하게 있음을 말한다.

목숨 마쳐 다할 때는 갈 때를 미리 알아
여러 가지 병고 액란 이 몸에 없어지고
마음속에 온갖 미혹 깨끗이 사라져서
여섯 근은 즐거웁고 바른 생각 분명해서
선정 속에 들어가듯 편안하게 몸을 버려
아미타 부처님이 관음 세지 두 보살과
모든 성현 이끄시고 광명 놓아 맞으시며
손을 잡아 끌어주사 높고 넓은 누각들과
아름다운 깃발들과 맑은 향기 하늘 음악
거룩한 정토세계 눈 앞에 밝아져서
보고 듣는 모든 중생 기뻐하고 감탄하여
위없는 보리마음 모두 내게 하사이다.

지어임욕명종 예지시지
至於臨欲命終 預知時至
신무일체병고액난 심무일체탐연미혹
身無一切病苦厄難 心無一切貪戀迷惑
제근열예 정념분명 사보안상 여입선정
諸根悅豫 正念分明 捨報安詳 如入禪定
아미타불 여관음세지 제성현중 방광접인 수수제휴
阿彌陀佛 與觀音勢至 諸聖賢衆 放光接引 垂手提攜
누각당번 이향천악 서방성경 소시목전
樓閣幢幡 異香天樂 西方聖境 昭示目前
영제중생 견자문자 환희감탄 발보리심
令諸衆生 見者聞者 歡喜感歎 發菩提心

7) 극락세계 연꽃태에 태어나 설법 듣고 남이 없는 법인 깨치기를 발원함

제Ⅶ장 감이 없이 정토세계 가서 나리라 [往生淨土願文]

나는 이때 걸림 없이 금강대에 높이 앉아
부처님의 뒤를 따라 손을 튕길 잠깐 사이
서방정토 극락세계 바로 가서 태어나
칠보로 된 보배 연꽃 그 속에 들어가서
꽃이 피매 부처님과 모든 보살 만나 뵙고
미묘한 법문 듣고 남이 없는 법인 깨쳐
잠깐 사이 시방세계 온갖 여래 섬기오며
부처님이 이마 만져 언약 주심 받사오고
세 가지 몸218) 네 지혜219) 다섯 눈220)과 여섯 신통221)
한량없는 다라니와 온갖 공덕 성취하리.

아어이시 승금강대 수종불후
我於爾時 乘金剛臺 隨從佛後
여탄지경 생극락국 칠보지내 승연화중
如彈指頃 生極樂國 七寶池內 勝蓮華中
화개견불 견제보살 문묘법음 획무생인
華開見佛 見諸菩薩 聞妙法音 獲無生忍

---

218) 세 가지 몸〔三身〕: 부처님의 몸을 법신(法身)·보신(報身)·화신(化身)의 셋으로 설한 것. 법신은 몸이 몸 아닌 진리의 몸이며, 보신은 공덕으로 성취한 과보의 몸이며, 화신은 중생구제를 위해 나타내는 화현의 몸을 말함.
219) 네 지혜〔四智〕: 네 가지 지혜란 성소작지(成所作智)·묘관찰지(妙觀察智)·평등성지(平等性智)·대원경지(大圓鏡智)이다. 성소작지는 중생의 전5식(前五識)이 바뀐 지혜로서 해탈된 감각적이고 육체적인 활동이며, 묘관찰지는 제6의식이 지혜로 바뀜이며, 평등성지는 제7식이 바뀐 지혜로서 자아의 실체성에서 해탈됨이며, 대원경지는 제8식이 전환된 지혜로 나와 너, 이것과 저것에 막힘과 걸림이 없는 지혜이다.
220) 다섯 눈〔五眼〕: 다섯 가지 눈은 육안(肉眼)·천안(天眼)·혜안(慧眼)·법안(法眼)·불안(佛眼)을 말함. 육안은 가시적인 물질만을 보는 육체적인 눈이며, 천안은 육안으로 볼 수 없는 대상세계를 볼 수 있는 눈이며, 혜안은 모든 법의 공(空)한 이치를 볼 수 있는 눈이며, 법안은 가관(假觀)을 통달하여 중생을 깨달음에 이르게 하는 지혜이며, 불안은 중도의 지혜로서 있고 없음에 막히지 않는 부처님의 일체종지이다.
221) 여섯 신통〔六通〕: '신통'이란 선정을 통해서 얻어지는 자재롭고 걸림없는 부사의한 작용으로 천안통(天眼通)·천이통(天耳通)·타심통(他心通)·숙명통(宿命通)·여의통(如意通)·누진통(漏盡通)을 말한다.

어수유간 승사제불 친몽수기
於須臾間 承事諸佛 親蒙授記
득수기이 삼신사지 오안육통
得授記已 三身四智 五眼六通
무량백천다라니문 일체공덕 개실성취
無量百千陀羅尼門 一切功德 皆悉成就

8) 극락세계 떠나지 않고 시방의 중생세계에 돌아와 중생을 정토세계에 이끌기를 발원함

그런 뒤에 극락세계 떠나지 아니하고
사바세계 다시 와서 시방세계 온갖 곳에
가없는 몸을 나퉈 부사의한 신통력과
가지가지 방편으로 온갖 중생 제도하여
중생 모두 번뇌 떠나 깨끗한 마음 얻어
함께 같이 서방의 극락세계 태어나서
물러섬이 없는 지위 모두 들게 하오리라.

연후불위안양 회입사바 분신무수 변시방찰
然後不違安養 回入娑婆 分身無數 徧十方刹
이불가사의자재신력 종종방편 도탈중생 함령이염
以不可思議自在神力 種種方便 度脫衆生 咸令離染
환득정심 동생서방 입불퇴지
還得淨心 同生西方 入不退地

9) 이 큰 발원이 법계의 모습처럼 끝이 없고 다함 없음을 말함

법계 모습 그대로인 이와 같이 크나큰 원

제Ⅶ장 감이 없이 정토세계 가서 나리라 [往生淨土願文] | 509

세계가 다함 없고 중생이 다함 없고
업과 번뇌 온갖 것이 다함이 없으므로
저희들의 이 발원도 결코 다함 없나이다.

여시대원 세계무진 중생무진
如是大願 世界無盡 衆生無盡
업급번뇌 일체무진 아원무진
業及煩惱 一切無盡 我願無盡

10) 모든 공덕 중생에게 회향하여 온갖 중생 일체종지 원만히 하길 발원함

바라건대 저희들이 예불하고 발원하며
닦아 지닌 온갖 공덕 중생에게 회향하니
네 은혜 모두 갚고 삼계 유정 모두 건져
법계의 한량없는 중생들 모두 함께
위없는 일체종지 원만하여지이다.

원금예불발원수지공덕
願今禮佛發願修持功德
회시유정 사은총보 삼유제자
回施有情 四恩總報 三有齊資
법계중생 동원종지
法界衆生 同圓種智

제VIII장

미륵의 때를 기다려 맞이하리
[待望彌勒願文]

남악사대선사가 세운 서원의 글〔南嶽思大禪師立誓願文〕
- 남악혜사선사(南嶽慧思禪師) -

1. 말법의 때 서원 세워 미륵부처님 뵙기를 서원함
2. 악논사들에게 죽음의 고난 받은 인연을 말하고 금글씨 반야경 만들기를 서원함
3. 금글씨 반야경을 만들고 크나큰 대승의 서원을 일으킴
4. 서원의 깊은 뜻을 다시 게송으로 말함
5. 죄업을 참회하고 방편으로 신선 이루어 중생제도하길 다시 서원함
6. 말법의 시대 삿된 권력자와 악지식을 크게 경계함

　남악혜사선사(南嶽慧思禪師: 515~577)는 남북조시기 법화삼매를 증득하고 다함 없는 변재를 얻은 대성사로서 천태지자선사의 스승이다. 『당고승전』의 저자 도선율사는 남북조 당시 '남북의 선종이 그 가르침의 실마리를 받지 않은 자가 없었다〔南北禪宗 罕不承緖〕'고 찬탄하였으며, 가상길장대사는 남악선사를 예성이라 찬양하였다.

　필자는 나이 20대 중반 공주 마곡사에 머물던 때 장경을 한 번 펼쳐 보다〔一披藏經〕'남악사대선사 입서원문(南嶽思大禪師 立誓願文)'을 만나고서 남악선사에 대한 깊은 귀명의 마음을 일으키고 금생의 선지식으로 모시기를 발원하였다. 그때 남악선사의 발원문을 우리말로 번역해 걸망에 지고 다니다가 그 원고를 잃어버리고, 이제 50대 중반을 넘어서 대선사의 발원을 나의 서원으로 받아들이기 위해 남악선사의 발원문을 번역하여 책에 싣게 되었다.

　남악혜사선사는 무진(武津) 사람으로 속성은 이(李)씨이다. 대소산(大蘇山) 이후 말년을 남악산(南嶽山)에서 지냈으므로 이 분을 세상에서는 남악존자(南嶽尊者)라 부르고, 때로 사대화상(思大和尙)이라 부른다.

　선사는 열다섯 어린 나이에 출가해, 경을 공부할 때 한 경을 손에 쥐면 천 번을 외웠다 하며, 아란야에서 늘 두타행으로 『법화경』을 독송하였으며, 북제 혜문선사(慧文禪師)에게 심관(心觀)을 받아 방등삼매를 10년 닦았으며, 90일간 상좌삼매(常坐三昧)를 닦던 중 홀연히 법화삼매를 증득하였다.

　선사의 문하에 28조사가 법화삼매를 증득하였으며, 믿음 깊은 이〔信重〕가 3천이 있었고, 수행이 높은 이〔業高〕 700명이 선사를 따라 배웠다 한다.

　천태지의선사는 남악선사의 지도 아래 3·7일 법화반행반좌삼매를 닦던 중 선다라니(旋陀羅尼)를 발하여 혜사 문하 변재제일의 제자로 칭송받았다.

제Ⅷ장 미륵의 때를 기다려 맞이하리 [待望彌勒願文]

　선사의 저작으로는 『법화경안락행의(法華經安樂行義)』, 『제법무쟁삼매법문(諸法無諍三昧法門)』, 『수자의삼매문(隨自意三昧門)』, 『대승지관(大乘止觀)』, 『사십이자문(四十二字門)』, 『수보살계의(受菩薩戒儀)』가 있다.
　본 서원문만 스스로 찬술한 것이 확실하고 나머지 저작은 거의 문도들이 받아 필기한 것이다.
　『대승지관법문(大乘止觀法門)』은 그 저작이 외국으로 흘러갔다가 송대에 일본에서 돌아온 책으로, 남악선사 저술의 진위가 가려지지 않고 있지만, 송대 자운준식법사(慈雲遵式法師)가 남악존자의 저술로 판정해 그 서문을 썼다. 또한 명말 고승 우익지욱선사(藕益智旭禪師)는 『남악대승지관종원기(南嶽大乘止觀宗圓記)』를 지었고, 근대중국 고승 제한고허법사(諦閑古虛法師)가 『대승지관술기(大乘止觀述記)』를 남겼다.
　선사는 본 발원문에서 스스로 처한 시기가 여래의 바른 법이 사라지고 세상이 오탁(五濁)으로 어지러운 말법의 시기로 깊이 인식하고 있으며, 말법의 역사를 사는 보살의 치열한 구세의지를 보이고 있다. 선사의 이런 말법적 역사인식과 원력은 『법화경』의 「법사품(法師品)」, 「안락행품(安樂行品)」, 「보현보살권발품(普賢菩薩勸發品)」 가운데 말법에 고난을 겪으며 정법을 펴는 법화행자의 모습에 다름 아니다.
　선사는 서원문에서 주어진 역사를 말법의 역사로 인식하고, 인간이 갖는 악의 가능성[性具惡]을 철저히 인식하되, 말법의 역사와 인간의 악이 공한 곳에 서서 저 미륵이 세상에 다시 올 때까지 바른 법을 전해 미륵의 때를 기다리고 있다. 그러므로 선사에게 미륵은 늘 기다림과 마주함의 존재이고 우러름의 존재이자, 스스로가 고난의 역사 속에 피어 올리는 실천[行]의 꽃이자 서원[願]의 열매인 것이다.

또 다시 바라오니 시방 모든 부처님들
이 『반야바라밀경』 설하시는 온갖 곳이
미륵세존 법 설하는 큰 모임과 같아지고
만약 시방 한량없는 온갖 모든 부처님들
한 때 같이 법을 다 설하시게 한다면
바라오니 이 경을 한 때에 모두 얻어
낱낱의 좋은 모습 부처님 앞 나타나며
여러 모든 부처님들 크나큰 모임에서
평등하게 여러 중생 제도하시게 되면
낱낱 세존 모두가 석가라고 부르며
나의 이름 또한 다시 미륵세존과 같아서
법 설하는 큰 모임 한량없어지이다.
만약 나의 서원처럼 그렇지 아니하면
위없고 묘한 깨침 끝내 얻지 않으리라.

- 「남악사대선사입서원문」 중에서 -

1. 말법의 때 서원 세워 미륵부처님 뵙기를 서원함

붇다의 법을 중심으로 인간의 역사를 정법(正法) 상법(像法) 말법(末法)으로 나눈 역사관은, 여래가 깨쳐 열어 보인 연기의 실상에는 나고 사라짐이 없으나, 실로 나고 사라짐이 없으므로 온갖 법은 인연을 따라 나고 사라짐을 나타낸다.

붇다의 씨앗은 연을 좇아 일어나고 여래 또한 '한 큰 일의 인연〔一大事因緣〕'으로 세상에 출현한다. 그러므로 불법은 사람에 의해 넓혀지고 이어지며, 세간 역사 속의 여러 조건에 의해서 바르게 전해지기도 하고, 때로 옳게 전해지지 못하여 선정과 지혜의 진리생명은 사라지고 경전과 종교의례 출가교단만이 남기도 하며, 크게 악한 세상에서는 주지삼보인 경전과 사찰과 출가교단마저 사라진다.

그러므로 보살은 삼세(三世)의 시간이 공하고 정법·상법·말법의 차별이 없는 진리의 땅에 서서, 세상을 말법의 악한 세상으로 규정하는 역사의 왜곡된 조건, 억압된 문명과 싸워 오염된 역사를 정법의 역사가 되게 한다.

말법의 역사는 있되 공하고 공하되 있으니, 역사가 정법이 되고 말법이 되는 것은 역사 스스로의 운동이 아니라 역사를 사는 삶들의 행위가 역사를 정법이 되게 하고 말법이 되게 한다.

그러므로 혜사선사는 스스로의 태어남이 바로 말법의 어지럽고 물든 시대임을 지각하되, 불법이 사라지는 말법의 대악세(大惡世) 속에서 반야와 법화를 받아 지니고 대중을 위해 강설하며, 금글씨 반야와 『법화경』을 만들어 미륵이 세상에 오시어 성불할 때 미륵부처님 뵙기를 서원한다.

석가부처님 다음에 미륵부처님이 세상에 출현한다는 뜻은 무엇인가. 과거 부처님을 이어 석가부처님이 출현하고 석가부처님을 이어 미륵부처님이 출현한다는 것은 역사의 실상이 그대로 이어짐도 아니고 끊어져 사라짐도 아니며 과거·현재·미래가 같음도 아니고 다름도 아님을 말한다.

부처님은 스스로 있거나 스스로 되어지는 부처님이 아니라 선정과 지혜의 완성, 바라밀의 완성이 부처님을 부처님이 되게 한다.

그러므로 미륵의 날은 지금 우리가 일으킨 믿음과 서원, 선정과 지혜의 실천이 말법의 역사를 뚫고 역사의 해탈을 이루는 날이며, 닦음에 닦음의 자취가 사라지고 닦아서 밟아 올라가는 '보살의 지위가 다한〔菩薩地盡〕' 날이다.

미륵의 날은 늘 지금이자 늘 앞으로 올 해탈의 시간이다.

지금 나는 여기 있지 않고 기다리는 미륵은 저기 있지 않다. 그러므로 미륵의 날은 나의 기다림이 기다림 아닌 기다림으로 돌이켜지는 시간이니, 우리들 고난과 시련의 시기 크게 악한 세상〔大惡世〕을 사는 중생의 갈망과 한 맺힌 꿈들이 '바람 없는 바람〔無願之願〕' '더불어 어울리는 사랑의 꿈'으로 돌이켜지는 때이다.

아! 혜사선사(慧思禪師)가 미륵을 뵈옵는 날, 학담(鶴潭)은 선사의 곁에 서서 금글씨 반야경을 찬탄하고 미륵의 때를 기리는 보살행자가 되고 남악선사의 시자(侍者)가 되며 동행선지식(同行善知識)이 되리라.

나무남악사대선사, 나무미륵보살마하살.

행과 원으로 도에 들어가나니 반야와 법화를 지니어 미륵부처 님을 뵈오리

1) 대악세에 대승경을 지니어 미륵부처님에 이르기를 서원함

이와 같이 내가 들었다.
'석가모니 부처님이 자비문의 삼매〔慈門三昧〕로 중생 살핌'을 보이는 본기경(本起經) 가운데서 말씀하셨다.

부처님은 계축년 7월 7일에 태에 드시어 갑인년 4월 8일에 태어나시고, 임신년 나이 열아홉이 되는 해 2월 8일에 출가하셨다. 계미년 나이 서른이 되는 해 10월 8일에 도를 이루셨고, 계유년 나이 80이 되는 해 2월 15일에 방편으로 열반에 드셨다.

정법(正法)은 갑술년에서 계사년에 이르기까지 500년을 채워 그치어 머물고, 상법(像法)은 갑오년에서 계유년에 이르기까지 1000년을 채워 그치어 머물며, 말법(末法)은 갑술년에서 계축년에 이르기까지 일만년을 채워 그치어 머문다.

말법시대에 들어 9800년 뒤 월광보살이 진단국(眞丹國)에 나오시어 법을 설해 크게 중생을 제도하여 52년을 채우시고 열반에 든 뒤 『수능엄경(首楞嚴經)』 『반주삼매경(般舟三昧經)』이 먼저 사라져 나타나지 않고, 다른 경은 차례로 사라져서 『무량수경(無量壽經)』이 뒤에 남아있어 백년을 머물게 된다. 보살이 크게 중생을 제도하고 열반에 들어가신 뒤 크게 악한 세상〔大惡世〕에 이르게 된다.

나는 이제 경을 지니어 사라지지 않게 하고 중생을 교화하여 미륵부처님 오실 때에 이르기를 서원한다.

부처님이 계축년 열반에 드신 뒤로부터 미래 현겁의 첫 무렵 미륵이 성불할 때까지는 56억만 년이 있다.

나는 말법의 첫 무렵부터 비로소 큰 서원을 세워〔立大誓願〕 고행을 닦아 익혀, 이와 같이 56억만 년이 지나서 반드시 부처님 도의 공덕을 갖추어 미륵부처님 뵙기를 원한다.

원(願) 가운데 말한 대로 도에 들어가는 말미암음은 행과 원〔行願〕 아님이 없다. 어려서 일찍 선정의 업〔禪業〕을 닦았고 젊어서는 경 넓힘〔弘經〕을 익혔으나, 그 가운데 장애와 어려운 일의 경계는 하나가 아니었다.

이제 본원(本願)을 간략히 기록하고, 겸하여 서원을 일으키며 나아가 금글씨로 두 부의 경전을 만들고 다음 같이 목숨 들어 귀의한다.222)

2) 삼보와 여러 호법성중에 귀의함

시방의 여러 모든 부처님들께
머리 숙여 목숨 다해 귀의합니다.

부처님이 말씀하신 십이부경에
머리 숙여 목숨 다해 귀의합니다.

여러분의 크고 높은 보살님들과
마흔둘 지위 오른 성현대중께
머리 숙여 목숨 다해 귀의합니다.

온갖 모든 연각승과 성문의 무리

---

222) 我聞如是 釋迦牟尼佛悲門三昧觀衆生品本起經中說。 佛從癸丑年七月七日入胎 至甲寅年四月八日生 至壬申年年十九 二月八日出家 至癸未年年三十 是臘月八日得成道 至癸酉年年八十 二月十五日方便入涅槃。 正法從甲戌年至癸巳年 足滿五百歲止住 像法從甲午年至癸酉年足滿一千歲止住 末法從甲戌年至癸丑年足滿一萬歲止住。 入末法過九千八百年後 月光菩薩出眞丹國說法大度衆生 滿五十二年入涅槃後 首楞嚴經般舟三昧先滅不現 餘經次第滅無量壽經在後得百年住。 大度衆生然後滅去至大惡世。 我今誓願持令不滅 教化衆生至彌勒佛出。 佛從癸酉年入涅槃後 至未來賢劫初 彌勒成佛時有五十六億萬歲。 我從末法初始立大誓願 修習苦行 如是過五十六億萬歲 必願具足佛道功德見彌勒佛。 如願中說入道之由莫不行願 早修禪業少習弘經 中間障難事緣非一 略記本源兼發誓願及造金字二部經典。

배움 있고 배울 것 없는 이들께
머리 숙여 목숨 다해 귀의합니다.

또한 다시 범천왕 제석천왕과
사천왕과 하늘용 등 여덟 성중과
허공의 여러 모든 착한 신들과
법을 지켜 보살피는 위세 큰 이께
머리 숙여 목숨 다해 귀의합니다.

계수귀명시방제불 계수귀명십이부경
稽首歸命十方諸佛 稽首歸命十二部經
계수귀명제대보살 사십이지제현성승
稽首歸命諸大菩薩 四十二地諸賢聖僧
계수귀명일체연각 성문학무학중
稽首歸命一切緣覺 聲聞學無學衆
우부계수범석사왕천룡팔부 명공선신호법대장
又復稽首梵釋四王天龍八部 冥空善神護法大將

3) 부처님 안 계신 악한 세상에 태어나 중생구제를 위해 먼저 보리의 도 구하고 수능엄삼매 얻기를 서원함

혜사는 스스로 이렇게 생각했다.
 이와 같은 신묘한 앎이 있지만 비롯 없는 옛날로부터 셈이 없는 선근을 심지 않았다. 그러므로 늘 애착의 견해에 이끌린 바 되어 무명이 덮어 가려 허망하게 하여서, 나고 죽음은 날로 더하고 괴로움의 바퀴는 늘 굴러 일찍이 쉬지 않고 다섯 갈래 길을 오고 가며 여섯 가지 앎[六識]을 함부로 부리어 여섯 길을 바퀴 돌았다. 그리하여 앞으로 가서는 '석가모니부처님이 세상 오심[釋迦出世]'을 만나지 못하고 뒤로는 다시 '미륵의 세 번 법의 모임

〔彌勒三會〕'을 아직 받아 입지 못하고, 부처님 앞과 뒤의 뭇 어려움이 있는 가운데 살고 있다.

그렇지만 다행히 또 지난 옛날의 작은 선근의 힘을 의지해 석가모니부처님의 말세에 좋은 사람의 몸을 얻었다. 성인의 가르침이 펴서 말씀하신 바를 우러러 받드오니, 석가모니부처님은 법을 설해 팔십 년 남짓 세상에 머무시며 중생을 이끌어 이익주시다 교화의 연이 이미 다함에 곧 니르바나에 드시었다.

니르바나에 드신 뒤 정법(正法)이 세상에 머물러 오백 년을 지냈고, 정법이 사라진 뒤 상법(像法)이 세상에 머물러 천년을 지냈고, 상법이 사라진 뒤에는 말법(末法)이 세상에 머물러 일만년을 지낼 것이다.

나 혜사는 곧 말법 82년, 태세(太歲)로는 을미년 11월 11일 대위국(大魏國) 남예주 여양군 무진현에서 태어났다.

나이 열다섯이 되자 출가하여 도를 닦아 『법화경』과 여러 대승경을 외워 정진하고 고행하여, 나이 스물이 되자 세상이 덧없어 중생이 많이 죽는 것을 보고 스스로 이렇게 사유했다.223)

> 이 몸은 덧없고 괴롭고 공하여
> 나와 남의 실체적인 모습 없어서
> 자재하지 못하고 나고 사라지며
> 항상하지 못하고 무너져버리며
> 여러 가지 괴로움이 쉬지 않으니
> 매우 두려워하고 두려워할 일이다.

---

223) 慧思自惟 有此神識無始已來 不種無漏善根 是故恒爲愛見所牽 無明覆蔽致令虛妄 生死日增苦輪常轉未曾休息 往來五道橫使六識輪迴六趣 進不值釋迦出世 後復未蒙彌勒三會 居前後衆難之中. 又藉往昔微善根力 釋迦末世得善人身 仰承聖教之所宣說 釋迦牟尼說法住世八十餘年 導利衆生化緣旣訖便取滅度. 滅度之後正法住世逕五百歲 正法滅已像法住世逕一千歲 像法滅已末法住世逕一萬年. 我慧思卽是末法八十二年 太歲在乙未十一月十一日 於大魏國 南豫州汝陽郡武津縣生. 至年十五出家修道 誦法華經及諸大乘 精進苦行至年二十 見世無常衆生多死 輒自思惟.

세간의 온갖 법은 구름과 같고
함이 있어서 믿을 수 없는데
그것을 사랑하고 집착하는 자
번뇌의 큰 불에 타는 바 되고
만약 집착하지 않고 버리는 자는
함이 없는 열반의 큰 기쁨 이르리.

차신무상고공 무유아인
此身無常苦空 無有我人
부득자재 생멸패괴 중고불식 심가포외
不得自在 生滅敗壞 衆苦不息 甚可怖畏

세법여운 유위난신 기애착자 즉위번뇌
世法如雲 有爲難信 其愛著者 卽爲煩惱
대화소소 약기사자 즉지무위 열반대락
大火所燒 若棄捨者 則至無爲 涅槃大樂

온갖 중생 바른 길을 잃어버리고
벗어나올 마음이 길이 없으니
나는 중생 위하고 내 몸 위하여
크나큰 해탈을 구하려 하므로
위없는 보리의 마음 일으키고
크나큰 서원을 굳게 세우네.

여래의 온갖 신통 구하려 하면
제 스스로 바른 법을 증득 못하고
어떻게 다른 사람 제도할 건가.
먼저 배워 이미 깨쳐 얻은 다음에

남을 위한 갖가지 행을 얻으며
스스로 도의 과덕 구한 다음에
한량없는 시방 중생 제도해주리.

일체중생 미실정도 영무출심 아위중생
一切衆生 迷失正道 永無出心 我爲衆生
급위아신 구해탈고 발보리심 입대서원
及爲我身 求解脫故 發菩提心 立大誓願

욕구여래 일체신통 약불자증 하능도인
欲求如來 一切神通 若不自證 何能度人
선학이증 연후득행 자구도과 위도시방 무량중생
先學已證 然後得行 自求道果 爲度十方 無量衆生

시방 온갖 중생 번뇌 끊어 없애며
시방의 한량없는 온갖 중생이
온갖 모든 법문을 통달케 하며
시방의 한량없는 온갖 중생이
보리의 도 이루도록 하여주려고
위없는 보리의 도를 구하고
수능엄 큰 삼매를 닦아 행하리.

위단시방 일체중생 제번뇌고
爲斷十方 一切衆生 諸煩惱故
위령시방 무량중생 통달일체 제법문고
爲令十方 無量衆生 通達一切 諸法門故
위욕성취 시방무량 일체중생 보리도고
爲欲成就 十方無量 一切衆生 菩提道故
구무상도 위수능엄
求無上道 爲首楞嚴

2. 악논사들에게 죽음의 고난 받은 인연을 말하고 금글씨 반야경 만들기를 서원함

『화엄경』「보현행원품」은 참된 공양법에 대해 '재물보시를 수미산처럼 높이 하고 바다처럼 넓게 해도 법공양 보시의 공덕을 넘지 못한다'고 말한다. 그리고 보살의 법공양에 대해서는 '보리의 마음 떠나지 않는 공양[不離菩提心供養]', '보살의 업을 버리지 않는 공양[不捨菩薩業供養]', '중생의 괴로움을 대신 받는 공양[代衆生苦供養]' 등 여러 공양을 말하고 있다.

중생의 괴로움을 대신 받으며 보살의 업을 버리지 않으려는 법공양의 원이 지극해서일까. 남악혜사선사는 일생 말할 수 없는 시련과 고난의 삶을 살았다.

시기하고 질투하는 악논사(惡論師)들이 짐독으로 선사의 목숨 뺏으려 하고 밥에 생금독약(生金毒藥)을 넣어 죽이려 했으며, 주위 단월의 공양을 막아 고립시켜 죽이려 하는 등 헤아릴 수 없는 고난을 겪었다.

선사는 그 모든 시련과 고난을 스스로 업장으로 받아들이고 시방 부처님께 참회한다. 그리고 악논사들에게 큰 자비의 마음을 내 스스로 『마하반야경』을 받아 지니고 그들을 위해 강설하여 악논사들마저 큰 보리의 마음을 일으켜 물러섬이 없는 지위에 오르도록 서원한다. 다시 선사는 금으로 글씨를 쓴 『반야경』을 만들어 말법의 길고 어두운 역사의 밤을 뛰어넘어 미륵부처님 뵙기를 서원한다.

서원문에 나타난 바처럼 이 시대 여러 법사, 논사들의 혜사선사에 대한 박해와, 짐독(鴆毒)과 생금독약을 통한 죽임의 엄청난 가해행위는 왜 일어났을까. 그것은 종교세력과 국가권력이 늘 결합되어 나타났던 중국 국가불교의 특성 속에서, 이미 기존 권력의 비호를 받던 종교집단들이 혜사선사의 강설내용과 실천관들이 그들의 기득권 유지에 큰 위협이 되었기 때문에 벌인 가해행위가 아니었을까 생각해본다.

당대 악논사들을 비판했던 혜사선사의 실천적 입장은 무엇일까. 선사는 일생 선(禪) 없는 문자법사(文字法師)들의 껍데기 불교와 교(敎) 없는 암증선사(暗證禪師)들의 어둡고 자기아만에 빠진 불교를 깨뜨려 선정과 지혜가 하나된 불교를 건립하는 데 자신의 실천역량을 온통 기울였다.

그러므로 삼매가 없고 보살의 바라밀행이 없이 문자불교(文字佛敎)만으로 정치권력과 결합되어 종교기득권을 형성했던 기성 법사(法師)들이나 논사(論師)들에게 혜사선사는 눈엣가시와 같은 존재가 아니었을까 하는 마음이 든다.

그러나 혜사선사는 짐독에 중독되어 오장이 무너지고 생금녹약을 먹고 같이 수행하던 도반이 죽어버리고, 스스로 이레 동안 기절하는 고난 속에서도, 죽음의 고통을 뚫고 자비의 마음을 내, 길이 보살의 업 버리지 않길 서원한다. 그리하여 진리의 가르침이 사라진 말법의 어두운 역사 속에서, 반야와 법화를 받아지녀 중생을 위해 설법하여 미륵이 오실 먼 미래까지 중생을 위해 기꺼이 고난의 짐 짊어질 것을 서원하니, 혜사선사야말로 삼매를 얻은 대조사(大祖師)이자 진리의 공양으로 영겁토록 중생을 섬기는 보현행자(普賢行者)인 것이다.

모든 악논사들마저 물러섬이 없는 지위에 머물러지이다

1) 선사 34세에 하남에 있으면서 대승을 강설하다 독약을 들고 살아나 신주로 돌아옴

 이와 같이 생각하고 제나라[齊國]의 여러 큰 선사들을 두루 찾아다니며 마하야나를 배우고, 늘 숲속과 들에 살며 거닐어 다니거나 선정을 닦았다.
 나이 서른넷 되던 때 하남(河南)과 연주(兗州)의 경계에 있으면서 대승의 뜻을 논의했다. 그 때문에 여러 몹쓸 비구들이 아주 나쁜 독약[惡毒藥]을 혜사에게 먹인 일을 만나게 되었다. 그리하여 온몸이 뭉그러져 깨지고 오장 또한 무너져 거의 죽게 되었다가 다시 살아났다.
 처음 뜻에는 강을 건너 두루 여러 선사들을 찾아가려 했으나, 길 가운데서 이 독한 약에 시달림을 만나 이런 따지는 언설을 싫어하게 되고, 그것이 도 방해함을 알고서 실낱 같이 남은 목숨 지니고 신주(信州)로 돌아와서 다시는 강을 건너지 않았다.
 마음마음 오로지 깊은 산속에 들어갈 것을 생각하고 가려는 사이에, 이때 신주 자사(刺史)가 여러 수령(守令)들과 함께 내가 그곳에 머물러 있도록 마음 아프게 청하므로, 선재(禪齋)를 세워서 마하야나의 뜻을 설하여 삼년이 지나도록 일찍이 쉬지 않았다.
 양주(梁州)의 허창(許昌)이 다시 와서 청하고 또 신주 자사가 다시 장계[啓]를 보내어 업군(鄴郡)에 돌아가도록 하려 했다. 그러나 혜사는 뜻에 결단코 북으로 향하고 싶지 않아 남으로 갈 마음으로 곧 대중을 떠나 물을 건너 회남(淮南)으로 향하다 산 가운데 그치어 머물렀다.224)

---

224) 遍歷齊國諸大禪師學摩訶衍 恒居林野經行修禪. 年三十四時在河南兗州界論義 故遭值諸惡比丘 以惡毒藥令慧思食 擧身爛壞五臟亦爛 垂死之間而更得活. 初意 欲渡河遍歷諸禪師 中路値此惡毒因 藥 厭此言說知其妨道 卽持餘命還歸信州不復渡河. 心心專念入深山中 欲去之間 是時信州刺史共諸 守令 苦苦留停 建立禪齋說摩訶衍義 頻經三年未曾休息. 梁州許昌而復來請 又信州刺史復欲送啓將 歸鄴郡 慧思意決不欲向北 心欲南行卽便捨衆渡 向淮南山中停住.

2) 선사 39세에 마하야나를 강설하다 생금독약의 고난을 받고 참회와 발원으로 살아남

나이 스물에서 서른여덟에 이르기까지 늘 하남(河南)에 있으면서 대승을 익혀 배웠다. 여러 큰 선사들〔諸大禪師〕을 가까이 모시고 공양하며 여러 고을을 노닐어 다녀 한 곳에 머물지 않았다.

이때 나라에서 칙령으로 나라 안의 모든 선사들을 궁전에 들어 공양하도록〔入臺供養〕 불렀다.

혜사는 스스로 헤아리되 '나는 도덕이 없어 기꺼이 칙령을 따르지 못하겠으니 방편으로 버리고 피하리라'고 하여 회남으로 건너〔渡淮南〕 산에 들어가 서른아홉이 되었으니, 이때는 말법 120년이다.

회남 영주자사(郢州刺史) 유회보(劉懷寶)가 영주의 산 가운데서 함께 지냈는데, 마하야나의 뜻을 나와서 강설하도록 불렀다.

이때 대승의 뜻에 대해 서로 답하므로 여러 법사들〔諸法師〕이 크게 성냄을 일으켰고, 다섯 사람 악논사(惡論師)가 있어 생금약(生金藥)을 음식 속에 넣어 혜사더러 먹게 하였다.

혜사가 먹다 남은 것을 세 사람이 먹고 그날 곧 죽었다.

혜사는 이때 몸이 망가져서 극도로 시달려 이레 동안 몸의 기가 멈추어 목숨이 거의 다하게 되었다.

죽을 무렵에 한 마음으로 두 손 모아 시방 부처님을 향해 참회하고 반야바라밀을 생각해 부르고 이렇게 말했다.

"남의 마음 아는 지혜 얻지 않고서는 마땅히 법을 설하지 않으리라."

이와 같이 생각할 때 곧 생금독약이 없어져 도로 다시 나아졌다. 이 뒤로 자주 어려운 일 겪음이 하나가 아니었다.225)

---

225) 從年二十至三十八 恒在河南習學大乘 親覲供養諸大禪師 遊行諸州非一處住 是時國敕喚國內一切禪師入臺供養 慧思自量 愚無道德 不肯隨敕方便捨避 渡淮南入山至年三十九 是末法一百二十

3) 선사 40세에서 42세에 대소산에 머물며 악논사들의 박해를 받으면서도 큰 자비서원을 일으킴

나이 마흔에 이르니 이는 말법 121년이다. 광주(光州) 개악사(開岳寺)에 있었는데 파자(巴子)가 오백가(五百家)를 세워〔巴子立五百家〕226) 광주 자사와 같이 마하야나 반야바라밀경 한 편을 강설하기를 청하였다.

나이 마흔하나에 이르니 이때는 말법 122년인데, 광주의 구역에 있는 대소산(大蘇山) 가운데 있으면서 마하야나의 뜻을 한 편 강설하였다.

나이 마흔둘에 이르니 이때는 말법 123년인데, 광주성(光州城)의 서쪽 관읍사(觀邑寺) 위에 있으면서 또 마하야나의 뜻 한 편을 강설하였다.

이때에는 여러 악논사(惡論師)들이 있어서, 다투어 와 나를 괴롭혀 어지럽히고 미워하는 마음을 내 모두 죽이려하고 반야바라밀의 뜻을 무너뜨리려 하였다.

나는 그때 큰 자비의 마음을 내 뭇 악논사들을 생각하고 서원을 일으켜 이렇게 말했다.

"금으로 쓴 마하반야바라밀경과
여러 대승경전을 서원코 만들어
유리 보배로 경전 모실 함을 만들고
그 함에 경전 담아 받들어 모셔
시방국토에 한량없는 몸을 나투어
함에 모신 이 경 널리 강설하여

年。 淮南郢州刺史劉懷寶共遊郢州山中 喚出講摩訶衍義 是時爲義相答 故有諸法師起大瞋怒 有五人惡論師以生金藥置飮食中令慧思食 所有餘殘三人噉之一日卽死。 慧思于時身懷極困 得停七日氣命垂盡 臨死之際 一心合掌 向十方佛懺悔 念般若波羅蜜 作如是言。 不得他心智不應說法 如是念時生金毒藥 卽得消除還更得差 從是已後數遭非一。

226) 파자가 오백가를 세워 : 파자가 오백 집을 세운다는 이 말에서 파자(巴子)의 출처를 찾기 어렵다. 그러나『불조통기(佛祖統紀)』에 혜사선사의 제자들을 말하면서 이 구절이 인용되므로 '파자가 주선한 오백 집안의 대승경을 청법한 이들의 모임' 정도로 풀이될 수 있지 않을까 생각한다.

온갖 여러 악논사들로 하여금
모두 다 믿음의 마음 얻도록 하여
물러섬이 없는 지위 머물게 하리."227)

4) 선사 43세에 남정주에 머물면서 대승을 강설하다 악논사들의 박해를 받으며 금글씨 반야경을 만들어 칠보함에 모실 것을 서원함

나이 마흔셋에 이르니 이때는 말법 124년이다. 남정주(南定州)에 있었는데 자사가 마하야나의 뜻을 한 편 강설하기를 청하였다.
이때에도 여러 많은 악논사들이 있어서 다투어 악한 마음을 일으켜 크게 괴롭히고 어지럽혔으며, 다시 갖가지 악한 방편을 지어 여러 단월들을 끊어 음식을 보내지 못하게 하였다.
50일이 지나 제자를 보내 화주할 수 있어서 겨우 목숨〔身命〕을 건졌다. 이때 이렇게 원을 일으켰다.

"나는 이런 악한 사람들과 온갖 중생 위해
금으로 쓴 마하반야바라밀경 한 부를
서원코 만들어서 맑은 유리 칠보로
경전 담는 함을 지어 경전 모셔 받들리라.
뭇 보배로 된 높은 자리 칠보의 휘장 덮개
구슬 섞여 걸린 장막과 꽃과 향 목걸이와
여러 공양거리로 반야경에 공양하리.
그런 뒤에 나는 마땅히 시방의 여섯 길에

---

227) 年至四十 是末法一百二十一年 在光州開岳寺 巴子立五百家共光州刺史 請講摩訶衍般若波羅蜜經一遍. 至年四十一是末法一百二十二年 在光州境大蘇山中 講摩訶衍義一遍. 至年四十二是末法一百二十三年 在光州城西觀邑寺上 又講摩訶衍義一遍. 是時多有衆惡論師 競來惱亂生嫉妒心 咸欲殺害毀壞般若波羅蜜등. 我於彼時起大悲心念衆惡論師 卽發誓願作如是言. 誓造金字 摩訶般若 及諸大乘 琉璃寶函 奉盛經卷. 現無量身 於十方國土 講說是經. 令一切衆惡論師 咸得信心 住不退轉.

제Ⅷ장 미륵의 때를 기다려 맞이하리 [待望彌勒願文] | 529

　　　한량없는 나의 몸을 널리 두루 나투어서
　　　오래고 먼 겁의 숫자 헤아리지 아니하고
　　　보리를 이루도록 이 내 몸을 나투어서
　　　그 가운데 법사 되면 담무갈 같이 되어지고
　　　법 구하는 제자 되면 살파타륜228) 되오리라."

이와 같은 원을 일으킨 뒤에 뭇 악한 비구들이 모두 다 물러나 흩어졌다. 이 원을 일으키고서는 사람들을 교화하여 이렇게 말했다.

"나는 금으로 쓴 마하반야바라밀경을 만들리라."229)

---

228) 담무갈과 살파타륜 : 반야회상에서 『반야경』을 설하는 설법사가 담무갈(Dharmodgata: 法起)보살이고, 법을 구하는 제자가 살파타륜(Sadāprarudita: 常啼)보살이다. 살파타륜은 어려서 늘 울기를 잘했고 부처님 없는 세상에 나서 빈 숲 속에서 중생을 걱정해 울므로 늘 우는[常啼] 보살이라 여러 신들이 이름 지었으니 법기보살에게 가 법을 구해 법을 듣고 『반야경』을 수호할 큰 원력을 세운 보살이다.

229) 至年四十三是末法一百二十四年 在南定州 刺史請講摩訶衍義一遍。 是時多有衆惡論師 競起惡心作大惱亂 復作種種諸惡方便 斷諸檀越不令送食。 經五十日唯遣弟子化得以濟身命 于時發願。 我爲是等及一切衆生 誓造金字摩訶衍般若波羅蜜一部。 以淨琉璃七寶作函奉盛經卷 衆寶高座七寶帳蓋 珠交露幔 華香瓔珞種種供具 供養般若波羅蜜。 然後我當十方六道普現無量色身 不計劫數至成菩提。 當爲十方一切衆生 講說般若波羅蜜。 於是中間若作法師如曇無竭 若作求法弟子如薩陀波崙。 發願之後 衆惡比丘 皆悉退散 發此願已 卽便敎化 作如是言。 我造金字摩訶般若波羅蜜經。

3. 금글씨 반야경을 만들고 크나큰 대승의 서원을 일으킴

『반야경』의 문자〔文字般若〕와 반야문자를 쓴 경전〔住持三寶〕의 모습 있음〔有相〕은 여래가 깨친 바 모습에 모습 없는 실상 자체가 아니다. 그러나 실상반야는 이 『반야경』의 문자반야를 떠나지 않으며 주지삼보의 모습을 떠나 따로 있지 않다.

『반야경』의 문자가 공한 줄 알고 주지삼보인 경전의 모습이 실로 있지 않은 줄 알면, 바로 반야문자와 주지삼보가 곧 여래의 문자반야가 보이고자 하는 실상반야이다.

다시 실천의 인과(因果)로 보면 여래가 설한 반야경의 문자〔文字般若〕는 여래가 성취한 반야지혜〔觀照般若〕의 언어적 표현이자 깨친 바 실상〔實相般若〕의 연기이다. 그러므로 중생은 다시 여래의 가르침을 듣고 바른 지혜에 나아가 실상의 세계에 돌아가는 것이다.

이렇게 보면 『반야경』의 문자는 진리의 연기이자 진리는 반야문자를 통해 돌아가게 되는 것이며, 반야지혜는 문자반야를 통해 얻어지는 것이다.

이 뜻을 『금강반야경』에서는 '온갖 부처님과 모든 부처님들의 위없고 바른 보디가 다 이 경을 좇아 나온다〔一切諸佛及諸佛如來阿耨多羅三藐三菩提法皆從此經出〕'고 말한다.

『금강경』의 이 말씀의 뜻을 다시 살펴보자. 붇다는 곧 스스로 붇다가 아니라 반야지혜가 붇다를 붇다 되게 한다. 그리고 반야지혜는 반야문자의 인연으로 성취된다.

과거의 부처님도 반야로 인해 부처님이 되었고, 현재의 부처님도 반야로 인해 부처님이 되었으며, 미래의 부처님도 반야로 인해 부처님이 되실 것이다. 삼세 모든 부처님이 반야를 성취하여 이 반야문자를 설하시는 부처님이자, 반야로 인해 부처님이 되셨으며 반야로 인해 부처님이 되실 것이다.

앞으로 오실 미륵부처님도 스스로 이 세간에 강림하는 미륵부처님이 아니라, 반야에 대한 바른 믿음과 결단으로 석가모니 부처님에게 해탈의 언약을 받고〔受記〕, 반야바라밀을 행하고 한량없는 삼매와 행원을 실천하여, 위없는 보디를 이룸으로써 미륵으로 이 세간에 오실 부처님이다.
　반야지혜에는 정법·상법·말법의 시간이 공하지만, 반야로 인해 말법의 타락한 역사는 정법의 역사로 돌이켜지며, 반야로 인해 미륵이 이 세상에 오신다. 그리고 우리 중생 또한 우리 스스로의 반야행으로 인해 풍요와 안락으로 가득한 미륵의 때를 구체적인 해탈의 시간으로서 만날 수 있는 것이다.
　그러므로 혜사선사는 악과 불의, 고난과 시련이 넘치는 말법의 역사 속에서 금글씨『반야경』을 만들고『반야경』을 설하여 미륵의 때를 만나 미륵부처님을 맞이하고 미륵부처님의 찬탄 받기를 서원한다.
　이때 혜사선사가 만날 미륵부처님은 누구인가. 그 부처님은 지금 이곳이되 온갖 곳에 열려지고, 지금 바로이되 늘 미래이며, 마주봄이 아니되 늘 마주봄이 되는 '법의 몸인 부처님〔法身佛〕'의 역사적 실현이다. 그분은 내가 아니되 나 아님이 아니고, 앞으로 오실 분이되 늘 지금 우리와 함께 하는 살아있는 붇다이다.
　그리고 지금 석가모니부처님의 말법시대로부터 저 미륵부처님이 오시도록 썩지 않고 남아있을 금글씨『반야경』은, 늘어남과 줄어듦이 없는 '여래장 법의 재물〔法財〕'인 경전이다.
　그러므로 중생의 생각이 일어나고 사라지며 저 세계가 이루어지고 허물어지되, 실로 나고 사라짐이 없으며 이루어지고 허물어짐 없고, 늘어나고 줄어듦이 없음을 보는 자가 석가시대로부터 미륵시대까지 썩지 않을『반야경』그 진리의 재물을 보는 자인 것이다.

혜사선사는 또 이 몸의 목숨을 탐착하지 않되 긴 목숨의 신선〔長壽仙人〕이 되어 미륵의 시대를 맞이하겠다고 서원하니, 56억7천만년의 긴 세월 죽지 않고 사라지지 않을 육신의 몸은 무엇인가. 사대의 몸〔四大色身〕은 사라지되 사라지지 않을 영성의 몸인가.

그렇다면 이렇게 말하는 몸, 이는 상견외도(常見外道)가 말하는 영적 실체의 몸이 될 것이다. 길이 죽지 않는 몸은 사대의 물질이 나되 남이 없고 사라지되 사라짐이 없음을 통달한 지혜의 목숨〔慧命〕인 것이니, 이 지혜의 목숨은 몸이 아니되 몸 아님도 아니고 저 세계가 아니되 세계 아님도 아닌 것이다. 이런 관점에서 보면 사대로 된 이 몸이 사라지되 몸 밖에 사라지지 않는 영혼의 몸을 찾는 자는 영육이원론에 떨어져 바깥길〔外道〕을 걷는 자일 것이다.

오직 법의 몸〔法身〕인 부처님을 뵙고, 더하고 덜함이 없는 법의 재물〔法財〕을 알고, 길이 죽지 않고 무너지지 않는 지혜목숨〔慧命〕을 깨달은 자만이 늘 말법의 역사 속에서 지혜의 생명을 출현시키고 늘 반야지혜에 앉아 새롭게 오시는 부처님을 맞이하며, 스스로 성불의 언약을 받고 중생에게 성불의 언약을 주는 사람일 것이다.

저 미륵이 석가모니부처님에게 해탈의 언약을 받았을 때 어찌 미륵만 홀로 거룩한 언약을 받았을 것인가. 이 제자와 말법의 중생도 또한 이미 저 미륵과 함께 해탈언약을 함께 받은 것이다. 그러므로 남악혜사선사가 미륵의 회상에서 미륵부처님으로부터 크게 찬탄 받을 때 혜사선사의 원력에 함께 하려는 이 제자 또한 미륵을 우러러 혜사선사와 함께 찬탄공덕을 받게 될 것이며, 혜사선사의 발원이 모두 성취되어 해탈의 과덕 얻을 때 이 제자도 또한 선사와 함께 해탈의 과덕을 더불어 누리리라.

미륵 세존 오실 때 나의 크나큰 원 모두 이뤄지이다

1) 선사 44세시에 광주 대소산에서 금글씨 반야경 만들기를 서원하고 광성현 제광사에서 경과 보배함을 만듦

나이 마흔넷에 이르니 이때는 말법 125년으로 해로는 무인년(戊寅年)이었는데, 대소산(大蘇山)의 광주(光州) 경계 안에 돌아와서 여러 곳에 외쳐 고했다.

"나는 금으로 쓴 『마하반야바라밀경』을 받들어 만들고자 하는데, 반드시 경의 첫머리〔經首〕를 만들어야 한다. 누가 만들 수 있는 사람인가."

그때 한 비구가 있어 이름이 승합(僧合)이라 하는데 홀연히 스스로 와서 이렇게 말했다.

"제가 금글씨의 『반야경』을 만들 수 있습니다."

이미 경머리를 얻으니 곧 여러 고을을 두루 화주하였는데, 자사와 고을 땅의 인민들, 재가와 출가, 도인과 세속인들이 여러 재보를 가지고 금을 사서 경 불사에 쓰도록 하였다.

정월 15일부터 화주하여 11월 11일에 이르렀다.

남광주 광성군 광성현의 제광사(齊光寺)에서 바야흐로 불사에 손을 대게 되어, 앞의 마음의 원을 갚게 되었다.

금으로 쓴 『마하반야바라밀경』 한 부를 받들어 만들고, 아울러 유리보배함을 만들어 경을 담고서 이때 큰 서원을 발하였다.230)

2) 크나큰 대승의 서원을 일으킴

---

230) 至年四十四是末法一百二十五年 太歲戊寅還於大蘇山光州境內 唱告諸方. 我欲奉造金字摩訶般若波羅蜜經 須造經首 誰能造者. 時有一比丘名曰僧合而忽自來 作如是言 我能造金字般若. 旣得經首卽遍敎化諸州 刺史及土境人民白黑道俗得諸財寶 持買金色造作經用. 從正月十五日敎化至十一月十一日. 於南光州光城郡光城縣齊光寺 方得就手報先心願. 奉造金字摩訶般若波羅蜜經一部 幷造琉璃寶函盛之 卽於爾時發大誓願.

① 금글씨 반야경의 위력으로 모든 장애 없어지고 원이 이루어지길 바람

   바라건대 금 글씨의 『마하반야바라밀경』과
   칠보함 만들어 모신 이 크나큰 원 때문에
   온갖 모든 마들과 여러 나쁜 재난들이
   나를 가로막거나 깨뜨릴 수 없어지며
   바라건대 앞으로 올 거룩한 미륵 세존
   세상 오실 그 날에 널리 온갖 중생 위해
   이 『반야바라밀경』 설하여 주실 때에
   다음 같은 나의 원들 모두 이뤄지이다.

   원차금자마하반야바라밀경 급칠보함
   願此金字摩訶般若波羅蜜經 及七寶函
   이대원고 일체중마제악재난 불능저괴
   以大願故 一切衆魔諸惡災難 不能沮壞
   원어당래미륵세존 출흥우세
   願於當來彌勒世尊 出興于世
   보위일체무량중생 설시반야바라밀경시
   普爲一切無量衆生 說是般若波羅蜜經時

② 미륵부처님 때 여섯 상서로 땅이 움직여 부처님이 혜사의 본원 설명 해주길 바람

   나의 이 큰 서원과 금글씨경 위력으로
   마땅히 미륵세존 장엄한 그 세계가
   여섯 가지 상서로 움직여 떨리어서
   거기 모인 여러 대중 의심하는 마음 내어
   부처님께 머리 숙여 이렇게 물어지이다.

어찌된 까닭으로 큰 땅 떨려 움직이는지
'바라오니 세존께선 펼쳐 연설해주소서.'

이아서원 금자위력 당령미륵 장엄세계
以我誓願 金字威力 當令彌勒 莊嚴世界
육종진동 대중생의 계수문불 유하인연
六種震動 大衆生疑 稽首問佛 有何因緣
대지진동 유원세존 부연설지
大地震動 唯願世尊 敷演說之

그 때 미륵부처님은 여러 모든 제자들께
다음 같이 그 뜻 펼쳐 말씀하여 주시리.

'너희들은 마땅히 한결같은 마음으로
두손 모아 깊이 듣고 깊이깊이 믿을지라.
지난 세상 이 세간 부처님이 계셨으니
그 이름을 석가모니 부처님이라 했도다.
세간에 나오시어 이『반야경』설하시어
널리 온갖 중생을 제도하여 주신 뒤
그 부처님 세존께서 열반에 드신 뒤에
정법 상법 그때가 모두 지나가고 나서
남긴 법만 이 세간에 머무르게 되었는데
말법의 때 그 가운데 세상은 몹시 악해
다섯 가지 흐림이 다투어 일어나고
사람 목숨 짧고 빨라 백년을 못 채우며
열 가지 악업 행해 서로 함께 죽이도다.'

제Ⅷ장 미륵의 때를 기다려 맞이하리 [待望彌勒願文]

시미륵불 고제제자 여등응당 일심합장 제청제신
時彌勒佛 告諸弟子 汝等應當 一心合掌 諦聽諦信

과거유불 호석가문
過去有佛 號釋迦文

출현세간 설시반야 바라밀경 광도중생
出現世間 說是般若 波羅蜜經 廣度衆生

피불세존 멸도지후 정법상법 개이과거
彼佛世尊 滅度之後 正法像法 皆已過去

유법주세 말법지중 시시세악 오탁경흥
遺法住世 末法之中 是時世惡 五濁競興

인명단촉 불만백년 행십악업 공상살해
人命短促 不滿百年 行十惡業 共相殺害

이 때『반야바라밀경』세간에 일어나니
그 때 어떤 비구 있어 혜사라고 이름했네.
이『마하바라밀경』만들어 모시는데
황금으로 글씨 써서 유리보함 경전 담아
다음 같이 크나큰 서원을 발했도다.

'마땅히 나는 한량없는 중생 건지려고
미래 현겁 미륵세존 세상 오실 때까지
이『마하반야바라밀경』중생께 설하오리.
내가 세운 큰 서원과 금으로 쓴 경전과
경전 담은 보배함의 큰 위신력 때문에
마땅히 미륵세존 칠보로 된 저 세계를
여섯 가지 상서로 떨리게 하여지이다.'

대중이 의심내서 부처님께 머리 숙여

공손히 묻자오되 저희 오직 바라오니
이 땅이 움직이는 인연을 설하소서.
그때 세존 거기 모인 대중에게 말씀하리
'그대들 마땅히 알라 이 상서는 모두다
과거세상 그 비구의 큰 원력 인연으로
금글씨의 경전과 경전 담은 보배함이
지금 바로 이 회상에 나타나려 함이로다.'

시시반야 바라밀경 흥우세간
是時般若 波羅蜜經 興于世間
시유비구 명왈혜사 조차마하 바라밀경
時有比丘 名曰慧思 造此摩訶 波羅蜜經
황금위자 유리보함 성차경전 발홍서원
黃金爲字 琉璃寶函 盛此經典 發弘誓願

아당도탈 무량중생 미래현겁 미륵출세
我當度脫 無量衆生 未來賢劫 彌勒出世
설시마하 반야경전 바라밀경 아이서원
說是摩訶 般若經典 波羅蜜經 我以誓願
금경보함 위신력고 당령미륵 칠보세계 육종진동
金經寶函 威神力故 當令彌勒 七寶世界 六種震動

대중생의 계수문불 유원설차 지동인연
大衆生疑 稽首問佛 唯願說此 地動因緣
시불세존 고제대중 여등당지 시피비구
時佛世尊 告諸大衆 汝等當知 是彼比丘
원력인연 금경보함 금욕출현
願力因緣 金經寶函 今欲出現

거기 모인 대중이 부처님께 여쭙되

바라오니 세존께선 신통의 힘으로써
금글씨 경 보배함을 볼 수 있게 해주소서.
부처님은 말씀하되 '너희들 대중이여
마땅히 한마음으로 과거의 부처님인
석가모니 세존께 공경히 절할지라.
또한 다시 그대들은 마땅히 한마음으로
『반야바라밀경』만을 오로지 생각하라.'

부처님이 이렇게 말씀하실 그때에
땅이 여섯 가지 상서로 떨려 움직이고
크고 밝은 빛을 놓아 시방 널리 비추고
묘한 냄새 전단향을 백천만배 넘어서서
그 냄새 맡는 중생 보리 마음 모두 내고
유리로 된 보배함이 대중 앞에 나타나되
눈으로만 볼 수 있고 열 수는 없으리라.

대중백불 유원세존 이신통력 영아득견
大衆白佛 唯願世尊 以神通力 令我得見
금경보함 불언여등 응당일심 예과거불
金經寶函 佛言汝等 應當一心 禮過去佛
석가모니 역당일심 전념반야 바라밀경
釋迦牟尼 亦當一心 專念般若 波羅蜜經

불설시시 대지이부 육종진동 출대광명
佛說是時 大地以復 六種震動 出大光明
보조시방 무량세계 기향수묘 초과전단
普照十方 無量世界 其香殊妙 超過栴檀
백천만배 중생문자 발보리심 유리보함
百千萬倍 衆生聞者 發菩提心 琉璃寶函

현대중전 유가안견 무능개자
現大衆前 唯可眼見 無能開者

③ 미륵회상의 대중이 부처님께 반야경 볼 수 있도록 청하기를 바람

그 때 대중 이 원 듣고 크게 기뻐 뛰놀면서
모두 함께 부처님께 다음 같이 말하리라.
'참으로 그렇습니다. 거룩하신 세존이여
어떻게 이 반야경 얻어 볼 수 있습니까.'

미륵세존 이 말 듣고 말씀하여 주시리.
'경을 만든 그 사람은 큰 서원이 있으니
그대들은 마땅히 마음을 하나로 해
그 사람을 생각하고 그 이름을 부르면
스스로 경과 함을 얻어 볼 수 있으리라.'

시제대중 용약환희 구백불언 유연세존
時諸大衆 踊躍歡喜 俱白佛言 唯然世尊
운하득견 반야경문
云何得見 般若經文

미륵불언 피조경자 유대서원 여등응당
彌勒佛言 彼造經者 有大誓願 汝等應當
일심염피 칭기명호 자당득견
一心念彼 稱其名號 自當得見

④ 반야경을 만들어 미륵세상을 맞이하는 혜사의 크나큰 대승서원을 보여주길 바람

제Ⅷ장 미륵의 때를 기다려 맞이하리 [待望彌勒願文] | 541

◦ 나의 이름 부르면 금글씨 경이 나타나고 상서가 나타나길 서원함

이 같이 말씀할 때 그곳 모인 온갖 대중
나의 이름 불러서 나무 혜사 하오리라.
이때 시방 땅을 좇아 몸들이 솟아올라
온 허공에 가득하니 몸은 모두 금빛으로
서른둘 모습 갖춰 그 빛 한량없으리라.
이는 모두 지난 옛날 경을 만든 사람이라
부처님의 힘 때문에 보배함 절로 열려
큰 소리 내 시방 세계 떨려 움직이게 하니
이 때 금글씨 경전이 크고 밝은 빛을 놓아
한량없는 뭇 빛깔 하늘의 큰 구름 같이
시방 온갖 세계를 흘러 가득 채우고
갖가지 음성 널리 중생에게 말해주고
묘한 향은 중생 마음 기쁘도록 하여주리.

설시어시 일체대중 칭아명호 나무혜사
說是語時 一切大衆 稱我名號 南無慧思
시시사방 종지용출 변만허공 신개금색
是時四方 從地涌出 遍滿虛空 身皆金色
삼십이상 무량광명 실시왕석 조경지인
三十二相 無量光明 悉是往昔 造經之人
이불력고 보함자개 출대음성 진동시방
以佛力故 寶函自開 出大音聲 震動十方
일체세계 우시금경 방대광명 무량중색
一切世界 于時金經 放大光明 無量衆色
유여대운 유만시방 일체세계 종종음성
猶如大雲 流滿十方 一切世界 種種音聲
보고중생 부유묘향 열가중심
普告衆生 復有妙香 悅可衆心

이때 중생 내가 세운 큰 서원의 힘으로
땅이 떨림 보게 되고 밝고 큰 빛 또한 보며
냄새 맡고 소리 들어 일찍 없던 일을 얻어
몸과 마음 즐거웁고 기쁘게 되오리라.
비유하면 어떤 비구 셋째 선정 들어갈 때
삼승의 거룩한 도 모두 갖춰 얻게 되며
나아가서 일체종지 갖춤과 같게 되리.
만약 나의 이 큰 서원 채워지지 않는다면
위없고 묘한 깨침 끝내 얻지 않으리라.

시시중생 이아원력 급도지동 우견광명
是時衆生 以我願力 及睹地動 又見光明
문향성고 득미증유 신심열락 비여비구
聞香聲告 得未曾有 身心悅樂 譬如比丘
입제삼선 즉우시시 실득구족 삼승성도
入第三禪 卽于是時 悉得具足 三乘聖道
내지구족 일체종지 차원불만 불취묘각
乃至具足 一切種智 此願不滿 不取妙覺

○ 반야경 설하는 모든 모임 미륵회상과 같아지며 나의 이름 미륵세존과 같아지길 서원함

또 다시 바라오니 시방 모든 부처님들
이 『반야바라밀경』 설하시는 온갖 곳이
미륵세존 법 설하는 큰 모임과 같아지고
만약 시방 한량없는 온갖 모든 부처님들
한 때 같이 법을 다 설하시게 한다면
바라오니 이 경을 한 때에 모두 얻어
낱낱의 좋은 모습 부처님 앞 나타나며

제VIII장 미륵의 때를 기다려 맞이하리 [待望彌勒願文]

여러 모든 부처님들 크나큰 모임에서
평등하게 여러 중생 제도하시게 되면
낱낱 세존 모두가 석가라고 부르며
나의 이름 또한 다시 미륵세존과 같아서
법 설하는 큰 모임 한량없어지이다.
만약 나의 서원처럼 그렇지 아니하면
위없고 묘한 깨침 끝내 얻지 않으리라.

우원시방 제불세존 설차반야 바라밀처
又願十方 諸佛世尊 說此般若 波羅蜜處
일체개여 미륵대회 약사시방 무량제불
一切皆如 彌勒大會 若使十方 無量諸佛
일시설법 역원차경 일시개득 보현어전
一時說法 亦願此經 一時皆得 普現於前
일일서상 제불대회 등도중생
一一瑞相 諸佛大會 等度衆生
일일세존 개칭석가 급아명자
一一世尊 皆稱釋迦 及我名字
역여미륵 대회무량 약불이자 불취묘각
亦如彌勒 大會無量 若不爾者 不取妙覺

◦ 금글씨 경이 경 설하는 국토와 사람따라 자재하게 변화되길 서원함

또한 다시 바라오니 오는 세상 시방국토
지금 이 함과 경전 한량없는 경의 글씨
여러 국토 사람 모습 크고 작음 따라서
사람 몸이 큰 곳에선 함과 경전 문자 커지고
사람 몸이 작은 곳엔 함과 경전 문자 작아져
그 국토의 보배들 가운데서 빼어난 것
그 국토에 사는 사람 귀하게 여김 따라

반야의 힘 때문에 함과 경전 경의 문자
높고 묘해 진귀한 보배로 변하여서
늘 유리함 금글씨만 끝내 되지 아니하고
경전 쓰는 종이는 금강석의 정수 되어
그 종이 허물어서 깨뜨릴 수 없게 되어
앞으로 올 부사의한 한량없는 세월까지
시방 모든 세계에 부처님이 나오셔서
이 반야경 설하는 곳 또한 같아지이다.
만약 나의 서원대로 그렇지 아니하면
위없는 묘한 깨침 끝내 얻지 않으리라.

우원당래 시방국토
又願當來 十方國土
함급경권 무량명자 수제국토 인량대소
函及經卷 無量名字 隨諸國土 人量大小
인신대처 함급경권 문자역대 인신소처
人身大處 函及經卷 文字亦大 人身小處
함급경권 문자역소 수기국토 중보중정
函及經卷 文字亦小 隨其國土 衆寶中精
인소귀자 반야력고 함급경권 문자변작
人所貴者 般若力故 函及經卷 文字變作
상묘진보 종불상위 유리금자 서경지지
上妙珍寶 終不常爲 琉璃金字 書經之紙
위금강정 불가손괴 지어미래 불가사의
爲金剛精 不可損壞 至於未來 不可思議
무량겁수 시방세계 유불출세 설시반야
無量劫數 十方世界 有佛出世 說是般若
바라밀처 역부여시 약불이자 불취묘각
波羅蜜處 亦復如是 若不爾者 不取妙覺

제VIII장 미륵의 때를 기다려 맞이하리 [待望彌勒願文]

◦ 모든 국토에서 석가여래의 이름과 나의 이름 불러 모두 보리의 도에 들길 서원함

바라건대 오는 세상 시방의 온갖 국토
여러 모든 부처님들 계시는 세계에선
모두 다 석가여래 그 이름을 부르고
금글씨 경 보배함과 나의 이름 불러서
음성이 시방 온갖 세계에 두루하여
중생 널리 듣고서 도에 들어지이다.
만약 어떤 중생이 도에 들지 못한다면
갖가지 방편들과 신통변화 사용하여
이런 중생 조복하여 도를 얻게 하오리라.
만약 나의 서원대로 그렇지 아니하면
위없는 묘한 깨침 끝내 얻지 않으리라.

원어내세 시방국토 제불세계 개칭석가
願於來世 十方國土 諸佛世界 皆稱釋迦
여래명호 금경보함 급아명자 시고음성
如來名號 金經寶函 及我名字 是故音聲
변지시방 일체세계 중생보문 개득입도
遍至十方 一切世界 衆生普聞 皆得入道
약유중생 불입도자 종종방편 신족변화
若有衆生 不入道者 種種方便 神足變化
이조복지 필령득도 약불이자 불취묘각
而調伏之 必令得道 若不爾者 不取妙覺

◦ 신통을 갖추어 시방국토 다니며 부처님의 경전 설하고 부처님께 공양하며 중생교화 하길 서원함

또한 다시 원 발하니 내가 지금 산에 들어
도를 막는 온갖 모든 무거운 죄 참회하고

거닐면서 삼매 닦고 앉아서 선정 닦아
다섯 신통 신선과 여섯 신통 이루면
여래의 십이부경 받아지녀 외우고
삼장과 온갖 바깥 서적들을 읽고 외워
불법의 뜻 통달한 뒤 한량없는 몸을 지어
저 허공을 날아서 색구경천 지나쳐
생각과 생각 아님도 아닌 하늘 이르러서
여러 하늘 설한 법문 모두 들어 받으며
나도 또한 그 모든 하늘 무리 향하여
내가 지닌 부처님의 경전들을 설해주고
도로 다시 사바에 와 사람 위해 설해주리.

거듭 다시 삼악도와 금강제에 이르도록
지닌 바 부처님 법 모두 다 설하여서
삼천대천 세계에 두루 가득하게 하고
시방 모든 국토에도 또한 이와 같게 하여
여러 모든 부처님들 받들어 공양하고
한량없는 중생을 널리 두루 교화함에
자재한 신통변화 한때 행해지이다.
만약 나의 큰 서원대로 그렇지 아니하면
위없는 묘한 깨침 끝내 얻지 않으리라.

우부발원 아금입산 참회일체 장도중죄
又復發願 我今入山 懺悔一切 障道重罪
경행수선 약득성취 오통신선 급육신통
經行修禪 若得成就 五通神仙 及六神通
암송여래 십이부경 병송삼장 일체외서
闇誦如來 十二部經 幷誦三藏 一切外書

통불법의 작무량신 비행허공 과색구경
通佛法義 作無量身 飛行虛空 過色究竟
지비비상 청채제천 소설법문 아역어피
至非非想 聽采諸天 所說法門 我亦於彼
향제천설 소지불경 환하염부 위인광설
向諸天說 所持佛經 還下閻浮 爲人廣說

부지삼도 지금강제 설소지법 변만삼천
復至三途 至金剛際 說所持法 遍滿三千
대천세계 시방국토 역부여시 공양제불
大千世界 十方國土 亦復如是 供養諸佛
급화중생 자재변화 일시구행 약불이자 불취묘각
及化衆生 自在變化 一時俱行 若不爾者 不取妙覺

○ 바른 법 설함을 방해하고 괴롭히는 자는 악한 과보를 받고, 보살피는 이는 모두 정토에 나 보리의 도 이루기를 서원함

뛰어나고 미묘한 전단나무로
아주 좋고 높고 높은 자리 만들어
여러 물감 빛깔 섞어 장엄하옵고
뛰어나고 미묘한 일곱 보배는
아름다운 휘장과 덮개 만들어
뭇 보배로 아름답게 장엄하여서
밝은 빛을 널리 두루 놓아 비추리.
염부단 금으로 경글씨 써서
유리 수정 경전 담는 함을 만들어
여러 모든 부처님법 공경하여서
갖가지 좋은 공양 바쳐 올리고
그런 다음 법을 설해 중생 교화함
앞도 없고 뒤도 없고 가운데 없이

한 생각 마음속에 한때 행하리.

상묘전단위고좌　중채잡색이장엄
上妙栴檀爲高座　衆彩雜色以莊嚴
상묘칠보위장개　중보장엄방광명
上妙七寶爲帳蓋　衆寶莊嚴放光明
염부단금위경자　유리수정위경함
閻浮檀金爲經字　琉璃水精爲經函
경제불법호공양　연후설법화중생
敬諸佛法好供養　然後說法化衆生
무전무후무중간　일념심중일시행
無前無後無中間　一念心中一時行

내가 지금 산에 들어 이를 배움은
허깨비의 미혹으로 여러 중생을
속이려고 하기 위함 결코 아니니
만약 어떤 악한 사람 나를 막으면
현세에 상서롭지 못함이 생겨
갖가지 악한 갚음 갖춰 받으리.
만약 그가 마음을 고치지 않으면
스스로 생활 속에 상처를 입고
죽어서는 고통스런 지옥 떨어져
쇳물이 펄펄 끓는 불지옥 들며
바른 법 비방하는 악한 죄보는
한량없는 겁수만큼 고통 받나니
바라건대 그 사람이 보리심 내어
계 지니고 착한 일들 닦아 행하여
진리 도량 이르도록 하여지이다.

제Ⅷ장 미륵의 때를 기다려 맞이하리 [待望彌勒願文]

아금입산위학차　비위환혹광중생
我今入山爲學此　非爲幻惑誑衆生
약유악인장애아　영기현세불길상
若有惡人障礙我　令其現世不吉祥
비수종종제악보　약불개심자중상
備受種種諸惡報　若不改心自中傷
사타지옥입확탕　방법죄보겁수장
死墮地獄入鑊湯　謗法罪報劫數長
원령피발보리심　지계수선지도량
願令彼發菩提心　持戒修善至道場

나는 중생 위해서 이 원 행하여
부처님의 법장이 이 세간 속에
오래도록 머물게 하려 함이니
악한 사람 싫어하고 미워하여서
함부로 괴롭히고 어지럽게 해
닦아 행함 막아서 못 짓게 하네.
만약 좋은 사람 나를 보살펴주면
여러 하늘 착한 이들 도움 주게 해
법을 보살펴주는 이들은 모두 다
이 세간 오래 머물러 있도록 하고
몸을 마친 다음에는 정토에 나서
부처님의 도를 모두 얻게 하옵고
도를 닦는 이들은 모두 다 빨리
부처님의 도 이루도록 하여지이다.
나에게는 두 가지 마음이 없이
이같이 크나큰 원 일으키나니
바라건대 함께 하는 여러 중생이

짓는 행의 과보 알게 하여지이다.

아위중생행차원　영불법장득구주
我爲衆生行此願　令佛法藏得久住
악인질투횡뇌란　방폐수행부득작
惡人嫉妬橫惱亂　妨廢修行不得作
약득호인옹호아　제천선신위좌조
若得好人擁護我　諸天善神爲佐助
영기호법득구주　후생정토득불도
令其護法得久住　後生淨土得佛道
영기수도속성취　아무이심발차원
令其修道速成就　我無二心發此願
원령중생식과보
願令衆生識果報

○ 방편으로 오신통을 이루고 여섯째 신통 배울 것을 서원함

또 거듭 원 발하니 시방 모든 부처님들
스스로 마땅히 증명하여 알으소서.
저는 지금 마하반야 묘법연화 이 두 가지
금으로 글씨를 쓴 대승경을 위하므로
시방에 널리 법을 설하려고 하지만
나의 세 업 힘이 없고 자재하지 못하여
시방의 온갖 곳에 한때에 나타나서
몸과 마음 조복하여 중생교화 못하옴에
지금 짐짓 산에 들어 참회하고 선정 닦아
다섯 신통의 신선 배워 위없는 도 구합니다.
바라건대 다섯 신통 신선 먼저 이루고
그런 다음 여섯 번째 큰 신통을 배워서
석가세존 십이부경 모두 받아 지니고

시방의 부처님들 지니신 바 진리 곳간
아울러 모든 보살 지니신 바 논장들을
모두다 남김없이 항상 받아 지니고
말재간 걸림 없이 시방 널리 나타나서
여러 모든 부처님들 받들어 모시고서
크게 악한 세상 속에 석가모니 법 지니어
부처님 법 끊어지지 않도록 하오리라.

우부발원 시방제불 자당증지 아금위차
又復發願 十方諸佛 自當證知 我今爲此
마하반야 묘법연화 이부금자 대승경고
摩訶般若 妙法蓮華 二部金字 大乘經故
욕어시방 광설법고 삼업무력 부득자재
欲於十方 廣說法故 三業無力 不得自在
불능시방 일시출현 조복신심 급화중생
不能十方 一時出現 調伏身心 及化衆生
금고입산 참회수선 학오통선 구무상도
今故入山 懺悔修禪 學五通仙 求無上道
원선성취 오통신선 연후내학 제육신통
願先成就 五通神仙 然後乃學 第六神通
수지석가 십이부경 급시방불 소유법장
受持釋迦 十二部經 及十方佛 所有法藏
병제보살 소유논장 변설무애 시방보현
幷諸菩薩 所有論藏 辯說無礙 十方普現
공양제불 어악세중 지석가법 영불단절
供養諸佛 於惡世中 持釋伽法 令不斷絶

온 시방 부처님들 법 다하려는 곳에서
바라건대 모두 다 그곳에 함께 있어
그 부처님법 지니어 사라지지 않게 하리.

서원코 이땅에서 십지공덕 갖추어서
일체종지 원만히 해 부처지위 이루려고
짐짓 먼저 그 목숨 오래 사는 신선 되어
다섯 신통 의지해 보살도를 배움은
스스로 신선 아니면 오래 머물 수 없음에
부처님의 법을 위해 신선을 배움이라
몸과 목숨 탐착하여 그런 것이 아니니
서원코 이 몸으로 오는 세상 현겁 때에
거룩하신 미륵세존 세상 오심 뵈오리라.
만약 나의 서원대로 그렇지 아니하면
위없는 묘한 깨침 끝내 얻지 않으리라.

어시방불 법욕진처 원실재피 지령불멸
於十方佛 法欲盡處 願悉在彼 持令不滅
서원차토 구족십지 종지원만 성취불지
誓願此土 具足十地 種智圓滿 成就佛地
시고선작 장수선인 자오통력 학보살도
是故先作 長壽仙人 藉五通力 學菩薩道
자비신선 부득구주 위법학선 불탐수명
自非神仙 不得久住 爲法學仙 不貪壽命
서이차신 미래현겁 견미륵불 약불이자 불취묘각
誓以此身 未來賢劫 見彌勒佛 若不爾者 不取妙覺

◦ 금글씨 만들어 모신 서원의 힘으로 두 몸 나퉈 미륵부처님 뵈옵고, 부처님 께서 내가 대승의 원 세운 인연 말씀해주길 서원함

성실한 마음으로 크나큰 원 일으키니
바라건대 이 제자는 앞으로 올 현겁 처음
거룩하신 미륵세존 부처님 도 이룬 뒤
여러 대중 위하여 부처님 대품반야 설하실 때

내가 오늘 지심으로 서원 발한 그 힘으로
못생긴 나의 모습 작고 못난 몸뚱이로
거룩하신 미륵세존 우러러 뵙게 되면
큰 서원의 힘으로 다시 한 몸 세워내
비할 바 없는 그 모습 사람 하늘 지나가고
한량없는 말재간과 걸림 없는 신통변화
뜻 따라 자재하여 미륵 부처님 뵈올 때
이 두 몸으로 한 때 같이 부처님을 뵈오며
서원의 힘으로써 작고 낮아 못생긴 몸
또한 능히 변화하여 걸림 없는 신통과
여러 가지 바라밀행 갖추어 이루리라.

성심발원 원아당래 현겁지초 미륵세존
誠心發願 願我當來 賢劫之初 彌勒世尊
성불도이 위대중설 대품경시 아이금일
成佛道已 爲大衆說 大品經時 我以今日
발서원력 추루지형 비소색음 견미륵불
發誓願力 醜陋之形 卑小色陰 見彌勒佛
이서원력 갱립일신 색상무비 과어인천
以誓願力 更立一身 色像無比 過於人天
무량변재 신통변화 수의자재 견미륵불
無量辯才 神通變化 隨意自在 見彌勒佛
이차이신 일시견불 이서원력 비소추신
以此二身 一時見佛 以誓願力 卑小醜身
역능변화 구족성취 무애신통 제바라밀
亦能變化 具足成就 無礙神通 諸波羅蜜

금글씨로 경을 만든 서원의 힘으로써
미륵세존 앞에서 두 가지 몸 한 때에

널리 변화 나투어서 시방 두루 가득하여
부처님의 깊은 법인 마하반야 경전의
여섯 가지 바라밀행 서른일곱 도품과
신통의 일 널리 설해 중생 건져 마친 뒤
나의 두 몸 홀연히 나타나지 않으면
바라건대 미륵세존 여러 대중 위하여
나의 지금 이 몸으로 원을 발한 인연을
함께한 대중에게 말씀하여 주소서.
만약 나의 서원대로 그렇지 아니하면
반드시 나는 결코 부처되지 않으리라.

이조금자 서원지력 재미륵전 이신일시
以造金字 誓願之力 在彌勒前 二身一時
보현변화 변만시방 광설심법 마하반야
普現變化 遍滿十方 廣說深法 摩訶般若
육바라밀 삼십칠품 급신통사 도중생이
六波羅蜜 三十七品 及神通事 度衆生已
홀연불현 원미륵불 위제대중
忽然不現 願彌勒佛 爲諸大衆
설아금신 발원인연 약불이자 서불성불
說我今身 發願因緣 若不爾者 誓不成佛

◦ 지난 생의 업을 참회하고 삼보님과 성중의 보살핌으로 선정 지혜 얻길 서원함

또한 다시 원 발하고 나는 지금 머리 숙여
성실한 마음으로 깊이 참회하옵나니
비롯 없는 겁을 좇아 지금 이 몸 이르도록
다른 이와 원수 맺고 남 괴롭히는 인연을
아주 많이 지었으며 남이 짓는 착함 보고

제VIII장 미륵의 때를 기다려 맞이하리 [待望彌勒願文]

온갖 장애 지었으며 남이 지은 좋은 일
무너뜨려 깨고서도 깨쳐 알지 못하였네.
타고난 좋은 신분만 스스로 믿고서
나이가 들어서도 함부로 놓아 지내며
세력으로 남 깔보고 바른 도리 생각 않고
잘못되고 뒤바뀐 소견 믿어 살아가며
바깥 길 걷는 스승 받들어 모시고서
불법승 삼보 속에 어려운 일 많이 짓고
오래도록 죄업 쌓아 지금 받은 이 몸에
한량없이 지어나온 온갖 죄업 갚음 있네.

우부발원 아금계수 성심참회
又復發願 我今稽首 誠心懺悔
종무시겁 지우금신 다작원대 뇌타인연
從無始劫 至于今身 多作冤對 惱他因緣
견타수선 위작장애 괴타선사 부자각지
見他修善 爲作障礙 壞他善事 不自覺知
자시종성 성년방일 이세능타 불사도리
自恃種姓 盛年放逸 以勢陵他 不思道理
신사도견 사외도사 어삼보중 다작유난
信邪倒見 事外道師 於三寶中 多作留難
구적죄업 보재금신
久積罪業 報在今身

그러므로 머리 숙여 지심으로 절하옵고
성실한 마음으로 지은 죄업 참회하니
시방 모든 부처님과 온갖 여러 현성들과
범천 제석 네 하늘왕 하늘용 등 여덟 무리
바른 법 보살피는 여러 착한 신들과

깊은 허공 숨거나 드러나 있는 신들은
바라건대 이 제자를 증명하여 주시사
도를 막는 죄 없애어 몸과 마음 청정하며
지금부터 이 뒤로는 짓는 바 좋은 일에
여러 가지 막힘과 걸림 없게 해주소서.
바라오니 깊은 산에 머물러 살아가며
부처님의 위없는 도 언제나 사유하고
바라오니 깊고 깊은 모든 선정 해탈 얻고
신통의 힘 얻어서 부처님들 은혜 갚고
이 몸으로 물러섬이 없는 지혜 얻으오.
만약 나의 서원대로 그렇지 아니하면
반드시 나는 결코 부처되지 않으리라.

시고계수 성심참회 시방제불 일체현성
是故稽首 誠心懺悔 十方諸佛 一切賢聖
범석사왕 천룡팔부 호법선신 명공유현
梵釋四王 天龍八部 護法善神 冥空幽顯
원위증명 제장도죄 신심청정 종금이후
願爲證明 除障道罪 身心淸淨 從今已後
소작길상 무제장애 원재심산 사유불도
所作吉祥 無諸障礙 願在深山 思惟佛道
원득심심 제선해탈 득신통력 보제불은
願得甚深 諸禪解脫 得神通力 報諸佛恩
서어차신 득불퇴지 약불이자 서불성불
誓於此身 得不退智 若不爾者 誓不成佛

◦ 온갖 사부중이 반야경을 설할 때 나의 이름 부르면 모든 장애가 없어지고, 나의 신통과 자재한 힘이 법사의 법 설함을 늘 보살펴줄 수 있게 되길 서원함

제Ⅷ장 미륵의 때를 기다려 맞이하리 [待望彌勒願文]

또한 다시 바라오니 온갖 시방 국토에
사부중인 비구 비구니와 다른 지혜로운 이
만약 이 높은 마하반야 바라밀경을
받아 지녀 읽고 외워 산과 숲 넓은 들이나
고요한 곳 도시거나 마을에 있으면서
여러 대중 위하여 드날려 해설하는데
여러 마의 무리가 다투어 몰려와서
이 경전 설하는 이 흩으려 괴롭히며
이 『반야바라밀경』을 깨고 무너뜨려도
이 사람이 일심으로 나의 이름 부르면
곧바로 한량없는 신통 얻어지이다.
나는 그때 변화로 된 사람을 또한 지어
그 무리 속에 있으며 따르는 무리 나눠
경 설하는 그 사람의 제자라 일컬으며
뭇 마군을 항복하고 여러 외도 깨뜨려서
지혜로운 그 법사가 큰 이름을 얻게 하리.

우원일체 시방국토 약유사중 비구비구니
又願一切 十方國土 若有四衆 比丘比丘尼
급여지자 수지독송 마하반야 바라밀경
及餘智者 受持讀誦 摩訶般若 波羅蜜經
약재산림 광야정처 성읍취락 위제대중
若在山林 曠野靜處 城邑聚落 爲諸大衆
부양해설 유제마중 경래뇌란 파괴반야바라밀
敷揚解說 有諸魔衆 競來惱亂 破壞般若波羅蜜
시인약능 일심합장 칭아명자 즉득무량신통
是人若能 一心合掌 稱我名字 卽得無量神通
아어이시 역작화인 재피중중 현위권속
我於爾時 亦作化人 在彼衆中 現爲眷屬

칭피제자 항복중마 파제외도 영피지자 대득명칭
稱彼弟子 降伏衆魔 破諸外道 令彼智者 大得名稱

나는 그때 다시 변화로 사부중 지어내어
산 숲이나 여러 마을 곳곳에 모두 나타나
경 설하는 이 법사를 보살피는 이 되리니
때로는 큰 힘 가진 귀신왕의 모습 짓고
때로는 사문 되고 때로는 거사 되며
국왕 대신 재상 되어 나라 안에 명령 내려
계 깨뜨린 악한 사람 모두 벌을 주게 하리.
만약 마음 억세어 고치지 않는 이는
현세에서 곧바로 아비지옥 들게 하여
갖가지로 내몰아 마음을 꼭 고치게 해
법 설하는 그 사람에 귀명하게 해주고
머리를 조아려서 슬피 여겨주길 구해
경 설하는 법사의 제자가 될 때에야
지옥고통 비로소 놓여나게 하여 주며
여러 가지 악한 일들 모두 다 변하여
상서롭고 좋은 일이 되도록 하오리다.
만약 나의 바람대로 그렇지 아니하면
위없고 묘한 깨침 끝내 얻지 않으리라.

아시부위 화작사중 산림취락 처처개현
我時復爲 化作四衆 山林聚落 處處皆現
위작위호 혹작대력 귀신왕상 혹작사문
爲作衛護 或作大力 鬼神王像 或作沙門
혹작거사 혹작국왕 대신재상 칙령국내
或作居士 或作國王 大臣宰相 敕令國內

제Ⅷ장 미륵의 때를 기다려 맞이하리 [待望彌勒願文]

치벌일체 파계악인 약유강강 불개심자
治罰一切 破戒惡人 若有剛强 不改心者
혹령현입 아비지옥 종종핍절 필령개심
或令現入 阿鼻地獄 種種逼切 必令改心
환령귀명 피설법자 고두구애 위작제자
還令歸命 彼說法者 叩頭求哀 爲作弟子
내가방이 영제악사 변위길상 약불이자 불취묘각
乃可放耳 令諸惡事 變爲吉祥 若不爾者 不取妙覺

◦ 미륵부처님의 성불언약 받으며, 부처님과 다름없는 빼어난 모습과 신통의 힘 갖추길 서원함

내가 처음 보리의 마음을 낼 때부터
지은 복업 모두 다 중생에게 베풀어
오는 세상 미륵세존 세상 오실 그때까지
십지공덕 갖추어 때 없는 지위 들어가
성불 언약 주는 사람 그 가운데 으뜸 되어
미래세상 셀 수 없는 겁을 지나 도 이룰 때
생각하고 말할 수 없는 삼천대천세계가
한 부처님 국토 되어 한량없는 시방의
깨끗하게 장엄된 세계보다 빼어나며
이 장엄세계 지나 그 밖에 있는 물든 땅
지금 내가 세운 바 크나큰 원력으로
여러 중생 비록 한 곳 머물러 살게 하나
보는 바는 각기 서로 다르도록 하여서
악한 사람 조복하여 보리 마음 내게 하리.

아종발심 소유복업 진시중생 지어당래
我從發心 所有福業 盡施衆生 至於當來

미륵세존 출세지시 구족십지 입무구위
彌勒世尊 出世之時 具足十地 入無垢位
어수기인중 최위제일 어미래세 과산수겁
於授記人中 最爲第一 於未來世 過算數劫
득성불도시 불가사의 삼천대천세계 위일불토
得成佛道時 不可思議 三千大千世界 爲一佛土
초수시방 엄정세계 과차지외 소유예토
超殊十方 嚴淨世界 過此之外 所有穢土
이아원력 영제중생 수일처주 소견각이
以我願力 令諸衆生 雖一處住 所見各異
조복악인 발보리심
調伏惡人 發菩提心

그들 이미 위없는 보리 마음 내고서는
여러 가지 물들고 악한 모습 보게 되도
모든 것이 마땅히 깨끗하게 되어지고
일곱 보배 꽃과 열매 그때 바로 갖춰지며
네 때의 차별되어 다른 모습 없어지며
머무는 그 나라의 하늘과 사람 무리
모두 같이 몸의 빛깔 황금빛이 되어지고
서른둘의 모습과 여든 가지 빼어남
여섯 가지 신통 갖춤 부처님과 다름없어
부처님 지혜 아니고선 아는 이 없어지이다.
만약 나의 바람대로 그렇지 아니하면
위없는 묘한 깨침 끝내 얻지 않으리라.

즉발심이 견제예악 실개당정
卽發心已 見諸穢惡 悉皆當淨

칠보화과 응시구족 무유사시 차별지이
七寶華果 應時具足 無有四時 差別之異
소주국토 천인지류 동일금색
所住國土 天人之類 同一金色
삼십이상 팔십종호 구육신통 여불무이
三十二相 八十種好 具六神通 與佛無異
제불지혜 무능지자 약불이자 불취묘각
除佛智慧 無能知者 若不爾者 不取妙覺

◦ 시방중생이 나의 국토에 태어나 풍요와 안락 얻길 서원함

만약 내가 부처되면 시방의 모든 중생
모두 다 원 일으켜 나의 나라 와서 나며
보현의 도 모두 갖춰 스스로의 본원 따라
모자람을 고쳐서 그 작용이 자재하며
몸의 상호 갖추고 지혜 신통 갖추어
중생을 교화함에 평등하여 차별 없고
먹을거리 옷가지가 생각 따라 변화해 와
반드시 만들 필요 없게 되어지이다.
만약 나의 바람대로 그렇지 아니하면
위없는 묘한 깨침 끝내 얻지 않으리라.

설아득불 시방중생 개실발원 내생아국
設我得佛 十方衆生 皆悉發願 來生我國
일체구족 보현지도 수기본원 수단자재
一切具足 普賢之道 隨其本願 修短自在
색신상호 지혜신통 교화중생 등무차별
色身相好 智慧神通 敎化衆生 等無差別
음식의복 응념화현 불수조작 약불이자 불취묘각
飮食衣服 應念化現 不須造作 若不爾者 不取妙覺

◦ 시방중생이 나의 이름 듣고서 육바라밀 갖추고 내 몸 보아 모든 원 갖추길 서원함

만약 내가 부처되면 시방의 온갖 중생
나의 이름 듣고서 계 지니고 정진하여
육바라밀 닦아 행해 내 원 받아 지니고
나의 이름 부르며 내 몸 보기 바라서
이레나 스무하루 닦아 행해 나가면
내 몸 모두 보아서 바라는 바 여러 가지
좋은 원들 빠짐없이 두루 갖춰지이다.
만약 나의 바람대로 그렇지 아니하면
위없는 묘한 깨침 끝내 얻지 않으리라.

설아득불 시방중생 문아명자 지계정진
設我得佛 十方衆生 聞我名字 持戒精進
수행육도 수지아원 칭아명자
修行六度 受持我願 稱我名字
원견아신 수행칠일 지삼칠일
願見我身 修行七日 至三七日
즉득견아 일체선원구족 약불이자 불취묘각
卽得見我 一切善願具足 若不爾者 不取妙覺

◦ 목숨 마칠 때 나의 이름 부르면 맞이하여 나의 나라에 태어나 남이 없는 법인 얻게 하길 서원함

만약 내가 부처되면 시방세계 어떤 중생
오역죄를 갖춰지어 지옥에 떨어져도
목숨 다해 마칠 무렵 나의 이름 부르도록
선지식이 가르치면 선지식의 가르침을
그 죄인이 듣고서는 두 손 모아 이름 불러

소리 소리 끊임없이 열 번 부름 지날 무렵
목숨 마칠 그때에 내가 그 죄인의 넋
맞이해줌 보게 되고 나의 나라 와서 나면
내가 그 죄인 위해 대승의 법 설해주어
이 사람이 법을 듣고 남이 없는 법인 얻어
길이 뒤로 물러나 뒤바뀜 없어지이다.
만약 나의 바람대로 그렇지 아니하면
위없는 묘한 깨침 끝내 얻지 않으리라.

설아득불 시방세계 약유중생 구오역죄 응타지옥
設我得佛 十方世界 若有衆生 具五逆罪 應墮地獄
임명종시 치선지식 교칭아명 죄인문이
臨命終時 值善知識 敎稱我名 罪人聞已
합장칭명 성성부절 경십념경 명욕종시
合掌稱名 聲聲不絶 經十念頃 命欲終時
즉득견아 영기정신 내생아국 위설대승
卽得見我 迎其精神 來生我國 爲說大乘
시인문법 득무생인 영불퇴전 약불이자 불취묘각
是人聞法 得無生忍 永不退轉 若不爾者 不取妙覺

○ 나의 국토에 삼악도가 없고 온갖 번뇌와 고통이 없으며 온갖 공덕과 풍요가 갖춰지길 서원함

만약 내가 부처되면 세계가 청정하여
삼악도가 없으며 또한 남녀 대립 없어
온갖 중생 모두 다 변화로 태어나서
서른둘의 모습 갖춰 날아다님 자재하며
밝은 빛이 널리 비춰 해와 달이 필요 없고
일곱 보배 장엄된 빼어난 국토에는

여러 물듦 악한 일이 모두 없어지이다.
만약 나의 바람대로 그렇지 아니하면
위없는 묘한 깨침 끝내 얻지 않으리라.

설아득불 세계청정 무삼악도 역무여인
設我得佛 世界淸淨 無三惡道 亦無女人
일체중생 개실화생 삼십이상 비행자재
一切衆生 皆悉化生 三十二相 飛行自在
광명보조 무유일월 칠보국토 무제예악 약불이자 불취묘각
光明普照 無有日月 七寶國土 無諸穢惡 若不爾者 不取妙覺

◦ 나의 이름 들으면 지옥의 고통 벗어나길 서원함

만약 어떤 중생이 큰 지옥에 있어도
내 이름을 들으면 곧 해탈 얻어지이다.
만약 나의 바람대로 그렇지 아니하면
위없는 묘한 깨침 끝내 얻지 않으리라.

약유중생 재대지옥 문아명자 즉득해탈 약불이자 불취묘각
若有衆生 在大地獄 聞我名字 卽得解脫 若不爾者 不取妙覺

◦ 나의 이름 들으면 아귀의 고통 벗어나길 서원함

만약 어떤 중생이 아귀 속에 떨어져서
백천만겁 지나도록 음식 이름 못 듣고
배고픔의 불에 타 큰 괴로움 받아도
내 이름을 들으면 곧바로 배불러져
바른 생각 힘을 얻어 아귀의 몸 버리고
사람 하늘 몸을 받아 보리마음 일으켜서
물러남이 없는 지위에 이르러지이다.

제VIII장 미륵의 때를 기다려 맞이하리 [待望彌勒願文] | 565

만약 나의 바람대로 그렇지 아니하면
위없는 묘한 깨침 끝내 얻지 않으리라.

약유중생 타아귀중 백천만겁 내지불문 음식지명
若有衆生 墮餓鬼中 百千萬劫 乃至不聞 飮食之名
항위치연 기화소소 수대고뇌 문아명자
恒爲熾然 饑火所燒 受大苦惱 聞我名字
즉득포만 득정념력 사아귀신 생인천중
卽得飽滿 得正念力 捨餓鬼身 生人天中
발보리심 지불퇴전 약불이자 불취묘각
發菩提心 至不退轉 若不爾者 不取妙覺

○ 나의 이름 들으면 축생의 고통 벗어나길 서원함

만약 어떤 중생이 악한 업 때문에
축생 속에 떨어져서 갖은 고통 받아도
나의 이름 들으면 뭇 괴로움 사라져
곧바로 사람 하늘 단정한 몸 얻어서
바른 법을 듣고 거룩한 도를 갖춰지이다.
만약 나의 바람대로 그렇지 아니하면
위없는 묘한 깨침 끝내 얻지 않으리라.

약유중생 이악업고 타축생중 수종종고
若有衆生 以惡業故 墮畜生中 受種種苦
문아명자 중고영멸 즉득인천 단정지신
聞我名字 衆苦永滅 卽得人天 端正之身
즉문정법 구족성도 약불이자 불취묘각
卽聞正法 具足聖道 若不爾者 不取妙覺

○ 나의 이름 부르면 감옥 갇혀 고문 받는 괴로움 없어지길 서원함

만약 어떤 중생이 감옥에 갇히어서
매 맞는 등 온갖 쓰린 고문을 받는다 해도
나의 이름 부르며 보리마음 일으키면
모진 고통 벗어나고 온갖 병들 사라져서
이로 인해 지혜의 바른 마음 일으켜서
물러남이 없는 지위에 머물러지이다.
만약 나의 바람대로 그렇지 아니하면
위없는 묘한 깨침 끝내 얻지 않으리라.

약유중생 뇌옥계폐 편달초독
若有衆生 牢獄繫閉 鞭撻楚毒
칭아명자 발보리심 이득해탈 창반역멸
稱我名字 發菩提心 而得解脫 瘡瘢亦滅
인시발심 주불퇴전 약불이자 불취묘각
因是發心 住不退轉 若不爾者 不取妙覺

◦ 나의 이름 부르면 옥살이 하며 죽게 될 고통과 묶여 있음에서 벗어나길 서원함

만약 어떤 중생이 붙잡혀 묶임 만나서
크나큰 화를 입고 큰 어려움을 겪어도
설사 지은 죄 있거나 지은 죄가 없거나
형을 받아 죽게 될 때 나의 이름 부르면
잡은 칼과 몽둥이 족쇄와 목의 멍에
모두 다 깨뜨려져 풀려남을 곧 얻어서
위없이 높은 보리의 마음을 일으켜서
물러섬이 없는 지위에 머물러지이다.
만약 나의 바람대로 그렇지 아니하면
위없는 묘한 깨침 끝내 얻지 않으리라.

약유중생 횡피계박 우대화난
若有衆生 橫被繫縛 遇大禍難
약유죄약무죄 임당형륙 칭아명자
若有罪若無罪 臨當刑戮 稱我名字
피소집도장 유계가쇄 개실최쇄 즉득해탈
彼所執刀杖 杻械枷鎖 皆悉摧碎 卽得解脫
발보리심 주불퇴전 약불이자 불취묘각
發菩提心 住不退轉 若不爾者 不取妙覺

◦ 나의 이름 부르면 병의 괴로움이나 근이 빠진 업보에서 벗어나게 되길 서원함

시방의 온갖 모든 한량없는 중생이
백천 가지 병으로 괴로움을 받거나
업장으로 모든 근이 갖춰있지 않다 해도
나의 이름 불러서 잡아 지녀 잊지 않고
생각을 바로하여 업의 실상 사유하면
온갖 병의 괴로움이 모두 다 없어지고
모든 근이 갖추어져 회복되어지이다.
만약 나의 바람대로 그렇지 아니하면
위없는 묘한 깨침 끝내 얻지 않으리라.

일체시방 무량중생 백천병고 급이업장 제근불구
一切十方 無量衆生 百千病苦 及以業障 諸根不具
칭아명자 집지불망 정념사유 병고소멸
稱我名字 執持不忘 正念思惟 病苦消滅
제근구족 즉득평복 약불이자 불취묘각
諸根具足 卽得平復 若不爾者 不取妙覺

◦ 시방부처님과 나의 이름 부르면 수행의 장애 없어지게 되길 서원함

만약 어떤 비구가 산숲 속에 있으면서
『반야경』과 여러 대승 경전을 읽고 외어
선정과 신통의 힘 닦아 행해 가려하나
묵은 죄의 장애로 닦을 수 없다 해도
밤낮으로 마땅히 제각기 세 때마다
시방 부처님 부르고 나의 이름 지니면
이 사람이 마음으로 간절히 바라는 것
갖가지 구하는 바 모두 갖춰지이다.
만약 나의 바람대로 그렇지 아니하면
위없는 묘한 깨침 끝내 얻지 않으리라.

약유비구 재산림중 독송반야 급제대승
若有比丘 在山林中 讀誦般若 及諸大乘
수학선정 급신통력 숙죄장고 수불능득
修學禪定 及神通力 宿罪障故 修不能得
어일야중 응각삼시 칭시방불 지아명자
於日夜中 應各三時 稱十方佛 持我名字
시인심원 종종소구 즉득구족 약불이자 불취묘각
是人心願 種種所求 卽得具足 若不爾者 不取妙覺

◦ 나의 이름 들으면 시방중생이 보리마음을 내 물러섬이 없는 지혜 얻게 되
 길 서원함

만약 내가 부처 될 때 한량없는 시방세계
여섯 길의 중생들이 나의 이름 들으면
위없는 보리 마음 곧바로 일으켜서
물러섬이 없는 지위에 머물러지이다.
만약 나의 바람대로 그렇지 아니하면
위없는 묘한 깨침 끝내 얻지 않으리라.

약아득불 시방세계 육도중생 문아명자
若我得佛 十方世界 六道衆生 聞我名字
즉발무상 보리지심 주불퇴전 약불이자 불취묘각
卽發無上 菩提之心 住不退轉 若不爾者 不取妙覺

○ 나의 이름 듣고 내 원 닦으면 모두 위없는 지혜 얻게 되길 서원함

만약 부처 되었을 때 한량없는 밝은 빛이
온갖 것 늘 비추어 사부 대중 가운데
부처님 도 구하는 이 나의 이름 듣고서
나의 원 닦는다면 그때 바로 십지 갖춰
위없는 여래 지혜 모두 들어지이다.
만약 나의 바람대로 그렇지 아니하면
위없는 묘한 깨침 끝내 얻지 않으리라.

약득불시 무량광명 상조일체 약제사중
若得佛時 無量光明 常照一切 若諸四衆
구불도자 문아명자 수행아원 응시즉득
求佛道者 聞我名字 修行我願 應時卽得
십지구족 입여래혜 약불이자 불취묘각
十地具足 入如來慧 若不爾者 不取妙覺

○ 부처님들이 나의 본원 칭찬하여 듣는 중생이 모두 해탈언약 받게 되길 서원함

만약 내가 부처 되면 한량없는 시방세계
온갖 모든 부처님들 함께 같이 칭찬하여
내가 세운 본원과 깨친 공덕 말씀하사
듣는 중생 해탈언약 모두 받아지이다.
내가 세운 이 원이 채워지지 않으면

위없는 묘한 깨침 끝내 얻지 않으리라.

약아득불 시방세계 일체제불 개공칭양
若我得佛 十方世界 一切諸佛 皆共稱揚
설아본원 급불공덕 중생문자 즉득수기 차원불만 불취묘각
說我本願 及佛功德 衆生聞者 卽得受記 此願不滿 不取妙覺

○ 반야경을 설하면 상서가 나타나고 금글씨 경이 솟구쳐 나의 본원 말해주길 서원함

앞으로 오는 세상 내가 부처 이룰 때에
대중 위해 『마하반야바라밀경』 설해주면
시방세계 여섯 가지로 떨려 움직이고
금글씨경 보배함이 바로 앞에 솟구쳐서
대중에게 본원의 큰 인연을 설해주어
모든 부처님들 회상과 다름없어지이다.
만약 나의 바람대로 그렇지 아니하면
위없는 묘한 깨침 끝내 얻지 않으리라.

아미래세 득성불시 위대중설 반야바라밀
我未來世 得成佛時 爲大衆說 般若波羅蜜
시방세계 육종진동 금경보함 어전용현
十方世界 六種震動 金經寶函 於前涌現
위대중연설 본원인연 여제불회 등무유이 약불이자 불취묘각
爲大衆演說 本願因緣 如諸佛會 等無有異 若不爾者 不取妙覺

○ 한량없는 세월 쉬임 없이 정진해 공덕지혜 다 채워서 앞에 말한 모든 원이 모두 다 이루어지길 서원함

내가 앞서 세운 바 여러 모든 원처럼
부처님의 위없는 보리의 도 구하려고

겁의 숫자 생각 않고 부지런히 방편 닦아
갖가지 미묘법문 언제나 배워 익혀
여러 중생 위하여 큰 자비심 일으키되
언제나 게으름 없고 싫증냄이 없어서
보리도의 공덕 지혜 모두 가득 채워져
위와 같은 여러 원들 반드시 이뤄지이다.
만약 나의 바람대로 그렇지 아니하면
위없는 묘한 깨침 끝내 얻지 않으리라.

여아소발 상래제원 구불도고 불계겁수
如我所發 上來諸願 求佛道故 不計劫數
근수방편 학습종종 미묘법문 위중생고
勤修方便 學習種種 微妙法門 爲衆生故
기대비심 상무해권 공덕지혜 개실만족
起大悲心 常無懈倦 功德智慧 皆悉滿足
여상제원 필극불허 약불이자 불취묘각
如上諸願 必剋不虛 若不爾者 不取妙覺

◦ 이 생에서 큰 신선과 여섯 신통 얻어 중생을 교화해 모든 중생 물러섬이 없는 지위 얻길 서원함

서원코 이생에서 큰 신선의 과보 얻고
여섯 가지 신통 얻어 갖가지로 변화하여
시방의 여섯 길에 널리 몸을 나투어서
한 때에 법 설하면 듣는 중생 모두다
물러나 뒤바뀜이 없는 지위 얻어서
위없는 보리 빨리 모두 이뤄지이다.
만약 나의 바람대로 그렇지 아니하면
위없는 묘한 깨침 끝내 얻지 않으리라.

서어차생 득대선보 획육신통 종종변화
誓於此生 得大仙報 獲六神通 種種變化
시방육도 보현색신 일시설법 중생문자
十方六道 普現色身 一時說法 衆生聞者
득불퇴전 속성보리 약불이자 불취묘각
得不退轉 速成菩提 若不爾者 不取妙覺

○ 대승의 원으로 이루어진 이 경과 보배함을 훔치거나 깨뜨리려 하면 크게 악한 갚음 받게 되길 서원함

이와 같이 원 세운 뒤 금으로 된 경의 문자
유리로 된 보배함과 『반야경』 설하기 위한
일곱 보배 휘장 덮개 금은의 구슬 그물
자리 위의 여러 보물 온갖 여러 공양거리
만약 악한 사람이 와 이 보물 훔치려 하면
몹쓸 마음 낼 때에 가슴 아파 기절하고
다시 거듭 그 마음이 뒤바뀌고 미쳐서
어지러이 자신의 죄 스스로 말하며
이 물건들 손에 대면 손이 곧 부러지고
악한 마음 그 눈으로 이 보물들 보게 되면
두 눈 모두 멀어서 앞 못 보게 되어버리고
악한 말로 헐뜯으면 악한 말한 그 사람들
벙어리가 되거나 혀가 없게 되오리라.

종차원후 금경문자 유리보함 위설반야
從此願後 金經文字 琉璃寶函 爲說般若
칠보장개 금은영망 부좌보물 급제일체
七寶帳蓋 金銀鈴網 敷座寶物 及諸一切
공양지구 약유악인 래욕투겁 차제보물
供養之具 若有惡人 來欲偸劫 此諸寶物

영차악심시 심통민절 혹부전광
令此惡心時 心痛悶絶 或復顚狂
난어자설기죄 수촉차물 수즉쇄절
亂語自說其罪 手觸此物 手卽碎折
악안시자 양안맹할 악언훼방 즉령악인 구아무설
惡眼視者 兩眼盲瞎 惡言毀謗 卽令惡人 口啞無舌

만약 악한 마음으로 찾아와서 괴롭히고
여러 가지 장애를 지으려고 한다면
두 발 모두 부러지고 때로 다시 나병 들며
때로 다시 산 채로 아비지옥 들어가
몹시 크고 악한 소리 마구 외쳐 대어서
그 소리 온 사방에 사무치게 되리니
이는 여러 악한 이들 이런 일들 보게 하여
법이 오래 이 세간에 머물도록 하여서
부처님의 바른 법을 보살피려 함이로다.

약악심래 욕작뇌란 작제장애 양각쌍절
若惡心來 欲作惱亂 作諸障礙 兩脚雙折
혹부병나 혹부생입 아비지옥 발대악성 교철사방
或復病癩 或復生入 阿鼻地獄 發大惡聲 交徹四方
영제악인 개견차사 영법구주 호정법고
令諸惡人 皆見此事 令法久住 護正法故

∘ 중생을 위한 이 큰 대승의 원을 시방의 현성들이 증명해주길 서원함

온갖 여러 중생을 교화하려 하기 때문
이와 같이 크나큰 원 일으키는 것이라
악한 마음 내게 없고 또한 질투 없으니
한량없는 시방의 여러 모든 현성께선

스스로 증명하여 이 뜻 알아주소서.
나의 서원 깊은 뜻을 거듭 다시 펼치려고
게로써 나의 원을 다음처럼 말합니다.

화중생고 발여시원 아무악심 역무질투
化衆生故 發如是願 我無惡心 亦無嫉妒
시방현성 자당증지 욕중선원의 이설게언
十方賢聖 自當證知 欲重宣願意 而說偈言

4. 서원의 깊은 뜻을 다시 게송으로 말함

혜사선사는 석가모니부처님의 말법시대 금글씨 경을 만들고 칠보보배함을 만들어, 위의 여러 크나큰 서원을 세우고, 미륵부처님의 회상에서 부처님이 혜사의 본원(本願)을 대중에게 설해주고 그 본원 칭찬하기를 바란 뒤, 그 뜻을 게송으로 다시 말하고 있다.

지금 혜사선사가 게송으로 말하는 원은 아미타부처님의 전신인 저 법장비구가 48대원(四十八大願)을 세워, 정토를 장엄하여 중생을 그 정토세계에 이끌어 모두 보리를 얻게 하는 '진리 그대로의 근본서원[稱性本願]'과 같다. 그러므로 그 원은 스스로 부처님과 같은 지혜와 선정 신통바라밀 갖추려는 원[攝法身願]과 온갖 중생을 위없는 보리로 성취하려는 원[攝衆生願], 물든 국토를 정토로 장엄하여 중생을 그 국토에 이끌어들이는 원[攝淨土願]이 그 근본을 이룬다.

이는 왜 그런가. 보살이 보리의 마음을 내 성취하려는 지혜의 세계가 곧 여래의 진리의 몸[法身]이고 중생의 여래장(如來藏)이자 국토의 참모습인 법계(法界)이기 때문이며, 불보살의 본원(本願)이 곧 법계의 진리작용이기 때문이다. 그러므로 혜사선사 또한 여래의 본원을 받아 이 크나큰 대승의 원들을 미륵부처님이 세상에 오실 때까지 실천하여 중생교화 할 것을 다시 발원하며, 스스로 정토를 장엄하여 그 국토에 중생 이끌어 들이기를 발원한다.

여래의 본원을 따라 행하리

1) 부처님과 같은 지혜와 선정 신통 바라밀 갖추기를 서원함

바라건대 나의 몸과 마음으로
반야바라밀경을 깨쳐 얻고서
한량없는 경의 뜻을 모두 갖추어
널리 중생 위하여 설하오리라.
바라건대 나의 몸과 마음으로
반야바라밀경을 깨쳐 얻고서
앞으로 올 현겁의 처음 무렵에
거룩한 미륵부처님 만나뵙고서
해탈언약 받는 여러 사람 가운데
그 이름이 가장 높아 으뜸이 되며
모든 선정 신통바라밀 갖춰지이다.

원득신심증 반야바라밀
願得身心證 般若波羅蜜
구족무량의 광위중생설
具足無量義 廣爲衆生說
원득신심증 반야바라밀
願得身心證 般若波羅蜜
미래현겁초 득견미륵불
未來賢劫初 得見彌勒佛
어수기인중 명호최제일
於受記人中 名號最第一
구족제선정 신통바라밀
具足諸禪定 神通波羅蜜

바라건대 나는 이생으로부터
온갖 고행 부지런히 닦아 행하여
부처님의 위없는 도 구하려 함에
몸과 목숨 아껴서 돌아보지 않고
오십억만 이와 같은 때 지나도록
도를 위해 고행을 닦아 행하고
다시 육억만의 때를 다 지내어
앞으로 올 현겁에 이르게 되면
거룩하신 미륵세존 만나뵙고서
일체종지 원만하게 모두 갖추어
부처님께 해탈의 언약을 받되
받는 이 가운데 으뜸 되어지이다.

원아종차생 수일체고행
願我從此生 修一切苦行
위구불도고 불고어신명
爲求佛道故 不顧於身命
과오십억만 여시세수중
過五十億萬 如是世數中
위도수고행 부과육억만
爲道修苦行 復過六億萬
이내지현겁 득견미륵불
爾乃至賢劫 得見彌勒佛
구일체종지 수기최제일
具一切種智 受記最第一

이와 같은 나의 서원 굳건히 한 뒤
미륵세존 나오시는 현겁 가운데

여섯 가지 바라밀행 모두 갖추어
내가 이룬 자재한 신통의 힘이
시방의 부처님과 같아지이다.
서원코 현겁의 처음 세상에 있어
법을 설해 한량없는 중생 건지고
이와 같이 크나큰 서원의 힘으로
위없는 법의 바퀴 항상 굴리어
머무는 목숨 한량없는 겁 되어
이 세간에 언제나 머물러 있어
고요한 니르바나 들지 않으리.

결서후현겁　구육바라밀
決誓後賢劫　具六波羅蜜
자재신통력　등제시방불
自在神通力　等齊十方佛
서재현겁초　설법도중생
誓在賢劫初　說法度衆生
이차서원력　전무상법륜
以此誓願力　轉無上法輪
주수무량겁　상주불열반
住壽無量劫　常住不涅槃

널리 응해 교화함 시방 두루해
괴로움을 잘 참아내 중생 위하면
머무는 그 세계 아주 청정해
중생은 모두 같이 변화로 나고
세 가지 악한 길 아주 없으며
그 세계는 남녀차별 또한 없어서

제VIII장 미륵의 때를 기다려 맞이하리 [待望彌勒願文] | 579

하늘 사람 모두 같이 한 무리 되어
그 상호가 세존과 같아지이다.
뜻대로 되는 신통 모두 갖추고
지혜 또한 그렇게 같이 갖추어
나자마자 하늘 날아다닐 수 있고
또한 여러 깊은 선정 모두 갖추어
부처님과 보살들과 똑같아져서
이승인 성문의 무리 없어지이다.

응화변시방 인고위중생
應化遍十方 忍苦爲衆生
세계심청정 중생개화생
世界甚淸淨 衆生皆化生
우무삼악도 역무제여인
又無三惡道 亦無諸女人
천인동일류 상호여세존
天人同一類 相好如世尊
실구여의통 지혜역동연
悉具如意通 智慧亦同然
생즉능비행 역구족제선
生卽能飛行 亦具足諸禪
등제불보살 무이승성문
等齊佛菩薩 無二乘聲聞

2) 나의 원으로 시방의 물든 땅이 정토되기를 서원함

시방의 한량없는 세계 가운데
깨끗지 않은 모든 물든 땅들의
세 가지 장애231) 갇힌 악한 중생이

삼보의 이름 전혀 듣지 못해도
나의 이 크나큰 서원의 힘으로
자비롭게 평등히 교화해주면
물든 땅은 바뀌어 정토가 되고
중생 또한 가지런히 평등해지며
하늘과 사람 무리 차별이 없이
허공 날아 환히 밝은 빛을 놓으며
남녀 차별 없어져 평등해지고
세 갈래 악도 이름 끊어지이다.

시방세계중	제부정예토
十方世界中	諸不淨穢土
삼장악중생	불문삼보명
三障惡衆生	不聞三寶名
이대서원력	자비등화지
以大誓願力	慈悲等化之
전예위정토	중생역제평
轉穢爲淨土	衆生亦齊平
천인등무차	비행방광명
天人等無差	飛行放光明
여실변위남	단삼악도명
女悉變爲男	斷三惡道名

시방세계 크나큰 지옥 가운데
내가 모두 그 속에 두루 다니며

---

231) 세 가지 장애〔三障〕: 번뇌장(煩惱障)・업장(業障)・보장(報障) 이 세 가지 장애니, 번뇌장이 모든 고통과 질곡의 뿌리가 되는 미혹〔惑〕의 장애라면, 업장은 번뇌에 물든 행위〔業〕의 장애이며 보장은 뒤틀린 행위의 가짐으로 주어지는 고통〔苦〕의 장애이다. 세 가지 장애에서 미혹이 고통의 원인이 되지만 다시 고통의 결과가 번뇌와 업장의 뿌리를 돋우어 원인과 결과가 서로 떨어지지 않는 것이다.

지옥의 여러 죄인 교화해주어
하늘과 사람에 모두 나게 해주면
그때 바로 보살과 가지런해져
이승의 사람 되지 않으오리니
축생이나 아귀 무리 과보 바꿈도
또한 지옥 중생과 같아지이다.
시방의 한량없는 세계 가운데
만약 어떤 하나의 국토라 해도
사는 중생 이와 같지 아니하다면
서원코 바른 깨침 이루지 않으리.

시방대지옥 　아실어중행
十方大地獄 　我悉於中行
교화제죄인 　실령생인천
教化諸罪人 　悉令生人天
응시제보살 　부작이승인
應時齊菩薩 　不作二乘人
축생급아귀 　전보역동연
畜生及餓鬼 　轉報亦同然
시방세계중 　약유일국토
十方世界中 　若有一國土
중생불여차 　서불성정각
衆生不如此 　誓不成正覺

3) 나의 원으로 시방 중생이 모두 삼보에 귀의하여 보리도에 나아가 길 서원함

시방의 한량없는 세계 가운데

만약 어떤 좋지 못한 국토가 있어
중생이 모두 삿된 견해에 빠져
그 마음이 굳고 강해 착함 없으면
내가 바로 크나큰 서원의 힘과
신통으로 그들 꺾어 내리 눌러서
갖가지 괴로움이 밀어닥쳐도
삼보에게 귀의케 하여주리니
때로 먼저 그들과 일 같이 해주고
방편으로 그들 잡아 이끌어주어
곧바로 그들 마음 기쁘게 하고
부처님 도 들어가게 하여주오리.

시방의 한량없는 세계 가운데
그 마음이 강하고 악한 중생들
세 갈래 악한 길에 헤매 돌면서
여덟 가지 어려움을 두루 겪어도
나의 이름 모두 다 듣게 된다면
부드럽게 교화하고 아프게 끌어
반드시 부처님 도 듣게 하리니
때로는 먼저 그 뜻 따라주다가
뒤에 번뇌 끊도록 하여주오리.

시방세계중　약유악국토
十方世界中　若有惡國土
중생개사견　강강무선심
衆生皆邪見　剛强無善心
아이서원력　신통최복지
我以誓願力　神通摧伏之

종종고핍절　필령귀삼보
種種苦逼切　必令歸三寶
혹선동기사　방편인도지
或先同其事　方便引導之
즉열가기심　전령입불도
卽悅可其心　轉令入佛道

시방세계중　강강악중생
十方世界中　剛强惡衆生
삼도급팔난　실문아명자
三途及八難　悉聞我名字
유화급고절　필령입불도
柔化及苦切　必令入佛道
혹선수기의　후령단번뇌
或先隨其意　後令斷煩惱

시방의 한량없는 세계 가운데
만약 전쟁 일어나는 때가 되어서
나라와 나라가 서로 죽이고
사람들이 모두 다 굶주린다면
때로는 용맹스런 장수가 되어
항복하여 평화롭게 만들어주고
오곡이 다 풍성히 익도록 하여
온 백성의 마음 편히 하여주오리.

때로 다시 방편으로 변화하여서
하늘과 용 귀신의 모습이 되어
방편으로 악한 왕과 백성 다스려
악한 나라 널리 두루 돌아다니며

내가 세운 본원의 행을 따라서
몹시 악한 이찬티카232) 무리 항복해
보리의 마음 모두 내게 하오리.

시방세계중　약유도병겁
十方世界中　若有刀兵劫

국국상살해　인민개기근
國國相殺害　人民皆饑饉

혹현작맹장　항복사안화
或現作猛將　降伏使安和

오곡실풍숙　만민심안녕
五穀悉豐熟　萬民心安寧

혹부방편화　작천룡신귀
或復方便化　作天龍神鬼

방편치악왕　급기악인민
方便治惡王　及其惡人民

변력악국토　수아본원행
遍歷惡國土　隨我本願行

항복일천제　실발보살심
降伏一闡提　悉發菩薩心

4) 부처님들 찬탄 받고 시방 부처님께 공양하길 서원함

시방의 한량없는 세계 가운데
정토에 머무시는 모든 여래들
큰 무리들 가운데 모두 계시며

---
232) 이찬티카(icchantika) : 일천제(一闡提)라고 소리로 옮기며, 보리존자와 선근을 끊은〔斷善根〕 악한 중생을 말한다.

제Ⅷ장 미륵의 때를 기다려 맞이하리 [待望彌勒願文] | 585

나의 이름 높이 칭찬하여 주시고
그 모든 여러 분의 세존 계신 곳
내가 모두 그곳에 이르러 가서
공양하고 받들어 모시는 것은
앞과 뒤가 없으며 가운데 없이
한 생각의 마음 속 그 가운데에
온갖 모든 몸들을 널리 나투고
온갖 모든 공양거리 갖추어 지녀
여러 모든 세존들께 바쳐올리며
부처님의 법장을 받아지니어
한량없는 중생을 교화해주고
여러 분의 보살과 성문들께도
또한 두루 공경히 바쳐올리리.

시방세계중 정토제여래
十方世界中 淨土諸如來
실재대중중 칭탄아명호
悉在大衆中 稱歎我名號
피제불세존 아실도기소
彼諸佛世尊 我悉到其所
공양급봉시 무전후중간
供養及奉侍 無前後中間
어일념심중 현일체색신
於一念心中 現一切色身
지일체공양 공양제세존
持一切供養 供養諸世尊
수지불법장 급이화중생
受持佛法藏 及以化衆生
공양제보살 역공양성문
供養諸菩薩 亦供養聲聞

5) 이 큰 행원을 미륵부처님 때까지 쉬지 않고 실천할 것을 서원함

이와 같은 방편의 큰 힘으로써
바라건대 어서 빨리 보리 이루어
앞으로 올 현겁의 처음 무렵에
거룩하신 미륵세존 만나뵈오리.

서원 세워 오는 세상 현겁 가운데
서른일곱 여러 도품 모두 갖추어
자재한 큰 신통의 힘을 얻어서
오는 세상 현겁의 시간 가운데
내가 처음 바른 마음 냄으로부터
나아가 위없는 보리 얻을 때까지
그 사이에 도를 위해 고행을 배워
이름과 이익 구함 아주 버리고
온갖 여러 따르는 무리 버리어
언제나 깊은 산에 머물러 살며
도를 막는 죄를 모두 참회하오리.

이차방편력 원속성보리
以此方便力 願速成菩提
미래현겁초 견미륵세존
未來賢劫初 見彌勒世尊

서원현겁중 구삼십칠품
誓願賢劫中 具三十七品
획대신통력 재현겁수중
獲大神通力 在賢劫數中

아종초발심　내지득보리
我從初發心　乃至得菩提
어기양중간　위도학고행
於其兩中間　爲道學苦行
사명문이양　사일체권속
捨名聞利養　捨一切眷屬
실상재심산　참회장도죄
悉常在深山　懺悔障道罪

만약 내가 신통의 힘을 얻어서
시방의 부처님 은혜 갚게 된다면
바라오니 석가모니 법을 지니어
세간에 늘 머물러 사라지지 않고
미륵세존이 세상에 오실 때까지
끊임없이 중생을 교화하오리.

약득신통력　보시방불은
若得神通力　報十方佛恩
원지석가법　상주불멸진
願持釋迦法　常住不滅盡
지미륵출세　화중생부절
至彌勒出世　化衆生不絶

6) 이 생에서 다섯 신통을 갖추고 위없는 보디 이루어 중생제도하길
  서원함

서원코 이생에 다섯 신통 갖춘
오래 사는 신선이 반드시 되어
여러 모든 선정을 닦아 익히고

여섯 번째 번뇌 다한 신통을 배워
여러 가지 모든 법을 두루 갖추어
등각보살 지위를 성취하옵고
묘한 깨침 언제나 맑고 고요함
이로써 중생 제도하여주오리.

부처님들은 더 낫고 못함이 없어
다만 크신 본원의 행을 따르니
부처님들 행하신 방편을 따라
갖가지 다른 이름 보여주오리.

서어차생작　장수오통선
誓於此生作　長壽五通仙
수습제선정　학제육신통
修習諸禪定　學第六神通
구족제법문　성취등각지
具足諸法門　成就等覺地
묘각상담연　이차도중생
妙覺常湛然　以此度衆生
제불무우열　단수본원행
諸佛無優劣　但隨本願行
수제불방편　시현종종명
隨諸佛方便　示現種種名

5. 죄업을 참회하고 방편으로 신선 이루어 중생제도하길 다시 서원함

　온갖 법은 인연으로 일어나고 인연으로 사라진다. 그러므로 온갖 법은 나되 남이 없고 사라지되 사라짐이 없다. 부모의 인연과 하늘과 땅, 사대, 허공, 그리고 앞 세상 업의 힘이 인연 되어 일어난 이 몸도 또한 그러하여 나고 사라지되 실로 남이 없고 사라짐이 없다.
　사라지되 사라짐이 없으므로 인연으로 성취된 이 몸이 사라져 없어진다는 두려움으로 이 몸을 붙들어 쥐고 있거나, 이 몸이 사라지나 정신은 사라지지 않는다는 생각으로 영적 실체에 돌아가거나, 이 몸을 수련하여 길이 죽지 않으려는 것은 모두 인연으로 일어난 물질덩어리를 집착한 견해로 참된 지혜의 생명[慧命]에 나아가지 못한다.
　혜사선사는 이 몸이 나되 남이 없고 사라지되 사라짐이 없는 지혜의 목숨[慧命]을 이미 깨달았으나, 방편을 세워 이 몸 그대로 '오래 사는 신선[長壽仙人]'을 이루어 반야지혜를 이 어둡고 어지러운 말법의 역사 속에 펴려고 하니, 이는 목숨과 몸에 대한 탐착과는 다르다.
　이처럼 길이 사라짐이 없는 지혜의 목숨에 서서 몸의 목숨을 방편으로 늘려 중생구제의 원을 다하려는 것, 이는 혜사선사와 같은 대승원력보살이 할 바이지 몸을 집착하는 범부들이나 영적 실체를 집착하는 '바깥 길 걷는 무리들[外道輩]'이 따라할 바가 아니다.

오래 사는 선인이 되어 미륵의 때까지 대승 설해 중생 건지리

1) 이 몸으로 지은 죄 참회하고 오래 사는 몸 얻어 삼매 닦길 서원함

나는 지금 산에 들어 괴로운 행 닦아 익혀
계 깨뜨리어 도를 막는 무거운 죄 참회하고
지금의 이 몸이나 앞 세상의 몸으로
지어나온 죄업을 모두 참회하옵니다.

바른 법을 보살피려 오랜 목숨 구하지만
하늘이나 다른 곳에 태어남 바라지 않으니
바라건대 여러 현성 곁에서 나를 도와
아주 좋은 지초와 신묘한 단약 얻어
이 몸의 가지가지 여러 병을 다스리고
배고픔과 목마름을 길이 모두 없애어
언제나 걸어가며 선정 닦아지이다.

아금입산 수습고행 참회파계 장도중죄
我今入山 修習苦行 懺悔破戒 障道重罪
금신급선신 시죄실참회
今身及先身 是罪悉懺悔

위호법고 구장수명 불원생천급여취
爲護法故 求長壽命 不願生天及餘趣
원제현성좌조아 득호지초급신단
願諸賢聖佐助我 得好芝草及神丹
요치중병제기갈 상득경행수제선
療治衆病除饑渴 常得經行修諸禪

제Ⅷ장 미륵의 때를 기다려 맞이하리 [待望彌勒願文]

바라건대 깊은 산 고요한 곳 머물러
신묘한 단약 얻어 이 원 닦아 가려고
밖의 단약 힘 의지해 안의 단을 닦아가며
고통 받는 중생을 편안토록 해주려고
스스로를 먼저 편안하게 하려는 것은
자기 몸이 묶이고는 남의 묶임 풀어주는
이 같은 일 결코 있지 않기 때문이라네.

원득심산적정처　족신단약수차원
願得深山寂靜處　足神丹藥修此願
자외단력수내단　욕안중생선자안
藉外丹力修內丹　欲安衆生先自安
기신유박　능해타박　무유시처
己身有縛　能解他縛　無有是處

2) 선인이 되어 위없는 도를 구해 중생구제할 원을 노래함

① 신선 되어 도를 구할 것을 서원함

이처럼 도 구하는 원의 힘으로
그 목숨 아주 오랜 신선이 되어
오는 세상 미륵세존 뵈려하지만
몸과 목숨 탐착하지 아니하고서
이와 같이 크나큰 원 일으키도다.
나는 이미 범부라 도를 못 얻어
목숨 버려 다른 길에 태어날까봐
마음속에 몹시 걱정하고 있으니

여섯 길에 바퀴 돌아 구르게 되면
도 닦음을 방해하기 때문이로다.

모든 법의 성품 모습 비록 공하나
선악으로 짓는 바 모든 행업은
반드시 그 갚음이 있는 것이니
서원코 산에 들어 신선을 배워
오래 사는 목숨의 힘을 얻어서
부처님의 위없는 도를 구하리.

이차구도서원력   작장수선견미륵
以此求道誓願力   作長壽仙見彌勒
불탐신명발차원   기시범부미득도
不貪身命發此願   旣是凡夫未得道
탈공사명생이로   윤회육취방수도
脫恐捨命生異路   輪迴六趣妨修道
제법성상수공적   선악행업필유보
諸法性相雖空寂   善惡行業必有報
서원입산학신선   득장명력구불도
誓願入山學神仙   得長命力求佛道

② 불법 사라지는 곳에 널리 대승경 설하고, 도 방해하는 악한 무리 절
복할 것을 서원함

이 원으로 만약 용궁 들 수 있다면
일곱 분 부처님 경 받아 지니고
과거 미래 현재의 여러 부처님
가지신 경장 내가 모두 지니어
온갖 시방 한량없는 세계 가운데

제Ⅷ장 미륵의 때를 기다려 맞이하리 [待望彌勒願文]

부처님 법 사라지려는 곳 있으면
나는 경을 받아 지녀 읽고 외어서
부처님 법 사라지지 않게 하옵고
그 국토 사람 위해 널리 설하리.

시방세계 그 가운데 악한 비구와
삿된 견해 빠져 사는 악한 속인들
바른 법을 행하는 사람 보고서
다투어 괴롭히고 어지럽히면
내가 모두 도움 주어 꺾어 눌러서
법 설하는 이 안온함 얻게 해주고
악한 사람 모두 다 항복하여서
여러 중생 널리 교화하여 주오리.

약득차원입용궁 수지칠불세존경
若得此願入龍宮 受持七佛世尊經
과거미래금제불 소유경장아실지
過去未來今諸佛 所有經藏我悉持
일체시방세계중 약유불법욕멸처
一切十方世界中 若有佛法欲滅處
아원지독령불멸 위피국토인광설
我願持讀令不滅 爲彼國土人廣說

시방세계악비구 급이사견악속인
十方世界惡比丘 及以邪見惡俗人
견행법자경뇌란 아당작조최복지
見行法者競惱亂 我當作助摧伏之
영설법자득안온 항복악인화중생
令說法者得安隱 降伏惡人化衆生

③ 삼보와 여러 성현께 귀의하여 참회하고, 오래 사는 신선 이루어 부
처님 은혜 갚길 서원함

    시방세계 현재의 부처님들과
    여러 보살 연각과 성문승들과
    범천왕과 제석천 네 하늘왕들
    법 보살피는 큰 장수 금강신들과
    다섯 신통 갖춘 신선 땅의 신들과
    육재일의 사자와 유명대신들
    법 보살피는 온갖 착한 신들께
    머리 숙여 지심으로 절하옵고
    나는 지금 도를 막는 온갖 죄업을
    지극한 마음으로 참회하오니
    바라건대 저를 위해 증명하시사
    어리석은 온갖 허물 없애주소서.
    위없는 도 구하려고 하기 때문에
    어서 빨리 목숨 오랜 신선 이루어
    석가모니 부처님의 거룩한 법을
    펼치어 드날리고 널리 설하여
    겁의 숫자 헤아리지 아니 하고서
    부처님의 깊은 은혜 갚으오리다.

계수시방현재불	보살연각급성문
稽首十方現在佛	菩薩緣覺及聲聞
범왕제석사천왕	호법대장급금강
梵王帝釋四天王	護法大將及金剛
오통신선급지신	육재사자급명관
五通神仙及地神	六齋使者及冥官

제Ⅷ장 미륵의 때를 기다려 맞이하리 [待望彌勒願文] | 595

일체호법제선신　아금참회장도죄
一切護法諸善神　我今懺悔障道罪
원위증명제치건　위구도고조성선
願爲證明除癡愆　爲求道故早成仙
선창광설석가법　불계겁수보불은
宣暢廣說釋迦法　不計劫數報佛恩

바른 법을 보살피려 이 원 발하며
금글씨의 반야경을 모셔 만들고
중생과 나의 몸을 보살피려고
다시 금글씨 『법화경』 모셔 만들어
대중 위해 깊은 산에 들어 머무니
바라건대 큰 신선 어서 이루어
나의 목숨 길고 멀며 신통 갖추어
시방 여러 세존 공양하여지이다.

위호정법발차원　고조금자반야경
爲護正法發此願　故造金字般若經
위호중생급기신　부조금자법화경
爲護衆生及己身　復造金字法華經
위대승고입심산　원속성취대선인
爲大乘故入深山　願速成就大仙人
수명장원구신통　공양시방제세존
壽命長遠具神通　供養十方諸世尊

④ 미륵부처님 회상에서 이 경이 나타나 미묘한 소리 내어 모든 중생 해탈해주길 서원함

앞으로 올 현겁에 미륵부처님

대중 위해 『반야경』을 설하실 때에
내가 세운 서원과 신통의 힘으로
금글씨 경 보배함이 앞에 나타나되
땅에서 솟아나와 허공 머물고
큰 땅을 움직여서 밝은 빛 놓아
시방 모든 세계를 두루 비추어
가지가지 미묘한 소리를 내어
여러 모든 중생에게 널리 고하여
석가모니부처님의 거룩한 법을
드날려 말해주고 칭찬해주면
세 갈래 악한 길의 여덟 어려움
남음 없이 모두 해탈하게 되오며
미륵부처님 모임 앞 이 일 나투듯
시방의 한량없는 부처님 앞에
또한 다시 그렇게 되어지이다.

바라건대 여러 세존 내 원 말하여
이 인연으로 널리 중생 건져지이며
크나큰 서원 발해 이 행 닦아서
바라건대 어서 신선 이뤄지이다.

미래현겁미륵불　위대중설반야경
未來賢劫彌勒佛　爲大衆說般若經
이아서원신통력　금경보함현기전
以我誓願神通力　金經寶函現其前
종지용출주공중　대지진동방광명
從地涌出住空中　大地震動放光明
변조시방제세계　종종묘음고중생
遍照十方諸世界　種種妙音告衆生

제Ⅷ장 미륵의 때를 기다려 맞이하리 [待望彌勒願文] | 597

칭양찬탄석가법　삼도팔난실해탈
稱揚讚歎釋迦法　三途八難悉解脫
미륵회전현차사　시방불전역부연
彌勒會前現此事　十方佛前亦復然

원제세존설아원　이차인연도중생
願諸世尊說我願　以此因緣度衆生
발대서원수차행　원속성취대선인
發大誓願修此行　願速成就大仙人

⑤ 이 큰 대승의 원들 부처님이 증명해주시고 호법성중 보살피어 빨리 이뤄지길 서원함

　　바른 법 보살피려 이 원 구하니
　　바라건대 부처님은 슬피 여기사
　　원이 빨리 이뤄지게 하여주소서.
　　여러 모든 부처님 세존께서는
　　함께 같이 증명하여 알아주시고
　　범왕 제석 네 하늘 왕 증명해주며
　　해와 달 벌려 있는 온갖 별자리
　　금강대사 나아가 신선 무리들
　　다섯 뫼 네 바다와 이름난 산들
　　머물러 살고 있는 여러 산왕들
　　또한 같이 나의 원을 증명해주사
　　바라건대 자비로써 나를 보살펴
　　이와 같은 대승의 크나큰 원들
　　어서 빨리 이뤄지게 하여주소서.

위호정법구차원　원불애민령속성
爲護正法求此願　願佛哀愍令速成
제불세존동증지　범석사왕위증명
諸佛世尊同證知　梵釋四王爲證明
일월삼신급성수　금강대사급신선
日月參辰及星宿　金剛大士及神仙
오악사해급명산　제대성왕역증명
五嶽四海及名山　諸大聖王亦證明
원이자비옹호아　영차서원속득성
願以慈悲擁護我　令此誓願速得成

6. 말법의 시대 삿된 권력자와 악지식을 크게 경계함

　여래가 가르치는 해탈의 도는 출신성분과 인종, 계급의 높고 낮음, 가진 것의 있고 없음, 남녀 성의 차별, 그 생김새의 잘나고 못남의 차별을 떠나 환상과 집착에 빠진 모든 중생 모든 무리들이 집착과 괴로움의 굴레를 벗고 모두 깨달아 들 수 있는 보편적 해탈의 도이다.
　그러나 현실역사 속에서는 지식불교 이론불교의 주도권을 쥔 종교 세력과 정치권력이 결합하여 보편적인 해탈의 도인 불교를 사회통치의 이념적 수단으로 기능하게 한다. 그러므로 기득권을 쥔 통치세력들은 때로 자신의 통치기능에 불필요한 사상적 입장이나 실천적 종지를 이단시하여 박해하고 고난과 시련을 안겨주기도 한다.
　혜사선사는 중국 남북조 혼란한 말법의 역사 속에서 불교를 통치의 수단으로 이용하거나, 이미 기성화된 지배세력의 기득권 확대를 위해 사상적 도구로 활용하는 잘못된 사조를 반대하고, 선(禪) 없는 교종(敎宗)과 교(敎) 없는 선종(禪宗)의 치우치고 닫혀진 실천적 입장들을 비판하였다. 그리하여 그의 삶은 고난과 시련으로 점철되었으며 악논사들과 결합된 특정 정치세력의 끝없는 박해 속에서 시달려왔다.

그러나 그는 죽음의 시련을 넘어 중생을 위한 대승의 구세원력(救世願力)을 세운 보현행자(普賢行者)였으며, 말법의 혼탁한 역사의 풍조를 뚫고 반야지혜를 역사공동체의 참된 해탈의 깃발로 내세운 대선사(大禪師)이며 반야행자(般若行者)였다.

선사는 참된 진리의 깃발을 오탁의 세간 속에 세우기 위해서는 역사의 광풍과 사악한 세력들의 침해로부터 참된 반야의 종지를 보살펴 지켜나가도록 가르치며, 저 사악한 세력들의 사악한 뜻을 '가리고 가리라'고 경계한다.

어찌 그 시대만 그럴 것인가. 중생의 번뇌와 환상 오탁의 어지러운 꿈이 난무하는 말법의 역사 속에서, 참된 반야행자의 서원을 지켜가기 위해서는 어찌 가리고 가리고 가리지 않을 것인가.

가리고 가리며 또 가리고 가릴 것이나 선사의 가림에는 크나큰 거둠의 뜻이 있으니, 혜사선사여! 천년과 또 천년의 뒤라도 선사를 따라 미륵의 때를 기다리는 반야행자가 있다면 함께 거두고 거두어주며 손잡아 자비로 이끌어주소서.

가리고 가리며 또 가리고 가려야 하리

1) 중생 교화를 위해 여러 보살을 생각하며 신통을 갖추기를 서원함

마땅히 늘 본원 생각해 모든 함이 있는 일을 버리고 명예와 이익 나아가 악한 제자들, 안과 밖의 나쁜 인연 모두 마땅히 버리고, 오로지 '네 가지 여의족〔四如意足〕233)'과 '여덟 가지 자재한 나〔八自在我〕234)'와 '다섯 눈〔五眼〕235)'과 '일체지(一切智)'와 '도종지(道種智)'를 구하고 부처님의 일체종지(一切種智)236)를 위해 크나큰 정진을 일으키는 것은 신통의 힘을 갖추어야만 중생을 교화할 수 있기 때문이다.

그러므로 마땅히 시방 부처님의 바다 같은 법의 모임 가운데 여러 보살들을 부르고 생각해야 한다.237)

---

233) 네 가지 여의족〔四如意足〕: 범어 catvāra-ṛddhipādāḥ, 사여의분(四如意分) 사신족(四神足)이라고 하니, 신통을 갖추어 뜻대로 성취하는 선정을 말한다. 하고자 함〔欲〕의 여의족, 정진(精進)의 여의족, 마음〔心〕의 여의족, 사유(思惟)의 여의족이 네 가지 여의족이다.
234) 여덟 가지 자재한 나〔八自在我〕: 여기서 나〔我〕는 곧 자아의 실체를 벗어난 자재(自在)의 뜻이다. 여래에게 큰 지혜의 힘과 신력이 있어 중생의 기틀 따라 자재한 변화를 나타냄이니, 다음과 같다. ①한 몸으로 여러 몸을 나툼 ②한 티끌의 몸이 대천세계에 가득함을 보임 ③큰 몸이 가볍게 먼 곳에 이르름 ④한량없는 종류를 나타내나 한 땅에 머묾 ⑤여러 근을 서로 어울려 작용함 ⑥온갖 법에 얻을 것이 없음을 깨침 ⑦한 게송의 뜻을 설해 한량없는 겁을 지내어도 변재가 다하지 않음 ⑧몸이 허공처럼 여러 곳에 두루함 등이다.
235) 다섯 눈〔五眼〕: 사물의 있는 모습을 보는 육안(肉眼)과 장애 밖의 일을 볼 수 있는 하늘눈〔天眼〕과 존재의 있되 공함을 살피는 지혜눈〔慧眼〕과 공하되 연기하는 모습을 살피는 법의 눈〔法眼〕과 공함과 있음을 떠난 중도의 참모습을 통달한 붇다의 눈〔佛眼〕이 다섯 눈〔五眼〕이다.
236) 일체지, 도종지, 일체종지의 세 가지 지혜〔三智〕: 존재의 공성〔空諦〕를 살피는〔空觀〕지혜가 일체지(一切智)이며, 존재가 공하되 공도 공하여 연기하는 진리〔假諦〕를 살피는〔假觀〕지혜가 도종지(道種智)이며, 공성과 연기성이 둘이 아닌 중도실상〔中諦〕을 살피는〔中道觀〕지혜가 일체종지(一切種智)이다. 그런데 존재가 있되 공하고 공하되 연기하므로 하나의 살핌을 들면 곧 세 가지 살핌이 되고〔擧一卽三〕한 지혜가 곧 세 지혜인 것이니, 이 뜻을 '한 마음의 세 가지 지혜〔一心三智〕'라 한다.
237) 應常念本願 捨諸有爲事 名聞及利養 乃至惡弟子 內外悉應捨 專求四如意 八種自在 我五眼及種智 爲佛一切智 當發大精進 具足神通力 可化衆生耳 當念十方佛海會諸大士.

2) 모든 악지식과 나쁜 정치세력 가려 멀리 떠날 것을 서원하고 당부함

세간에 있는 출가와 재가의 무리들이 가만히 강설하길 청하며 공양하는 자와 나아가 강하게 권하고 청해 경을 강설하도록 하는 자들, 이들 출가와 재가 무리들은 모두 '좋은 진리의 벗〔善知識〕'이 아니고 '악한 무리들〔惡知識〕'일 뿐이다.

왜 그런가. 모두 나쁜 마〔惡魔〕가 부리는 자들이라 처음에는 짐짓 은근함을 지어 좋은 마음이 있는 듯하나, 뒤에는 다투어 성냄을 일으키니 착하고 악한 두 마〔善惡二魔〕가 모두 좋은 일이 아니다.

지금 이 뒤로는 마땅히 이를 믿지 않으리라.

세상에 있는 학식 갖춘 선비들도 또한 다시 이와 같아 모두 믿을 것이 없어서 원수가 친한 척하는 것과 같으니 괴롭고 괴롭다.

이루 생각할 수 없고 말할 수 없는 모든 왕들과 권력자들의 처소도 또한 다시 이와 같으니, 가리고 가리며 또 가리고 가려야 할 것이다.[238]

---

238) 世間所有道俗 殷勤請講供養者 乃至強勸請 令講經者 此等道俗 皆非善知識 是惡知識耳. 何以故 皆是惡魔所使 初卽假作殷勤似有好心 後卽斗生忿怒 善惡二魔俱非好事. 從今已後不應信此 所有學士亦復如是 皆不可信 如怨詐親 苦哉苦哉. 不可思議諸王刹利處 皆亦復如是 擇擇擇擇.

찾아보기

〔 가 〕

가리사(家裏事) 178
가상길장대사(嘉祥吉藏大師) 201, 512
가상사(嘉祥寺) 201, 202
가야산 271, 288
각덕법사 301
각운동(覺運動) 178
각운동결사발원(覺運動結社發願) 19, 285
「각운동결사발원문」 355
간경법 343
간화선문(看話禪門) 19
간화선풍 163
감산덕청 171, 501
강거(康居) 221
강선자(舡禪子) 329
개악사(開岳寺) 527
거조사(居祖寺) 319, 329
견고혜(堅固慧) 373
경산(徑山) 157, 171
경산종고(徑山宗杲) 157
경주 355
경허선사(鏡虛禪師) 285
계정혜 74
고봉원묘(高峰原妙) 501
고운사 349
공구(孔丘) → 공자
공성(空性) 168
공안선(公案禪) 157
공자 203, 290
공주 512

『관무량수경(觀無量壽經)』 456, 457, 463, 483, 484, 500
『관무량수경소』 463
『관무량수불경』 464, 492
『관보현행법경(觀普賢行法經)』 7, 81, 244, 335
『관심론소(觀心論疏)』 47
『관심이백문(觀心二百問)』 149
관읍사(觀邑寺) 527
관정선사 69
관행즉위(觀行卽位) 344
광조응부(廣照應夫) 473
광주(光州) 527, 534
교관일치(教觀一致) 377
교수선지식(教授善知識) 19, 21
교외별전(教外別傳) 333
교장도감(教藏都監) 229
구경각(究竟覺) 179, 344
구경즉위(究竟卽位) 344
구마라집 284
『구사론(俱舍論)』 443
국가불교(國家佛教) 14, 48, 119, 287
『국청백록(國清百錄)』 47, 69
국청사(國清寺) 47, 233, 337
국토세간 386
귀의송(歸依頌) 179
귀정사(歸正寺) 319
귀화방장(貴化方丈) 271
규봉암 355
극락암 349

근본법륜(根本法輪) 130
『금강경』 9, 531
『금강반야경』→『금강경』
『금강반야바라밀경론(金剛般若波羅密經論)』 443
금강산 271
금강장(金剛藏) 373
금릉(金陵) 201
『금원집(金園集)』 249
급고독원회(給孤獨園會) 74
급암조사 267
기근겁(饑饉劫) 346
기세간(器世間) 386, 444
『기신론』 185
길상산 271
김기추 355

〔나〕

나가르쥬나(Nāgārjuna) 367
나란타사 271
나옹혜근선사(懶翁慧勤禪師) 253, 271, 367, 389, 397, 398
『낙방문류(樂邦文類)』 459, 497
낙양 221
난원(爛圓) 229
남광주 534
남삼북칠(南三北七) 230, 377
『남악대승지관(南嶽大乘止觀)』 355
『남악대승지관종원기(南嶽大乘止觀宗圓記)』 513
『남악사대선사입서원문(南嶽思大禪師立誓願文)』 15, 20
남악산(南嶽山) 512
남악혜사선사(南嶽慧思禪師) 20, 119, 201, 203, 249, 284, 512, 533

남원군 349
남정주(南定州) 528
낭지법사(朗智法師) 225, 226, 27, 228
노자(老子) 9
능가국 271
『능가사자기(楞伽師資記)』 211
『능엄경』 327

〔다〕

다라니지송 343
「단궁(檀弓)」 289
단하자순(丹霞子淳) 163
담당문준(湛堂文準) 157
담란(曇鸞) 444
담무갈 374, 529
담선법회(談禪法會) 319, 321
담회(曇晦) 157
『당고승전』 512
대각국사의천(大覺國師義天) 455, 459
대각사(大覺寺) 13, 349
대각회련(大覺懷璉) 229
대도계(大盜戒) 402
대둔사 285
『대보적경』 464
대랑우바새(大朗優婆塞) 413
대망어계(大妄語戒) 402
대비심다라니 343
대비심주(大悲心呪) 349
대비심주다라니법 349
대살계(大殺戒) 402
대성화쟁국사(大聖和諍國師) → 원효성사
대소산(大蘇山) 337, 512, 527, 534
대숭복사비(大崇福寺碑) 288
대승사 355
대승서원(大乘誓願) 19

『대승지관(大乘止觀)』 249, 513
『대승지관법문(大乘止觀法門)』 513
『대승지관석요(大乘止觀釋要)』 249
『대승지관술기(大乘止觀述記)』 513
대야차왕(大夜叉王) 374
『대열반경소(大涅槃經疏)』 47
『대열반경현의(大涅槃經玄義)』 47
대원경지(大圓鏡智) 507
대위국(大魏國) 520
대은율맥(大隱律脈) 349
대음계(大淫戒) 402
『대지도론(大智度論)』 367
『대품반야경』 119
『대혜보각선사어록(大慧普覺禪師語錄)』 157, 237
대혜종고선사(大慧宗杲禪師) 19, 157, 163, 237, 239, 246, 305, 313
『도덕경』 478
도리천 72
도리천궁회(忉利天宮會) 73
도문화상(道文和尙) 16, 355
도병겁(刀兵劫) 346
도선율사 512
도솔암 349
도솔천궁회(兜率天宮會) 74
도솔타천 72
도신(道信) 284
「도신장(道信章)」 211
도안법사(道安法師) 202, 497
도인불교(道人佛敎) 19
도종지(道種智) 601
도중사(途中事) 178
돈교(頓敎) 230
돈오돈수(頓悟頓修) 177
돈오법(頓悟法) 177

돈오선(頓悟禪) 177
돈오점수(頓悟漸修) 177
돈점송(頓漸頌) 179
동림사(東林社) 284
동산법문(東山法門) 284
동수(同壽) 202
동행선지식(同行善知識) 19, 21, 221, 285, 343, 516
동헌선사(東軒禪師) 14, 355
두순법사(杜順法師) 221
득재선백[材公禪伯] 329
등각보살(等覺菩薩) 488
디아나바드라(Dhyānabhadra) 271
디야나(dhyāna) 116

〔마〕

마갈타국 271
마곡사(麻谷寺) 15, 20, 512
마명보살 203
마사경(魔事境) 123, 404
『마하반야경』 → 『마하반야바라밀경』
『마하반야바라밀경』 523, 534, 535, 537, 570
『마하지관(摩訶止觀)』 47, 119, 377, 463
만경(慢境) 123, 404
만공(滿空) 8
만덕산 319, 334, 339, 491
만법유색(萬法唯色) 355
만법유식(萬法唯識) 355
만왕(滿王) 271
망월사(望月寺) 14, 15, 285, 349
『망진환원관(妄盡還源觀)』 221
모다라(母陀羅) 168
목우자(牧牛子) → 보조지눌선사
묘관찰지(妙觀察智) 507
묘음존(妙音尊) 373

『묘종초(妙宗鈔)』 463
묘행송(妙行頌) 179
묘희(妙喜) → 대혜종고선사
무구칭(無垢稱) 373
무념(無念) 179, 285
무념삼매 253
무드라(mudrā) 168
무등산 355
『무량수경(無量壽經)』 444, 464, 483, 484, 517
『무량수경우파데사(無量壽經優波提舍)』 443, 444
무명(無明) 79
무상대사(無相大師) 133
무염국사비(無染國師碑) 288
무진의(無盡意) 373
무착(無着) 443
무학(無學) 271, 397
묵조명(默照銘) 163, 168
묵조사선(默照邪禪) 157
묵조선풍(默照禪風) 19, 163
문선(文善) 227
문자반야(文字般若) 171
문자법(文字法) 117, 357
문자법사(文字法師) 377, 524
문자불교(文字佛敎) 524
문자선(文字禪) 171
문자즉위(文字卽位) 344
문종(文宗) 229
미타정토(彌陀淨土) 19
『미타증성가(彌陀證性歌)』 16, 455
밀종(密宗) 440

〔바〕

바수반두(Vasubandhu) 443

바이로차나(Vairocana) 49
반고사 227
『반야경』 514, 523, 529, 531, 532, 534, 535, 536, 537, 539, 542, 557, 568, 572, 596
『반야바라밀경』 → 『반야경』
반야지혜(般若智慧) 79
반야회상(般若會上) 292, 374, 529
『반주삼매경(般舟三昧經)』 517
반행반좌(半行半坐) 78, 118, 285
반행반좌삼매 334
반행반좌삼매법(半行半坐三昧法) 333, 337, 471
방거사(龐居士) 316
방등삼매 512
『방등삼매경』 464
방등삼매법(方等三昧法) 343
방편문(方便門) 484
「방편품」 339, 342
방하착공안 239
백련사(白蓮社) 284, 319, 333, 337, 455, 473, 491
『백론소(百論疏)』 201
백운경한선사(白雲景閑禪師) 253, 271, 397
백정법사(百庭法師) 279
번뇌경(煩惱境) 123, 404
번뇌장(煩惱障) 580
범기(梵琦) 413
『범망경』 171, 349
『범망경합주』 171
법계성품 119
법계장(法界藏) 79, 157
법공(法空) 112
법공보각존자(法空寶覺尊者) 377
법기(法起)보살 292, 529

법랑(法郎) 201
법보대사(法寶大師) 249
「법사공덕품」 333
「법사품(法師品)」 13, 402
법안(法眼) 507
법안종(法眼宗) 171, 229, 337
법원사 271
법장(法藏) 222
법장비구(法藏比丘) 12, 13, 16, 20, 90, 413
법지(法智) 149
법통주의 14, 19
『법화경(法華經)』 7, 13, 20, 81, 119, 163, 201, 204, 225, 230, 297, 298, 333, 334, 335, 337, 339, 340, 342, 355, 377, 402, 471, 491, 492, 493, 496, 512, 515, 520, 595
『법화경안락행의(法華經安樂行義)』 513
『법화문구(法華文句)』 47, 119, 377
법화문자 333
법화반행반좌삼매 512
법화사(法華寺) 491
법화삼매 207, 337, 343, 377, 512
법화삼매법 81
『법화삼매참의(法華三昧懺儀)』 81
법화삼매행법(法華三昧行法) 284
법화안락행(法華安樂行) 119
『법화의소(法華義疏)』 201
법화지위선사(法華智威禪師) 207
『법화현론(法華玄論)』 201
『법화현의(法華玄義)』 47, 119, 377
법흥왕 228
『벽불론(闢佛論)』 413
변화(卞和) 168
별교(別敎) 230
병환경(病患境) 123, 404

보광명전(普光明殿) 71
보광법당(普光法堂) 71, 73
보광법당삼중회(普光法堂三重會) 74
보광사 349
보덕성사(普德聖師) 225, 226
보리장회(菩提場會) 73
보명(普明) 271
보문난야(普門蘭若) 329
보문사 319
보살경(菩薩境) 123, 404
보살승(菩薩乘) 217
보운사(寶雲寺) 249
보운의통존자(寶雲義通尊者) 149, 249, 401, 463
보은원(報恩院) 149
보장(報障) 580
보장신(寶藏神) 374
보제사(普濟寺) 319, 321
보조지눌선사(普照知訥禪師) 284, 319, 321, 331, 455
보타산(普陀山) 163
보현대사 228
「보현보살권발품」 81, 333, 335
보현수(普賢樹) 228
보현행원(普賢行願) 13, 17, 19, 365, 377, 385, 397
「보현행원품」 490, 523
복성(福城) 313, 314
부사의관행(不思議觀行) 333
부사의법계(不思議法界) 6, 10, 179, 313
부사의실상(不思議實相) 10
부사의원돈지관(不思議圓頓止觀) 463
부안 253
부정교(不定敎) 230
분양선사(汾陽禪師) 264

분증각(分證覺) 344
분증즉위(分證卽位) 344
분황사(芬皇寺) 13, 233, 235, 355
『불립경(佛立經)』 471
불승(佛乘) 217
불안(佛眼) 507
불인요원(佛印了元) 229
불일대사(佛日大師) 157
『불조통기(佛祖統紀)』 201, 207, 527
불타발타라 221
비밀교(秘密敎) 230
『비바사론(毘婆沙論)』 49
비파사나(vipaśyanā) 116

〔사〕

『사교의(四敎義)』 337
사념처관(四念處觀) 271
사대화상(思大和尙) 512
사마타(śamatha) 116
사명법지존자(四明法智尊者) → 사명지례법사
사명산(四明山) 149
사명존자(四明尊者) → 사명지례법사
『사명존자교행록(四明尊者敎行錄)』 305
사명지례법사(四明知禮法師) 149, 249, 279, 284, 293, 305, 337, 401, 463, 497
사명지례존자 → 사명지례법사
『사서우익해(四書蕅益解)』 171
「사세송」 253, 259
『사십이자문(四十二字門)』 513
사제법(四諦法)
산가파(山家派)
살바야 336
살파타륜 498
삼과법문(三科法門) 254
『삼국유사』 226, 228

삼론종(三論宗) 130, 201
삼론학 201
『삼론현의(三論玄義)』 201
삼매행 13, 14
『삼십유식론송(三十唯識論頌)』 443
삼인불성(三因佛性) 185
삼일암 349
삼제게(三諦偈) 230
삼종세간(三種世間) 386
삼취계 174
삼취정계(三聚淨戒) 174
삽삼조사설 367
상견외도(常見外道) 533
상무주암(上無住庵) 319
상사즉위(相似卽位) 344
상승사과(三乘四果) 390
상승선(上乘禪) 178
상왕산 491
상용맹(常勇猛) 373
상적광토(常寂光土) 20, 501, 505
상좌삼매(常坐三昧) 512
상행삼매(常行三昧) 471
색심이원론 319
서릉 207
서천지공선사 253, 397
석옥청공선사 253, 254, 259, 262, 263, 267, 271
선각대사(禪覺大師) 397
선곡율사(禪谷律師) 349
선교일치 171
선다라니(旋陀羅尼) 119, 512
선림사(禪林寺) 249
『선문보장록(禪門寶藏錄)』 333
『선문염송집』 315
선상송(禪相頌) 179

선송일여(禪誦一如)　285, 333, 337, 492
선정겸수(禪淨兼修)　473
선정경(禪定境)　123, 404
선정융회(禪淨融會)　171
선정해탈론　177
『선종영가집(禪宗永嘉集)』　133
선지식주의　199
선행일치(禪行一致)　355
설봉온문(雪峰蘊聞)　237
설일체유부종　443
『섭대승론(攝大乘論)』　443
섭말귀본법륜　130
섭선법계(攝善法戒)　174
섭율의계(攝律儀戒)　174
섭정사(攝靜寺)　47
섭중생계(攝衆生戒)　174
성각(性覺)　257
성문승(聲聞乘)　217
성소작지(成所作智)　507
『성유식론관심석』　171
세종(世宗)　377
세친보살(世親菩薩)　19, 443, 444
소암덕보(笑岩德寶)　501
『소지관(小止觀)』　198
송광사(松廣寺)　319, 349
『수능엄경(首楞嚴經)』　171, 517
『수능엄경문구』　171
『수능엄경원통소(首楞嚴經圓通疏)』　279
『수능엄경현의(首楞嚴經玄義)』　171, 279
수능엄삼매　279
수미산　315, 452
수미산공안　239
『수보살계의(受菩薩戒儀)』　513
수선사(修禪社)　47, 284, 319, 331, 377, 455

『수심결(修心訣)』　319
수월영민선사(水月永旻禪師)　349
수자의삼매(隨自意三昧)　471
숙종(肅宗)　233
순야타(śūnyatā)　168
순타(純陀)　335
숭복사(崇福寺)　222
습정균혜(習定均慧)　319
승전법사(勝詮法師)　221, 223
승통(僧統)　229
신광사　253
신극정(申克定)　491
신아론(神我論)　177
신정(神定)　202
신주(信州)　525
「신해품」　230
심성수양불교　14
심요송　497
십문송(十門頌)　177
『십불이문지요초(十不二門指要鈔)』　149, 497
십승관행(十乘觀行)　123
십신(十信)　70, 72
『십육관경송(十六觀境頌)』　463
『십이문론(十二門論)』　367
『십이문론소(十二門論疏)』　201
십이부경(十二部經)　48
십이처　123
십주(十住)　70, 72, 73
『십주비바사론(十住毘婆沙論)』　367
십지(十地)　70, 72, 73
『십지경론(十地經論)』　443
십팔계　123
십행(十行)　70, 72, 73
십회향(十廻向)　70, 72, 73
「십회향품(十廻向品)」　13, 385

〔아〕

아공(我空) 112
『아미타경』 464, 483
아비발치(阿毘跋致) 308, 477
아상가 443
아촉불국 301
안국사(安國寺) 259
「안락행품」 13, 355
『안신사심론(安身事心論)』 227
안회(顔回) 290
암증선(暗證禪) 117, 57, 357
암증선사(暗證禪師) 377, 524
야마천 72
야마천궁회(炎摩天宮會) 74
약사난야(藥師蘭若) 319
「약왕보살본사품」 119
양주(梁州) 349, 525
언교송(言教頌) 179
엄양 239
업경(業境) 123, 404
업군(鄴郡) 525
업장(業障) 580
여래장(如來藏) 74, 79, 81, 119, 149, 389, 440, 444, 575
여산(廬山) 288
여산혜원법사(廬山慧遠法師) 284
여왕(厲王) 168
역병겁(疫病劫) 346
연각승(緣覺乘) 217
「연경법석소」 333
연경원(延慶院) 284, 305, 337
연기론 6, 9, 15, 116, 179, 441
연수(延壽) 171, 413
연주(兗州) 525
연지대사(蓮池大師) 171, 501

연화승회(蓮華勝會) 473, 481
『열반경(涅槃經)』 166, 225, 230, 254, 301
염불삼매 305
염불삼매법 343
「염불회향발원문」 481
영가선사(永嘉禪師) 133, 258, 460
『영가선종집주해(永嘉禪宗集注解)』 279
영명연수선사 171
영봉지욱(靈峯智旭) 279
영산회상 235, 90
영양왕 211
영언(英彦) 202
영육이원론 533
영종(寧宗) 377
영주자사(郢州刺史) 526
영축산 225, 26, 227, 228, 271
영통사(靈通寺) 229
영혜대사(靈慧大師) 377
『예기(禮記)』 289
『오교장(五教章)』 221
오념문(五念門) 500
오문(五門) 484
오산문(五山門) 229, 233
오승(五乘) 217
오시팔교(五時八教) 377
오온설(五蘊說) 17, 56, 364, 479
오음경(五陰境) 123
오음세간(五陰世間) 386
오진(悟眞) 385
옥천사 377
와관사 377
완도 491
왕상회향(往相廻向) 501
『왕생론(往生論)』 19, 484
『왕생론주』 444

『왕생정토참원의(往生淨土懺願儀)』 249
외호선지식(外護善知識) 48, 343
용성진종선사(龍城震鍾禪師) 8, 13, 14, 9, 285, 349
용수(龍樹)보살 49, 203, 337, 357, 365, 367
용혈암(龍穴庵) 491
우세(佑世) 229
우익지욱선사(藕益智旭禪師) 14, 171, 279, 343, 344, 413, 501, 513
우전국 221
『우파데사』→『무량수경우파데사』
운남성(雲南省) 271
운문(雲門) → 대혜종고선사
운문선사 → 대혜종고선사
운문종(雲門宗) 473
운서주굉선사(雲棲袾宏禪師) 14, 171, 413, 501
운화사 221
『원각경(圓覺經)』 179, 324
원공지종선사(圓空智宗禪師) 337
원교(圓敎) 149, 230
원돈교(圓頓敎) 177
원돈선(圓頓禪) 177
원돈선십문송(圓頓禪十門頌) 179
원돈지관(圓頓止觀) 404
원묘요세선사(圓妙了世禪師) 284, 285, 319, 333, 337, 455, 491, 492
『원생게(願生偈)』 443, 444
원성실상(圓成實相) 386
원오극근(圓悟克勤) 157, 238, 239
원오노사(圓悟老師) → 원오극근
『원종문류(圓宗文類)』 288
원통수선사(圓通受禪師) 473
원효성사(元曉聖師) 13, 16, 21, 79, 111, 199, 225, 226, 227, 233, 234, 236, 385, 455
원효현창운동(元曉顯彰運動) 233
월남사 491
월생산 319
유계존자(幽溪尊者) 279
유덕국왕 301
『유마경』 133
유마회상 7
유무상통(有無相通) 15
유부종(有部宗) 443
유식론 171
유심(唯心) 19
『유심결(唯心訣)』 324
유회보(劉懷寶) 526
육계무아(六界無我) 441
육계설(六界說) 440, 444
육근(六根) 111
육대연기설(六大緣起說) 440
육식(六識) 111
육안 507
육자주(六字呪) 349
육정(六情) 111
육조 → 조계혜능선사
육즉위(六卽位) 344
육통(六通) 507
음경(陰境) 404
의상대사(義湘大師) 221, 225, 228, 288, 290, 385
의천(義天) 199, 225, 229, 233, 234, 235, 236, 288, 337
의타기상(依他起相) 152, 386
의통존자 → 보운의통존자
이량공(伊亮公) 228
이론불교 599

이사무애법계관(理事無碍法界觀) 385
이산혜연선사 389
이승경(二乘境) 123, 404
이즉위(理卽位) 344
이찬티카(icchantika) 584
인계(印契) 168
인과송(因果頌) 179
인천승(人天乘) 217
일상삼매(一相三昧) 343, 471
일생보처(一生補處) 488
일심법계(一心法界) 15, 225, 226
일심삼관(一心三觀) 367
일천제(一闡提) 584
일체종지(一切種智) 601
일체지(一切智) 601
일행삼매(一行三昧) 178, 343, 471
임사법(林司法) 313
임제법통 13
임제종 157, 253, 397

〔자〕

자각(慈覺) → 종색선사
자백(紫柏) 171
자백진가 501
자변종간법사(慈辯從簡法師) 229, 231, 233, 459
자비문(慈悲門) 484
자운준식법사(慈雲遵式法師) 199, 249, 279, 401, 463, 513
자운참주(慈雲懺主) → 자운준식법사
자은(慈恩) 234
『자지록(自知錄)』 171
『잡아함경(雜阿含經)』 198
장교(藏敎) 230
장노사 473

장사(長沙) 238
장안관정선사 47, 201, 207
『전등록』 349
『절요(節要)』 455
점교(漸敎) 230
정명거사(淨名居士) 291, 333, 492
정명천인선사(靜明天因禪師) 333, 491
정법안장(正法眼藏) 17, 63, 441, 480
『정법안장(正法眼藏)』 157
정준(淨俊) 202
정지(靜智) 211
정진바라밀 117
정토결사 481
『정토생무생론(淨土生無生論)』 279
정토신앙 19
정토업(淨土業) 305
정토원문 20
정토장엄(淨土莊嚴) 19
정토종(淨土宗) 444
『정토종팔요(淨土宗八要)』 279
정혜(靜惠) 211
정혜사(定慧寺) 331
정혜사(定慧社) 306, 329
정혜송(定慧頌) 333
정혜쌍수(定慧雙修) 117, 319
제개장(除蓋障) 373
제견경(諸見境) 123, 404
제관(諦觀)법사 231, 337
제광사(齊光寺) 534
『제법무쟁삼매법문(諸法無諍三昧法門)』 513
제한고허법사(諦閑古虛法師) 279, 513
조계산(曹溪山) 271, 319, 331
조계선 491
조계혜능선사(曹溪慧能禪師) 133, 254, 357
『조론소과(肇論疏科)』 249

조사선(祖師禪) 13, 19, 163, 177
조주선사 239, 255
존자대법사(尊者大法師) 401
종남산 385
『종문무고(宗門武庫)』 157
종색선사(宗賾禪師) 473, 481
종파불교 14, 233
종파선(宗派禪) 14
종파주의 171, 455
종효법사(宗曉法師) 459, 497
좌계현랑선사(左溪玄朗禪師) 133
좌박야(左僕射) 207
좌선삼매법 343
주공(周公) 203
주관관념론 441
『주역(周易)』 413
『주역선해(周易禪解)』 171
『죽창수필(竹窓隨筆)』 171, 413
『중관론소(中觀論疏)』 201
중도관행 123
『중론(中論)』 107, 367
중생세간(衆生世間) 386
중향성(衆香城) 292
증개(曾開) 237, 238
『증도가(證道歌)』 133, 258, 460
『증성가』 → 『미타증성가』
증엄(證儼) 229
『증일아함경(增壹阿含經)』 198
지공선사(指空禪師) 271, 272, 397
지관구행(止觀俱行) 119, 377
지눌(知訥) → 보조지눌선사
지례(智禮) 149
지리산 319
지말법륜(枝末法輪) 130
지민선사(智敏禪師) 211

지상사 385
지식불교 599
지식송(智識頌) 179
지엄법사(智儼法師) 221, 226, 385
지욱선사 → 우익지욱선사
지의선사(智顗禪師) → 천태지의선사
지자대사(智者大師) → 천태지의선사
『지자대사별전(智者大師別傳)』 47
『지장본원경』 413
지정각세간(知正覺世間) 386
지증대사적조탑비(智證大師寂照塔碑) 288
지통(智通)법사 226, 228, 385
지혜문(智慧門) 484
진가(眞可) 171, 413
진각혜심선사(眞覺慧諶禪師) 491
진감국사비(眞鑑國師碑) 288
진관법사(眞觀法師) 211, 401
진단국(眞丹國) 517
진성여왕 288
진속불이(眞俗不二) 233
진수정원(晋水淨源) 227
진언법 343
진정천책선사(眞淨天頙禪師) 333, 337, 342, 491
진제(眞諦) 201
진종(眞宗) 149
진행노파 459

〔 차 〕

참주선혜법사(懺主禪慧法師) 249, 401
천궁혜위선사(天窮慧威禪師) 133
천녕(川寧) 253
천동산 163
천동정각선사(天童正覺禪師) 19, 63, 165, 305
천안 507

천유(天遊) → 증개
천축사(天竺寺) 249
천축참주(天竺懺主) 249, 401
천태(天台) 21, 79, 57
천태교(天台敎) 217, 333
천태교관(天台敎觀) 249, 79, 401, 459
천태대사 → 천태지의선사
천태산 47, 229, 230, 234
천태선(天台禪) 337
천태선문(天台禪門) 149, 229, 233, 279, 367
천태선사(天台禪師) → 천태지의선사
천태성사(天台聖師) → 천태지의선사
천태의전법사(天台義全法師) 401
천태종 47, 233, 459, 497
천태종교(天台宗敎) 119, 171
천태지관 133
천태지의선사(天台智顗禪師) 47, 81, 119, 123, 198, 199, 201, 204, 207, 211, 229, 230, 234, 235, 249, 290, 294, 300, 337, 344, 377, 403, 463, 512
천태지자선사 → 천태지의선사
「천태지자대사재기예찬문(天台智者大師齋忌禮讚文)」 249
『천태팔교대의(天台八敎大義)』 47
천호암 256, 259, 263
체용송(體用頌) 179
초암도인법사(草菴道因法師) 497
『초암유사(草菴遺事)』 497
『초장관문(初章觀文)』 227
총지삼매(總持三昧) 178
총지존자(總持尊者) 47
최자(崔慈) 455
최치원 288
추암사(鷲岩寺) 253
측천무후 221

칭심정사(稱心精舍) 47

〔타〕

타화자재천궁회(他化自在天宮會) 74
『탐현기(探玄記)』 221
태고보우(太古普愚) 253, 397
태백산 221
태화강 228
통교(通敎) 230
통도사(通度寺) 349
통현장자(通玄長者) 319

〔파〕

파사현정(破邪顯正) 367
팔공산 319
평등성지(平等性智) 507
평산처림(平山處林)선사 253, 397
표훈(表訓) 385
프라즈냐(prajñā) 116

〔하〕

하가산(下柯山) 319, 329
하남(河南) 525
하무산 253, 259, 263
학담(鶴潭) 19, 285, 355, 516
한문불교 174
해동원효보살(海東元曉菩薩) → 원효성사
해인사(海印寺) 15, 288, 349
해주(海州) 253, 259
「행선축원문(行禪祝願文)」 397
향상(香象) 221
허공신 168
허적(許迪) 491
허창(許昌) 525

현각(玄覺) 133
현성공안(現成公案) 5, 285
현수법장법사 221, 288
현책(玄策)선사 133
혜근(慧勤) 397
혜능 → 조계혜능선사
혜문선사(慧文禪師) 367, 512
혜사선사(慧思禪師) 235, 290, 377, 515, 516, 520, 23, 524, 527, 532, 533, 575, 589, 599, 600
혜안(慧眼) 507
혜운사(慧雲寺) 157
혜원공(慧遠公) 290
혜원법사(慧遠法師) 202
혜제문하(慧齊門下) 157
혜증(慧拯) 47
『호산록(湖山錄)』 333
홍건적 257
화엄결사문 288
『화엄경(華嚴經)』 10, 13, 71, 73, 130, 152, 221, 222, 230, 254, 287, 349, 385, 464, 481, 490, 523

화엄교(華嚴敎) 333, 365
『화엄론(華嚴論)』 319, 322, 324
화엄사회(華嚴社會) 284, 287
화엄종(華嚴宗) 221, 229, 385
화엄종교(華嚴宗敎) 221
화엄회상 374
화쟁국사(和諍國師) → 원효성사
환상회향(還相廻向) 501
활구참선(活句參禪) 355
활구참선만일결사(活句參禪萬日結社) 147
활구참선만일결사발원(活句參禪萬日結社發願) 19
활구참선만일결사회 349
회남(淮南) 525
회암사 397
회통불교 119, 233
회향송(廻向頌) 179
효성(曉聖) → 원효성사
효종 157
휴휴선암(休休禪菴) 257
흥왕사 229

'發願文·영겁을 사는 진리의 행'을 엮어 쓴 학담(鶴潭)스님은 1970년 도문화상(道文和尙)을 은사로 출가하여 동헌선사(東軒禪師)의 문하에서 몇 년의 선수업을 거친 뒤 상원사, 해인사, 봉암사, 백련사 등 제방선원에서 정진하였다.

스님은 선(禪)이 언어적 실천, 사회적 실천과 둘이 아닌 창조적 선풍을 각운동(覺運動)의 이름으로 제창하며, 선(禪)의 대중화, 선원제도개혁에 진력하고 있다. 용성진종선사의 유지를 이어 서울 종로에 대승사 도량을 개설하고 역경불사를 진행하여 『돈오입도요문론』·『간화결의론과해』·『원각경관심석』·『육조법보단경』·『화엄오교장』·『각운동과 결사운동』 등 많은 불전 해석서를 발간하였다.

┃발원문 · 영겁을 사는 진리의 행┃

초판 인쇄일	2008년 1월 1일
초판 발행일	2008년 1월 8일
편저(編著)	학 담 (鶴 潭)
발 행 인	배 환 우
기획·편집	백경희 · 김수진 · 홍창희
제 작 협 조	청신녀 송보광화(송석희)
발 행 처	도서출판 큰 수 레
주 소	서울 종로구 계동 15-14 대승사
전화·팩스	02-764-3678 · 02-3673-5741
이 메 일	daeseungsa@hanmail.net
출 판 등 록	101-90-22365 (2000년 8월 10일)

값 22,000원
ISBN 987-89-87258-26-3 04220

* 잘못된 책은 바꾸어 드립니다.